U0077592

時兆文化

前進
Homeward Bound
天家

每日默想懷愛倫著作中的重要課題
Daily Meditations From The Great Themes Of Ellen White

我們正前進天家，
再過不久，所有的試煉都將過去，
不再有罪惡，也不再有死亡。

序

　　啟示錄14章6-11節講到三天使的信息，此信息乃是基督復臨安息日會（以下簡稱：復臨教會）尋求之使命。接下來第12節更進一步佐證了復臨信徒的身分：「聖徒的忍耐就在此；他們是守上帝誡命和耶穌真道的。」之後的章節包含了下列的祝福：「從今以後，在主裡面而死的人有福了……他們息了自己的勞苦，作工的果效也隨著他們。」（第13節）懷愛倫師母——復臨教會先賢之一，在世時再三呼籲要宣揚三天使的信息，並敦促我們要守上帝誡命和耶穌真道，她於1915年過世。她的許多事工也產生了果效，特別是她留給我們的許多寶貴著作。

　　那些著作從教會草創之初便啟發並指導了我們。它們幫助我們深入經文意義、讓我們對《聖經》有更清楚的認識與了解。它們也在組織、教育、出版，還有許多和教會相關的事務上提供了很重要的指引。它們也指出在飲食，健康，靈命成長，還有許多不同層面上，對基督徒有益的關鍵原則。凡是以認真態度閱讀這著作的教會，教友們就會蒙福受惠。

　　在懷師母晚年時，她常常在送書時夾帶一張她自己親手寫的短箋。短箋一開頭她說：「我們正前進天家。」對於基督再來和天國應許所抱持的、不可動搖的信念，成為她一生的指標和使命。為此我們將她注重的主題編彙成每天靈修的書籍，訂名為《前進天家》，並在她逝世百年後出版用以紀念她。

　　自懷師母離世超過一世紀之後，《前進天家》涵蓋了一系列在她著作中重要主題的完整回顧。每個月一個不同主題。因此，這本書可能和其他晨鐘課的形式不太一樣。內容不單是為靈性的提升而設，而是呈現懷師母認為至關重要之課題。有時候她要勸誡那些為主服事的讀者去做、或避免做一些事，有時候是特別針對復臨教會教導及對《聖經》的認知，例如：撒但在千禧年的命運，還有世界的末了。像這類的主題亦包括在內，因為這是懷師母強調的信息之一。

為了要符合最近靈修書的型式，這本書已經減少了很多過去書籍中出現的性別用詞，如人們、弟兄們、他、他的，過去這些字在懷師母的著作中被廣泛使用，其含意包括了男性和女性，而現今這樣的字眼已不常見。在不影響懷師母原意的前提下，本書在些許用詞上已做微調，但不至於令讀者產生誤解。

　　懷愛倫師母有句名言：「面對未來，我們一無所懼，除非我們忘記了上帝過去如何領導我們，還有祂在我們過去歷史中的教導。」我們由衷的盼望這本書不僅可以使我們牢記祂過去無時無刻的帶領，還有藉著祂的僕人懷愛倫所賜給我們的教導。

懷愛倫著作託管委員會　謹識

我們正前進天家。再過不久，所有的試煉都將過去。

願我們每一個站在艱難時期的人們，永遠持守著在我們面前那看不見的願景——到那時，世界將沉浸在天上的亮光中、歲月在歡樂聲裡前行、晨星一同歌唱以歡樂大聲讚美上帝的兒子，而上帝和基督將一同宣布，「不再有罪惡，也不再有死亡。」「忘記背後努力面前」，讓我們「得上帝在基督耶穌裡從上面召我來得的獎賞。」

——懷愛倫

目錄

時兆文化

前進天家

Homeward Bound

天家

一月

書中之書

為平凡的民眾

1月 01日

> 我對你們所說的話就是靈，就是生命。約翰福音 6：63

其實《聖經》並非為學者寫的，而是為平凡的民眾寫的。其中所有關於拯救的真理，說得清楚透亮如白晝，只要人能遵從上帝明示的聖旨，不從自己的偏見，必能明白，不致迷途。

我們對於上帝的道，應當親自去研究，不可把人的見證當作《聖經》的教訓。若讓別人代替我們思考，便會使精力萎縮，才能荒廢。人的心智本有高貴的能力，若不在有價值的課題上操練思想，這能力必大受抑制，以致不能領略《聖經》的奧義。我們若是運用心力，研究《聖經》的道理，以經解經，以屬靈的話解釋屬靈的事，心智就會日漸增長了。

世上最能增加心智能力的，莫如研究《聖經》；最能提高思想，加增技能的，莫如《聖經》。這裡有淵博卓越的真理，人若肯盡心去研究，必可開啟思想，提升人格，堅定人生的目標，成為一個現代不可多得的人。

但是草率的閱讀《聖經》並沒有什麼益處，人可以讀完全部《聖經》而仍見不到它的妙處，悟不到其中蘊藏的精義。讀一段而充分瞭解其意義，徹底知道它與上帝救贖計劃所有的關係，強過毫無目的地讀許多篇章而不得什麼益處。應當常把《聖經》放在身旁，一有機會，就開卷閱讀，將其中金句銘記於心。即便是在路上行走，也可讀一段，細品其意義，藉以謹記在心。

若不懇切研究，虔心祈禱，就無從加增智慧……所以讀《聖經》必須仔細研究，虔心思忖；如此的研究，必定大得效果。

讀《聖經》切不可不作祈禱。在開卷之前，我們應當先祈求聖靈開導，聖靈就必降下。

靈命的食物

經上記著說：「人活著不是單靠食物，乃是靠上帝口裡所出的一切話。」路加福音 4：4

教育是身體、心智與靈性三種能力的預備，使我們能最完善地履行人生的一切義務。持久的耐力、頭腦的能力與活動，皆視其運用的方式而有所增減。心志必須經過鍛鍊，使其一切的能力都得以均衡地發展。

一個人信仰經驗的本質如何，可從他在閒暇時所選讀的書籍性質上看出來。青少年為求具有健全的思想和正確的信仰原則起見，必須藉著讀經與上帝保持交往。《聖經》指明那靠基督得救的道路，正是我們趨向更高更美生活的嚮導。其中所記載的歷史和傳記，乃是有史以來最有趣、也最具教育意義的。凡沒有因閱讀小說而致想像力腐化的人，必能發現《聖經》是一切書籍中最有趣的書。

《聖經》乃是書中之書。如果你喜愛上帝的聖言，一有機會便查考它，你就可以獲取其中豐饒的寶藏，而準備妥當行各樣善事，那時你就可確知耶穌正在吸引你去順服祂。但是隨便地閱讀《聖經》，而不力求瞭解基督的教訓以順從祂的要求，那仍是不夠的。上帝的聖言中有許多的寶藏，唯有在真理寶礦中深入採掘才能發現。

體貼肉體的心拒絕真理，但一個悔改的人卻會經歷奇妙的改變。那在過去因啟示指責罪人的真理而不引人注目的書，如今卻成了心靈的糧食、人生的喜樂與安慰了。公義的日頭照亮了神聖的篇章，而聖靈也藉此向心靈講話。

凡偏愛輕鬆讀物的人，務要使自己的注意力轉向預言確實的話語。要拿起你們的《聖經》，以新的興趣開始研究《聖經》的神聖記錄。你愈殷勤地研究《聖經》，它就愈顯得優美，你也必減少對輕鬆讀物偏愛了。當將這寶貴的書卷繫在自己心上，它必成為你的良友和嚮導。

1月 03日 信心唯一法則
那聽我話、又信差我來者的，就有永生。約翰福音5：24

唯有《聖經》是信仰與教義的唯一準則。那些把世上最神聖的信息教導別人的人，應當訓練心智領會它的意義。救贖的主題禁得起最審慎的研究，而其可探索之深度更是深不可測。你不必擔心這個奇妙的主題會被用盡。要深飲於救恩之泉。要親自去那泉源，以便你恢復的活力，使耶穌可以在你裡面成為活水的泉源，直湧到永生。唯有《聖經》的真理和謹記《聖經》的信仰才會經受住審判的考驗。

我們不要歪曲上帝的道來迎合我們的便利和屬世的利益，而要真誠地詢問：「你要我做什麼？」「你們不是自己的人；因為你們是重價買來的。」（哥林多前書6：19-20）而那是何等重的代價啊！不是「憑著能壞的金銀等物，乃是憑著基督的寶血。」（彼得前書1：18-19）當人類失望喪志時，上帝的兒子說：「我要救贖他，我要成為他的中保和替身。」祂撇下自己的王袍，以人性披覆祂的神性，走下了寶座，以便下到人類禍患和試探的最深處，提拔我們墮落的本性，使我們有機會成為得勝者，作為上帝的眾子，承受永遠的國度。這樣，我們還要允許任何屬世的思考使我們轉離真理的道路嗎？我們豈不要挑戰每一項要道和理論，使它受上帝之道的檢驗嗎？

我們不應允許任何人的論據使我們轉離對《聖經》真理的充分研究。不要把人的意見和約定俗成的事當成出於神聖的權威。上帝已在祂的話中揭示了人的全部責任是什麼，我們不可偏離公義的偉大標準。祂差了祂的獨生子來作我們的榜樣，吩咐我們要聽祂和跟從祂。我們不可受影響離開那在耶穌裡的真理，因為自稱良善的偉人們會極力主張他們的思想超越上帝之道的重要。

基督的工作是要吸引人們離開虛假歸向真實。「跟從我的，就不在黑暗裡走，必要得著生命的光。」（約翰福音8：12）

看上帝奇妙的作為

你要留心聽，要站立思想上帝奇妙的作為。●約伯記 37：14

虔誠而具有才能的人往往可窺見永恆真實的面貌，但卻不能瞭解，因為所見之事將未見之事的榮耀掩蔽了。所以凡想在尋找隱藏財寶的事上有所成就的人，必須有著比屬世事物更崇高的追求。他的一切感情與才能必須奉獻於這樣的追尋上。

不順從的心關閉了那原可從《聖經》中獲得廣博知識的門。領悟的心就是順從上帝的誡命。《聖經》斷不能遷就人的偏見與猜疑。唯有虛心尋求真理知識並順服的人，才能明白真理。

你若問：「我應當做什麼才可以得救呢？」你必須將你固有的成見，以及你先天和後天的種種觀念棄置一旁，再進行研究。如果你查考《聖經》是為了辯護你自己的意見，那麼你就絕不會得到真理。查考的目的乃是要知道主所說的是什麼。如果你在查考之時有所感悟，如果你看出自己原來所持的成見與真理不符，切不可曲解真理來遷就你自己的意見，乃要領受所賜的亮光。要敞開心思意念，以便看出上帝聖言中的奇妙。

要相信基督為世界救贖主，其先決條件乃是基於已蒙啟迪的悟性，並一顆能辨識、欣賞天上財寶之心。此種信心與悔改及品格的變化是不可分離的。有信心的意思就是去尋求並領受福音的財寶，以及福音所附帶的一切義務。

我們需要聖靈的啟迪，以便看清上帝聖言中的真理。自然界的美物若沒有太陽驅散黑暗，使光輝普照其上，人就一無所見。照樣，上帝聖言中的財寶若非由「公義的日頭」之燦爛光輝所顯明，就不為人所欣賞。

那出自上天無限仁愛的恩慈而差來的聖靈，將屬於上帝的事顯明給每一個篤信基督的人。藉著祂的能力，使凡有關人類得救的重大真理得以銘刻在人心，並使生命的道得以顯明，以便任何人都不致失迷其中。當我們研究《聖經》的時候，我們應當祈求上帝聖靈的光照亮其中的聖言，使我們能察明並欣賞其中的財寶。

置身於屬天的氛圍中

你求告我，我就應允你，並將你所不知道、又大又隱密的事指示你。
耶利米書 33：3

凡存著真誠與受教的精神研究上帝聖言，且欲盡力瞭解其中真理的人，就必與其創作者接觸；這樣的人除非自暴自棄，則其發展的潛力必是無可限量的。

《聖經》的題材與文體範圍極廣，對於每一個人，都有足以引起其興趣，訴諸其心意之處。《聖經》的記載，有最古老的歷史、有最真實的生活傳記、有治國齊家的原理，這些原理是人的智慧所無可比擬的。《聖經》包含有最深奧的哲理、最美妙、宏壯、感人與悽愴的詩歌。《聖經》的著述僅就以上幾點而論，即已遠超乎任何世上的作品，但就其對偉大中心思想的關係而言，它著述的範圍就更加廣博，價值也就更高貴了。就這一思想的觀點來看，每一個題目都具有新的意義。在那敘述極為簡明的道理中，也含有與天齊高的永生原則。

每一個人，不論其人生的處境如何，只要有上帝的聖言在手，便可隨意揀選欲交往的人。他在《聖經》的篇章中，可以和人類中最高尚良好的人物交談，並可傾聽那位永活之主對人說話的聲音。在他研究並默想那些「天使也願意詳細察看」（彼得前書1：12）之主題時，他就可和他們來往。他也可以追隨那位從天而來之教師的腳蹤，聽祂往日在山上、平原與海邊教訓人時所說的話。他可以活在這世上而置身於屬天的氛圍中，將具有希望的思想與渴慕聖潔的意念分給在地上憂傷而遭受試探的人，他自己也可與那位看不見的主有愈益親近的交往；正如那昔日與主同行的人一般，日漸接近永存世界的門，直至那門開了，他便可以進去。他會發覺自己不是生客。

那歡迎他的聲音乃是他在地上憑肉眼看不見之同伴——來自眾聖者的聲音，這些聲音乃是他在此世已經學會辨明而且愛好的。凡藉著上帝的聖言而與天國交通的人，將來置身於天國友伴之中，就必有歸鄉之感。

上帝旨意的記述

我將你的話藏在心裡，免得我得罪你。**詩篇 119：11**

上帝在祂神聖律法的訓詞中，已經給予我們一個完全的人生標準；祂已經聲明這個一點一劃也不改變的律法，要在人類身上保持其權威直到末時。基督來乃是要使律法為大為尊。祂說明這律法是建立在愛上帝與愛人的廣大基礎上的，順從它的律例便成就了所有人所當盡的本分。祂在自己的生活上留下了順從上帝律法的榜樣。祂在山邊寶訓中說明了律法的要求如何超越外表的行為，如何涉及內心的思想和意向。

人若順從律法，就必「除去不敬虔的心和世俗的情慾，在今世自守、公義、敬虔度日。」（提多書2：12）但那公義的仇敵已將世界擄去，並引誘世人違背律法。正如保羅所預見的，許多人已經離棄上帝聖言中簡明而鑒察人心的真理，倒向那些傳講他們愛聽的飄渺言語。在傳道人和民眾中間，有許多人正將上帝的誡命踐踏在腳下。這樣，世界的創造主便受了侮辱，而撒但則慶幸自己的詭計成功了。

由於上帝律法日益遭輕視，人們就愈厭煩宗教信仰，愈加自誇狂傲，喜愛宴樂，違背父母，任意妄為；有心人士不禁焦急地詢問：「當怎樣行才能糾正這些驚人的邪惡呢？」在保羅給提摩太的訓言中可以找到答案，那就是「傳道」（提摩太後書4：2）。在《聖經》中可以找到唯一可靠的行為準則。《聖經》乃是上帝旨意的紀錄，是神聖智慧的表達。它向人的悟性啟明人生的大問題：對於一切聽它訓誨的人，它必成為正確無訛的嚮導，使他們不致在錯誤的方向耗費精力，虛度一生。

上帝已經顯示祂的旨意，人若對祂口中所出的話有疑問，真是愚不可及。在無窮的智慧者發言之後，就不可能有什麼疑難的問題須待人來解決，也不能有什麼未定的可能性還待他去調整。他所需要的，只是赤誠而熱切地遵循上帝已昭示的旨意。服從乃是理智與良心二者的最高指示。

救贖計畫的普及

1月07日

敬畏上帝，謹守祂的誡命，這是人所當盡的本分。傳道書 12：13

在《聖經》中人的責任已經界定。所羅門說：「敬畏上帝，謹守祂的誡命，這是人所當盡的本分。」上帝的旨意已經寫在祂的話裡了，這是很重要的知識。人類的智慧，若用在熟悉不同國家的語言，則有助於佈道工作。了解人類的習俗、地域、重要事件的時間點，是實用知識，因為這些可以使《聖經》更明確地表達，並使人更明瞭基督的教訓，但這些並不是絕對必要的知識。旅行者或許還能找到為拯救失喪之人所設的路徑，但對於誤解《聖經》而導致毀滅的人而言，則沒有任何藉口可原諒的。

《聖經》中任何重大的原則都闡明地非常清楚，每一項責任也都明白，每一個義務亦都明確。人類所有的責任總括在救主的一句話之中。祂說：「你們要盡心，盡性，盡意，愛主你的上帝……又要愛鄰舍如同自己。」在救贖的計劃裡已經清楚地劃定了。永生之禮是賜給那些因信稱義的人。聖靈的大能是被指派協助救靈工作的最佳幫手。信心的報償，罪的懲罰，都非常清楚地載明了。《聖經》中救贖的知識是給凡聽從並遵守基督話語的人。

使徒說：「《聖經》都是上帝所默示的，於教訓、督責、使人歸正、教導人學義都是有益的，叫屬上帝的人得以完全，預備行各樣的善事。」《聖經》是它自己的解釋者。一段章節可能是開啟另一段章節的鑰匙，以此方法亮光就會照耀在隱藏的含義裡。同一個主題比較不同的章節，考察其中不同的面向，《聖經》真正的意義就會顯明出來了。

主上帝，宇宙的創造主，付上無限的代價把福音賜給世界。

傾聽耶穌的聲音

你們查考《聖經》因你們以為內中有永生；給我作見證的就是這經。
約翰福音 5：39

上帝用祂的道對人說話。上帝的品德，祂待人的方法，和救人的計劃，都在這裡很清楚的顯示給我們了。其中又記載先知和先祖，以及許多聖人的歷史，他們「與我們是一樣性情的人」（雅各書5：17）。我們可以注意他們如何像我們一樣在艱難中奮鬥，像我們在試探中一樣失足，最後卻能堅定立志依靠上帝的恩典之力得勝；我們尋求公義，自然難免遭遇困難，但看到他們的榜樣，便可以得到勉勵。我們研究他們所有的經歷，上帝怎樣允准他們享受恩光、仁愛與幸福，並怎樣助他們成就偉業，那位默示他們的靈就要激勵我們的心，使我們切望效法他們的品性——像他們一樣與上帝同行。

耶穌論到《舊約》說——那麼《新約聖經》豈不更為確切——「給我作見證的就是這經」，救贖主，祂是我們永生盼望的中心。（約翰福音5：39）是的，整本《聖經》都是為基督作見證的，從創造世界最早的記錄——因為「凡被造的，沒有一樣不是藉著祂造的。」——直到末後的應許，「看哪，我必快來！」我們讀祂的話並聽祂的聲音。（約翰福音1：3；啟示錄22：12）你若要認識救主，必須研究《聖經》。

當將上帝的話充滿你的心，因為祂的話是足以止渴的活水，是從天降下的生命之糧。耶穌說：「你們若不吃人子的肉，不喝人子的血，就沒有生命在你們裡面。」又指著祂自己說道：「我對你們所說的話就是靈，就是生命。」（約翰福音6：53，63）我們的肉體得以成長，是靠飲食，我們的靈性要成長，也是如此。靈性之所以能有精神，有力量，乃是全憑心裡所默想的事。

上帝救人的道理，天使很願意詳細察看；將來凡蒙救贖的人，也必以這道為他們的學問、他們的詩歌，天天加以研究頌讚，世世無窮。這豈不是值得我們現在細心思想嗎？

天國的鑰匙

我要把天國的鑰匙給你。**馬太福音 16：19**

耶穌接著又說：「我還告訴你，你是彼得，我要把我的教會建造在這磐石上；陰間的權柄不能勝過祂。」（馬太福音16：18）「彼得」就是石頭的意思：一塊轉動的石頭。但彼得並不是教會建立在其上的那磐石。在他發咒起誓不承認主時，陰間的權柄確已勝過了他。教會是要建立在一位陰間的權柄所不能勝過的主身上。

耶穌說：「我要把我的教會建造在這磐石上。」基督在上帝、天上所有活物，以及看不見的陰間勢力面前，將祂的教會建造在活的磐石上。那磐石就是祂自己的身體，就是為我們壓傷的身體。建造在這個根基上的教會，是陰間的權柄不能勝過的。

基督說這話時，當日的教會顯得多麼脆弱啊！信徒寥寥無幾，並有魔鬼和惡人的勢力向他們猛烈攻擊，但基督的門徒無須懼怕。既是奠基於他們力量的磐石上，他們就不會被推翻。

六千年來，上帝子民的信仰，是建立在基督身上的。六千年來，撒但憤怒的狂濤和風暴不住地衝撞我們救恩的磐石，這磐石卻仍然屹立不搖。彼得已經說明教會信仰基礎的真理，於是耶穌就褒獎他為全體信徒的代表。祂說：「我要把天國的鑰匙給你，凡你在地上所捆綁的，在天上也要捆綁；凡你在地上所釋放的，在天上也要釋放。」（第19節）

「天國的鑰匙」，乃是基督的道，它包括《聖經》中所有記載的。這些話有開啟和關閉天國之門的力量，同時也宣布世人被上天接受或拒絕的條件。所以傳講上帝之道的工作者，若不是作活的香氣叫人活，就會成為死的氣味叫人死。他們的使命有著永久的結果。

沒有對手

你的法度是我所喜樂的,是我的謀士。 詩篇:119:24

沒 有什麼其他學科能像研究《聖經》那樣,提高人的每一個思想、感情和願望。《聖經》是上帝向人所顯示的旨意。我們可以由此獲悉,上帝對那照著祂自己形像所造的人有什麼期望。在這裡我們還可學得如何善用今生、獲得來生。沒有其它的著作能解決我們心中的疑問和滿足內心的渴望。唯有藉著獲得有關上帝聖言的知識,並照著這知識去行,人便能從無知和敗壞的最深處興起,成為上帝的兒女,無罪天使的同伴。

清楚地認識上帝以及祂對我們的要求,會使我們自我謙卑。正確研究上帝之道的人,必獲悉人的才智並非萬能,也必明白若缺少那唯有上帝才能賜予的幫助,人的力量與智慧只不過是軟弱與無知而已。就教育的功能而言,《聖經》是無可比擬的。沒有什麼比使學生領會那啟示的偉大真理所賦予的才智更有活力了。人的心思會逐漸適應它所默想的主旨。如果所思念的只是一些平凡的事物,人的心智就必變得弱小衰薄;如果從未要求它盡力克服難題,也從不要求它竭力領會重要真理,過不久它就要喪失長進的機能了。

《聖經》是人間最全面、也最具教育意義的史書。它是直接從永恆真理的泉源中流出來的。上帝的聖手曾在各世代中保守它的純潔。它能照亮那單靠人的研究所無法追溯的遠古。唯獨在上帝的話裡,我們才發現了關於創造的可信記述。唯有《聖經》所記載的人類歷史,才沒有沾染人的偏見或驕傲。

在上帝的話中,人心可以找到許多課題來訓練高深的思想,啟發最高尚的希望。我們可在此與諸先祖和眾先知交往,並聆聽那位永存者的聲音與人交談。我們在此得見天上的大君。

創造之能

諸天藉耶和華的命而造；萬象藉祂口中的氣而成。**詩篇 33：6**

那使諸世界出現的創造之能就在上帝的話語中。這話能授予能力、產生新生命。每一道命令即是一個應許：人若定意領受，將其接納在心靈之中，那位無窮之主的生命就必來到你身上。它改變人的本性，並照著上帝的形像重塑人的心靈。

如此分得的生命也必照樣得著維持。因人活著乃是「靠上帝口裡所出的一切話。」（馬太福音4：4）

人的心思與靈性乃由其所獲的供養而得建立，而決定採用何種供養之權卻在乎我們。每一個人均有權選擇時常思想與建造品格的課題。上帝論到每一獲得特權可以閱讀《聖經》之人說：「我為他寫了律法萬條。」「你求告我，我就應允你，並將你所不知道、又大又難的事指示你。」（何西阿書8：12；耶利米書33：3）

上帝的聖言，正如其作者的品德一般，含有許多的奧祕，是有限的人類永不能完全測透的。但上帝已在《聖經》中賜下充分的憑據，顯明其神聖的權威。至於祂的存在，祂的品德，和祂言語的可靠，都有確切的見證可供我們研討，而且這種見證也是非常豐富。誠然，上帝並未除盡一切懷疑的可能，信心務須依賴憑據而非依賴表現，那些想要懷疑的人盡可有機會懷疑，但凡渴望明白真理的，卻能獲得充分信心的根據。

我們因為不明白上帝旨意的奧祕就懷疑祂的聖言，這是毫無理由的。在自然界中，我們經常被許多超越我們理解範圍的奇蹟環繞著。難道我們在屬靈方面遇到一些自己不能測度的奧祕，就感到驚奇嗎？其困難之處源自於人類心智的軟弱與狹隘。

《聖經》的奧祕非但不能作為反對它的理由，反而是最有力的證據，證明它是由神聖的靈感啟發而成的。

地上死亡的本質

這話將我救活了；我在患難中，因此得安慰。**詩篇 119：50**

那賜世人生命的就是基督的生命，基督的生命在祂的話中。耶穌藉著祂的話醫病、趕鬼，藉著祂的話平靜風浪，使死人復活。眾人也見證祂的話是帶有能力的。祂說的話就是上帝的話，正如祂在舊約時代藉眾先知和教師說話一樣。整本《聖經》都展示了基督，救主要跟從祂的人把信仰建立在上帝的話上。等到祂離開他們之後，上帝的話必須作為他們能力的泉源。他們要像他們的夫子一樣，靠「上帝口裡所出的一切話」（馬太福音4：4）而活。

當信心這樣領受、吸收真理原則的時候，這些原則就必化為我們的一部分，成為我們人生的原動力。人的心靈一經領受上帝的話，這話就能鑄造人的思想，建造他的品格了。

我們若用信心的眼睛不住地仰望耶穌，就必得著能力，上帝必將最寶貴的啟示賜給饑渴慕義的子民。他們將體會到基督是他們的救主。當他們把基督的話當作食物咀嚼的時候，就會體驗祂的話就是靈，就是生命；這話能消滅自然、屬世的本性，並在基督耶穌裡被賦予新生命。於是聖靈就要來到人心中，作他的保惠師。由於基督恩典改變人心的能力，上帝的形像就在門徒身上得以恢復，他就成了一個新造的人。於是愛代替了恨，人心裡也領受了上帝的榮耀。這就是所謂「靠上帝口裡所出的一切話」活著的意義。這就是吃那從天上降下來的糧之意思。

論到基督和信祂之人的關係，祂說了一個神聖而永恆的真理。祂知道那些自命為祂門徒之人的本質，所以祂的話就要試驗他們的信心。祂聲明他們必須相信並實行祂的教訓。凡接受祂的，就必與祂的性情有分，與祂的品德相似，必令他們放棄自私的野心，完全獻身給耶穌。耶穌吩咐他們要犧牲自我，心裡柔和謙卑。如果他們要分享生命的恩賜和天國的榮耀，他們必須走骷髏地的窄路。

對抗試探的堡壘

1月 13日

少年人用什麼潔淨他的行為呢？是要遵行你的話！**詩篇 119：9**

整本《聖經》代表了上帝的榮光在基督裡，我們接受《聖經》、信服《聖經》、順從《聖經》，它是品格轉化的利器。它那偉大的鼓動和激勵之力，足以振興身體、思想、和心靈上各方面的機能，足以使人生歸向正道。

現今一般青年，甚至連成年人也是如此，很容易受誘惑驅使去犯罪，其原因就是他們沒有好好地去研究他們所應該研究的《聖經》，沒有仔細揣摩其中的訓誨。人既疏忽《聖經》裡上帝的教訓，生活和行為上就呈現意志薄弱、缺少毅力的象徵。他們不肯費什麼心力把心思意念從虛偽不潔的事移開，轉而到足以激發聖潔高尚思想的事上。能像馬利亞那樣作上好的選擇，坐在耶穌腳前，靜聽大教師的教導，聽了又能珍藏於心，遵守奉行，這樣的人現在實在少極了。

《聖經》的真理蒙人接受之後，它就會提高他們的心靈和思想。不論長幼老少，對於上帝的道若有應有的欣賞和尊重，就能有一種內心的正直和堅守主義的能力，使他們足以抵擋罪的誘惑。

讓我們來教導並抄寫《聖經》中的金玉良言。讓我們的智力、才能、以及腦力的活動，都用以研究上帝的思想。上帝就是真理，我們應當研究祂的哲學，不要去讀昔人信口說出的理論。沒有別的文學能與上帝言論的價值相比。

囿於世俗的心智，不能從思忖上帝的道上找到樂趣；唯有經聖靈改造的心靈，便會在《聖經》的字裡行間見到神聖的美和天光的照耀。世俗的眼光以為荒涼的沙漠，在屬靈目光看來卻是活水佳源。

我們需使兒童從《聖經》中認識上帝，這就是我們所當給他們的知識。從他們智識初開之時，我們就應當使他們熟悉耶穌的名字和祂一生的事蹟。我們所當教他們的第一課，就是上帝是他們的天父。

深究真理

我藉著你的訓詞得以明白。**詩篇 119：104**

根據上帝的律例，人的心思、靈性和身體方面的能力，必須由努力而得增進。唯有練習始能發展。上帝已依照這一定例，在祂的聖言中預備了心智與靈性發展的方法。

《聖經》包含一切人所需要了解，以便適應今世或來生的一切原理。這些原理是人人均可瞭解的。凡存心尊重《聖經》教訓的人，每讀一段經文，無不從中領悟到若干有益的思想。然而《聖經》中最有價值的教訓卻並非得自偶然或間斷的研究；其重要的真理系統，也非急躁或草率的讀者所能識別。其中有許多珍寶隱藏在深處，唯有藉著殷勤研究與不斷的努力，方能獲得。那組成偉大完整的各種真理，必須「這裡一點，那裡一點」（以賽亞書28：10）地搜尋採集。

這些真理一經搜集，就必發現是相互符合的。每一個福音，乃是其他福音的補充；每一種預言，亦是另一預言的解釋；每一項真理，更是其他真理的啟發。猶太人所有的制度，都一一由福音說明了。上帝聖言中的每一原理各有其地位，每一事實各有其意義。而此圓滿的結構，在計劃與實施上，均是創作者的見證。像這樣的結構，除了無窮之主以外，絕非人的心智所能想像或設計得出。

在查考《聖經》各卷書並研究其相互關係時，人心智上的最高能力，便獲得了高度的運用。凡如此從事研究的人，無不在智力上有所發展。

研究《聖經》之所以具有心智層面的價值，乃在於它不僅在於尋求真理，並且還整合了人為了領悟《聖經》所做的努力。人的心智若僅顧平凡陳腐之事，就會變成狹小軟弱。若不用來明瞭那些遠大的真理，不久就會失去增長的能力。欲求防禦此種退化而刺激發展，莫過於研究上帝的聖言。

肩並肩

正談論相問的時候，耶穌親自就近他們，和他們同行。路加福音 24：15

凡尋求基督之義的人，必思考偉大救恩的命題。《聖經》是供給他們心靈糧食的寶庫。他們默想基督道成肉身，思考祂為救他們脫離沉淪，賜給他們赦免、平安、和永恆的公義所作的偉大犧牲。他們的心靈因這些莊嚴高尚的課題而興奮。他們的思想充滿了聖潔與真理，恩惠和公義。過去的「老我」死去，基督住在祂的僕人心中。他們既默想聖道，心中就火熱，如同當日前往以馬忤斯的兩個門徒一樣。基督那時與他們一路同行，向他們講解《聖經》中一切指著祂自己的話。

很少有人認識到那看不見的耶穌正在他們旁邊行走。許多人若聽到祂對他們說話，知道祂聽見了他們一切愚蠢庸俗的言談，他們會感到何等羞恥！有多少人知道若救主在身邊，祂臨格的聖潔氣氛環繞著他們，而他們可以吃到生命之糧，他們的心將燃起何等聖潔喜樂的火焰！救主若聽見他的門徒談論祂的寶訓，並對於聖潔的事無限愛慕，祂將何等的快樂！

《聖經》在發展人的靈性上，其能力更為偉大。人的被造原為與上帝交往，唯有藉著這種交往，方能獲得其真正的人生與發展。他的被造原是要在上帝裡面獲得最大的喜樂，除此並無其他方法能禁止其內心的欲望，滿足其靈性的饑渴。凡存著真誠與受教的精神研究上帝的聖言，而欲盡力瞭解其中真理的人，就必與其創作者接觸。

《聖經》的中心主題

親愛的弟兄啊，我們現在是上帝的兒女，將來如何，還未顯明；但我們知道，主若顯現，我們必要像祂、因為必得見祂的真體。
約翰壹書 3：2

在《聖經》中的傳記較比其他部分更具有教育的價值。這些傳記與其他傳記不同，因為它們都是絕對正確真實的。任何有限的心智要想全然對他人的工作予以正確的解釋，乃是不可能的。只有那位鑒察人心、洞悉人動機與行為祕密的主，才能絕對正確地描寫人的品格，或將人的一生加以忠實地敘述。只有在《聖經》中，才能有這樣不偏不倚的描述。

沒有其他真理能像《聖經》那樣清楚地教導我們。我們的行為即代表我們的品格，在很大程度上，人生的經歷正是我們自己的思想和行為所結的果。

《聖經》的中心題目，也就是全書所有課題所集中的總題，乃是救贖的計劃，即在人心中恢復上帝的形像。自伊甸首次說出那含有希望的宣告，直到啟示錄末時所述榮耀的應許，「也要見祂的面；祂的名字必寫在他們的額上。」（啟示錄22：4）《聖經》每一卷每一段的主旨都闡明這奇妙的總題——人類的高舉——上帝的能力「使我們藉著我們的主耶穌基督得勝。」（哥林多前書15：57）

凡理解這一層意義的人，眼前便有供其研究的無限領域。他也獲得了那開啟上帝全部聖言寶庫的關鍵。

救贖的科學乃是一切科學中的科學，這是天使和一切未墮落之世界的諸聖者所研究的科學。它也是引起我們救主注意的科學，是參入無窮之主所懷旨意中「永古隱藏不言」（羅馬書16：25）的科學，更將成為上帝救贖之民在無盡歲月中所從事研究的科學。

這是人類可能從事的一種最高尚的研究。其他類型的研究都無法如這種研究，能促進人的心智，提高人的靈性。

那使諸世界出現的創造之能就在上帝的話中。這話能授予能力，產生生命。每一道命令即是一個應許，人若定意領受，全心接納，那位無窮之主的生命就必來到。它改變人的本性，並照著上帝的形像重塑人的心靈。

《聖經》中的善惡之爭

在天上就有了爭戰。啟示錄12：7

須明白《聖經》乃是它本身的解釋者，應將經文與經文互相比較。讀者當學習將《聖經》作整體的研究，並查考各部分彼此間的關係。他們應當獲知《聖經》的中心主旨、上帝對世界的本意、善惡大鬥爭的起源以及救贖的工作等。他們應當明瞭那互相爭奪最高權位的兩大陣營的本質，並當學習從歷史及預言的記載上考察雙方的工作，直到末日大功告成為止。他們也當看出這一鬥爭是如何地滲入人生的各層面，並且在自己的每一生活行為上，如何地顯明自己是傾向這敵對雙方的哪一方，更當看出，不論願意與否，也需要決定自己在這鬥爭中要站在哪一方。

《聖經》的每一部分都是上帝所默示的，而且是對人有益的。《舊約》與《新約》應同樣地受人注重。當我們研究《舊約》時，我們就必看出這被一般粗心的讀者所認為像荒漠一樣的《舊約》，其中卻有生命之泉湧流。

啟示錄與但以理兩書相互的關係，尤其應加以研究。但願每一敬畏上帝的教師考慮到，如何可充分瞭解並傳講救主親自來傳授給祂僕人約翰的福音——「耶穌基督的啟示，就是上帝賜給祂，叫祂將必要快成的事指示祂的眾僕人。」（啟示錄1：1）凡研讀啟示錄的人，不應因為其中許多看似深奧的象徵而灰心。「你們中間若有缺少智慧的，應當求那厚賜予眾人、也不斥責人的上帝。」（雅各書1：5）

「念這書上預言的和那些聽見又遵守其中所記載的，都是有福的，因為日期近了。」（啟示錄1：3）

學者若對《聖經》有了真正的愛好，並且覺得《聖經》的範圍是如何地廣大高深，其中的寶藏是如何地可貴，他就必願意利用每一機會使自己熟識上帝的聖言，而不是限於特定的時間去研究了。這樣連續不斷地研究，乃是一種養成愛好《聖經》的最好方法。

逐節研究

耶和華啊，你是應當稱頌的！求你將你的律例教訓我！ 詩篇 119：12

研究《聖經》的人，應當要抱著學習者的精神去研究。我們查考《聖經》，並非是為了求得證據以支持自己的見解，而是要藉此知道上帝所說的是什麼。

只有藉著那傳授《聖經》之聖靈的幫助，才能得到《聖經》的真知識。為獲得此種知識，我們必須依此而生活。凡上帝聖言所吩咐的，我們都應順從。其中的一切應許，我們都可以要求。《聖經》所命定的生活，就是我們靠著它的能力所當度的生活。唯有這樣重視《聖經》，才能有效地研究它。

我們必須憑著百折不撓的精神與殷勤不倦的努力去研究《聖經》。挖礦的人是如何堅毅熱切地發掘地下的財寶，我們也當如此去尋求上帝聖言中的珍寶。

在每日的研究中，逐節研究的方法往往是最有助益的。讀者先讀一節經文，再細心思索上帝所要他從這節經文得到的意義，然後就專心致意在這意義上，直至融會貫通為止。這樣徹底地研究一節經文直至明瞭其意義為止，較比熟讀許多篇章卻毫無一定目的，且得不到確切的教訓，更有價值了。

人類心智退化，道德衰弱的主要原因之一，就是由於不肯專注於有價值的目的。我們自誇書刊銷路的廣大，但浩瀚無垠的書海，甚至連那些本身並無害處的書籍，也許都是對人有害的。現今汗牛充棟的印刷物紛紛出版，所以人們無論老少，都養成了一種略讀與急讀的習慣，以致腦筋失去了聯想及用功思想的能力。況且現今的許多刊物和書籍，猶如埃及的青蛙一般遍滿全地，其內容不僅平淡無奇，毫無價值，且多污穢不堪，低級下流的。它們的影響不但麻醉損害人心，而且也敗壞毀滅人的靈性。那耽於逸樂而毫無定見的頭腦與心靈，很輕易地就投入罪惡的羅網。菌類是在患有疾病而無生命的有機物上生根。空閒的頭腦乃是撒但的工廠。但願人的心智被引到高尚聖潔的理想上，但願人生具有高尚的目的、專一的目標，這樣，罪惡就無其立足之地了。

歷史中上帝的手

1月 19日

祂廢王，立王。但以理書 2：21

其實《聖經》是人類所保有、最早最完全的歷史。它從永存真理的泉源而來，並有神聖之手在歷代中保持它的純潔。《聖經》向人指明遠古之事，是人類的考察所無從測透的。我們唯有從上帝的聖言中，看出那立定地的根基並鋪張諸天的能力。我們唯有在《聖經》中才發現一切邦國來源的正確記錄。唯有《聖經》所提的人類史，才未受人類驕傲或偏見的沾染。

在人類的史記中，民族的發展、國家的興亡，似乎都仗賴人的意願與勇武。時局的變遷，似乎大都在乎人的能力、野心、或任性而行。但在上帝的聖言中，簾幕被揭開了，我們可以從前後上下以及正面反面看出在人類的一切利害關係以及權力與情緒上，都有那位全然慈愛者的能力在默然忍耐地完成合乎祂自己旨意的計劃。

《聖經》彰顯了真正的歷史哲學。在使徒保羅向雅典的明哲之士所發表的那篇美善無比的演說中，闡明了上帝創造及分別種族國家的旨意。「祂從一本造出萬族的人，住在全地上，並且預先定準他們的年限和所住的疆界，要叫他們尋求上帝，或者可以揣摩而得。」（使徒行傳17：26-27）上帝宣布說，凡願意的都可以來「被約拘束」（以西結書20：37）。在創造的時候，上帝的旨意是要地上有人類居住，並要他們因自己得福，也彼此蒙福，而且將榮耀歸與那創造他們的主。凡願意的，都可以使自己與上帝的旨意相合。論到這樣的人，《聖經》上說：「這百姓是我為自己所造的，好述說我的美德。」（以賽亞書43：21）

上帝已在祂的律法中，提示了一些作為國家及個人達到真正繁榮之基礎的原理。摩西向以色列民宣述上帝的律法說：「這就是你們在萬民眼前的智慧、聰明。這不是虛空與你們無關的事，乃是你們的生命。」（申命記4：6；32：47）這樣向以色列民所保證的福氣，也是在同樣條件下，按同樣程度給普天下每個國度和每個人的保證。

為什麼疑惑呢？

你這小信的人哪，為什麼疑惑呢？馬太福音 14：31

上帝的道，正如它神聖作者的品格一樣，都含有世人所不能明白的奧祕。如《聖經》中所提罪惡進入世界，基督降生為人，以及重生、復活等問題，都是深奧難解、人心無從完全明瞭的。然而我們不能因不明白上帝的旨意深奧，就懷疑《聖經》。在自然界中，圍著我們的，盡是奇妙莫測的現象。在最小的生物裡頭，就有最大的哲學家所不能解明的奧祕。在我們周圍，既隨處都是想不透的奇事，那麼，在屬靈方面，我們發現不能明白的事，又有什麼可驚奇呢？

懷疑派將《聖經》中難明的奧祕，作為反對《聖經》的根據，豈不知他們所反對的理由，適足以證明《聖經》實是上帝默示的。倘若《聖經》論到上帝的事，都是世人所能明白的，或上帝的偉大與尊榮，全是人心有限的思想可理解的，《聖經》中便沒有確實無誤的理由，可以使人相信其為上帝所寫。《聖經》中那種崇高奇妙的論題，應能使人確信《聖經》的確是上帝所默示。

《聖經》用簡明純粹的話，解明真道，完全適合人心的需求，既能使智慧學養高深的人驚奇喜悅，又能使卑微無知的人認識得救之道。《聖經》中的話雖簡單易明，但所講的道，卻是高深廣大，遠非人心所能測度。我們之所以能接受這些真理，是因為它們是由上帝所宣告的。得救的門今已開啟，使人人可知悔改歸主、信賴救主所應採取的步驟，期能按著合乎上帝旨意的方法蒙贖。然而在此明顯的道中，還有許多深奧難測的真理。這是上帝榮光的隱藏，雖出乎人的思想之外，但卻能激發誠心尋求真理之人的敬愛和信心。人愈考察《聖經》，就愈能深信它是永活上帝所說的話。世人的理智於是也拜服在上帝的默示之前了。

落在好土的聽道者

又有落在好土裡的，就結實，有一百倍的，有六十倍的，有三十倍的。馬太福音 13：8

人對於真理的認識，並不在乎智力高低，只在乎思想純潔，以及懇摯信賴之心的純一。上帝的使者要靠近一切以謙卑的心尋求神聖引導的人，且必有聖靈賜下，向他們敞開那真理的豐富寶藏。

那落在好土裡的聽道者既聽了道就遵行。撒但和他一夥的爪牙都不能將這道奪去。

單單聽道或閱讀《聖經》是不夠的，人若想充分得到《聖經》的幫助，就必須沉思默想所面對的真理。他必須以誠摯的專注和敬虔的思想來學習這真理之道的意義，並且深深地吸取上帝聖言的要旨。

上帝囑咐我們要用崇高和純潔的思想來充實我們的心智。祂要我們思念祂的仁愛與慈憐，並研究偉大救贖計劃的奇妙工作。這樣，我們對於真理的認識便越來越清晰，我們渴慕心靈清潔和思想純正的願望也必愈益高尚而聖潔了。心靈如能長久居留於聖潔思想的純淨氣氛中，就必藉著研究《聖經》與上帝交通而得以變化。

「後來結實」（馬可福音4：20）。凡聽道而遵行的人，必能在順從中結實。人既將上帝的道領受在心中，這道就必表現在善行上。其結果必可從基督化的人格和生活中看出來。基督論到自己說：「我的上帝啊，我樂意照你的旨意行；你的律法在我心裡。」（詩篇40：8）「我不求自己的意思，只求那差我來者的意思。」（約翰福音5：30）《聖經》也說：「人若說他住在主裡面，就該自己照主所行的去行。」（約翰壹書2：6）

上帝的道總是和我們遺傳的特質、或後天的品格養成以及生活習慣相抵觸。但落在好土中的聽道者在領受真道之時，也接受其所附帶的一切條件或要求。

認識真理

你們必曉得真理，真理必叫你們得以自由。 約翰福音 8：32

閱讀《聖經》並不需要借重傳統或人所臆測的朦朧之光。我們用傳統和想像來解釋《聖經》，正如同想用火炬去照亮太陽一般。上帝的聖言並不需要地上星星之火增輝。《聖經》本身就是光——是上帝榮耀的彰顯，其它的光和它相比都顯得黯淡了。

但人必須認真地研究、縝密地考查。對真理清晰與明確的理解，絕不是懶惰人的酬賞。即使是屬世的福惠，也應由熱忱，忍耐，和持久的努力才能獲得。人若要在事業上成功，必須有決心去做，並有瞻望成果的信心。照樣，我們若無認真的勤勞，就休想得到屬靈的知識。凡想要尋找真理財寶的人必須自己去發掘，如同礦工發掘地下的寶藏一樣。無精打采、不冷不熱的工作是不能奏效的。

人不論老少，非但要讀上帝的話，而且必須全心全意地認真研究，一面祈禱，一面尋找真理，如同尋找隱藏的財寶一般。凡這樣行的人必得報償，因為基督必啟發人的悟性。

我們得救乃在乎我們對《聖經》真理的認識。上帝的旨意就是要我們得到這種知識。務要查考，要以饑渴的心來查考這寶貴的《聖經》。採礦的人怎樣勘查土地為要尋找含有黃金的礦脈，我們也當照樣查考上帝的話。你不可放棄查考的工作，直到你能確定你和上帝的關係，並確知祂對你所有的旨意。基督說：「你們奉我的名，無論求什麼，我必成就，叫父因兒子得榮耀。你們若奉我的名求什麼，我必成就。」（約翰福音14：13-14）

虔誠而具有才能的人往往窺見永恆的現實，但他們卻不能瞭解，因為所見之事將未見之事的榮耀掩蔽了。所以凡想在尋找隱藏財寶的事上有所成就的人，必須有較比對今世事物更崇高的追求。他的一切感情與才能必須奉獻於這種探尋的事上。

《聖經》斷不能迎合人的偏見與猜疑。唯有虛心尋求真理知識並能順服的人，才能明白真理。

庇哩亞的榜樣

1月 23日

甘心領受這道，天天考查《聖經》，要曉得這道是與不是。
使徒行傳 17：11

保羅在庇哩亞遇到一班願意研究他所教導之真理的猶太人。路加的記載論到他們說：「這地方的人賢於帖撒羅尼迦的人，甘心領受真道，天天考查《聖經》，要曉得這道是與不是。所以他們中間多有相信的；又有希利尼尊貴的婦女，男子也不少。」（使徒行傳17：11-12）

庇哩亞人並沒有因偏見而心胸狹窄。他們樂意研究使徒所傳道理的真實性。他們查考《聖經》，並不是出於好奇，而是為要學習其中有關彌賽亞之應許。他們天天考查那出自聖靈感動的記載，當他們將經文互相對照時，天上的使者就在他們身邊，啟發他們的思想並感動他們的心靈。

福音的真理無論在何處傳開，那裡總有一些誠心樂意行義的人殷勤查考《聖經》。在世界歷史的最後幾幕正在上演時，如果聽見具考驗作用之真理的人能效法庇哩亞人的榜樣，天天查考《聖經》，並將那傳給他們的信息與上帝的話作一比較，那麼現今信主之人，即使在人煙較稀少的地方，也必有多人忠心持守上帝律法的訓誨了。可惜每當那不受人歡迎的《聖經》真理提出時，許多人卻不肯這樣著手查考。他們雖不能反駁《聖經》中簡明的教訓，卻對研究所提供的憑據顯出一種極端嫌厭的態度。還有一些人認為即使這些道理是真的，但接受這種新的亮光與否卻是無關重要的；而且他們還固守仇敵所用來引人陷入迷途的悅耳虛言。這樣，他們的心就因謬道而蒙蔽，於是他們就與上天隔絕了。

人人都要按照那已賜的亮光受審判。主差遣祂的使者出去傳揚救恩的信息；那些聽祂的人都要為自身以何方式對待祂僕人的話而負責。凡誠心尋求真理的人，必要根據上帝的聖言仔細研究所提供他們的道理。

提升的影響力

敬畏你的人見我就要歡喜，因我仰望你的話。**詩篇 119：74**

如果《聖經》真理交織在我們實際生活中時，它就將提升世俗和貧賤的心靈。那些熟悉《聖經》的人，無論男女都會發現《聖經》對他們會發揮不少的影響力。在尋找揭示天堂的真理時，上帝的靈會來到虔誠研究《聖經》的人身邊，使他們明瞭上帝的旨意，智力擴張、變強，提升，並賦予新的活力，跟各種偉大的真理接觸。假如把研究《聖經》當作次等功課時，就會發現那是絕大的損失。《聖經》有一段時間被排除在我們的學校之外，於是撒但找到了一個可以大舉興風作浪的場域，而且發展地飛快，大大地豐收。

了解這些事需要熟悉它的不同層面；假如每一個人都研讀《聖經》，我們就可看見人有更進一步的發展，思考力也更深層，而且表現出更有智慧，比單單研究地上的科學和歷史的聰明更勝。《聖經》給真正尋求真理的人更高的心智訓練，他一思想那豐富神聖的事物，自然而然自己就謙卑下來，上帝所啟示的真理就被高舉了。因為人不熟悉《聖經》歷史的寶貴，轉去崇拜人的歷史，反倒淡淡地尊榮上帝。《聖經》供應基督徒大量的靈糧，可以使他們靈性和智力都強健。假如人們好好地研究和實踐《聖經》的教訓的話，哲學和科學所有的書加起來，對人的智力和道德力上的獲益還不如一本《聖經》。透過研究《聖經》，和先祖與先知的交談，真理便能以高貴的語言為外衣，對一個人的心智施展迷人的力量；讓思想超越了地上的事務，來到只考慮未來不朽生命的光輝中。人的智慧怎能和上帝的偉大相比呢？有限的人類不明白上帝，但願他們尋求《聖經》珍貴的價值，及埋葬在科學知識下的真理。

1月 25日 偉大的教育家

你要專心仰賴耶和華，不可倚靠自己的聰明。箴言3：5

唯有《聖經》用簡單的方法發揮真理，並且適合人內心的需要與希望。它既能使那受最高教養的人感到驚奇而心醉，亦能同時對於未曾受過教育的人指明生命的道路。「行路的人雖愚昧，也不至失迷。」（以賽書35：8）甚至兒童也不致走錯路。凡戰戰兢兢去尋求它的，必能走在清潔神聖的光中。然而那以最簡單方式陳述的真理，卻也是關乎那最高深、最廣大，且遠非人類能力所能測透的題旨，是藏著祂榮耀的奧祕，也是使考察之人的心深受感動的奧祕──能激起那誠心尋求真理的人生出敬畏與信靠之心。我們愈查考《聖經》，就益深信它是永生上帝的聖言，而人的理智也就屈服於上帝啟示的威嚴之下了。

上帝定意要使《聖經》的真理對於那誠心尋求的人，是持續敞開的。雖然「隱祕的事是屬耶和華我們上帝的」，但「明顯的事，是永遠屬我們和我們子孫的。」（申命記29：29）有人以為《聖經》內有些部分是無法明瞭的，這種思想使人忽略了其中一些最重要的真理。我們需要一再強調的事實，就是上帝並非欲借《聖經》的奧祕而向人隱藏真理，實在是因為我們自己的軟弱或愚拙，致使我們不能明瞭或接受真理。我們的受限並非出於上帝的旨意，乃是我們自己本身的容量不足。上帝要我們盡我們的心智所能容受的，去瞭解那些往往為人忽視以為是不能明白的經文。因為「《聖經》都是上帝所默示的，叫我們得以完全，預備行各樣的善事。」（提摩太後書3：16-17）

無論何人的心智都不能窮究《聖經》中的一條真理或應許。有人從某一觀點上得到亮光，也有人從另一觀點上得著光輝，然而我們所能領略的，終究是微光而已。那全部的光榮仍是在我們的視域之外。

當我們思念上帝聖言中的一切大事時，我們就是在觀看著一個在我們凝視下、漸漸變闊變深的泉源。這泉源的廣度和深度是我們無從知悉的。當我們注目凝視的時候，我們的眼光擴大了，就看見在我們面前展開的、那一片浩瀚無垠的大海。

救贖的科學
上帝是為我們施行諸般救恩的上帝。**詩篇 68：20**

這 就是在《聖經》裡所能找到的財寶。《聖經》乃是上帝的偉大課本，祂是偉大的施教者。一切真正科學基礎都在《聖經》中。各種知識也可以藉查考《聖經》而得。此外，它還包含了一切科學中的科學，就是救恩的科學。《聖經》就是基督無窮財富的礦藏。

真正的高等教育乃是從研究與順從上帝的聖言而得的。如果將上帝的聖言置於一旁，去研究一些不能引人進到上帝面前和進入天國的書籍，則所獲得的教育乃是徒有其名的教育。

在自然界中有奇妙的真理。天、地、海都充滿了真理。它們都是我們的教師。自然界發聲，講授屬天的智慧和永久的真理，但墮落的人卻不明白這一切。罪惡已經模糊了他的心眼，以致他憑自己無法解釋自然，而誤將自然界置於上帝之上。正確的教訓無法深刻印在拒絕上帝聖言之人的腦海中。自然界的教訓竟被他們曲解了，以致人的思想轉離了造物主。

許多人認為人的智慧高過那位神聖教師的智慧，上帝的課本也被人視為過時、陳舊、並缺少樂趣的。但凡受聖靈鼓舞之人的看法卻不是這樣。他們看出其中無價可估的財寶，並且願意變賣一切所有的，為要買得那塊地。他們不要那滿載著所謂偉大作家之空論的書籍，反倒選擇那自有世界以來、最偉大的作家和最偉大的教師所講的話，祂曾為我們捨命，使我們可以靠著祂而獲得永生。

基督就是真理，祂的話都是真理，並且含有比字面更深的意義。基督的話都具有超出其樸實表面的價值。凡心智因聖靈而甦醒的人，就必能辯明這些話的價值。雖然真理是埋藏的財寶，但他們必能辨識這珍貴的真理寶石。

　　大自然與《聖經》兩大作品既出於同一位大師的手筆，則可顯示它們自然完美相互配合。它們用不同的方法、不同的言語來證明同一偉大的真理。科學的發明日新月異，但從研究所得的一切來看，若人類真正瞭解它，就沒有一樣是與神聖的啟示相衝突的。大自然與《聖經》是彼此互相解釋的。它們將上帝使用的若干規律教導我們，使我們得以認識祂。

　　雖然如此，但那從觀察自然界事實而得的種種錯誤推論，卻使人以為科學與上帝的啟示是互相衝突的；為求恢復協調起見，就有人對《聖經》作種種的解釋，這些解釋足以中傷並損毀上帝聖言的力量。摩西所寫創造的記錄，如按字句解釋，人們以為是與地質學有衝突的。他們宣稱地球從渾沌的境況中進化，須費數百萬年的時間，為使《聖經》迎合這些所謂科學的發現，人們就假定創造的時日乃是經歷渺茫無定的一段時期，包括成千成萬或數百萬年的光陰。

　　這種結論完全是不需要的。《聖經》的記載原與它自身並與大自然的教訓相符。論到第一日的創造工作，《聖經》記載說：「有晚上，有早晨，這是頭一日。」（創世記1：5）對於最初六天的創造工作，實際上都有同樣的記載。《聖經》說這些日子的每一天，都是有晚上，有早晨，與之後的其他日子並無二致。論到那創造之工的本身，神聖的見證說：「因為祂說有，就有；命立，就立。」（詩篇33：9）欲使地球自渾沌而進化，這對那位能如此創造無數諸世界的主來說，需用多長時間呢？我們是否必須破壞祂的聖言，才能解釋祂的作為呢？

　　「只等真理的聖靈來了，祂要引導你們明白一切的真理。」唯有藉著那在太初「運行在水面上」的靈；並藉著萬物是藉著祂造的道，以及那「照亮一切生在世上的人」的真光，才能正確地解釋科學所作的見證。

專心注目基督

我實在告訴你們，從前有許多先知和義人要看你們所看的，卻沒有看見，要聽你們所聽的，卻沒有聽見。**馬太福音 13：17**

當時《聖經》對於那包圍著基督教會的各項危機所提出的警告，現今對我們也是同樣的警告。在使徒時代，人們怎樣企圖藉遺傳和哲學破壞對於《聖經》的信仰，今日公義的仇敵也照樣企圖利用「新神學」、進化論、唯心論、神證學，及泛神主義種種動聽的說法，要設法引誘人進入被禁止的路徑。《聖經》對於許多人已經變成一盞沒有油的燈，因為他們的心意已轉向那產生誤解和混亂的各種宗教信仰路線了。「新神學」在批判、臆測和竄改等方面所進行的工作，乃是破壞人對於《聖經》為上帝所啟示的信仰。這是奪取上帝聖言所具有的控制、提升、鼓舞人生活的能力。多數人由於唯心論而相信欲望就是最高律法，放縱就是自由，而且人只需向自己負責。

跟從基督的人必要遇見使徒警告歌羅西信徒所要避免的「花言巧語」。他也必遇見人用唯心論的角度來講解《聖經》，但他切不可領受。他務要揚聲宣明《聖經》中的永恆真理。他要定睛仰望基督，在所指示的道路上穩步前進，棄絕一切與祂的教訓相違背的思想。上帝的真理要作為他沉思默想的題旨。他要以《聖經》為上帝直接向他講話的聲音。這樣，他就必找到那屬於上帝的智慧。

那顯明在基督身上有關上帝的知識，乃是一切得救的人所必須具備的。這就是那改變人品格的知識。人若接受這知識而在生活中實踐出來，就必按照基督的形像作新造的人。這就是上帝邀請祂兒女領受的知識，除此以外，其它一切都等於虛無。

在每個世代每個地方，品格建造的真基礎向來都是一樣的——那就是上帝聖言所標榜的原則。那唯一安全可靠的方針就是遵照上帝所說的而行。「耶和華的訓詞正直。」「行這些事的人，必永不動搖。」（詩篇19：8；15：5）眾使徒就是用上帝聖言應付當時虛偽的理論。

最後的欺騙

你略有一點力量，也曾遵守我的道，沒有棄絕我的名。**啟示錄3：8**

時下流行的奮興會經常只能迎合人的幻想，刺激人的感情，並滿足人喜愛新奇、眩目之事的愛好。用這種方法得來的信徒無心聆聽《聖經》的真理，也對先知和使徒的見證沒有多少興趣。信仰的聚會若不帶有什麼動人聽聞的事物，就不足以吸引他們。一種以冷靜的理智發出的信息無法在他們心中起任何作用。上帝的話語中，攸關他們永恆福樂的平實警語，已得不到他們的注意。

對於每一個真正悔改的人，凡有關上帝和永恆的事必是他人生的大前提。但是在今日一般的教會中何處可見獻身與上帝的精神呢？

在過去的一個世紀中，所看到的許多宗教奮興運動或多或少都是出於這種影響的，而且它還要出現在將來更廣泛的運動中。這種影響著重於感情方面的刺激和一種真理與假道的擾雜，很容易領人走入歧途。雖然如此，任何人都沒有受欺騙的必要。因為在上帝的聖言光照之下，我們不難辨明這些運動的性質。人何時忽略《聖經》的見證，背棄那些明白而試驗人心的真理，就是那些叫人克己並放棄世界的真理，何時我們就可以確知上帝是絕不會賜福的。根據基督親自所賜的規律：「憑著他們的果子，就可以認出他們來。」（馬太福音7：16）這些運動明顯不是出於上帝聖靈的工作。

上帝已經在《聖經》的真理中向世人顯示自己，這些真理對於一切接受的人乃是抵擋撒但騙術的保障。今日基督教界中之所以流行著種種罪惡，正是因為人們忽略了這些真理。上帝律法的本質和重要性幾乎完全被人忘記了。人們對於神聖律法的本質，及其應遵守的本分所有錯誤的觀念，造成了種種有關悔改和成聖的謬論，結果降低了教會敬虔的標準。這就是現代一般的宗教奮興之所以缺乏上帝的聖靈和能力的緣故。

《聖經》是我們的保障

人當以訓誨和法度為標準；他們所說的若不與此相符，必不得見晨光。**以賽亞書 8：20**

上帝的子民應當以《聖經》作為自己的保障，藉以抵擋假教師的勢力和黑暗之靈的迷惑。撒但千方百計地不讓人得到《聖經》的知識，因為《聖經》的啟示完全揭露了他的欺騙。每當上帝的工作復興時，魔鬼就要加緊活動，他現今正竭盡全力與基督和祂的信徒作最後的決鬥。最後的大騙局就要在我們面前展開了。那敵基督者將要在我們眼前施行他詭譎的作為。他所塑造的贗品與真的事物極為相似，以致若非使用《聖經》，便無法辨明真偽。人必須以《聖經》的訓誨為標準，去試驗每一個學說和每一件奇事。

凡盡力遵守上帝全部誡命的人，將要受到世人的反對和嘲笑。他們只有靠著上帝，才能站立得住。為要忍受當前的試煉起見，他們必須明白《聖經》中所啟示的上帝旨意，他們必須先對上帝的品德、政權和旨意有正確的認識，並在行為上與之配合一致，然後才能知道如何尊敬祂。唯有那些以《聖經》的真理來鞏固自己心靈的人，才能在最後的大鬥爭中站立得住。每一個人都要受到這種嚴格的考驗：我們是否要順從上帝、不順從人呢？作決定的嚴肅時刻即將來到。試問：「我們的腳跟是否立在上帝永不變更之真道的磐石上呢？」「我們是否準備在『上帝誡命和耶穌真道』的防線上堅定不移呢？」

上帝的真理和祂的榮耀是分不開的，我們既有《聖經》在自己的掌握中，就不能再用錯誤的意見來榮耀上帝了。有許多人說，只要人的生活端正，他的信仰如何是無關緊要的。殊不知人的生活乃是他的信仰所陶冶的。如果光明和真理是我們所能找到的，而我們卻不利用聆聽和研究真理的上好權利，我們實際上就是拒絕真理，也就是愛黑暗過於愛光明了。

上帝已經把祂的《聖經》賜給我們，使我們可以熟悉其中的教訓，並親自查明祂對我們的要求是什麼。從前有律法師來問耶穌說：「我該作什麼才可以承受永生？」救主便指著《聖經》對他說：「律法上寫的是什麼？你念的是怎樣呢？」（路加福音10：25-26）。

我們的首要任務

人若立志遵著祂的旨意行，就必曉得這教訓或是出於上帝。
約翰福音 7：17

每個有理性的人首要和最高的任務，乃是在《聖經》中查明什麼是真理，然後行在光中，並鼓勵別人去效法他的榜樣。我們應當每天殷勤研究《聖經》，仔細揣摩其中的每一個思想，以經文對照經文。靠著上帝的幫助，我們必須自己作出結論，因為每個人都必須在上帝的台前為自己作交代。

《聖經》中最明顯的真理已經被一些有學問的人籠罩在懷疑黑暗之中了。他們自以為大有智慧，便教訓人說，《聖經》有一種奧妙而神祕的靈意，是不在字面上表露的。這等人乃是假師傅。耶穌曾論到他們說：「你們不明白《聖經》，也不曉得上帝的大能。」（馬可福音12：24）《聖經》中的話，除了一些明顯是採用象徵或比喻之外，都應當按照其明白的意思解釋。基督已經應許說：「人若立志遵著祂的旨意行，就必曉得這教訓。」（約翰福音7：17）人們若能按照《聖經》字面上的教訓去行，同時，也沒有假師傅在旁引誘並混亂他們的思想，那就必能完成一番足以使眾天使歡樂的工作，而現今那些還在謬論幽暗中流浪的人，也必成千成萬地歸入基督的羊圈了。

我們應當盡一切的智力去研究《聖經》，並在人的悟性所能及的範圍之內、竭力明白上帝深奧的事。同時也不要忘記，我們必須有孩童般的溫良和順服的心，這就是學者的真精神。《聖經》的難題斷不能用解決哲學問題的方法去解釋。我們不應當以自恃的心去研究《聖經》，如同很多人研究科學的態度一樣，卻當存祈禱和依靠上帝的心，並要誠心願意明白祂的旨意。我們應當存一種虛心領教的精神，向那偉大的「自有永有者」求得知識。否則，惡天使就要蒙蔽我們的思想，並使我們的心地剛硬，以致不能領受真理的感應。

《聖經》有許多章節是有學識者認為奧妙莫測或無關緊要的，但對一般在基督門下受過教化的人，這些章節卻充滿了安慰和教導。

時兆文化

前進天家

Homeward Bound

天家

二月

耶穌，上帝的禮物

甘願犧牲

2月 01日

唯有上帝能照我所傳的福音和所講的耶穌基督，並照永古隱藏不言的奧祕，堅固你們的心。**羅馬書 16：25**

救贖人類的計劃並非是事後的亡羊補牢，也不是在亞當墮落之後才擬定的，而是「永古隱藏不言的奧祕」的啟示（羅馬書16：25）。救贖的計劃乃是從萬古以先，作為上帝寶座根基之原則的一部分。上帝和基督從起初就預見撒但的背叛，也預知人類因背叛者的欺騙而墮落。上帝並沒有命定罪惡要存在，但祂預見到它的存在，並作了準備來應付這可怕的變故。祂對世人的愛是如此偉大，甚至立約賜下祂的獨生子，「叫一切信祂的，不至滅亡，反得永生。」（約翰福音3：16）

這是祂自願的犧牲。耶穌盡可以留在天父身邊，保留天國的榮耀和天使的敬拜。但為了將光明帶給昏昧的人，賜生命給將亡的人，祂甘願將王權交還父手，走下宇宙的寶座。

將近二千年前，從高天之上，天父的寶座那裡，發出意蘊深奧的聲音說：「看哪，我來了！」「上帝啊，祭物和禮物是你不願意的，你曾給我預備了身體，……上帝啊，我來了，為要照你的旨意行；我的事在經卷上已經記載了。」（希伯來書10：5-7）這幾句話，宣告了那在萬古以先所隱藏的旨意必然實現。基督即將降臨到這個世界，並要成為肉身。祂說：「你曾給我預備了身體。」如果祂帶著那未有世界以先，同父所享有的榮耀降臨，我們絕對承受不了祂顯現的光輝。為了使我們得見祂的榮光而不致被毀滅，這榮光被遮掩，祂的神性隱蔽在人性裡，那不可見的榮耀掩藏在可見的人體中。

於是祂住在聖所裡，住在祂的子民中間。在曠野裡那漫長疲憊的飄流生活中，上帝與他們同在的記號，始終沒有離開他們。照樣，基督在我們人類的營中支起祂的帳幕，以便住在我們中間，使我們熟悉祂神聖的品格和生活。

一個牢不可破的結

大哉，敬虔的奧祕，無人不以為然！就是上帝在肉身顯現。
提摩太前書 3：16

藉著基督的生與死，祂將被罪惡破壞的一切復原了。撒但企圖將人與上帝永遠分離。但在基督裡，我們同上帝的聯合，反而比未墮落前更密切了。救主既取了人性，就和我們結成永不分離的關係。祂和我們連成一體，直到永遠，「上帝愛世人，甚至將祂的獨生子賜給他們。」（約翰福音3：16）上帝賜下獨生子，不單是為擔當我們的罪，作我們的犧牲而死；上帝竟將祂贈送給墮落的人類。上帝為向我們保證祂那永不改變的和平之約，便賜下祂的獨生子成為人類家庭的一員，永遠保留祂的人性。這就是上帝實現祂諾言的保證……上帝已在祂兒子身上取了人性，並將這人性帶到最高的天上。如今與上帝同坐宇宙之寶座的，就是這位「人子」……這位「自有永有者」，是上帝和人類之間的媒介，基督兩手握住雙方。那「聖潔、無邪惡、無玷污、遠離罪人」的主，稱我們為弟兄也不以為恥（出埃及記3：14；希伯來書7：26）。在基督裡，地上的家庭同天上的家庭竟團聚一起了。得了榮耀的基督是我們的長兄。天國居然建立在人心裡，人類被那「無窮慈愛者」抱在懷裡了。

因愛成全的自我犧牲，與他們的創造主結成永不分離的聯合。

救贖的工作必將完成。罪在哪裡顯得較多，上帝的恩典就在那裡顯得更多。曾被撒但盤踞的地球不但要被贖回，還要被高舉。我們這小小的世界，雖被罪惡咒詛，一度淪為上帝光輝創造物中的唯一污點，將來卻要得尊榮，超過宇宙中其它諸世界。在人類的這片領地上，榮耀之君天父的愛子曾披戴人性生活、受苦、受死。當祂將萬有更新時，上帝的帳幕要支立於人間，「祂要與人同住，他們要作祂的子民，上帝要親自與他們同在，作他們的上帝。」（啟示錄21：3）在永恆無窮的世代中，當被贖之民在上帝的光中行走時，他們必因上帝那無可言喻的恩賜——耶穌基督而讚美祂，歡喜地稱頌祂為以馬內利，「上帝與我們同在！」

更偉大的工作

你們當信我，我在父裡面，父在我裡面；即或不信，也當因我所做的事信我。約翰福音 14：11

基督說這些話的時候，臉上發出了上帝的榮光，當在場的人聚精會神地傾聽祂講話時，無不感到神聖的敬畏。他們的心就更徹底地被祂吸引住；而當他們因這吸引而更愛基督時，他們彼此之間也更加團結了。他們感覺到天庭近在咫尺，而且深知他們所聽的話，就是天父所要傳給他們的信息。

基督接著說：「我實實在在地告訴你們：我所做的事，信我的人也要做。」（約翰福音14：12）救主切切地希望他的門徒能明白，祂的神性與人性聯合的目的。祂到世界來，乃是為要彰顯上帝的榮耀，使人得以因祂更新的能力被救出來。上帝在基督身上顯明了出來，是要讓基督也在祂的門徒身上顯明出來。耶穌所顯示的品德和所行使的權能，都是人們能因信而獲得的。只要他們像耶穌一樣順從上帝，一切跟從祂的人都能具備祂那十全十美的人性。

「並且要作比這更大的事，因為我往父那裡去。」（第12節）基督這句話的意思，不是說門徒工作的性質比祂的更為高超偉大，而是說他們工作的範圍更寬廣。祂的話不單是指著行神蹟而言，也是指在聖靈的運行之下所要成就的一切事。

救主升天之後，祂的應許就實現在門徒身上了。基督被釘、復活和升天的種種景象，對他們來說是活的現實。他們看出許多有關祂的預言都一字一句地應驗了。於是，他們就去查考《聖經》，並以從未有過的信心和把握來接受其中的教訓。他們確知這位神聖的教師就是祂所自稱的一切。當他們講述這一經歷，高舉上帝之愛時，人心就被融化、馴服，許多人就信了耶穌。

救主對門徒的應許，也是給各時代的教會的，直到末時。上帝的旨意，不是要基督救贖世人的奇妙計劃只取得一點微小的成就。凡樂意作工的，若不依靠自己的能力，而讓上帝的大能透過他們來作，祂的應許必能完全實現，「並且要作比這更大的事，因為我往父那裡去。」

神性需要人性

道成了肉身，住在我們中間。約翰福音 1：14

基督並沒有揀選一些未曾墮落的天使做祂在人間的代表，祂所揀選的是人。這些人與他們所要拯救的人具有同樣的性情。基督自己取了人的樣式，以便接近世人。神性需要人性。因為拯救世界，神性和人性都是不可少的。神性需要人性，為要使人性成為上帝與人類之間的媒介。基督的僕人和使者也是如此。世人需要一種超乎自己、在自身以外的能力，將上帝的形像恢復在自己身上，使他能作上帝的工。但這並不是說人力是不必要的了。當人性把握住上帝的能力時，基督就因信而住進人的心中，於是人力與神力合作，就能在善事上大有功效。

那呼召加利利漁夫的主，如今仍在呼召人為祂服務。而且祂也願意藉著我們顯示祂的能力，正如當日藉著第一批門徒所顯示的一樣。我們不論有多少缺點、多少罪污，主總向我們提出邀請，要我們與祂合作，做祂的學徒。祂請我們來領受祂神聖的教訓，使我們與基督聯合，好做上帝的工。

「我們有這寶貝放在瓦器裡，要顯明這莫大的能力，是出於上帝，不是出於我們。」（哥林多後書4：7）這就是上帝把傳福音的責任交給有罪的世人，而不交給天使的原因。這足以顯明那藉著軟弱的人類而做工的能力，是上帝的大能。而且這能力既能幫助同我們一樣軟弱的其他人，我們就可以確信它也必幫助我們。那些曾「被軟弱所困」的人，就「能體諒那愚蒙的和失迷的人」（希伯來書5：2）。他們自己曾陷在危難當中，就熟悉一路上的危險和艱難。因這緣故，上帝便召他們去拯救那些處在同樣危難之中的人。有許多人為疑惑所困、為軟弱所累而信心動搖，不能握住那看不見的上帝。但若有他們能看得見的一個朋友，替基督來到他們面前，這人就成了一個鏈環，把他們飄搖不定的信心緊緊扣在基督身上了。

在向世人傳揚耶穌的工作上，我們要與天使同工。

上帝差來的教師

祂名稱為「奇妙、策士、全能的上帝、永在的父、和平的君」。
以賽亞書 9：6

在上帝所差來的大教師身上，天庭已將其至美至善之物賜予人類了。這位被選來親自向世人彰顯上帝知識的，乃是曾站在至高者的議會裡，並曾住在永恆之君至聖所中的主。

每一道照亮我們這墮落世界的神聖之光，都是藉基督傳來的。歷代以來，也是祂藉著每位宣揚神言之人的口說話。世上最偉大、高貴的人物所表現的一切卓越特質，也都是祂品德的反映。約瑟的純潔與仁慈，摩西的忠信、謙和與堅忍，以利沙的剛毅，但以理的高尚正直與堅定，保羅的熱忱與克己：這些人以及其他一切住在地上的人們所表現的智力和靈力，都不過是祂榮耀所顯示的部分微光而已。在祂裡面人們才找到了完全的模範。

要闡明這模範乃是人們所應達到的唯一真標準，要指示每一個人所可能達到的地步，並表明凡接受祂的人，藉著神性之寓於人性中所必能達到的地步——這便是基督到世上來的任務。祂來是要指明人需如何受訓練，方配作上帝的兒女；須如何在地上實行天上的原理，並度天上的生活。

上帝賜最大的恩典以應付人類最大的需要。當世上黑暗最甚的時候，那光便出現了。人們的心思因受假道理的影響，早已離開了上帝。在流行的教育制度中，人的哲學已取代了神的啟示。人不接受上天所賜的真理標準，反而接受了自己所擬的標準。他們轉離了那生命之光，而走在自己所點燃的星星火光中。

人欲改造人性，自己必先明瞭人性。唯有藉著同情，信賴，和親愛，才能深入人心，超升人性。基督在這事上，顯出祂是大教師；在古今一切住在地上的人中，唯有祂是完全明瞭人類心靈的。

捨己的愛

因為上帝差祂的兒子降世，不是要定世人的罪，乃是要叫世人因祂得救。約翰福音 3：17

藉著「上帝榮耀的光顯在耶穌基督的面上」（哥林多後書4：6）被世人看見了。亙古以來，主耶穌基督與父上帝原為一。祂「本是上帝的像」（哥林多後書4：4），是祂偉大而威嚴的形像，「是上帝榮耀所發的光輝」（希伯來書1：3）。祂到我們這世界上來，就是要顯明這榮耀。祂來，要向這被罪惡籠罩的大地彰顯上帝慈愛之光，實現「上帝與我們同在」。因此，預言論到祂說：「人要稱祂的名為以馬內利。」

耶穌來與我們同住，是要向世人和天使顯示上帝的品德，祂是上帝的「道」和上帝意念的宣示者。祂為門徒禱告時說：「我已將你的名指示他們。」「有憐憫、有恩典的上帝，不輕易發怒，並有豐盛的慈愛和誠實。」「使你所愛我的愛在他們裡面，我也在他們裡面。」（出埃及記34：6；約翰福音17：26）但這種啟示並不是單給祂在地球上的兒女的。我們這小小的世界，乃是全宇宙的教科書。上帝恩典的奇妙旨意，救贖之愛的奧祕，是「天使也願意詳細察看」的題目，也將成為他們千秋萬世的課題。蒙救贖的人們和那些未曾墮落的生靈，都要把基督的十字架作為他們的科學和詩歌。他們將要看出：從耶穌臉上煥發出來的，乃是自我犧牲之愛的榮光。從髑髏地所發出的光輝中可以看出──捨己之愛的律，正是貫通天地的生命之律。那「不求自己的益處」的愛，本發源於上帝之心；而且，顯明在那位心裡柔和謙卑的主基督身上的，正是那人所不能靠近、於光中的天父品德。

早在太初，上帝已經在祂一切創造之工上把自己顯明了。那鋪張穹蒼、立定大地根基的乃是基督。是祂親手「將大地懸在虛空」（約伯記26：7），並創造了田野中的百花。祂「用力量安定諸山」，「海洋屬祂，是祂造的。」（詩篇65：6；95：5）祂使大地充滿美景，空中充滿歌聲，在天地間的一切受造之物上，祂都寫下了天父的慈愛。

路錫甫的真面目

2月
07日

既將一切執政的、掌權的擄來，明顯給眾人看，就仗著十字架誇勝。
歌羅西書 2：15

在驅逐撒但離開天庭的事上，上帝聲明了自己的公義，並維護了祂寶座的聲譽。但等到人類屈服於這叛逆之靈的欺騙而犯了罪之後，上帝竟犧牲了自己的獨生子，來為墮落的人捨命，作為祂慈愛的證據。上帝的品德在基督為人贖罪的事上顯明出來了。十字架的有力論據向全宇宙說明：路錫甫自取犯罪的途徑，絕不能歸罪於上帝的政權。

當救主在地上服事時，基督與撒但之間的爭戰揭露了這個大騙子的真面目。他向世界的救贖主進行殘酷無情的打擊，使眾天使和效忠上帝的全宇宙對於撒但徹徹底底、再沒有絲毫的同情。且看他膽敢叫基督敬拜他；僭妄地把祂帶到高山和殿頂上，存心毒辣地催逼祂從高處跳下；夜以繼日兇狠地到處追逐祂；後來又煽動祭司和民眾拒絕祂的愛，最後喊叫說：「釘祂十字架！釘祂十字架！」——凡此一切，使全宇宙都震驚憤慨不已。

那鼓動世人拒絕基督的乃是撒但。邪惡之君用盡他一切的力量和詭計要毀滅耶穌；因為他看出救主的慈悲與仁愛，祂的同情與憐憫，都在向世人表顯上帝的品德。撒但對於上帝的兒子所提出的每一項主張和宣告都進行破壞，並利用人作他的爪牙使基督的生活充滿痛苦和憂傷。他所用來阻礙耶穌工作的詭詐與虛偽，和他藉悖逆之子所顯現的仇恨，以及他為誣告這一位顯示良善生活的主所用的手段，都是出於他那根深蒂固的報復之心。那鬱積在他胸中的嫉妒、怨毒、仇恨、報復之念，像烈火一般，在髑髏地山上，都爆發在上帝兒子的頭上了，同時全天庭驚愕萬狀，啞口無言，凝視這一幕慘景。

撒但的罪惡這時便顯明是毫無理由的了，他已暴露出自己的真面目，顯明自己是說謊的和殺人的。

自私的心無法理解愛

我要高舉我的寶座在上帝眾星以上；……我要與至上者同等。
以賽亞書 14：13，14

耶穌降生時，撒但知道那肩負上帝使命來對抗他權勢的人已經來了。天使宣告關於這新生王威權的信息，使他戰慄不安。撒但很清楚基督在天上作為天父愛子的地位。上帝的兒子居然降世為人，這使撒但充滿了驚奇和恐懼。他不能測透這重大犧牲的奧祕。他那自私的心不能理解上帝對於受矇騙的人類所懷的大愛。天庭的榮耀和祥和，與上帝交往的快樂，這些世人只能隱約領悟幾分，但這一切是那曾遮掩約櫃的基路伯（路錫甫）所熟悉的。他既喪失了天家，便決心要使人類一同墮落作為報復。為要達到這個目的，他使世人輕視天上的事，專以地上的事為念。

上帝的形像既顯明在基督身上，撒但的同盟就決定要勝過祂。凡生在世上的人從未有一人逃脫過這欺騙者的勢力。罪惡同盟的全部勢力動員了起來，緊盯著祂的蹤跡與祂作戰，盡可能戰勝祂。

救主受洗時，撒但也在觀眾中間。他看見天父的榮光環護祂的兒子。他也聽見耶和華的聲音證明耶穌的神性。自從亞當犯罪以來，人類與上帝直接的來往已被割斷；天地之間的交通一向是通過基督進行的；如今耶穌既來「成為罪身的形狀」（羅馬書8：3），天父就親自開口了。以前祂是透過基督與人類交往；現今卻是在基督裡與人類交往了。撒但本來希望——由於上帝對罪惡的憎惡，天與地將永遠分離。但現在上帝與人之間的聯絡顯然已經恢復了。

撒但看出他若不戰勝耶穌，就必為耶穌所勝。這場鬥爭關係重大，他不敢將耶穌交給他同盟的使者，決定親自上陣。於是一切叛逆的勢力都調動起來反對上帝的兒子。基督就成了地獄各類武器襲擊的目標。

耶穌既然來與我們同住，我們就知道上帝熟悉我們所受的試煉，同情我們的憂患。亞當的每一個後代都能明白，我們的創造主是罪人的良友。在地上的生活中，救主每一次恩典的訓誨、每一條喜樂的應許、每一件仁愛的行為和每一種神聖的吸引力，都使我們看出「上帝與我們同在」。

撒但污蔑上帝愛的律法是自私的律法，並聲稱要人類順服祂的律法是不可能的。他將我們始祖的墮落，以及一切禍害的後果，都歸咎於創造主，並引誘世人認定上帝為罪惡、苦難與死亡的創始者。耶穌來，就是要揭露這樁騙局；祂成為我們中間的一分子，給人類立下一個順服的榜樣。祂取了我們的人性，經過我們的人生歷程，「所以祂凡事該與祂的弟兄相同」（希伯來書2：17）。我們若遭遇耶穌所未曾忍受的事，那麼撒但就有藉口。因此，耶穌「也曾凡事受過試探，與我們一樣」（希伯來書4：15）。祂忍受了我們所要遭遇的每一種試煉。作為人子，祂遇見試探，並靠上帝所賜的能力得了勝。祂說：「我的上帝啊，我樂意照你的旨意行，你的律法在我心裡。」（詩篇40：8）祂一面周遊四方行善事，醫好被魔鬼壓制的人，一面使人們明白上帝律法的本質，以及為祂服務的意義。祂的生活證實：我們要遵守上帝的律法是可能的。

耶穌基督用祂的人性接觸人類；同時用祂的神性握住上帝的寶座。作為人子，祂給我們留下了順服的榜樣，作為神子，祂給了我們順服的能力。那在何烈山從荊棘叢中向摩西說話的是基督，祂說：「我是自有永有的。……你要對以色列人這樣說：『那自有的打發我到你們這裡來。』」（出埃及記3：14）這就是以色列人蒙拯救的保證。那生在伯利恆的嬰孩，那柔和謙卑的救主是「上帝在肉身顯現」（提摩太前書3：16）。祂對我們說：「我是好牧人」，「我就是生命的糧。」「我就是道路、真理、生命。」「天上地下所有的權柄都賜給我了。」「是我，不要怕！」（約翰福音10：11；6：48；14：6；馬太福音28：18；14：27）「上帝與我們同在」是我們從罪惡裡被救出來的確據，是我們有能力遵守天國律法的保證。

伯利恆的故事

「因今天在大衛的城裡，為你們生了救主，就是主基督。」
路加福音 2：11

現今天地之間的距離並不比當日牧羊人聆聽天使歌聲時更遠。今日的人類仍是天庭極為關懷的，正如古時從事普通職業的平民在白日遇見天使，在葡萄園和田野中與天使說話一樣。對我們現代這些平凡的人，天離我們也未必很遠。來自天庭的使者必步步伴隨那些聽上帝的吩咐、叫來就來叫去就去的人們。

伯利恆的故事講不完，其中蘊藏著「深哉！上帝豐富的智慧和知識！」（羅馬書11：33）救主的犧牲，竟是以天上的寶座來換取馬槽、以伴隨祂敬拜祂的天使，換成馬廄中默默陪伴祂的牲畜。看到這一切，我們能不驚奇嗎？人的驕傲和自滿在基督面前深受責備。然而，這不過是祂屈尊降卑的開始！上帝的兒子取了亞當在伊甸園尚未犯罪的人性，已是無限的屈辱。何況耶穌所接受的竟是經過四千年犯罪墮落之後的人性。像亞當的每個兒女一樣，耶穌承受了普遍的遺傳規律所造成的後果。這種後果可在祂屬世祖先的歷史中窺見一斑。祂帶著這種遺傳，來分擔我們的憂患和試探，給我們留下一個無罪生活的榜樣。

撒但在天上時，因基督在上帝天庭的地位而恨祂；等到自己的位分被廢黜，就更恨祂了。撒但所恨的是為救贖犯罪人類而獻身的主。而上帝竟讓祂的愛子到這個被撒但竊為己有、自立為王的世上來，作個弱小的嬰孩，與世人同樣具備了肉體的軟弱。上帝讓祂冒失敗和永遠喪亡的風險，經歷人間每一個孩童所必須經歷的戰鬥，並與我們一樣應付人生的艱險。

上帝竟賜下祂的獨生愛子，來應付更艱苦的鬥爭和更可怕的危難，為我們開闢安穩的人生道路。「這就是愛！」諸天哪，驚奇吧！大地啊，詫異吧！

明瞭祂的使命

當祂十二歲的時候，他們按著節期的規矩上去。路加福音 2：42

逾越節之後，接著就是七天的無酵節。在這節期的第二天，以色列人會將這一年地裡初熟的果子，或收割的大麥獻給耶和華。這些儀式都是預表基督的工作。以色列人從埃及得拯救，是罪人得蒙救贖的例證，這就是逾越節的真意。被殺的羔羊、無酵餅和初熟的果子，都預表救主。

在基督時代，多數人對於逾越節的遵守，已經退化到徒具形式的地步。但是對上帝的兒子來說，這節期具有何等深遠的意義啊！

耶穌平生頭一次看到祭司執行莊嚴的儀式，也看到燔祭壇上流血的犧牲。當香壇的煙雲在上帝面前繚繞上升時，祂和其他敬拜者一同跪下禱告。祂看到逾越節祭祀中一切動人心弦的儀式。日復一日，耶穌更清楚地看出其中的意義，每個動作都好像與自己的一生有關，祂心中生出新的感想。祂沉靜而全神貫注，似乎在研究一個重大的問題，救主使命的奧祕正向祂展開。

祂默想這些景象，不禁心奪神移。不知不覺祂已不在父母身邊，而只想單獨在一處。逾越節的祭祀結束以後，祂仍然在聖殿的院子裡流連，等到敬拜的人離開耶路撒冷時，祂就落在後面了。

這一次約瑟夫婦來赴逾越節，也是為了讓耶穌與以色列的大教師們取得聯絡。雖然上帝話中的每一細則耶穌都遵守了，但祂卻不附和拉比們所傳授的儀式和慣例。他們希望引導祂尊重這些有學問的人，殷勤地注意他們提出的條件。但耶穌在聖殿中受了上帝的教導之後，立刻將所領受的傳給了別人。

祂指出的一連串真理如能被人遵循，就會對當時的教會發動一場革新，並喚醒人們對於屬靈事物的深切興趣，等到祂開始傳道的時侯，就能有許多人預備好接待祂了。

「我父的事」

「為什麼找我呢？豈不知我應當以我父的事為念嗎？」路加福音 2：49

耶穌回答說：「為什麼找我呢？豈不知我應當以我父的事為念嗎？」他們似乎不明白祂的話。於是，祂舉手向天，面容發光。他們驚異地看見祂臉上的光輝，耶穌的神性透過人性反映出來。當約瑟夫婦在聖殿裡找到祂時，曾聽見祂和拉比們談話，並且驚訝於祂對拉比們的提問和應對。耶穌的話引起了他們一連串的思考，使他們畢生難忘。

約瑟夫婦把耶穌看作自己的孩子，這原是人之常情。祂天天與他們同處，在許多方面，祂也與別的孩子相同。要他們覺察祂是上帝的兒子，不是一件容易的事。他們在救世主面前，沒有珍視這天賜的福氣，因此就陷入了危險之中。失落愛子時的憂傷，和耶穌話中隱含著的溫和責備，都是要將他們所受委託的神聖意義，銘刻在心上。

耶穌在回答母親的話中，第一次顯示祂明白自己與上帝的關係。在祂降生之前，天使曾對馬利亞說：「祂要為大，稱為至高者的兒子，主上帝要把祂祖大衛的位給祂。祂要作雅各家的王，直到永遠。」（路加福音1：32-33）馬利亞曾將這些話存在心中，反覆地思索。不過，她雖然相信她的兒子要作以色列的彌賽亞，但卻不瞭解祂的使命。耶穌現在所說的話她也不明白。但她知道耶穌已經否認自己與約瑟有血緣關係，並聲明祂是上帝的兒子。

耶穌此舉不是不顧念祂與地上父母的關係。耶穌和他們一同離開耶路撒冷，回到家裡，在他們勞碌的生活中幫助他們。祂將自己使命的奧祕藏在心中，順服地等候那命定開始工作的時刻來到。在祂認識到自己是上帝的兒子之後，祂承認自己同拿撒勒這一家庭的關係有十八年之久，並履行了祂作為兒子、兄弟、朋友和公民的義務。

從很小的時候起，耶穌就開始塑造自己的品格，即便是對父母的敬愛，也不能使袖轉離上帝的聖言。「經上記著說」這句話是袖的行動與家庭習俗相左的理由，但是拉比的勢力使袖備嘗生活的苦澀，甚至在青少年時期，袖就不得不學習緘默和忍耐的功課。

約瑟的其他兒子們偏袒拉比。他們堅持，人的遺傳與上帝的教訓一樣，應受到足夠的重視。他們甚至把人的命令看得比上帝的話更為重要。看到耶穌對於真假是非分辨得那麼清楚，他們甚感不耐，竟將袖嚴守上帝律法的作風貶為頑固執拗。他們對於耶穌應答拉比時所顯示的智慧和學識非常驚奇。袖從未在這些「智慧人」門下受教，但是很明顯，袖反過來教訓了他們。他們看出袖受的教育比他們的高得多。原來，他們沒有理會耶穌能摘取「生命樹」的果子，這知識的源頭他們有所不知。

耶穌隨時隨地都向周圍的人們表達了袖深切的關懷，並發出愉快、虔敬的光輝來。這一切都給了法利賽人當頭棒喝；因為它顯明真宗教並不在於一味的自我之中。法利賽人如此沉溺於私利，距離真敬虔實在太遠了。這就惹起他們對耶穌的仇恨，甚至企圖強迫袖遵從他們的規條。

這一切都使他的弟兄們大為不快。他們既比耶穌年長，就覺得耶穌應該聽他們的指揮。他們責怪耶穌，說袖自以為比他們強；並譴責耶穌，說袖把自己凌駕於他們的教師、祭司和民眾的首領之上。他們時常恐嚇袖，但袖仍一如既往，單以《聖經》為袖的指南。

耶穌用袖無盡的愛去愛袖的弟兄們，但他們卻嫉妒袖，對袖表示堅決的不信和輕視。他們不理解耶穌的舉動。

忍耐
我所喝的杯，你們能喝嗎？馬可福音 10：38

人類命運中一切痛苦的滋味，沒有一樣是基督未曾嚐過的。有些人想要拿祂出生的情況來侮辱祂，甚至在幼年時，祂就見過他們嘲笑的臉色，聽過他們惡毒的耳語。如果祂用一句急躁的話或一個難耐的臉色回答他們；如果祂行錯一次，向祂的弟兄們讓步，祂就不能成為完美的模範，也就不能實行救贖我們的計畫了。只要祂認為對罪惡有一個可以原諒的理由，撒但就必得勝，而世界也必滅亡了。所以那試探者竭盡全力要使耶穌的生活極其難堪，好引誘祂犯罪。

但耶穌對每項試探，都只有這個答覆：「經上記著說」。祂很少責備祂弟兄們的惡行，但總有一句上帝的話送給他們。祂常因拒絕在被禁止的不好行為上與他們聯合，就被他們斥為懦弱。但祂的回答是：「經上記著說：『敬畏主就是智慧，遠離惡便是聰明。』」（約伯記28：28）

時常有人問祂：「你為什麼這麼獨樹一格，這麼與眾不同？」祂說：「經上記著說：『行為完全、遵行耶和華律法的，這人便為有福！遵守祂的法度、一心尋求祂的，這人便為有福！這人不作非義的事，但遵行祂的道。』」（詩篇119：1-3）

當人問祂，為什麼不參加拿撒勒青年的娛樂時，祂說；「經上記著說：『我喜悅你的法度，如同喜悅一切的財物。我要默想你的訓詞，看重你的道路。我要在你的律例中自樂；我不忘記你的話。』」（詩篇119：14-16）

耶穌不為自己的權利鬥爭。祂甘心克己，不發怨言，故此祂的工作往往被弄得過於艱辛。然而祂不灰心，也不喪膽。祂能超越於這些困難之上，猶如在上帝聖顏的照耀之下。人虐待祂，祂不報復，總是耐心地忍受著侮辱。

注目基督

2月
15日

> 若有人在基督裡，他就是新造的人。**哥林多後書 5：17**

基督降世為人，就是用仁愛的繩索將人與祂自己聯繫為一。如此的聯繫，除了人自己願意，否則任何力量都無法斬斷。撒但常要引誘我們斬斷這繩索，使我們與基督隔離。所以我們應謹慎，奮力祈求，使我們不致受了迷惑，甘願事奉別神，因為我們若願去事奉別神，隨時都可以去事奉。但我們當注目基督，祂必護庇我們。我們仰望耶穌，就有安全，沒有什麼能把我們從祂的手中奪去。我們時常仰望祂，就會「變成主的形狀，榮上加榮，如同從主的靈變成的」（哥林多後書3：18）。

早期的門徒，也這樣變成了主的形狀，他們一聽見耶穌的話，就覺得自己需要祂，於是找祂，既找到了，就跟從祂。祂在屋內、在席上、在密室裡、在田間，他們都出入相從，猶如學生跟隨先生，天天領受祂親口所授真理的教訓。他們如同僕人仰望主人，向祂學習應盡的責任。這些門徒「與我們是一樣性情的人」（雅各書5：17），和我們一樣要與罪惡鬥爭，也需要同樣的恩助，才可度聖潔的人生。

即使是約翰，雖為主所愛的門徒，最能彰顯救主品格的一位，但他那聖善的人格，也不是本來就有的。他不但自恃甚高、貪慕虛榮，更是暴躁易怒，受了屈，便想報復。等到他見了聖者的美德，就覺悟自己的虧欠，因而就謙卑了。又見到上帝的兒子在日常生活中所顯出的那種強而能忍、剛而能柔、尊而能謙的性格，就不禁從心靈的深處發出羨慕敬愛之情。於是他的心便與基督天天接近，終至因敬愛救主而忘了自己。他那種剛愎自恃的脾氣，在基督的陶冶之下感化了。聖靈重生的力量，更新了他的心，基督之愛的能力，改變了他的性格，這是人與基督聯絡所必有的效果。基督住在人心裡，會使人的性情整個改變，基督的精神和祂的愛足以軟化克服人心，使人的思想與意志仰望在天上的上帝。

愛比死更堅強

盼望不至於羞恥，因為所賜給我們的聖靈將上帝的愛澆灌在我們心裡。羅馬書 5：5

我們必須在那磐石上跌碎，然後才能在基督裡興起。要明白屬靈之國的榮耀，自我必須讓位，自高的必須自卑。

在救主生活的光照之下，從創造主到黑暗之君，從聖潔的天使到犯罪墮落的世人，一切心思都顯露出來了。撒但曾說：「上帝是自私暴戾、一切都要、一毛不拔的，為自己的榮耀祂要被造之物服事祂，卻不為他們的利益作任何犧牲。」如今上帝賜下愛子基督，祂的心就此顯明：祂向我們所懷的意念也就此證實「是賜平安的意念，不是降災禍的意念」（耶利米書29：11）。上帝對罪惡的憎恨強烈如死，但祂對罪人的慈愛卻比死更強！祂既致力於救人的工作，就甘願為之犧牲一切。為了完成這工作，再高的代價也在所不惜；為了救我們，祂沒有少講一句真理，沒有少行一件奇事，也沒有保留半點神能。恩上加恩，福上加福；上天的全部寶藏都已向祂所要救贖的人敞開了。上帝收集了宇宙間一切的財富，開啟了無窮能力的泉源，全數交在耶穌基督手裡，說：「這都是為人預備的。你要用這些恩賜使人信服，天上地下再沒比我的愛更大的了！人生最大的幸福在於愛我！」

在髑髏地的十字架上，博愛與自私對峙而立，雙方的表現都達到了頂點。基督的一生，是不倦地安慰人、為人造福的一生。撒但卻將基督置於死地，顯明他對上帝的仇恨已經到了何等惡毒的地步，也暴露了他背叛天庭的真正目的，是要推翻上帝的王權，並除滅那彰顯上帝之愛的主。

透過基督的生與死，人人的意念都無從隱藏。從馬槽到十字架，耶穌的一生是個號召，召喚世人向祂歸依，與祂同受苦難。人生的目的就此顯露出來了。耶穌帶來了天上的真理，凡聽從聖靈召喚的人就被吸引到祂面前來。而凡崇拜自我的人屬於撒但的國度。在對待基督的態度上，人人都要表明自己所站的立場。這樣，每個人就對自己作出了判決。

好牧人
我是好牧人。約翰福音 10：11

每個人的情況耶穌都瞭如指掌，救主的死，好像只是為了那一個人似的。每個人的愁苦都觸動著祂的心。他們求助的呼聲，無不蒙祂垂聽。祂來，是要吸引眾人歸向自己。祂吩咐他們「跟從祂」，於是，祂的靈就運行在他們心中，引導他們歸向祂。但有許多人不肯受祂引導，耶穌知道他們是誰。祂也知道哪些人歡喜聽祂的呼喚，樂意來受祂的牧養。祂說：「我的羊聽我的聲音，我也認識他們，他們也跟著我。」（約翰福音10：27）祂對每個人照顧得都那樣盡心盡意，好像世上沒有別人分享祂的恩惠。

基督的門徒跟從祂，不是因為懼怕刑罰，也不是因為希望得永久的賞賜，而是看到了救主一生經歷中所顯明的無比大愛，從伯利恆的馬槽、到髑髏地的十字架，人一看見祂，就被祂吸引，心靈被祂感化而馴服。人一看見祂，愛就在心中甦醒。他們一聽見祂的聲音，就跟從祂。

牧人如何走在羊前面，自己首先面對路上的危險，耶穌對祂的子民，也是如此。「既放出自己的羊來，就在前頭走。」（約翰福音10：4）通向天國的路，已由主神聖的腳開闢出來。這條路雖然崎嶇險峻，滿是泥濘，但耶穌已經行走過，祂的腳已經踏平沿路傷人的荊棘，使我們更容易行走。我們所要肩負的一切重擔，祂都已經親自背負過。

耶穌現在雖然已經升到上帝面前，執掌宇宙的王權，但祂卻絲毫沒有減少慈悲的心懷。今日，面對人類一切的患難，祂依然敞開著祂那溫慈同情的心。今日，祂伸出的，依然是那曾被釘穿的手，要將更豐盛的恩慈賜給祂世上的子民。「他們永不滅亡，誰也不能從我手裡把他們奪去。」（約翰福音10：28）凡將自己獻給基督的人，在祂眼裡，就比整個世界更寶貴。就是只為救一人進入祂的國，救主也甘願忍受髑髏地的慘痛，祂絕不丟棄祂所受死的每個人。跟從祂的人若不是自己要離開祂，祂總是緊緊地保守著他們。

基督神性的測試

拉撒路出來！約翰福音 11：43

當袖對門徒說「拉撒路死了」這句話時，心裡曾深深感覺到那劇烈的痛苦。但基督想到的，不僅是袖在伯大尼所愛的朋友，還考慮到要給門徒的教育。他們將要在世上作袖的代表，使天父的鴻恩得以傳揚給世人。為了他們的緣故，袖讓拉撒路死去。假如袖先醫好了拉撒路，那麼，那足以證明袖神性的奇事就不能實行了。

基督之所以延遲到拉撒路那裡去，另有一個恩慈的目的：袖考慮到那些還沒有接受袖的人。袖的耽擱是為使拉撒路從死裡復活，藉此給袖那頑強不信的子民一個憑據，證明袖確是「復活和生命」的主。對那些子民、就是以色列家可憐迷失的羊，袖不忍放棄最後的希望。他們的死不悔改，幾乎使袖心都碎了。袖滿懷慈悲，決心再給他們一個憑據，使他們知道袖是復興萬事的主，是唯一能「將不能壞的生命彰顯出來」的那一位。這證據是祭司們無從曲解的。這就是基督推遲到伯大尼去的原因。這叫拉撒路復活的最大神蹟，將要作為上帝承認袖的工作、神性和身分的證據。

「說了這話，就大聲呼叫說：『拉撒路出來！』」袖那清晰宏亮的聲音，深入死人耳中，袖說這話時，神性透過人性閃耀了出來。眾人從那閃著上帝榮光的臉上看出，袖確是有神能的。每雙眼睛都死盯著洞口，每只耳朵都仔細聽著最微小的聲音。眾人都緊張、急切地等著要看基督神性的檢驗，藉此證實耶穌所說，袖是上帝的兒子，或者永遠打消這個念頭。

沉靜的墳墓裡有了動靜，死人居然站到墓口來了。

2月 19日 凱旋進入

看哪，你的王來到你這裡！祂是公義的，並且施行拯救，謙和地騎著驢，就是騎著驢的駒子。撒迦利亞書 9：9

基督是按著猶太的慣例舉行帝王入城儀式。祂的坐騎，也是自古以來以色列眾王所乘坐的，而且先知早已預言彌賽亞是要這樣得國的。耶穌一騎上驢駒，眾人就立刻發出歡呼。他們稱頌祂為彌賽亞，為他們的王。耶穌現在所接受的尊榮是祂過去所不容許加在祂身上的。因此，門徒就斷定他們期待看見祂榮登寶座的理想一定會實現。眾人也深信他們得解放的時候近了。他們在幻想中看到羅馬軍隊被趕出耶路撒冷，看到以色列重新成為獨立的國家。他們都興高采烈，爭先恐後地向祂致敬。他們不能在外表上顯示鋪張炫耀，只能用喜樂的心來敬拜祂。他們無力獻給祂貴重的禮物，只能將自己的衣服當作地毯鋪在祂經過的路上，又把橄欖樹和棕樹的枝子墊在路上。他們沒有君王的旌旗在前頭引領得勝的行列，但是他們砍下那代表自然界勝利標誌的棕樹枝條，高高地擎起搖動，歡呼聲與和散那的喊聲響徹雲霄。

他們前進時人數不斷增多起來，因為有許多人聽見耶穌來了，就匆忙加入行列。……他們都聽見過耶穌的名聲，也曾期待著祂到耶路撒冷來。但是他們知道以前想要立祂為王的一切努力都被祂阻止了。如今打聽到是祂，就非常驚奇，希奇這曾宣布祂的國不屬於世界的主，何以有這樣的改變。

耶穌在世上生活中從未准許過這樣的舉動。祂明明看到其結果是要引祂到十字架去的。但是祂的目的就是要公開表白自己是救贖主。祂要喚起人們注意祂的犧牲，就是祂完成拯救墮落世界之使命的勝利高潮。當民眾正聚集在耶路撒冷守逾越節時，祂作為逾越節羔羊所預表的真身，就自願交出自己作為犧牲。以後各世代的教會，都要將祂為世人的罪而死的事實作為深切思考和研究的主題。

耶穌來榮耀上帝

但我原是為這時候來的。父啊，願你榮耀你的名！ 約翰福音 12：27－28

希 臘人來見耶穌的消息，不但預示外邦人歸主，也使祂想到祂的整個使命。那時，救贖的工作，從天上定計劃起，直到現在即將走向祂的死為止，都在祂面前展開。這時似乎有一層神祕的濃雲籠罩著上帝的兒子。挨近祂的人也感覺到那朦朧的黑影。祂坐在那裡聚精會神地沉思默想。

最後，基督決心順從祂父的旨意。祂說：「但我原是為這時候來的。父啊，願你榮耀你的名。」只有藉著基督的死，才能推翻撒但的王國。只有如此，祂才能贖回人類，榮耀上帝。耶穌情願受苦，甘心犧牲。天上的大君樂於受苦如同負罪的人。祂說：「父啊，願你榮耀你的名。」當基督說這話時，有聲音從停在上方的雲朵中回答說：「我已經榮耀了我的名，還要再榮耀。」基督的一生，從生在馬槽裡起，直到祂說這話時止，都已榮耀了上帝；而且在未來的試煉中，在神性與人性兩方面所受的痛苦中，也必榮耀祂父的名。

這聲音發出時，有一道光從雲中射出，環繞基督，宛如全能者的膀臂懷抱祂一樣，赫赫的威榮像一道火牆。眾人見之無不驚訝畏懼，無一人敢出聲。大家都閉口屏息地站在那裡，定睛望著耶穌。天父已為祂作了見證，於是雲彩上升，散於天空。天父與愛子之間有形的交通暫時終止了。

「站在旁邊的眾人聽見，就說：『打雷了。』還有人說：『有天使對祂說話。』」但是這些來見耶穌的希臘人看見雲彩，聽見聲音，就明白其中的意義，實實在在地認出了基督。耶穌已向他們顯明祂乃是上帝所差來的。

在耶穌受洗開始工作時，曾有人聽見上帝的聲音，以後在祂登山變像時，又聽見過一次。如今，在祂工作將要結束時，有更多的人在特殊的情況下聽見了上帝第三次發出的聲音。

世界的福音

2月 21日

這天國的福音要傳遍天下，對萬民作見證，然後末期才來到。
馬太福音 24：14

基督已經提出祂降臨的種種預兆。祂說我們可以知道什麼時候祂已臨近，正在門口了。祂論到那些目睹這些預兆的人說：「這世代還沒有過去，這些事都要成就。」今天這些預兆都已出現，現在我們可以確知主降臨的日子近了。祂說：「天地要廢去，我的話卻不能廢去。」

基督在預言耶路撒冷被毀時，說：「只因不法的事增多，許多人的愛心才漸漸冷淡了。唯有忍耐到底的必然得救。這天國的福音要傳遍天下，對萬民作見證，然後末期才來到。」這段預言將來必要再度應驗。那時不法的事增多，與近代的罪惡氾濫，正好遙遙相對。關於宣傳福音的預言，也是如此。在耶路撒冷傾覆之前，保羅受聖靈感動，說當時福音已經「傳與普天下」（歌羅西書1：23），現今也是如此。人子降臨前，這永遠的福音也必傳到「各國、各族、各方、各民」（啟示錄14：6）。上帝「已經定了日子，要⋯⋯審判天下。」（使徒行傳17：31）基督告訴我們那日子要來到，但祂並沒說世人都會悔改，只說：「這天國的福音要傳遍天下，對萬民作見證，然後末期才來到。」我們能藉著傳福音來加速主的復臨。我們不單要仰望，而且也要促使上帝日子的到來。（彼得後書3：12）若不是基督的教會已經完成上帝所指定的工作，全世界就不會聽見警告，主耶穌也不能帶著大能在榮耀裡降臨了。

警醒等候主來的人，也必順從真理而使自己的心靈得以純潔。他們必把縝密的戒備同熱誠的工作結合起來。因為他們知道主已在門前，所以大發熱心，與天使合作，一同從事救靈的工作。

你潔淨了

凡洗過澡的人，只要把腳一洗，全身就乾淨了。 約翰福音 13：10

這話不僅是指肉體的潔淨說的。基督仍舊是在講論洗腳禮所代表的屬靈潔淨。洗過澡的人固然是乾淨的，但穿涼鞋的腳很快就髒，必須再洗。彼得和他弟兄們已在那洗除罪惡與污穢的大泉源中得了潔淨。基督已經承認他們是屬於祂的人。但是他們受試探，又犯了罪，所以還需要救主那使人潔淨的恩典。當耶穌用手巾束腰給門徒洗腳時，祂要藉此洗除門徒心中的紛爭、嫉妒和驕傲的罪污。這比洗去腳上的塵土重要多了。就門徒當時的心情來說，沒有一個人已準備好與基督交通。在他們沒有達到謙卑和仁愛的地步之前，他們不配吃逾越節的晚餐，並參與基督即將設立的記念禮。他們的心必須被洗淨。驕傲和自私的心勢必造成紛爭與仇恨，但耶穌在洗他們的腳時，就將這一切都洗掉了。他們的心已經起了變化，因此耶穌說：「你們是乾淨的。」如今他們同心合意，彼此相愛了。除了猶大之外，每個門徒都願意將最高的地位讓給別人。這樣，他們就能進一步領受基督的教訓了。

當信徒聚集舉行聖禮時，必有肉眼看不見的使者前來參加。這群人中，或許也有個猶大。若是這樣，就必有黑暗之君所派來的使者在場，因為他們總是伴隨著一切不肯受聖靈約束之人。然而，天上的使者也必在場。每一次這樣的聚會都有這些看不見的「來賓」參加。或許也有一些不是誠心愛慕真理的人願意參加，但不應當禁止他們。因為當日耶穌為門徒和猶大洗腳時，那些在場的見證者也必來到我們中間。當時在場觀看那一幕的，不只是一般人而已。

我們不要因為有些不配的人在場就不去參加聖餐禮。每個門徒都當公開參與，藉此表明他接受基督為他個人的救主。基督必在祂自己所指定的地方中與祂的子民相交，並由於祂的臨格而加給他們力量。

悔改的強盜

2月 23日

耶穌啊，你得國降臨的時候，求你記念我！ 路加福音 23：42

在十字架上受苦的耶穌所得的一絲安慰，就是一個悔改強盜的禱告。那兩個與耶穌同釘十字架的人，起初也譏笑祂。有一個在痛苦折磨下，變得更窮兇極惡了，他的同伴卻不然。他不是死了心的違法之徒；他曾被不良的同伴引誘步入歧途，但他的罪比許多站在十字架旁辱罵救主的人還少。他見過耶穌，也聽過祂講道，祂的教訓使他有所感悟，但因受祭司和官長的影響而離開了祂。為求堵住良心的自責，他就在罪惡泥坑裡越陷越深，直到被捕、受審，並被判處釘十字架的死刑。他在審判廳裡和去髑髏地的路上，都同耶穌在一起。他聽見彼拉多說：「我查不出祂有什麼罪來。」（約翰福音19：4）他曾注意耶穌那神聖的風度和祂對折磨祂的人所懷的憐憫和寬恕。在十字架上，他看見許多大宗教家伸著舌頭奚落耶穌。他聽到犯罪的同夥跟眾人罵祂，說：「你不是基督嗎？可以救自己和我們吧！」他也聽見過路人重述耶穌的話，講說祂的作為。這強盜重新確信：這人必是基督。於是應聲責備那人說：「你既是一樣受刑的，還不怕上帝嗎？」兩個垂死的強盜對世人而言再沒有什麼可怕的，但其中一人卻深深感悟：有一位上帝是應當敬畏的，這樣的未來使他恐懼。他這沾滿罪污的人生快要結束了，便說：「我們是應該的，因我們所受的與我們所作的相稱。但這個人沒有作過一件不好的事。」

有聖靈啟發他，於是一連串憑據逐漸連結起來了。在被壓傷、受戲弄，並掛在十字架上的耶穌身上，他看出了那除去世人罪孽的上帝羔羊。當這無依無靠而瀕臨死亡的生靈，全然投靠瀕臨死亡的救主時，他發出希望和痛苦相交織的喊聲說：「主啊，你得國降臨的時候，求你記念我！」

他立時獲得答覆，祂音調柔和、悅耳的話裡滿有慈愛、憐憫和能力：「我今日實在告訴你，你要同我在樂園裡了。」

成了

耶穌嘗了那醋，就說：「成了！便低下頭，將靈魂交付上帝了。」
約翰福音 19：30

2月 24日

撒但以猛烈的試探企圖使耶穌動搖。救主此刻不能透過墳墓的門看到未來，祂也看不見那充滿希望的一幕——自己會以勝利者的姿態從墳墓裡出來。甚至祂也沒能聽見，天父會悅納祂的犧牲。祂只怕罪惡在上帝眼中極為可憎，甚至祂必須與上帝永遠分離了。基督這時所忍受的，就是將來祂不再為罪人代求時，每個罪人所必要受到的痛苦。上帝兒子所喝的苦杯之所以如此苦澀，甚至使祂心碎，乃是因為祂替人類「成為罪」，以致上帝的憤怒降在祂身上。

上帝和祂的聖天使都在十字架旁，有聖父與祂的聖子同在。然而，祂的聖顏並未顯露。倘若祂的榮耀從黑暗中顯耀出來的話，凡看見的必被毀滅。而且在那恐怖的時辰，基督不可得到天父與祂同在的安慰。祂獨自踹酒榨，眾民中無一人與祂同在。

「成了」這句話，對眾天使和未曾墮落的諸世界是意味深長的。救贖大工的完成既是為了我們，也是為了他們。他們與我們同享基督勝利的果實。

直到基督受死之時，撒但的真面目才暴露在眾天使和未曾墮落的諸世界面前。這背道的罪魁，一直用騙術掩飾自己，以致連聖潔的天使也沒看穿他的詭計，沒看清他背叛的真相。

上帝定意要將萬事置於永保安穩的基礎上，故天上的議會決定，要給撒但充分的時間來實施他建立政權的原則。他曾宣稱他的法則比上帝的更優越。所以上帝要給他時間去貫徹他的主張，讓全宇宙看明真相。

這樣，眾天使在髑髏地望著救主的十字架時，是完全可以歡慶的；因為，他們雖然當時還沒洞察全部意義，他們卻知道罪與撒但的毀滅是確定無疑的，人類的得贖也已萬無一失，宇宙是永保安全的了。

祂復活了

祂不在這裡，照祂所說的，已經復活了。你們來看安放主的地方。
馬太福音 28：6

當基督捨去祂的生命時，曾有一次地震作為特徵；當祂勝利地取回自己的生命時，又有一次地震為那時刻作見證。已經勝過死亡和陰間的主，邁著勝利者的步伐，在地動、閃電和雷轟之際從墳墓裡出來了。

基督從墳墓裡出來時得了榮耀，羅馬的守衛兵看見了祂。他們目不轉睛地凝視著他們最近戲弄嘲笑過的主的面孔。在這榮耀的主身上，他們認出了在審判廳裡看見過的囚犯，他們曾編了一頂荊棘冠冕戴在祂頭上，這就是那毫不抵抗地站在彼拉多和希律面前，身受殘酷的鞭打，以致遍體鱗傷的一位。

羅馬的守衛兵，一見眾天使和榮耀的救主，就昏厥在地，猶如死人。成群的天使從眼前消失之後，他們才能站起來，用顫抖的腿拼命跑出墓園大門，跟跟蹌蹌地像醉漢似地急忙進了城，將這奇特的新聞告訴所遇見的人。他們本要到彼拉多那裡去，但他們的報告先傳到猶太當局耳中，於是祭司長和官長們派人將他們先帶到自己面前來，那些兵的樣子很不正常。他們驚嚇戰慄，面無人色，為基督的復活作了見證。兵丁把親眼看見的事全都說出來，除了實話實說，哪裡還會想到或說起別的事。他們難受、吃力地說：「那被釘死的是上帝的兒子，我們親耳聽見一位天使宣告祂為天上的君，榮耀的王。」

祭司們面如死灰。該亞法想要說話，嘴雖顫動，卻哼不出一點聲音。……他教士兵說謊。

耶穌被葬入墳墓時，撒但自以為得了勝，竟敢希望救主不再取回祂的生命。撒但聲稱主的身體是他的戰利品，故在墳墓四圍佈滿了他的手下，想扣留基督為他的俘虜。當他的手下在天上使者面前紛紛逃竄時，他非常惱怒。他看見基督勝利地從墳墓裡出來時，就知道自己的國度必要傾覆，自己最後也必死亡。

祂是榮耀的君王

眾城門哪,你們要抬起頭來!永久的門戶,你們要被舉起!那榮耀的王將要進來! 詩篇 24:7

基督上升到祂父的寶座的時候到了。祂將要以神聖征服者的姿態,帶著勝利的果實返回天庭。

這時,耶穌和十一個門徒一同往橄欖山去。當他們穿過耶路撒冷的城門時,許多人用驚奇的眼光望著這一小群人,在前領路的是幾週前被首領們判刑釘死的那一位。

祂伸出手為他們祝福,給他們保護和關懷的保證。於是,祂從他們中間緩慢地冉冉上升,有一股比地上任何引力都更強大的力量將祂接往天上去了。

當門徒還在注目望天時,忽然有如音樂般美妙的聲音向他們說話。他們轉過身來,就看見兩個像人的天使對他們說:「加利利人哪,你們為什麼站著望天呢?這離開你們被接升天的耶穌,你們見祂怎樣往天上去,祂還要怎樣來。」(使徒行傳1:11)

這就是在光耀雲彩中,那一群等候護送耶穌往天家去的眾天使中的兩位。他們在天使中的地位是最高的,在基督復活時,往墳墓去的也正是這兩位天使。主在地上的生活中,他們也一直與祂同在。如今,全天庭都殷切地等待救主結束祂在這被罪咒詛、毀損的世界上的逗留時期。

當祂靠近天城時,護送的天使頌讚唱道:

> 「眾城門哪,你們要抬起頭來!
> 永久的門戶,你們要被舉起!
> 那榮耀的王將要進來。」

基督的加冕和結果

耶穌……便坐在上帝寶座的右邊。希伯來書 12：2

基督的升天乃是一個信號，表示跟從祂的人必要領受所應許的福分。他們在開始工作之前，必須為此等候。基督進入天上的門戶之後，祂要在眾天使簇擁崇拜之中即位為王。這典禮一經完成，聖靈隨即豐富地傾降在門徒身上，基督便真正得到了榮耀，就是祂自亙古以來與父同享的榮耀。五旬節聖靈的沛降，乃是天國所發的通告，說明救贖主的登基典禮已經完成了。祂已按照祂的應許，從天上賜下聖靈給跟從祂的人，作為一種證據，表示祂已經以君王和祭司的身分取得了天上地下所有的權柄，並且是祂子民的受膏君了。

當祂在世上生活時，也曾撒下真理的種子，並用自己的血加以澆灌。五旬節所發生的悔改情形乃是這一撒種的結果，這是基督工作的收穫，顯明了祂教訓的能力。

單靠使徒們的論證，縱然清楚明白而令人信服，仍不足以化解那緊抓著少許證據的偏見。但聖靈卻以神的能力使這些論證得以深入人心，因此，使徒的話語便如全能者的利箭一般，使人看出自己拒絕並釘死榮耀救主的大惡且知罪悔過。

門徒在基督的訓練之下，曾受引導感覺到自己需要聖靈。他們在聖靈的教導之下，獲得了結業的資格，出去從事其畢生的工作。他們不再是愚昧無知與不學無術的了。他們不再是一班各自為政、或互不協調、彼此衝突的烏合之眾了。他們的希望也不再寄託在屬世的偉大上了。他們是「同心合意，一心一意的」（使徒行傳2：46；4：32）。基督充滿了他們的思想；他們的目的乃是促進祂的國。他們在思想和品格上已經與他們的夫子相似。

五旬節給他們帶來屬天的亮光。那些當基督與他們同在時所不能瞭解的真理，現在也揭露了。他們以一種前所未知的信心與確證接受了《聖經》的教訓。

基督的仲裁

所以，我們只管坦然無懼的來到施恩的寶座前，為要得憐恤，蒙恩惠，作隨時的幫助。希伯來書 4：16

天上的聖所乃是基督為人類服務的中心。它與地上的每一個生靈都有關係。它顯明了救贖的計劃，使我們可以一直展望到末日，又顯明公義與罪惡之爭的最後勝利。這實在是極其重要的，人人都應當徹底查明這些重要的課題，並能夠回答那些問他們心中盼望之緣由的人。

基督在天上聖所為人類代求，這件事與祂釘十字架的功勞，一樣是救恩計劃的要素。祂藉著死開始了祂在復活升天之後所要繼續完成的工作。故我們必須本著信心進到幔內，就是「作先鋒的耶穌」（希伯來書6：20）為我們進入的地方。在那裡，有從髑髏地十字架射來的亮光照耀著。在那裡，我們可以對救贖的奧祕有更清楚的認識。人類的救贖已由天庭付出無限代價而完成，其犧牲之程度，相當於上帝律法所能毀壞的最大極限。耶穌已經開了通達天父寶座的道路，藉著祂的中保工作，凡本著信心來親近祂之人，他們的誠實心願便可呈到上帝面前。

我們現今正處在贖罪的大日中。在古時預表性的祭祀中，當大祭司為以色列民進行贖罪的工作時，全體會眾必須刻苦己心，認罪悔改，並在上帝面前自卑，以免自己從民中被剪除。照樣，凡想要在生命冊上保留自己名字的人，也應當趁現今這最後短短的救恩時期，在上帝面前刻苦己心，痛悔己罪，真實悔改。我們必須深刻而誠實地檢查自己的內心。現今許多自命為基督徒的人所表現輕佻虛浮的精神，必須立刻放棄，罪惡的癖性正在爭取上風，凡要勝過這些癖性的人必須經過一番苦鬥。預備得救的工作乃是一種個人的工作。我們的得救，不是成群成批的。某一個人的純潔與熱忱，並不能抵消另一個人品格上在這方面的缺失。天下萬國的人固然都要經過上帝審判，但祂還是要查察每一個人的案情，其嚴密精細的程度，猶如世上只有這一個人存在一樣。

前進天家
Homeward Bound

時兆文化

前進天家

Homeward Bound

三月

順服與接受

按照我們的本相

3月 01日

凡勞苦擔重擔的人可以到我這裡來。**馬太福音 11：28**

有些人似乎以為自己必須經過一段試驗時期，向主證明他確已悔改，然後才可得主的恩賜。其實他們現在就有得到上帝恩賜的權利，人必須先有主的恩賜基督的靈扶助他們的軟弱，否則便無法拒絕罪惡。主耶穌極情願我們在罪孽深重無所適從的景況中到祂那裡去。我們雖有種種軟弱、愚拙，以及罪惡的污點，仍可到主腳前，俯伏痛悔，祂必用祂慈愛的手抱住我們，為我們裹傷，潔淨我們一切的罪污，這正是主所引以為榮的事。

許多人的失敗，就在乎此；他們不信耶穌會赦免他們每一個人所犯的罪；不倚仗上帝的話。人不論犯什麼罪，若照著上帝的計劃祈求，上帝都願白白地施恩赦免。這是任何人皆可獲得的權利。不要以為上帝所發的應許不是給你的，這樣的疑慮，應當除去。每一個悔改的罪人，都可得上帝的應許。上帝藉著耶穌基督已經預備了能力與恩賜，可由那些服役的天使賜給每個相信的人。沒有人因為罪孽太重而不能得耶穌的能力，和祂的潔淨與公義，因為主已代替他們死。等著要除去他們那被罪惡沾污的衣服，將祂自己雪白純潔的義袍給他們穿上。祂要他們存活，不要他們死亡。

上帝待人，不像世間蒼生彼此相待。祂的意念都充滿了恩慈與仁愛，並滿有憐憫。祂說：「惡人當離棄自己的道路；不義的人當除掉自己的意念。歸向耶和華，耶和華就必憐恤他；當歸向我們的上帝，因為上帝必廣行赦免。」「我塗抹了你的過犯，像厚雲消散；我塗抹了你的罪惡，如薄雲滅沒。」（以賽亞書55：7；44：22）

「我不喜悅那死人之死，所以你們當回頭而存活。」（以西結書18：32）撒但很想偷去我們心中所存著上帝確定的應許。他企圖奪去我們的光明和希望，但我們絕不可容他如此行，也不可聽他引誘的話，乃當說：「耶穌為我捨命，使我可以得生。祂愛我，不願我滅亡。我有一位仁慈的天父。」

完全

所以，你們要完全，像你們的天父完全一樣。馬太福音 5：48

得永生的條件古今是一致的——現在與始祖在樂園內未犯罪時一樣——就是完全順服上帝的律法，完全行義。若上帝讓這條件刪改或放寬，而仍賜永生與人，那宇宙間的樂境必難保全，罪惡之路必無從斷絕，罪惡的苦楚災殃，也必要存到永永遠遠了。

始祖亞當於未犯罪之前，本可以因順從上帝的律法養成仁義的品性。但他沒有這樣順從，因為他的罪，世人的本性就變壞了，我們不能藉自己的力量成為仁義。既然我們是有罪的，是不義的，就不能靠自己完完全全的遵守上帝的聖律法，我們自己也無一點公義可以應付律法的要求。幸有基督來替我們開了一條出路，祂到世間遭受我們所要遭受的種種困苦試煉。祂一生沒有犯罪，而替我們受死，現在情願將祂的公義賜給我們，擔當我們的罪。若是你願將身心獻給祂，接受祂為你的救主，那麼你以往縱有多大的罪愆，上帝必因耶穌的緣故稱你為義。基督的品性代替了你的品性，上帝就悅納你，好像你未曾犯罪一樣。

不但如此，基督還改革了你的心。祂因你的信住在你心裡，你以信心和時刻服從的態度與祂保持密切的聯繫。你若這樣行，上帝就必在你心裡運行，為要成就祂的美意。那麼你就可以說：「現在活著的不再是我，乃是基督在我裡面活著；並且我如今在肉身活著，是因信上帝的兒子而活，祂是愛我，為我捨己。」（加拉太書2：20）耶穌曾對門徒說：「不是你們自己說的，乃是你們父的靈在你們裡頭說的。」（馬太福音10：20）故此若有基督在你心裡，你所表現的精神態度和所行的一切，必與祂相同——出於公義與順服的工作。

我們自己一無可誇。我們沒有自尊自大的理由。我們唯一的盼望，是在乎基督所賜的義，在乎祂的聖靈在我們心中，替我們行事為人。

單靠恩典

我的恩典夠你用的，因為我的能力是在人的軟弱上顯得完全。
哥林多後書12：9

我們已陷入罪的深坑中，靠著自己不能脫離出來，我們的心是邪惡的，自己不能更換。「誰能使聖潔之物出於污穢之中呢？無論誰也不能！」「原來體貼肉體的，是與上帝為仇；因為不服上帝的律法，也是不能服。」（約伯記14：4；羅馬書8：7）教育、文化、貫徹自己的意志——人的種種努力——各有其相當的地位，但對於救人脫離苦海，改變人心，則無能為力。這一切或可造成正直的外貌，但絕不能改變內心，不能清潔生命的源頭。人要離罪成聖，須在內心有一種勢力發動，一種從上面來的新生命。這種勢力就是基督。唯有祂的恩賜，才能使人心靈毫無生氣的機能甦醒，歸向上帝，趨於聖潔。

救主說：「人若不重生，」——若沒有新的心、新目標、新動機，使他度一種新的生活——「就不能見上帝的國。」（約翰福音3：3）人只須發揮本性做善行的這種觀念，實是一項致命的、自欺欺人的說法。《聖經》上說：「然而屬血氣的人不領會上帝聖靈的事，反倒以為愚拙，並且不能知道，因為這些事唯有屬靈的人才能看透。」「我說：『你們必須重生』，你們不要以為希奇。」（哥林多前書2：14；約翰福音3：7）在基督裡，《聖經》上寫著：「生命在祂裡頭，這生命就是人的光。」「除祂以外，別無拯救，因為在天下人間，沒有賜下別的名，我們可以靠著得救。」（約翰福音1：4；使徒行傳4：12）

人只領會上帝的仁愛，只看見祂品性的慈善，以及祂如慈父愛子般的憐恤，這還不夠；單覺到祂的律法是明智的，是公義的，是以永遠的之愛的原理為本的，這仍不夠；保羅知道這一切，所以他說：「我就應承律法是善的，」「律法是聖潔的，誡命也是聖潔、公義、良善的。」但接著他以沉痛失望的語氣說：「我是屬乎肉體的，是已經賣給罪了。」（羅馬書7：16，12，14）他切望獲得自己無力獲得的純潔與公義，所以又喊著：「我真是苦啊，誰能救我脫離這取死的身體呢？」（羅馬書7：24）憂傷之靈所常發的感嘆唯有一語可答：「看哪，上帝的羔羊，除去世人罪孽的。」（約翰福音1：29）

你的選擇

今日就可以選擇所要事奉的。約書亞記 24：15

凡不獻身與上帝的人，就是在另一種權勢支配之下，處於最可憐的奴隸地位。他不是自主的，他儘管高談自由，但他卻是處於最卑賤的奴隸地位。撒但支配著他的心，不讓他看到真理的優美。他雖自以為是憑自己的見解行事，其實是受黑暗之君的指使。基督來解除人心靈上罪的桎梏。「天父的兒子若叫你們自由，你們就真自由了。」「因為賜生命聖靈的律在基督耶穌裡釋放了我，使我脫離罪和死的律了。」（約翰福音8：36；羅馬書8：2）

救贖之工，沒有半點勉強，無需外來的強迫。人在上帝聖靈感化下，能自由選擇所要事奉的主。人投向基督時，他在所起的變化中能體驗到一種絕妙的自由。他對罪惡的唾棄，是心靈自身對惡的驅逐動作。我們固然無力擺脫撒但的轄制，但當我們渴望脫離罪惡，並在我們迫切需要中呼求超過我們自身能力的幫助時，我們的心靈便會被聖靈的能力所充滿，使之聽從內心意志的指使來實行上帝的旨意。

人獲得自由的唯一可能，就是與基督合而為一。「真理必叫你們得以自由」，這真理就是基督。只有削弱人的意志，摧毀人心靈的自由，罪才能獲勝。人歸順上帝，就是自我重建恢復人類真正的榮耀與尊嚴。我們所要順服的上帝的律法，就是「使人自由的律法」（雅各書2：12）。

法利賽人自稱是亞伯拉罕的子孫。但耶穌告訴他們，只有行亞伯拉罕所行的事，才能肯定這種身分。亞伯拉罕的真子孫，必須像他一樣過順從上帝的生活。他們絕不會想去殺害那講述上帝所賜真理的人。拉比們想謀害基督，這不是行亞伯拉罕所行的事。單單成為亞伯拉罕嫡系的後裔是毫無價值的，他們若與亞伯拉罕沒有靈性上的聯繫，沒有亞伯拉罕的精神，不行亞伯拉罕所行的事，他們就稱不上是亞伯拉罕的子孫。

3月
05日

非黑即白

不與我相合的，就是敵我的。馬太福音 12：30

撒但在不斷地設法拆毀那使上帝的子民與世俗隔開的藩籬，藉以制勝他們。古時以色列民曾貿然與外邦人發生上帝所禁止的關係，他們就被引誘而犯罪了。現今的以色列民也是這樣誤入歧途。「此等不信之人，被世界的神弄瞎了心眼，不叫基督榮耀福音的光照著他們，基督本是上帝的像。」（哥林多後書4：4）凡不決心跟從基督的人都是撒但的奴僕。未經重生的心是喜愛罪惡的，並且有保留罪惡和原諒罪惡的傾向。重生的心是恨惡而堅決反抗罪惡的。當基督徒與不敬虔或不信主的人結交時，他們就把自己置於試探之中了。撒但不讓人看見他，而用迷惑人的煙幕，偷偷地蒙蔽人的眼睛。他們看不出自己與這些人為友能受什麼損害；當他們的性情、言語、舉動都因與世俗接近而與之同化時，他們就越來越盲目了。

隨從世俗只能使教會世俗化，而絕不能使世界基督化。與罪惡親近，就必使人覺得罪惡不是那麼可憎。凡故意與撒但的奴僕為友的人，到了一個時候，也就不再懼怕這些奴僕的主人了。當我們為盡本分而像但以理在宮庭中一樣接受試煉時，我們可以確信上帝必要保護我們；但我們若把自己置於試探之中，那麼遲早總是要跌倒的。

眾人所認為不會受撒但控制的人，常是他所最能利用的工具。博學多才的人往往受到世人的欽佩和尊敬，好像是這些優點可以彌補他們所缺乏對於上帝的敬畏之心，或使他們有資格得蒙上帝的喜悅。才幹和學識固然是上帝的恩賜，但它若被用來代替敬虔，不使人親近上帝，反而遠離祂，那麼，這些恩賜反要變成咒詛和陷害人的羅網了。許多人以為那些看似有禮貌，態度也很優雅的人，多少是與基督有關係的，殊不知這個錯誤再大也沒有了。固然，每一個基督徒都應當具有這些美德，因為這些美德能發揮有力的影響；可是這些美德必須專為上帝而用，否則，就要為邪惡伸手了。

犯罪藉口

我也不定你的罪。去吧，從此不要再犯罪了！約翰福音 8：11

上帝為兒女所定的理想，遠超過人所能想到的最高標準。「所以你們要完全，像你們的天父完全一樣。」這道命令就是個應許。救贖的計劃要把我們從撒但的權勢下完全拯救出來。基督要使心靈痛悔的人從罪惡中徹底分離。祂來，是要除滅魔鬼的作為，並派聖靈住在每個悔罪者心中，保守他不犯罪。

不可用撒但的勢力為行錯事的藉口。自稱跟從基督的人，對自身品格的缺點若作什麼推諉，撒但就歡欣雀躍。因為使人犯罪的正是這些推諉之辭。犯罪是不可原諒的。上帝的每個兒女，凡是信而悔改的，都能達成聖潔的性格和基督化的人生。

基督徒品格的理想標準，是完全基督化。人子在祂的生活上如何完全，祂的門徒在他們的生活上也當如何完全。耶穌在凡事上都與祂的弟兄相同。祂成了肉身，與我們一樣。祂也饑餓、口渴、疲勞、靠食物養生，靠睡眠恢復精力。祂與人類共甘苦，同時祂是純潔無瑕的上帝的兒子。祂是成了肉身的上帝；祂的品格必須成為我們的品格。上帝論信祂的人說：「我要在他們中間居住，在他們中間來往；我要作他們的上帝；他們要作我的子民。」（哥林多後書6：16）

基督就是古時雅各在夢中所見的梯子，這梯子立在地上，頂頭直達天庭榮耀的大門。如果這梯子缺了一級而不能接通天地，我們就必滅亡。基督竟親自來到我們這裡。祂取了我們的人性而得了勝，使我們能因取祂的神性而得勝，祂成了「罪身的形狀」（羅馬書8：3），讓我們過無罪的生活。如今祂一邊以祂的神性握住天上的寶座，一邊以祂的人性接觸我們。祂囑咐我們因信祂而達到上帝品德榮耀的標準。故此，我們要完全，正像我們的「天父完全一樣」。

我們面對最大的戰爭

3月07日

凡稱呼主名的人總要離開不義。**提摩太後書2：19**

我們必須全心順服上帝，否則就不能得那足以使人恢復上帝形像的內心改變。人的本性是遠離上帝的，聖靈論到我們的景況時說，我們已「死在過犯罪惡之中。」（以弗所書2：1）「滿頭疼痛，全心發昏，從腳掌到頭頂，沒有一處完全的。」（以賽亞書1：5-6）我們緊緊地被捆在撒但的羅網之中，「被魔鬼任意擄去。」（提摩太後書2：26）上帝很想要醫治我們，釋放我們；但人要得醫治，得到釋放，需有完全的變化，將本性完全更新，故此我們要把自己完全獻給上帝。

世上最大的戰爭，就是跟自我作戰。降服自我，要完完整整的遵循上帝的旨意，經過一番掙扎，且人的心靈必須先呈獻於上帝，方可以更新成聖。

撒但企圖使人以為上帝的政權是盲目的順從和非理性的約束，其實不然。上帝的政治是感動人的良心與理智的。創造的主宰對祂所造的人說：「你們來，我們彼此辯論。」（以賽亞書1：18）上帝並不壓制人的意志，亦不接受人無心與勉強的崇拜。以力服人，徒然阻礙人的思想，與品格上的真發展，只使人成為機械而已，但這並不是創造者的旨意。人是上帝創造之能的最高成就，上帝要他發展到極致，祂深願我們依靠祂的恩惠而得到祂所顯明為我們預備的福分。祂請我們將自身奉獻予祂，以便祂可將自己的旨意運行在我們裡面。但我們是否願意脫離罪惡的束縛，而享上帝眾子的光榮自由，則在乎我們各人自己的選擇。

我們要將身心獻予上帝，必須將凡足以使我們與祂隔離的障礙物完全消除。所以救主說：「這樣，你們無論什麼人，若不撇下一切所有的，就不能作我的門徒。」（路加福音14：33）凡足以引誘我們的心志離開上帝的事物，都必須除去。

若無對基督愛情的深切渴望，無非是空談枯燥的儀式、難堪的苦役而已。

為艱難時期做預備

耶和華本為善，在患難的日子為人的保障，並且認得那些投靠祂的人。那鴻書1：7

那「從有國以來直到此時，沒有這樣的」（但以理書12：1）大艱難，很快就要在我們面前展開了，所以我們需要一種我們現今還沒有，而許多人懶於尋求的經驗。世間往往有一些艱難，實際上並不像所預料的那麼嚴重，但這一個擺在我們面前的危機卻不是這樣。最生動的言語也不足以形容這一次的大考驗。在這個時期中，每一個人必須單獨站立在上帝面前。「雖有挪亞、但以理、約伯在其中，主耶和華說，我指著我的永生起誓，他們連兒帶女都不能救，只能因他們的義救自己的性命。」（以西結書14：20）

現今，在我們的大祭司還在為我們贖罪的時候，我們應當追求在基督裡得以完全。我們的救主從來沒有一種念頭想向試探的勢力屈服過。撒但在人的心中總能找到立足之地，在那裡總留有一點罪惡的欲望，使撒但能發揮他試探的力量。但基督論到自己說：「這世界的王將到，他在我裡面是毫無所有。」（約翰福音14：30）撒但在上帝兒子裡面找不到什麼可以使他勝過基督。基督已經遵守天父的誡命，所以在祂裡面沒有罪惡可供撒但利用。這種條件乃是一切要在大艱難的時期中站立得住的人，所必須具備的。

我們必須在今生藉著信賴基督贖罪的寶血與罪惡脫離關係。我們可愛的救主邀請我們與祂聯合，藉祂的力量補足我們的軟弱，以祂的智慧代替我們的愚昧，使祂的功勞遮蓋我們的不配。上帝所引領的道路無異是我們的學校，使我們可以學習耶穌的柔和與謙卑。上帝為我們指明的途徑不是我們自己想選擇、那看似容易且愉快的，而是那符合人生真宗旨的途徑。我們的責任就是與上天的能力合作，這能力要使我們的品格與那神聖的模範相符。沒有人能忽略或延誤這種工作，而不在靈性上受到極可怕的危害。

撒但的時間越緊迫，他的忿怒就越大，所以他欺騙和毀滅的工作要在大艱難的時期中達到頂點。

自我為義

沒有義人，連一個也沒有。羅馬書3：10

　　一個說自己沒有罪的人，便暴露了自己事實上離聖潔很遠。這是因為他對於上帝無限的純潔和聖善，以及自己必須達到怎樣的程度才能符合上帝的品德，沒有正確的認識；一個人對於耶穌的純潔和崇高美德，以及罪惡的毒害與邪惡，既沒有正確的認識，所以他才會看自己為聖潔。他與基督之間的距離越遠，他對於上帝品德和律例的認識越發狹隘，他就要在自己眼中越顯為義。

　　《聖經》所提出的成聖，乃包括整個人，即靈、魂、體。保羅曾為帖撒羅尼迦人祈求，願他們的「靈與魂與身子得蒙保守，在我主耶穌基督降臨的時候，完全無可指摘！」（帖撒羅尼迦前書5：23）他又寫信給信徒說：「所以，弟兄們，我以上帝的慈悲勸你們，將身體獻上，當作活祭，是聖潔的，是上帝所喜悅的」。（羅馬書12：1）在古代以色列的時候，一切奉獻給上帝的祭牲必須詳細察驗。如果在所帶來的祭牲身上發現任何殘缺，就必拒絕不用，因為上帝已經命令，一切祭牲必須是「沒有殘疾」的。所以保羅囑咐基督徒獻上他們的身體，「當作活祭，是聖潔的，是上帝所喜悅的。」為要作到這一點，他們一切的能力都必須盡可能地保持著最健全的狀態。任何足以減弱體力或智力的事，都會降低他為創造主服務的資格。我們若不把最好的獻給上帝，祂豈能悅納呢？基督說：「你要盡心……愛主你的上帝。」凡是真正盡心愛上帝的人必渴望把他們一生最好的服務獻給祂，他們也必不斷地追求，使自己所有的力量都符合那些定律，好增強自己的能力去遵行上帝的旨意。他們必不會因放縱食慾或情慾，以致減弱或污損他們所獻給天父的祭物。

　　每一種罪性的放任都足以減弱人的能力，麻木他的心智和靈性的理解力，以致上帝的聖言和聖靈都只能在他心中留下微薄的印象。

上帝能為你作什麼

讚美上帝，得眾民的喜愛。主將得救的人天天加給他們。
使徒行傳 2：47

在主的使徒身上，本沒有什麼可供頌揚的優點。他們工作的成功，顯然全出於上帝。這些人的生活，他們所造就的品格，以及上帝藉他們所行的大事，都足以證明，上帝為一切願意接受教育和服從引導的人，能成就何等大的事。

愛基督最深的人，對人類必有最大的貢獻。一個人若能忘掉自我，讓聖靈運行在他心中，過完全獻身的生活，他的貢獻將是無可限量的。只要人能經受必要的訓練而不發怨言，也不半途而廢，上帝就要時刻教導他。上帝渴望顯出祂的恩典，只要祂的百姓肯移開障礙，祂就必使救恩的活水通過他們，如江河一樣豐滿地湧流出來。若能鼓勵一些安貧樂道的人盡力行善，而不加以阻攔或抑制的話，那麼現今在僅有一個工人的地方，就早必有一百個為基督作工的人了。

只要人肯順從上帝，上帝就願意照他們的現狀接納他們，並訓練他們為祂服務。上帝的靈進入人心之後，就能激發人的一切才能。人的心志若能完全獻給上帝，就必在聖靈的指導之下均衡地發展起來，必得到能力去領會並遵行上帝的旨意。優柔寡斷的人會變為堅強穩健。不間斷的靈修生活能使耶穌和祂門徒之間建立密切的關係，以致門徒的意志和品格完全與基督同化。因與基督聯合，人必能有更清楚、更遠大的眼光。他的洞察力必更加透徹，判斷力必更加公正。凡渴望為基督服務的人，必為公義的日頭所賜的生命之力所激發，結出許多果子來榮耀上帝。

文藝界、科學界中受過高深教育的人，往往從一些被人視為不學無術的基督徒身上學到寶貴的教訓。其實，這些無名的門徒已在一切學校中的最高學府受過教育。他們已在那位「從來沒有像祂那樣說話」的教師門下受過訓練。

3月 11日 福音是給每一個人的

我若從地上被舉起來，就要吸引萬人來歸我。約翰福音 12：32

經上說：「上帝是個靈，所以拜祂的，必須用心靈和誠實拜祂。」（約翰福音4：24）

這裡耶穌對撒瑪利亞的婦人宣示了祂曾對尼哥底母顯明的那一真理：「人若不重生，就不能見上帝的國。」（約翰福音3：3）人與上天交通，不在乎找到一座聖山，或是一所聖殿。信仰不限於外表的形式和禮節，唯有從上帝來的信仰能引人歸向上帝。我們若要正確地事奉上帝，就必須由聖靈而生。這才足以清潔我們的心，更新我們的靈，並賜我們新的能力來認識上帝，熱愛上帝；使我們產生順從上帝一切要求的心。這才是真正的敬拜，是聖靈運行的結果。每一篇誠懇的祈禱，都出於聖靈的激發，這種祈禱才是上帝所悅納的。哪裡有人尋求上帝，那裡就顯明有聖靈在運行，上帝也要向這人顯示自己。原來上帝正在尋找這樣敬拜祂的人。祂等待著要接納他們，使他們成為祂的兒女。

福音的邀請不可縮小範圍，而僅僅傳給少數經過挑選的、或我們認為信了道就能為我們帶來尊榮的人。這信息必須傳給萬民。無論何處，只要有人肯敞開心門迎接真理，基督就要立時教導他們，將天父顯給他們看，又使他們明白：怎樣敬拜才是那位鑒察人心之主所悅納的。對這樣的人祂不用比喻，卻要像對井旁的婦人一樣，直接說：「這和你說話的，就是祂！」（約翰福音4：26）

救主平時不等候群眾聚集，往往只有幾個人圍著祂時，祂就開始教導他們。路過的人就會一個一個地停下來聽祂，結果有成群的人聽了這位天上差來的教師所說的話而驚訝不已。所以，凡為基督工作的人，不應該覺得對幾個人講道，就可以不像對多人講道那麼熱誠。雖然只有一個人在聽，誰能說這信息的影響會有多大呢？救主在一個撒瑪利亞婦人身上所下的工夫，連門徒也認為太不值得。但耶穌向她諄諄訓導，居然比向君王、謀士或大祭司講話更為懇切，更為動聽。祂賜給這婦人的教訓，已由多人反覆講說，直到地極。

聖靈的工作

只等真理的聖靈來了，祂要引導你們明白一切的真理。
約翰福音 16：13

基督的話裡已經明白地列舉了聖靈的職務：「祂既來了，就要叫世人為罪、為義、為審判，自己責備自己。」（約翰福音16：8）那使人知罪的乃是聖靈。罪人若響應聖靈甦醒人心的感化力，他就必被領到悔改的方向去，並注意順從神聖條件的重要性。

聖靈向悔改歸正而饑渴慕義的罪人，顯示那除去世人罪孽的上帝的羔羊。基督說：「祂要將受於我的，告訴你們。」「祂要將一切的事，指教你們，並且要叫你們想起我對你們所說的一切話。」（約翰福音16：14；14：26）

聖靈賜下的，是作為更生復新的能力，使那因我們救主之死而成就的救贖能夠生效。聖靈經常設法引人注意到那在髑髏地的十字架上所作的大奉獻，向世人顯揚上帝的愛，並向已被定罪的人展露《聖經》中的寶物。

聖靈的作用在使人知罪，並向人提出公義的標準之後，就引人不再喜愛地上的事，而使人心中充滿聖潔的渴望。救主說：「祂要引導你們明白一切的真理。」（約翰福音16：13）人若甘願受陶冶，就必達到全然成聖的地步。聖靈必將屬上帝的事銘刻在人的心靈上。倚靠祂的能力，生命之路就必顯明，而使人不致誤入歧途。

上帝從起初就藉著祂的聖靈，以人作工具，為墮落的人類成就祂的旨意。

全能者的靈正在世人心中運行，凡響應祂感化力的就成了上帝和祂真理的見證人。在許多地方都可看到獻身的男女，將那曾向他們顯明藉基督得救之道的光傳與他人。當他們繼續發光，猶如那班在五旬節接受聖靈洗禮之人所行的一般時，他們就必領受聖靈愈來愈多的能力。這樣，地就因上帝的榮耀而發光了。

聖靈的醫治

你們死在過犯罪惡之中，祂叫你們活過來。以弗所書2：1

救主看見了一個極為不幸的人：病了三十八年的癱子。他的病大半是自己犯罪的結果，大家也認為是上帝給他的刑罰。他過了多年痛苦孤寂的生活，覺得自己再也得不到上帝的慈愛了。

耶穌並沒有叫這病人先向祂表示信心，只是對他說：「起來，拿你的褥子走吧！」但這人的信心卻握住了這句話。他的神經和肌肉都有了新生命的感覺，癱瘓的四肢也能活動自如了。他毫不遲疑地決定要遵從基督的吩咐，他的一切肌肉也都順服了他的意志。他一躍而起，立時成了個活潑的人。

耶穌沒有先保證要以上帝的能力幫助他。他可能遲疑一下，就失去他唯一痊癒的機會了。但他相信基督，也照著行，就得著力量。

我們也能藉這同樣的信心，得到靈性上的醫治。我們因犯罪而與上帝的生命隔絕。我們的靈命癱瘓了，我們靠自己不能度聖潔的生活，猶如那病人自己不能行走一樣。有許多人感覺自己的無能，並希望得到那使他們與上帝和諧的屬靈生命。然而，他們所有的努力都歸於徒然。他們在失望中呼喊道：「我真是苦啊！誰能救我脫離這取死的身體呢？」（羅馬書7：24）但願這班灰心掙扎的人舉目仰望，救主俯身用說不出的仁慈和憐憫，對祂用寶血買來的人說：「你要痊癒嗎？」同樣的，祂吩咐你起來得到健康和平安，不要等到你覺得痊癒了才相信。只要信祂的話，這話就必實現。要使你的意志順服基督，要立志事奉祂，照祂的話去行，你就必獲得能力。無論什麼罪惡的習慣，就是那由於長期放縱情慾而束縛你身心的行為，基督都能並切望把你解救出來。祂必將生命賜給那「死在過犯罪惡之中」的人（以弗所書2：1）。祂必釋放那被軟弱、不幸和罪惡的鎖鏈所捆綁的俘虜。

潔淨聖殿

豈不知你們是上帝的殿嗎？哥林多前書 3：16

耶穌潔淨聖殿的行動，宣告了祂做為彌賽亞的使命，並開始了祂的工作。這為上帝居住而造的聖殿，本是給以色列人和全世界的一個實物教材。亙古以來，上帝的本意是要每個受造的生靈，從光明的撒拉弗到人類，都作創造主居住的聖殿。但因罪的緣故，人類不能再住在上帝的居所。人心被罪污染，已不能顯出神聖之主的榮耀。然而，上帝的兒子成了肉身，上帝竟能住在人性之中，而人心因救恩就重新成了祂的聖殿。上帝定意要耶路撒冷的聖殿成為永久的象徵，使人人都能企及那無比的崇高。可惜猶太人雖以此建築自豪，卻不明白其中重要意義，沒有獻上自己作為聖靈的殿。耶路撒冷聖殿的院子中充滿了齷齪交易的擾嚷喧囂，逼真地反映了人心中的殿被肉體的情慾和不潔的思想所玷污的情形。耶穌潔淨聖殿，就是宣告祂潔淨人心中罪污的使命，潔淨那些腐化心靈的屬世企圖、自私的欲望和邪惡的習慣。「萬軍之耶和華說：『……你們所尋求的主，必忽然進入祂的殿；立約的使者，就是你們所仰慕的，快要來到。』祂來的日子，誰能當得起呢？祂顯現的時候，誰能立得住呢？因為祂如煉金之人的火，如漂布之人的鹼。祂必坐下如煉淨銀子的，必潔淨利未人，熬煉他們像金銀一樣。」（瑪拉基書3：1-3）

我們的心被罪惡侵佔，單靠自己絕不能將其驅逐出去。只有基督能潔淨人心的殿，但祂絕不會勉強闖進來。祂現在走進人心裡與從前進到聖殿不同，因為祂說：「看哪，我站在門外叩門，若有聽見我聲音就開門的，我要進到他那裡去。」（啟示錄3：20）祂來不只是住一天，因為說：「我要在他們中間居住，在他們中間來往……他們要作我的子民。」祂必「將我們的罪孽踏在腳下，又將我們的一切罪投入深海。」（哥林多後書6：16；彌迦書7：19）祂一來，就必使心靈潔淨成聖，成為主的聖殿和「上帝藉著聖靈居住的所在」（以弗所書2：22）。

聖潔是……！

親愛的弟兄啊，我們既有這等應許，就當潔淨自己，除去身體、靈魂一切的污穢，敬畏上帝，得以成聖。**哥林多後書7：1**

既然這是我們獲得能力的方法，那麼我們為什麼不如饑似渴地追求聖靈的恩賜呢？我們為什麼不談論這事，為這事祈禱，並傳講這事呢？作父母的尚且樂意將好禮物給自己的兒女，主當然更樂意將聖靈賜給凡事奉祂的人。每位職工應當為每日受聖靈的洗而向上帝祈求。成群結隊為基督而工作的人也當聚集，祈求特別的幫助和天來的智慧，以便知道如何明智地從事計劃與執行。他們應當特別求上帝用祂豐盛的靈，為祂所揀選的、在各佈道地區作使者的人施洗。為上帝作工的人若有聖靈同在，就必使真理的宣傳具有能力，這種能力乃是世上一切尊貴或榮耀所無法賦予的。

凡獻身為上帝工作的人，無論置身何處，都必有聖靈同在。那對門徒所說的話也是對我們說的。保惠師是他們的，也是我們的。聖靈供給力量，支持那在各種緊急局勢之中、在世人仇視之下、努力奮鬥的人，並使他們感覺到自己的失敗與錯誤。在憂傷痛苦之中，當前途似是黑暗，將來頗為渺茫，以及我們感到孤立無助之時……這正是聖靈答應出於信心的祈禱、而使人心獲得安慰的時候。

一個人在特殊境況之下所表現的屬靈奮興，並不足以作為他是基督徒的確證。成聖並不是一時的狂喜：而是心意完全歸順上帝；是靠上帝口中所出的每一句話而活；是遵行我們天父的旨意；是無論置身於磨難、黑暗、或光明之中始終信上帝；是憑著信心而不是憑眼見行事為人；是本著毫無疑問的信念倚靠上帝，信賴祂的大愛。

我們並不需要能為聖靈下一定義，說祂究竟是什麼？基督已告訴我們聖靈乃是保惠師，「就是從父出來真理的聖靈。」論到聖靈，基督清楚地宣布過在祂引導人明白一切真理的工作上，「祂不是憑自己說的。」（約翰福音15：26；16：13）

義就是……！

饑渴慕義的人有福了！馬太福音5：6

義就是聖潔，與上帝相似，而「上帝就是愛。」（約翰壹書4：16）義就是順從上帝的律法，「因你一切的命令盡都公義」（詩篇119：172），而「愛就是完全了律法。」（羅馬書13：10）義就是愛，愛就是上帝的光和生命。上帝的義已在基督裡具體地表現出來了。我們因接受祂就接受了義。

義並不是藉著痛苦的掙扎，繁重的勞役，或呈獻的供物或祭牲而獲得的；它乃是白白賜給每一位饑渴慕義而甘願領受之人的。「你們一切乾渴的都當就近水來；沒有銀錢的也可以來。你們都來，買了吃；不用銀錢，不用價值。」「是他們從我所得的義，這是耶和華說的，」並且「祂的名必稱為『耶和華——我們的義。』」（以賽亞書55：1，54：17；耶利米書23：6）

任何人都不能供給滿足心靈饑渴之物。但耶穌卻說：「看哪，我站在門外叩門；若有聽見我聲音就開門的，我要進到他那裡去，我與他，他與我一同坐席。」「我就是生命的糧。到我這裡來的，必定不餓；信我的，永遠不渴。」（啟示錄3：20；約翰福音6：35）

我們怎樣需要食物以維持體力，也照樣的需要基督——那從天上降下來的糧以維持我們的靈命，並賦予力量以從事上帝的聖工。身體是怎樣不斷地吸收那維持生命與精力的養料，人的心靈也照樣必須經常地與基督交往，順從祂，全然信靠祂。

當我們認清我們救主聖德的完美時，就必渴望得以全然變化，照著祂聖潔的形像而作新造的人。我們愈知道有關上帝的事，我們對於品格的理想就必愈高超，渴望反映祂形像的意念也必愈懇切。當心靈切慕上帝之時，便有一種神聖的要素與世人的力量相聯合，於是那渴望的心靈便說：「我的心哪，當默默無聲，專等候上帝，因為我的盼望是從祂而來。」（詩篇62：5）

你若感到心靈中有所缺乏，你若饑渴慕義，這就證明基督已經在你的心裡動工。

成聖是……！

3月
17日

上帝的旨意就是要你們成為聖潔。**帖撒羅尼迦前書 4：3**

上帝在祂的範圍內既是聖潔的，照樣，墮落的人也該因信基督而在自己的範圍內追求聖潔。

上帝在祂子民身上所行的一切作為，都以教會成聖為目的。祂從起初就揀選了他們，叫他們成為聖潔。祂賜下祂的兒子為他們捨命，叫他們因順從真理而得以成為聖潔，脫離自己一切卑賤的行為。上帝所要他們作的乃是一種個人的工作，一種個人的獻身。那些承認自己相信上帝的人唯有與祂的形像相似，並受祂聖靈的管束，才能歸榮耀予祂。然後，他們作救主的見證人，才可以宣揚上帝的恩典為他們所成就的事。

真正的成聖乃在於實踐愛的原則。「上帝就是愛；住在愛裡面的，就是住在上帝裡面，上帝也住在他裡面。」（約翰壹書4：16）那有基督住在他心中的人，他的生命必定顯示出實際的敬虔。品格必成為純潔、高尚、尊貴、光榮的。純正的道理必與公義的作為協調；天上的訓詞必與聖潔的行為結合。

凡想要獲得成聖之福的人必須先認識自我犧牲的意義。……那顯明我們愛上帝的，乃是我們對於同胞之愛所發出的馨香之氣。那使心靈得享安息的，乃是在服務上所表現的忍耐。那增進以色列幸福的，乃是由於謙卑、殷勤、忠誠的辛勞。上帝必支持並堅固那甘願效法基督而行的人。

成聖並不是一時、一刻、一天的工作，而是一生的工作。這也不是得自感情的一時煥發奔放，而是經常向著罪死，經常為基督而活的結果。微薄而間斷的努力絕不能糾正過錯，也無法造成品格的改善。唯有藉著恆切的努力、辛苦的鍛煉、與堅決的鬥爭，我們方能得勝。我們今日不知道明日的鬥爭將是何等的艱巨。只要撒但仍然稱霸，我們就必須攻克己身，制勝那纏累的罪；只要我們一息尚存，就絕無停歇之處，絕無一處是我們可以抵達之後，敢於宣告：「我已經完全達到了。」原來成聖乃是終身順從的結果。

成聖是《聖經》的教訓

求你用真理使他們成聖；你的道就是真理。約翰福音 17：17

那由於輕忽或拒絕上帝的律法而發表有關成聖的謬論，對今日的宗教運動有很大的作用。這些學說在道理上既屬虛偽，在實際的效果上又是有危害的；況且它既為多人所贊同，這就更能說明每個人都必須清楚地瞭解《聖經》對於這方面問題所持的教導。

真正的成聖乃是《聖經》的道理。保羅在寫給帖撒羅尼迦教會的書信中這樣說：「上帝的旨意就是要你們成為聖潔。」他又祈禱說：「願賜平安的上帝，親自使你們全然成聖！」（帖撒羅尼迦前書4：3；5：23）《聖經》清清楚楚地教訓我們何為成聖，以及如何可以達到成聖的地步。救主曾為祂的門徒向上帝禱告說：「求你用真理使他們成聖；你的道就是真理。」（約翰福音17：17-19）保羅教訓信徒要「因著聖靈，成為聖潔。」（羅馬書15：16）聖靈的工作是什麼呢？耶穌告訴祂的門徒說：「只等真理的聖靈來了，祂要引導你們明白一切的真理。」（約翰福音16：13）詩人說：「你的律法盡都誠實。」上帝的話和祂的靈都向人闡明祂律法中所含公義的大原則。上帝的律法既然是「聖潔、公義、良善的」，是上帝完美品德的寫照，那麼，由於順從律法而造成的品格必然也是聖潔的。基督是這種品格的完全模範。祂說：「我遵守了我父的命令。」「我常作祂所喜悅的事。」（約翰福音15：10；8：29）基督的門徒必須變成祂的樣式——靠著上帝的恩典造就一個符合祂聖潔律法之原則的品格。這就是《聖經》中所顯示的「成聖」。

這種工作唯有藉著信靠基督，並因上帝聖靈住在心中的能力，才能完成。保羅勸勉信徒說：「當恐懼戰兢作成你們得救的工夫。因為你們立志行事，都是上帝在你們心裡運行，為要成就祂的美意。」（腓立比書2：12-13）每一個基督徒不免要感覺到罪惡的慫恿，但他總對罪惡進行持久的戰爭。這就是我們需要基督幫助的地方。人類的軟弱既與上帝的力量聯合，就能憑著信心說：「感謝上帝，使我們藉著我們的主耶穌基督得勝。」（哥林多前書15：57）

悔改是……！

因為依著上帝的意思憂愁，就生出沒有後悔的懊悔來。
哥林多後書7：10

人怎能在主面前稱義呢？罪人怎能成為義人呢？只有靠著基督，我們才能與上帝和睦，成為聖潔。但是我們怎能到基督面前來呢？現在許多人發出這個問題，正如五旬節眾人受了感動，自知有罪，就大聲喊著說：「我們當怎樣行。」彼得的回答中，第一句就說應當「悔改」。此後不久，又有一次，他說：「你們當悔改歸正，使你們的罪得以塗抹。」（使徒行傳3：19）

悔改包含著為罪痛心、並離開罪的意思。但我們若無法辦認出何謂罪，就不會厭棄罪。除非我們真心遠離罪，我們一生的行為自然不能有真正的改變。

許多人不明白悔改的真意。許多人為自己所犯的罪憂愁，且在外表上改過自新，是因為怕受犯罪所生的苦難。但照《聖經》的立場講來，這並不是悔改。他們是為苦難悲哀，不是為罪孽悲哀。這樣的憂愁，猶如以掃看見長子的名分已經永遠失掉而憂愁一樣。巴蘭見天使持刀立在路中，大吃一驚，怕要遭遇死亡，就承認自己的罪，但心中並未真正悔改，意念也沒有改變，對罪惡更無痛恨之意。加略人猶大賣了他的主以後，未嘗不大聲呼喊說：「我賣了無辜之人的血，是有罪了。」（馬太福音27：4）

這種認罪，乃是從犯罪者的心靈中，被重大的良心譴責和懼怕刑罰的心理逼出來的。猶大想到將來必有的報應，就滿心懼怕，但他心靈中沒有深切的悲傷痛悔，覺得他已經出賣了無辜的神子，否認了以色列的聖者。埃及的法老遇上主降罰的時侯，也承認他的罪孽，無非是想免得多受懲罰，等到災難一停，卻仍舊反抗天上的主。這些人都是為罪的結果悲哀，並非為罪孽本身而痛心。

向神求告

你們要先求祂的國和祂的義。馬太福音6：33

眾使徒和先知中從無一人自稱是沒有罪的。凡曾與上帝過最親近之生活的人、凡寧願犧牲性命而不肯故意犯一件錯行的人、凡曾蒙上帝賦以神聖亮光與能力的人，都承認他們的本性是有罪的。他們既不靠肉體，也不聲稱自己為義，而完全仰賴基督的義。

凡仰望基督的人都必如此。我們愈接近耶穌，就愈能辨識祂聖德的純潔，愈能看出罪的極度邪惡，我們也就愈益不想高抬自己了。心靈就必不斷地渴慕上帝，也必作經常、懇切、而痛心的認罪，並在祂面前謙卑己心。我們在基督徒的經驗上每前進一步，我們的悔改就必加深一步。我們應當知道唯有在基督裡面，我們才得以滿足，也當以使徒下列的自白作為我們的自白：「我也知道，在我裡頭，就是肉體之中，沒有良善。」「我斷不以別的誇口，只誇我們主耶穌基督的十字架：因這十字架，就我而論，世界已經釘在十字架上；就世界而論，我已經釘在十字架上。」（羅馬書7：18；加拉太書6：14）

但願職司記錄的天使，寫下上帝子民作聖潔之掙扎及鬥爭的歷史；且讓天使記錄他們的祈禱和眼淚；但千萬不要從人的口中發出「我是無罪的；我是聖潔的」這種聲明而玷辱了上帝。因為成聖之人的口絕不至於發出這種僭越自恃的話。

那些有意想自誇聖潔的人，務要對著上帝律法的鏡子察看。當他們看到律法廣泛的要求，並明瞭律法所有辨明內心的思想和意向的工作時，他們就不自誇無罪了。約翰並不將自己和他的弟兄們分開，他說：「我們若說自己無罪，便是自欺，真理不在我們心裡了。」「我們若認自己的罪，上帝是信實的，是公義的，必要赦免我們的罪，洗淨我們一切的不義。」「我們若說自己沒有犯過罪，便是以上帝為說謊的；祂的道也不在我們心裡了。」（約翰壹書1：8-10）

我們若住在基督裡面，上帝的愛若住在我們心中，我們的情感、我們的思想、我們的行動就都必符合上帝的旨意了。成聖的心是與上帝律法的訓詞協調的。

悔改的例子

3月21日

上帝啊，求你為我造清潔的心。**詩篇 51：10**

當人心順從聖靈感化之時，他的良知就會甦醒，能夠辨明上帝的律法是何等聖潔，何等深奧，為上帝治理天地的基礎。那普照「一切生在世上的人」（約翰福音1：9）的真光，也來照耀他心裡的隱密，顯出一切暗中包藏之事，使他心中自知有罪，於是罪人體會到耶和華的公義，覺得自己多罪不潔，要站在鑑察人心的上帝面前，真是可怕。他就看出上帝的慈愛、聖潔的榮美、潔淨的喜樂，他就切慕得著潔淨，與上天修好，恢復往來。

古時大衛王在犯罪後的祈禱，可以表現真正為罪憂傷的心境。他的悔改是誠實的，是懇切的，他並不想遮掩自己的罪孽，他的祈禱也並不是為了想逃避那將要臨到他身上的刑罰而發的。他已看出自己的罪孽是何等的深重，心靈是何等的污穢。他痛恨自己的罪孽，他祈求的，不但是求主赦免，更是求主潔淨他的內心。他渴望得聖潔中的喜樂——與上帝恢復和好，再得與上帝往來。

這樣的悔改，不是靠我們自己的力量能夠成就的，只有靠著那位升天又賜人大恩的基督，才能獲得。

主說：「凡勞苦擔重擔的人可以到我這裡來，我就使你們得安息。」（馬太福音11：28）《聖經》並沒有說罪人需要先悔改然後才可以回應這個恩召。須知使人真心悔改的能力，是出於基督的德行。彼得曾向以色列人說得很明白，他說：「上帝且用右手將祂高舉，叫祂作君王作救主，將悔改的心和赦罪的恩賜給以色列人。」（使徒行傳5：31）除非基督的靈感動人的良心，人就不能悔改，正如我們離了基督，就不能得赦一樣。

基督是一切正當意念的本源，唯有祂才能將抵抗罪惡的意念栽種在人心中，凡人有切慕真理和純潔的意念，及自知有罪的感覺，都是上主的靈感動人心的證據。

悅納的第一步

遮掩自己罪過的，必不亨通；承認離棄罪過的，必蒙憐恤。
箴言 28：13

人未曾在上帝面前謙卑認罪，就是沒有實行蒙上帝悅納的第一步。我們若沒有經驗過那種「沒有悔意」的懊悔，沒有以真正誠實謙卑的態度和憂傷的心承認罪孽，憎惡自己的過犯，這就是表明我們還沒有真正的求赦免，既沒有求，當然就得不到上帝的真平安。人先前所犯之罪未蒙寬容的唯一原因，是因為不願存謙卑的心，遵行真道的條件。關於這一點，我們已有很明確的教訓。認罪不論公私，應當出於至誠，自然的表明出來，不是勉強的。認罪之時，不可支吾其詞，或輕忽從事；我們也不要強使未曾覺悟罪惡真相的人出來認罪。只有從心底發出的認罪，才能達到憐憫無限的上帝那裡。詩人大衛說：「耶和華靠近傷心的人，拯救靈性痛悔的人。」（詩篇34：18）

誠實的認罪，必定是確切的、承認某種罪。有些犯罪，或只須向上帝承認就可以了，但有些或是須在受損的人面前承認的，還有些是開罪於大眾，應當在大眾面前承認的。但無論如何，認罪時務要確實指定所犯之罪為何，爽直的承認出來。

認罪若無誠懇懊悔改過之心，就不能得上帝的悅納。我們的行為須有根本的改變，一切冒犯上帝的事須得完全除淨，這才是真心為罪憂傷的結果。我們本身所當盡的本分，《聖經》已明明的列出了「你們要洗濯、自潔，從我眼前除掉你們的惡行，要止住作惡，學習行善，尋求公平，解救受欺壓的；給孤兒伸冤，為寡婦辯屈。」（以賽亞書1：16-17）惡人「若轉離他的罪，行正直與合理的事；還人的當頭和所搶奪的，遵行生命的律例，不作罪孽，他必定存活，不至死亡。」（以西結書33：14-15）保羅論到悔改的事說：「你看，你們依著上帝的意思憂愁，從此就生出何等的殷勤、自訴、自恨、恐懼、想念、熱心、責罰，在這一切事上你們都表明自己是潔淨的。」（哥林多後書7：11）

要悔改

3月 23日

他的恩慈是領你悔改。羅馬書 2：4

那在宇宙萬物間運行的神意，正在向人心發言，使他們對於一種自己前所未有之事物產生言語所不能形容的愛慕。這種渴慕之情，不是世上的事物所能滿足的。上帝的聖靈在勸導他們，使他們專求那唯一能賜和平安寧之物——基督的恩惠、聖潔的喜樂。我們的救主，時刻用有形及無形的方法，在那裡感動引導人心，使人離棄那不能使人滿足的喜樂，就是罪惡中的喜樂，而求在祂裡面無窮的恩賜。對一切想藉世上不能存水之池而解渴、卻發現徒然的人，上帝想對你說：「口渴的人也當來；願意的都可以白白取生命的水喝。」（啟示錄22：17）

你們心裡愛慕比這世界所有更美之物的人，都當認識這愛慕是上帝向你心靈說話的聲音。你們當求上帝賜給你們悔改的心，將無窮的慈悲與完全聖潔的基督，顯示予你們。上帝律法的原理，愛上帝愛世人的原理——在救主一生為人的過程中已表彰無遺了。仁慈、不自私的愛心，是救主生命的精華，我們必先注目於祂，有祂的真光照耀我們，然後才能看出自己心中的罪狀。

我們雖曾像古時的尼哥底母一樣，自鳴得意，以為一生都是行為正直，品格完好，可以不必像平常的罪人那樣在上帝面前自卑。然而基督的真光照透我們內心的時候，我們就會看出自己是怎樣的不潔，存心是怎樣的自私，怎樣反對上帝，以致一舉一動都沾染污點。那時我們必知自己的義，真像污穢的衣服，必知唯有基督的血，才能洗去罪惡的污穢，更新我們的內心，使我們像祂一樣。

上帝的一絲榮耀，基督的一分純潔，穿透了人的心靈，便能清清楚楚地暴露罪的每一個污點，顯明人品格上所有的缺陷和弱點。

凡受這種影響的人，必怨恨本身的自私自利，故要藉著基督的公義，求得潔淨的心，藉此與上帝的律法和基督的品性相合。

拖延有什麼錯

你暫且去吧，等我得便再叫你來。● 使徒行傳 24：25

要慎防拖延的態度。不要把丟棄罪惡和靠耶穌求潔淨心靈的工夫往後拖延。千千萬萬人的錯處，就在這裡，只因遲延的緣故，便自取永遠的沉淪。不必多說人生的短促無常，但要提醒你們，遲延著不聽從聖靈懇切勸戒的聲音，明知故犯地在罪中生活——推拖著不悔改就是在罪中生活——確是極大的危險，這種危險。普通人還未充分瞭解。無論怎樣細微的罪，若放縱不改，必有使人永遠沉淪的危險。我們所不能制勝的，終必勝過我們，而使我們滅亡。

始祖亞當夏娃，自以為吃禁果是一點小事，必不致發生上帝所宣布那樣可怕的結果。但這件小事，就是犯了上帝永不改變的聖律，遂使人與上帝分離，開了死亡之潮的門戶，讓數不盡的災禍，闖進了世界。歷代以來，常有悲哀的哭聲，不住的從地上而起，一切受造之物，莫不同聲歎息勞苦，這無非是世人悖逆上帝的結果。連天上也受了世人背叛上帝的影響。十字架就是一個紀念碑，顯明世人犯了上帝的聖律法，必須有一種驚天動地的犧牲，方可抵贖。我們切勿把犯罪看為小事。

人每次犯罪，每次輕忽基督的恩典，自己都要受到影響，因為每次的犯罪能使心地剛硬，使意志衰弱，使悟性麻木，以致人不但愈來愈不願服從聖靈仁慈的勸化，連要順從之時也愈來愈困難了。

人的品性上雖然只有一點惡癖，心中雖然只有一股邪念，若堅持不改，則福音在他心內所有的能力，終必完全失效。每次私欲的放縱，都足以加強人厭棄上帝的心。硬心不信上帝，或堅決不看重真理的人，無非是在那裡收他自己所種的結果。整本《聖經》勸人不可輕忽罪惡的警告中，最可怕的話，莫過於智者所羅門的話了：「惡人他必被自己的罪惡如繩索纏繞。」（箴言5：22）

意志力的力量

3月 25日

因為你們立志行事，都是上帝在你們心裡運行，為要成就祂的美意。
腓立比書 2：13

世人雖有缺憾、軟弱和不完全之處，救主卻願依他們的本來面貌接受他們；祂不但要潔淨他們的罪，用自己的寶血救贖他們，還要使凡肯負祂的軛，背祂擔子的人，滿意得著祂心裡所盼望的。祂的宗旨是要將平安和寧靜賜給凡來向祂求生命之糧的人。祂要我們盡的本分，都是為使我們達到福樂的最高境界，這種福樂的最巔峰之處，是那些不肯順服的人不能達到的。基督在你們心裡成了榮耀的盼望，就有真正安樂的生活。

有許多人問道：「我當怎樣將自己獻給上帝呢？」你願意將身心獻給上帝，然而道德力軟弱，常被疑惑所捆綁，又受日常犯罪的惡習所管束。你的應許與所立的志向，都像沙做的繩索。你不能管束自己的心思意念和感情，又因知道自己的失信與背約，便更懷疑自己的虔誠，覺得上帝不能悅納你。但你不必為此沮喪。你所應明白的，就是自己真實的意願。這是人性的主權，也就是自己選擇和決斷的能力。人的作為，全憑意志正當的運用。上帝將選擇權賜給人，人可以自己定奪。你改變不了自己的心，無法管束自己的情感將它交予上帝。但你可以心裡「選擇」事奉上帝，可以將你的意志獻與上帝，那麼祂就必在你的心內作工，使你能立志行事，來成就祂的美意。於是你的整個性情，就會受基督之靈管束；你的情感必集中於祂，也必與祂合而為一了。

人有渴望從善成聖的心志，本是好事，但是只有意願而不實行也是枉然。有許多人雖很渴望作基督徒，仍不免滅亡。他們沒有達到將心志獻給上帝的地步，也沒有即時立定主意作基督徒。

正當運用意志，可以使人生產生根本的改變。將心志服從基督，就是與天上的最大能力相連，這能力遠勝一切執政者、掌權者的權勢。這樣，你就可以因為時時刻刻地歸順上帝，而過一種新的生活，就是信心的生活了。

新生

我實實在在的告訴你，人若不重生，就不能見上帝的國。
約翰福音 3：3

上帝的律法，就其本質而言，乃是不變的。這律法顯明其創立者的旨意和品德。上帝就是愛，祂的律法也是愛。律法的兩大原則，就是愛上帝和愛人。「愛就完全了律法。」（羅馬書13：10）上帝的品德是公義誠實，祂律法的性質也是如此。詩人說：「你的律法盡都真實。」「你一切的命令盡都公義。」（詩篇119：142，172）使徒保羅說：「律法是聖潔的，誡命也是聖潔、公義、良善的。」（羅馬書7：12）這樣的律法既是上帝心意的表現，就必像創立律法的主一樣是存到永遠的。

悔改成聖的工作乃是要使世人與上帝和好，使他們與律法的原則相符，起初，人是照著上帝的形像造的。他是與上帝的性質和律法完全協調的，有公義的原則寫在他心上。但是人類因為犯了罪，就與創造主隔絕了。他就不再反照上帝的形像，他的心就與上帝律法的原則為敵。「原來體貼肉體的，就是與上帝為仇；因為不服上帝的律法，也是不能服。」（羅馬書8：7）但「上帝愛世人，甚至將祂的獨生子賜給他們，」使人類可能與上帝和好。藉著基督的功勞，人就能重新與創造他的主和好。人的心必須因上帝的恩典而更新，他必須有那從上頭來的新生命。這種改變就是重生，若非如此，耶穌說：「人就不能見上帝的國。」

人與上帝和好的第一步，乃是覺悟自己的罪。「違背律法就是罪。」「律法本是叫人知罪。」（約翰壹書3：4；羅馬書3：20）罪人若要知道自己的罪，他必須以上帝公義的大原則來衡量自己的品格。律法是一面鏡子，顯明一個公義品格的完全，並使罪人看出自己的缺點。

相信上帝說的

不要怕，只要信！馬可福音 5：36

你所犯的罪，自己不能贖回，也不能改變自己的心志成為聖潔，但上帝已經應許由基督為你成就這事。你若相信這個應許，承認自己的罪過，將自己獻給上帝，立志事奉祂，這樣行上帝必定照祂的應許為你成就。你若信祂的應許──相信你已蒙赦免，已得潔淨──上帝必會使這應許成為事實。你已成為完全的了，正如那癱子相信自己已經好了，耶穌就賜給他行走的能力一樣。只要你相信，事實就是這樣。

不要等自己覺得痊癒，只要說：「我相信這是確實的事，不是因為我自己覺得，是因為上帝已有應許。」律法顯明人的罪，但沒有為人準備救治之方。它固然應許順從的人可得生命，但它也宣布死亡乃是違犯律法之人的命分。唯有基督的福音能救人脫離罪的裁判和污穢。罪人當向上帝悔改他違犯律法的罪，並信靠基督救贖的犧牲，這樣，他先前所犯的罪就得蒙赦免，他就能與上帝的性情有分。他既領受了聖靈的印證，得作後嗣，就成了上帝的孩子，因此他呼叫祂為「阿爸，父！」

人既重生，他的心就得與上帝和好，並與祂的律法相符。當罪人心中起了這種變化時，他就已出死入生，出罪入聖，不再叛逆，而是服從效忠了。與上帝隔絕的舊生活終止；和好、信心、愛心的新生活展開了。於是「律法的義」必要「成就在我們這不隨從肉體，只隨從聖靈的人身上。」（羅馬書8：4）我們心中的言語必是「我何等愛慕你的律法，終日不住的思想。」（詩篇119：97）

若沒有律法，人對於上帝的純潔和聖善，以及自己的罪過和污穢，就不能有正確的認識。他們不會真正覺悟自己的罪，也不會覺得自己有悔改的必要。他們既沒有看出自己淪喪的景況，又沒有看出自己是違犯了上帝律法的人，也就沒有認明自己需要基督贖罪的寶血。他們雖然接受救恩的盼望，但內心並沒有根本的改變，生活也沒有徹底的更新。

在十字架的陰影下

但我斷不以別的誇口，只誇我們主耶穌基督的十字架。
加拉太書 6：14

凡行在髑髏地十字架陰影之下的人不能有自高的表現，或誇口說自己已經脫離了罪。他們覺悟到，那使耶穌傷痛以致心碎的，乃是他們的罪，這種認識必使他深為自卑。那些生活與耶穌最親近的人最能看清楚血肉之軀的脆弱和邪惡，而且他們唯一的希望乃是倚靠那死而復活之救主的功勞。

現今在基督教界獲得名望的人，若帶有一種自高自大和輕看上帝律法的精神，這就證明他是與《聖經》的信仰毫無關係的。維護這種謬論的人教訓他人說，成聖乃是一種立時就能成功的工作，他們只要有信心，就能達到完全聖潔的地步。他們說：「只要相信，這福氣就是你的。」他們以為接受這恩典的人就不需要做進一步的努力了。同時，他們否定上帝律法的權威，主張自己已經擺脫了一切遵守誡命的義務。其實人若與那表現上帝性質和旨意，並顯明與祂所喜悅之事的原則不協調，又怎能成為聖潔，並與上帝的旨意和品德相符呢？

世人都渴望隨從一種凡事皆易的信仰，不願做任何努力，不願克己，不願與世俗愚妄的事斷絕，這就使那主張單靠信心的說法成為一種很流行的道理；但是上帝的聖言是怎樣說呢？

《聖經》的見證反對單靠信心而沒有行為、迷惑人的道理。單想領受上天的恩典，而不肯履行蒙恩條件的心態絕不是信心，而是僭越自恃的心，因為真正的信心是以《聖經》的應許和條件為基礎的。

不要自欺，不要相信有誰能故意違背上帝律法中的一條，而還能成為聖潔。人何時犯一個明知故犯的罪，勢必使聖靈向人心作見證的聲音止息，並且使自己與上帝隔絕。……我們若不先用上帝唯一聖潔的標準來衡量一個人，就不能以任何人為聖潔。

從救主來的恩典

你們得救是本乎恩，也因著信；這並不是出於自己，乃是上帝所賜的。以弗所書2：8

我們必須在基督的學校學習。除了祂的義，沒有其他任何事物能賦予我們恩典之約的福氣。我們已經渴望這恩典很久了，但是還沒有得到，是因為我們試圖要做些什麼使自己配得這份恩典。我們還沒看清自己，只要單單相信基督是我們的救主。我們絕不要相信我們的恩惠和優點能拯救我們；基督的恩典是我們唯一的希望。藉著主先應許我們，「惡人當離棄自己的道路；不義的人當除掉自己的意念。歸向耶和華，耶和華就必憐恤他；當歸向我們的上帝，因為上帝必廣行赦免。」（以賽亞書55：7）我們一定要相信這真摯的承諾，不要接受靠感覺的信仰。當我們完全信靠上帝時，當我們明白耶穌乃是赦罪的救主時，我們就會得到我們祈求的所有幫助。

我們看自己，好像有能力能拯救自己，但是耶穌為我們死就是因為我們毫無希望做到這一點。在祂裡面我們才有盼望，公正，公義。我們不要灰心或害怕我們沒有救主，或祂對我們沒有恩慈。在這個時刻祂要我們幫祂完成祂的工作，並邀請無助的我們來到祂的面前並拯救我們。我們因為不信，損壞了祂的榮耀，對於如此錯待了我們最好的朋友，我們是多麼驚訝，對於拯救到底的救主我們的回應是那麼微小，而祂卻給我們祂愛的保證。

但願沒有一人覺得自己是毫無希望的，因為這不是事實。你可能看到你的罪和缺失，這只能顯示你需要一位救主。如果你肯認罪，不要失去機會。這是黃金時刻；「我們若認自己的罪，上帝是信實的，是公義的，必要赦免我們的罪，洗淨我們一切的不義。」（約翰壹書1：9）那些飢渴慕義的人都可以得到飽足，耶穌已經應許我們了。寶貴的救主！祂展開雙臂接受我們，祂偉大的愛心準備賜福給我們。

有些人覺得他們在得到救主的祝福前，要向主證明他已經確實悔改了，然而這些人其實已經獲得祝福了。但他們必須領受基督的恩典，來改變他們的軟弱，否則不能建造一個基督化的品格。耶穌的愛吸引我們來到祂的面前，就是我們原有的樣子——那有罪、無助、極需倚賴他人的我們。

聖潔的榜樣

凡向祂有這指望的，就潔淨自己，像祂潔淨一樣。約翰壹書3：3

使徒約翰的生活顯明了真正成聖的例證。在他多年與基督親密交往的經驗中，曾屢次受到救主的警告與訓誡，而他也領受了這些責備。當神聖之主的品德向約翰彰顯時，他就看出自己的缺點，並因這啟示而謙卑了。他天天看著耶穌的溫柔和寬厚，聆聽他謙卑與忍耐的教訓，都與他自己激烈的習性大不相同。他的心天天為基督所吸引，直到他因愛他的夫子而將自我忘記了。他在上帝兒子的日常生活上所看到的權能與溫慈，威嚴與柔和，力量與忍耐，令他滿心敬佩羨慕。他將他那怨憤和具有野心的性情都馴服於基督塑造的能力，並且上帝也促成了他品格的變化。

在約翰的生活中所看到的這種品格上的改變，乃是與基督相交的必然結果。一個人可能在品格上有顯著的缺點，但當他成為基督的忠實門徒時，上帝恩典的能力就必使他改變，使他成聖。他既得以看見主的榮光，好像從鏡子裡返照，就必有所改變，榮上加榮，直至與他所崇敬之主相似。

約翰是一位聖潔的教師，所以他在寫給教會的書信中為基督徒的行為立下了毫無錯誤的規律。他寫道：「凡向祂有這指望的，就潔淨自己，像祂潔淨一樣。」「人若說他住在主裡面，就該自己照主所行的去行。」（約翰壹書3：3；2：6）他教訓人說基督徒必須保持內心及生活的純潔。他不以空口承認基督徒為滿足。上帝既是聖潔的，照樣，墮落的人也當因信基督而在自己的生命中追求聖潔。

使徒保羅寫道：「上帝的旨意就是要你們成為聖潔。」（帖撒羅尼迦前書4：3）上帝在祂子民身上所施的一切作為，皆以教會成聖為目的。祂從起初就揀選了他們，叫他們成為聖潔。祂賜下祂的兒子為他們捨命，叫他們因順從真理而得以成為聖潔，脫離自己一切卑賤的行為。上帝所要他們作的乃是一種個人的工作，一種個人的獻身。

順從主的旨意

因為祂預先所知道的人，就預先定下效法祂兒子的模樣。羅馬書 8：29

許多人犯的錯誤，是試圖將「稱義」和「成聖」之間的微小差別做出釐清。但是在詮釋這兩個名詞時，卻誤植了自己的思想和推測。為什麼不花更多的時間在重要的「因信稱義」議題上呢？為什麼要試圖用每分鐘，彷彿關乎靈魂救贖之事就仰賴在你對這事情的理解？然而所有的事不能以同一觀點來理解。你可能會落入把世界看成一個原子，又把一個原子變成一個世界的危險謬誤。

當懺悔的罪人，在上帝面前痛悔，接受基督的救贖為他個人的主，並接受這救贖是他今生和來生唯一的盼望，他們的罪就得到赦免了，這是「因信稱義」。每一個信徒都要將他們的心志完全順從上帝的心意，隨時要保有悔罪的心態，在救贖主內，去經歷那赦罪的恩典，更從得能力再得能力，從榮耀再進榮耀。

赦免和稱義是一樣的，稱義和定罪卻是相反的。上帝無窮的恩慈向完全不配獲得的人發出。因為耶穌的緣故祂赦免罪過和罪惡，因祂已經成為了我們罪的挽回祭。藉著在基督裡的信心，有罪之人得以蒙上帝的悅納，並有永生強烈的盼望。

大衛王得到上帝的饒恕是因為他謙卑在主面前承認他的罪，並且相信上帝應許的赦罪一定會成就。他承認他的罪，悔改，得赦免。在他獲得寬恕的保證時興奮地說：「得赦免其過、遮蓋其罪的，這人是有福的！凡心裡沒有詭詐、耶和華不算為有罪的，這人是有福的！」福氣的到來是因為得赦免，得赦免是因為相信，認罪，悔改，以及那為我們擔當罪的主使我們重生。從基督那我們得到所有的福氣，祂的死成為我們的贖罪祭。祂成為我們得到上帝喜悅的中保。祂絕對是我們信心的創始者，也是成終者。

前進天家

Homeward Bound

天家

四月

在基督裡得勝

勝利的關鍵

4月 01日

正因這緣故，你們要分外的殷勤；有了信心，又要加上德行；有了德行，又要加上知識；有了知識，又要加上節制。**彼得後書1：5－6**

這些話是富有教訓的，並說明得勝的祕訣。使徒向信徒提出基督徒進步的階梯，其中的每一段都代表著在認識上帝方面的長進，而且在攀登這個階梯時不應有所停頓。信心、德行、知識、節制、忍耐、虔敬、愛弟兄的心、以及愛眾人的心，乃是這個階梯的每一層步級。我們得救乃在於一步一步，一級一級地攀登這個階梯，一直達到基督為我們所定理想的頂點。這樣，祂就成為我們的智慧、公義、聖潔、救贖了。

上帝已經呼召祂的子民來承受榮耀和美德，因此這一切就必須在凡真正與祂聯合之人的生活上表現出來。他們既然分享天國的恩賜，就應當一直上進達到完全的地步，而成為「因信蒙上帝能力保守的人」（彼得前書1：5）。上帝將美德賜給祂的兒女，乃是祂的榮耀。祂願意看到男男女女達到最高的標準，當他們憑著信心握住基督的能力，當他們懇求祂不落空的應許，並聲言這些應許是屬於他們的，又當他們以無人能否定的堅決之心來尋求聖靈的能力時，他們就必在祂裡面成為完全的了。

信徒既然接受了福音的信仰，下一步工作就是要在自己品格上加上德行，藉此潔淨心靈並準備思想接受有關上帝的知識。這種知識乃是一切真教育與一切真服務的基礎。它是抵禦試探唯一可靠的保障，也唯有這種知識能使人在品格上與上帝相似。信徒藉著認識上帝和祂的兒子耶穌基督，就得以領受「一切關乎生命和虔敬的事。」沒有一樣良好的恩賜會保留著、不給予那真誠願意得著上帝公義的人。

人人都可在自己的生活範圍內達成基督化品格的完全。由於基督的犧牲，已作妥準備，使相信者可以承受一切關乎生命和虔敬的事。

謙卑就是勝利

溫柔的人有福了！因為他們必承受地土。**馬太福音 5：5**

袖說：「溫柔的人有福了！」那藏在基督裡的溫柔，可以大大減輕我們遭遇的困難。我們若有主的謙卑，就能不顧日常所遭遇的侮辱、挫折和煩惱，而且，這一切也不再影響我們的情緒了。基督徒高尚人格的最大證據就是自制。人在受羞辱或虐待時，若不能保持鎮靜和信靠的態度，就是剝奪上帝在人身上顯示祂完美品格的權利。心地柔和乃是基督徒得勝的力量，也是他們與天庭有聯繫的證據。

「耶和華雖高，仍看顧低微的人。」（詩篇138：6）凡顯出基督柔和謙卑精神的人，就是上帝所眷顧的。世人或許要輕看他們，但他們卻為上帝所重看。能進入天庭的不只是聰明、偉大、慈善的人，也不只是那熱心、活躍地忙碌工作的人；不！那些渴望基督住在心中的虛心的人，那些以遵行上帝旨意為最高志願的謙卑人，他們都能豐豐富富地進入天國，列在那些曾用羔羊的血洗淨衣服的人中。「所以，他們在上帝寶座前，晝夜在祂殿中事奉祂。坐寶座的要用帳幕覆庇他們。」（啟示錄7：15）

憐恤人的人必蒙憐恤，清心的人必得見上帝。每一種不潔的思想都足以污穢心靈，損傷道德的知覺，消滅聖靈的感動。屬靈的眼光必因而昏昧，以致人不能看見上帝。上帝固然能饒恕悔改的罪人，但人雖蒙饒恕，靈性卻已損傷。人若要更清楚地分辨屬靈的真理，就必須棄絕一切不潔的言語和思想。

然而基督的話指明的不僅是有關情慾方面的不潔，也包括猶太人所嚴厲棄絕的儀式的不潔。自私的心也會使我們看不見上帝。……只有無私的心和謙卑信賴的精神，才能認得出上帝是「有憐憫、有恩典的上帝，不輕易發怒，並有豐盛的慈愛和誠實。」（出埃及記34：6）

4月 03日 勝利只有在神裡

使我們勝了世界的，就是我們的信心。約翰壹書 5：4

基督徒的人生，乃是一場戰爭和一次行軍，但所要贏取的勝利卻非人力所能及。那戰場就是人內心的領域。我們所必須從事的戰爭——人類有史以來最大的戰爭——乃是要將自我降服於上帝的旨意之下，將心志順從愛的管轄。舊的性情是由血氣和肉欲所生，絕不能承受上帝的國。遺傳的傾向和從前的積習，都須予以棄絕。

凡決心要進入屬靈之國的人，必發覺未曾更新之本性中、一切力量與欲望，都是由黑暗之國的勢力作後盾，且是來和他作對的，自私和驕傲必起而反抗一切揭露其罪惡真面目的事物。因此我們靠著自己，是無法克服那邪欲惡習。我們無法勝過那束縛我們為奴的強敵。唯有上帝才能使我們得勝。祂渴望我們能克服自己，以及自己的意志和習性。但若不取得我們的同意與合作，祂就不能在我們心裡運行。聖靈乃藉著那賜予人類的稟賦和能力而施行工作。我們務須運用自己的精力來與上帝合作。

若不多方懇切祈禱，若不步步使自我降卑，勝利是無法獲得的。不要勉強使自己的意志與神聖的媒介合作，你必須甘心情願地順服。上帝的靈或可以百倍懇切的感化力加諸於你，但仍不能使你成為基督徒，配作天國的子民。撒但的要塞也不能因此而被攻破。意志必須置於上帝的旨意這一方。你靠著自己是無力使自己的意志、願望和傾向都順服上帝的旨意，但你若甘願作樂意順從的人，上帝就必為你成就此事，甚至「將各樣的計謀，各樣攔阻人認識上帝的那些自高之事，一概攻破了，又將人所有的心意奪回，使它都順服基督。」（哥林多後書10：5）而後你就必「恐懼戰兢做成你們得救的工夫。因為你們立志行事都是上帝在你們心裡運行，為要成就祂的美意。」（腓立比書2：12-13）

勝利的根基

感謝上帝，使我們藉著我們的主耶穌基督得勝。**哥林多前書 15：57**

對相信基督的人，祂是穩固的根基。這些人就是跌在磐石上而且跌碎的。這就是歸順基督並相信祂的人所必有的經驗。跌在磐石上而且跌碎，就是放棄自以為義的心，而存著小孩子般的謙卑來到基督面前，悔改我們的過犯，並且相信祂赦罪之愛。照樣，我們也因著信心和順從，以基督為根基，並在其上建造。

猶太人和外邦人都可以在這活石上建造。這是唯一的根基，我們可以穩固地造在其上。這石頭廣大無邊，足可供人人使用；堅強有力，能負荷全世界罪擔的重量。藉著與活的基石──基督相聯合，凡在這根基上建造的人，也就成了活石。許多人想靠自己的努力來削刻、琢磨、裝飾自己，但因為沒有與基督聯合，就不能成為「活石」。沒有這種聯合，就沒有人能得救。若沒有基督的生命在我們裡面，我們就經不起試探的風暴。我們永久的安全，有賴於我們是不是建造在穩固的根基之上。今日許多人建造在一些沒有經過試驗的根基上，於是在雨淋、風吹、水沖時，他們的房子就倒塌了。這是因為沒有建造在那萬古的磐石、房角的頭塊石頭──耶穌基督身上。

「他們既不順從，就在道理上絆跌。」基督是一塊遭人厭棄的磐石，但「匠人所棄的石頭，已作了房角的頭塊石頭。」基督像那被棄的石頭一樣，祂在地上作工時，曾被人輕視，受人凌辱。「祂被藐視，被人厭棄；多受痛苦，常經憂患。祂被藐視，……我們也不尊重祂。」（以賽亞書53：3）但祂得榮耀的時候近了，祂因從死裡復活，「以大能顯明是上帝的兒子」（羅馬書1：4）。在祂第二次降臨時，就要顯現為天地的主宰。到那日，那些現在準備釘死祂的人必承認祂的偉大。在全宇宙之前，那被棄的石頭要成為房角的頭塊石頭。

在那最後的大日也必如此。當審判臨到那些拒絕上帝恩典之人時，他們所棄絕的磐石基督，倒要成為一座報應的大山，在他們面前顯現。

4月
05日

試探可有得勝的結果

上帝是信實的，必不叫你們受試探過於所能受的；在受試探的時候，總要給你們開一條出路，叫你們能忍受得住。哥林多前書 10：13

我們求告上帝，不是為了要試驗祂的話能否實現，而是祂所應許的祂必成就；我們求告上帝，不是為了證實祂是否愛我們，而是因為祂真真切切地愛著我們。

「魔鬼又帶祂上了一座最高的山。……對祂說：『你若俯伏拜我，我就把這一切都賜給你。』」

這是撒但無比的試探。他在這一試探上，孤注一擲出盡其誘惑性的力量。那是這古蛇的蠱惑。他在基督身上，施展渾身解數，企圖讓基督向他屈服。但基督在精疲力盡的情況下，緊握著上帝。基督的神性，一下突破祂的人性，猶如天庭元帥般的站在撒但面前，帶著全能者的話說：「撒但，退去吧！因為經上記著說：『當拜主你的上帝，單要事奉祂。』」

撒但曾質疑耶穌是不是上帝的兒子。但現今他唯有當場抱頭鼠竄，因為他無可辯駁。他沒有力量抗拒那命令。他在忿恕中蒙羞帶愧，在世界的救主面前撤退。基督的完全勝利，有如亞當的絕對失敗一樣的徹底。

基督知悉往後長遠歲月中，世人與他們那詭詐仇敵之間的鬥爭。祂是那些受試探攻擊但向祂求告之人的避難所。試探與試煉將臨到我們每一個人，但我們不必被這仇敵所擊，我們的救主已為我們打了勝仗。撒但並非不可被制服的。他日復一日的出現在那些受試煉者面前，企圖以他那詭詐的陰謀擄掠他們。他擅長誣告，而他也在這一事上，比其他各種試探，獲得更多的勝利。基督受過試探，使祂知道如何幫助每位要受試探的人。試探不是罪，罪因屈服於試探而來。對那些信靠耶穌的人來說，試探意味著勝利，並帶來更大的力量。

基督隨時準備赦免所有就近祂並向祂認罪的人。感謝上帝，我們有一位大祭司，祂能體會我們的軟弱，並在各樣事上像我們一樣受過試探。

在安全的路上

我實實在在的告訴你們，子憑著自己不能做什麼，唯有看見父所做的。**約翰福音 5：19**

基督的話教訓我們，應當看自己與天上的父有不可分離的關係。不論我們的地位如何，我們總要靠那掌握一切命運的上帝。祂已經派定我們的工作，又將作工所需的才能、方法賜給我們。只要我們順服上帝的旨意，依靠祂的能力和智慧，祂必引導我們走在安全的路上，完成我們在祂大計劃中的一份責任。但是人若靠自己的智慧和能力，就使自己與上帝隔離。這樣的人不是與基督合作，而是實行那與上帝和世人為敵者的計劃了。

救主接著說：「父所作的事，子也照樣作。父怎樣叫死人起來，使他們活著，子也照樣隨自己的意思使人活著。」撒都該人認為人的身體不會復活，耶穌卻告訴他們，天父最偉大的工作之一，就是叫死人復活；並且祂自己也有權柄作這同樣的事。祂說：「時候將到，現在就是了，死人要聽見上帝兒子的聲音，聽見的人就要活了。」法利賽人相信死人復活的事。基督宣稱那賜生命給死人的權能，現在就在他們中間；而且他們將要目睹這種權能的施展。這使人復活的權能，也就是那賜生命給「死在過犯罪惡之中」的人的權能（以弗所書2：1）。這在基督耶穌裡的生命之靈，就是「祂復活的大能」，足以使人「脫離罪和死的律」（腓立比書3：10；羅馬書8：2）。罪惡的權勢被打破了，人藉著信心就得蒙保守脫離罪惡。凡敞開心門接受基督之靈的人，就在將來可以和那位使祂從墳墓裡出來的大能者有分。

祭司和首領們已立自己為審判官，要譴責基督的工作。不料，基督卻宣布自己為他們的審判者，也是全地的審判者。世界已交在基督手中，而且上帝給墮落人類的每一福分都是由祂而來。祂將光和生命賜給人，各人要按自己所得光的多少受審判。那位將光賜給人，又隨時隨地給人最溫慈的勸戒和設法救人離罪成聖的主，也是人的中保和審判者。自從天上的大鬥爭開始以來，撒但一直用欺騙的手段來維持他的勢力；而基督則一直努力揭穿他的陰謀，打破他的權勢。那與迷惑人者相爭的是祂。那歷代以來，設法從撒但掌握之下奪回俘虜，將要在每個人身上施行審判的，也是祂。

撒但不能讓你犯罪

撒但，退去吧！因為經上記著說：當拜主——你的上帝，單要事奉他。**馬太福音 4：10**

試探者不能強迫我們行惡。除非人願意，撒但是不能支配人心的。只有意志先予以贊同，握住基督能力的信心先行放鬆，撒但才能在我們身上施展他的魔力。但是，我們心中每一個犯罪的欲念，都給撒但提供了一個立足點；我們與神聖標準之間的每一分差距，都是一扇為他敞開的門，放他進來試探我們、毀滅我們。人類的每一個過失、每一次失敗，都給撒但留下了譏謗基督的機會。

當撒但引述上帝的應許「主要為你吩咐他的使者」時，他刪去了「在你行的一切道路上保護你」這句話，也就是說，在上帝所揀選的一切道路上保護他。耶穌不肯偏離順從的道路。耶穌固然完全信任祂的父，但祂絕不願擅自置身於危險之中，使祂的父不得不出面干涉，救祂脫離死亡。祂絕不願勉強上帝救援祂。若是如此，祂就不能給人作信靠和順從的榜樣了。

耶穌對撒但宣告說：「因為經上記著說，不可試探你的上帝。」以色列人在曠野裡乾渴難忍，要摩西給他們水喝。他們呼喊說：「耶和華是在我們中間不是？」（出埃及記17：7）上帝為以色列人行了許多奇事，然而他們一遇患難就生出懷疑，竟還要求上帝拿出憑據來證明祂的同在。他們因為不信，就想試探上帝，現在撒但也想鼓動耶穌這樣作。上帝已經宣布耶穌是祂的愛子，現在還要什麼憑據來證明這一點呢？試探上帝的話，也就是試探上帝。我們若向上帝求祂所未曾應許的事，同樣是在試探祂，也就顯明了我們的不信。我們向上帝祈求，不是要試驗祂是否會成就祂的話，而是相信祂的話一定會成就；不是要試驗祂是否愛我們，而是因為祂確實愛我們。「人非有信，就不能得上帝的喜悅；因為到上帝面前來的人必須信有上帝，且信祂賞賜那尋求祂的人。」（希伯來書11：6）

但信心並不是自以為是。只有具備了真正的信心，才能確保不自作主張。因為自以為是的精神是撒但用來假冒信心的。

上帝必須經過你的同意

耶和華是我的力量，是我的盾牌；我心裡倚靠祂就得幫助。
詩篇 28：7

在福音工作進行之時，許多其他的宣傳機構也同樣在運作，但這些機構無非是謊言之靈的媒介。許多人只是出於好奇而接觸，但既見到一種超人能力在運行，就漸漸受了迷惑，直到自己完全被一種更強的意志所控制，就再也逃不出其神祕的能力了。

心靈的防線被攻破之後，人就沒有抵擋罪惡的屏障了。人一旦拒絕上帝的話和聖靈的約束，就不知道自己會墮落到何等地步；就會被隱祕的罪或強烈的情慾所捆綁，可能像迦百農被鬼附的人一樣，無力自拔。不過，就在這種情形下，也不是沒有希望的。

基督那用來戰勝魔鬼的武器——即上帝話語的能力，我們也可用來戰勝那惡者。非經我們同意，上帝絕不會控制我們的心志。我們若願意明白祂的旨意，並按著祂的旨意行，祂就應許我們說：「你們必曉得真理，真理必叫你們得以自由。」「人若立志遵著祂的旨意行，就必曉得這教訓。」（約翰福音8：32；7：17）無論什麼人，若信靠這些應許，就可以從錯謬的網羅中和罪惡的壓制下得解放。

人人都可以自由選擇願受哪一種勢力的管理。不論人是何等卑劣，如何墮落，沒有不能從基督那裡獲得拯救的。那被鬼附的人，只能發出撒但的話來代替禱告。但他心中未曾發出來的祈求，依然蒙主垂聽了。在患難中的人，無論有什麼呼求，雖未能用言語發表出來，上帝也絕不會置之不理。人若願與天上的上帝立約，上帝絕不會把他們留在撒但的權勢之下，或他們本性的軟弱之中。救主邀請他們說：「讓他持住我的能力，使他與我和好，願他與我和好。」（以賽亞書27：5）黑暗的邪靈必竭力爭奪凡曾受他們統治的人，但上帝的使者要用必勝的能力，為那尋求拯救之人鬥爭。主說：「勇士搶去的豈能奪回？該擄掠的豈能解救嗎？但耶和華如此說：『就是勇士所擄掠的，也可以奪回；強暴人所搶的，也可以解救。與你相爭的，我必與他相爭；我要拯救你的兒女。』」（以賽亞書49：24-25）

越過界線

不要愛世界和世界上的事。 約翰壹書 2：15

基督並不是說人「不願或不可」事奉兩個主，乃是說「不能」。上帝所關注的事和瑪門重視的事毫無關聯，也完全不同。就在基督徒的良知警告他應當忍耐、克己，或應當止步之處，一般屬世之徒卻跨越界線去放縱自私的習性。在界線的一邊有克己的基督徒，而在另一邊則有放縱自我、貪愛世界之輩，隨從時尚，習於輕浮，貪戀被禁止的娛樂。基督徒不可跨越到界線的那一邊去。

沒有什麼人能採取中立的立場，沒有所謂中間灰色地帶——既不愛上帝，也不事奉公義之敵的人。基督要住在祂代表的內心，憑他們的天賦而工作，藉他們的才能而行事。他們的意志必須順服祂的旨意，他們必須隨同祂的聖靈行事。這樣，他們活著就不再是他們，乃是基督在他們裡面活著。凡不將自己完全獻與上帝的人，便是處在另一種勢力的控制之下，聽從另一個聲音，而這聲音所提示的性質全然不同。心持兩意的服事將人置於仇敵那一邊，成為黑暗軍旅的同盟。當那自稱為基督精兵的人參與撒但的聯盟，並幫助他那一邊時，他們就顯明自己乃是基督的仇敵。他們背棄了神聖的委託。他們在撒但與忠實的精兵之間串通了一條線索，因此仇敵得以藉著他們為媒介而經常活動，以掠取基督精兵的心。

我們這個世界上最堅固的罪惡堡壘，並不是那無恥的罪人或墮落而被鄙棄者的邪惡人生，而是那外表似乎貞潔、正直、高貴，但實際卻培養罪惡並放縱惡習的人生。對於那在暗中與某種巨大的試探爭鬥，而戰慄地站在懸崖上的生命而言，這種榜樣確是最有力的罪惡引誘之一。凡對於生命、真理和榮譽賦有崇高觀念，卻仍故意違犯上帝聖律法中一條的人，便是妄用祂所賜予的高貴天賦，成為犯罪的誘餌。天才、技能、同情，甚至慷慨或仁慈的行為，都能變成撒但的誘餌，勾引他人墮於那使今世與永生毀滅的懸崖之下。

不要過於自恃

所以，凡自己謙卑像這小孩子的，他在天國裡就是最大的。
馬太福音 18：4

救主並不輕視教育，因智力的培育若能受到上帝愛的支配並專用於祂的聖工，便是一種福惠。但祂越過了當時的智慧人，因為他們過於自恃，以致不能同情受苦的群眾，且不能與拿撒勒人耶穌同工。……凡願與上帝同工的，首先應學的教訓就是不依靠自己，這樣才能接受基督的品格。這種品格不是所謂最現代化的學校所能造就的，而是上天的智慧所結的果子；這智慧唯有那神聖的教師才能賜給我們。

耶穌之所以揀選無學問的漁夫，是因為他們未曾受過當時的遺傳和錯謬習俗的薰染。他們是一班有實幹能力、又是謙虛可教的人，所以耶穌能造就他們參加祂的工作。現今從事普通職業的人中，有許多人每天埋頭操作，不知道自己賦有的才能，若充分發揮，就能使他們與世上最受尊敬的人並駕齊驅。這就需要能工巧匠的手來進行雕琢，以啟發他們潛在的才能。耶穌所呼召的正是這等人。祂賜給他們與祂親近相處的有利條件，而世上的偉人從未有過這樣的教師。門徒受了救主的訓練之後，就不再是不學無術和蒙昧無知的人了；他們的思想和品格都與基督同化，人們也能認定他們是跟過耶穌的。

教育的最高目的，不只是傳授知識，而是透過心與心、靈與靈的接觸，藉此傳授充滿生機的能力。只有生命能產生生命。那造福人群的各種賜生命的力量，都是從基督的生命中流出來的。這樣看來，門徒能有三年之久與基督天天接觸，這是何等的特權啊！耶穌所愛的門徒約翰，對這奇妙的生命力，比祂的同伴更為衷心悅服。祂說：「這生命已經顯現出來，我們也看見過，現在又作見證，將原與父同在、且顯現與我們那永遠的生命傳給你們。」（約翰壹書1：2）

專注耶穌

4月
11日

你們的眼睛是有福的。馬太福音 13：16

耶穌和彼得肩並肩，手拉手，一同上了船。彼得這時狠狠不語，沒理由在同伴面前誇口。這次他因不信和自大，幾乎喪命。由於一時從耶穌轉移了目光，他險些失足，沉沒於海浪之中。

我們遇到困難時，不也是常和彼得一樣嗎？我們的眼睛不注視救主，反而觀看波浪。於是我們的腳步滑跌，驕橫的大水便淹沒了我們。耶穌叫彼得到祂那裡去，並不是要他滅亡。祂絕不叫我們跟從祂，然後丟棄我們。

耶穌洞悉門徒的性格，知道他們的信心將受何等嚴峻的考驗。祂要用海面上的意外遭遇，使彼得知道自己的軟弱，指明他的安全乃在於不斷地依靠上帝的能力。當他處在驚濤駭浪的試探之中時，唯有完全不自恃地依靠救主，方能步履安祥。彼得自以為強壯的地方，倒正是他的軟弱之處。非到他認清自己的軟弱，他就不會覺得有依靠基督的必要。他若能學到耶穌藉履海的經驗要給他的教訓，後來大試煉臨到他時，就不致失敗了。

上帝天天都在教導祂的兒女。祂藉日常生活的環境，培養他們在更寬廣的舞臺上擔任祂所派給他們的角色。日常生活中的考驗，決定著人生重要關頭中的勝負與成敗。

凡不感覺自己必須時刻依靠上帝的人，必被試探所勝。我們現在盡可以自以為站得很穩，永不搖動。我們盡可自信地說：「我知道所信的是誰，我對上帝和上帝的道所有的信仰是怎麼也不會動搖的。」但是撒但正在暗算，要利用我們品性上天生的和養成的弱點，蒙蔽我們，使我們看不出自己日常生活中的需要和缺乏。唯有認明自己的軟弱，目不轉睛地仰望耶穌，我們才能步履安祥。

你不孤單

我為他們祈求，不為世人祈求，卻為你所賜給我的人祈求，因他們本是你的。 約翰福音 17：9

防禦罪惡的唯一保障，便是因信靠基督的義而有祂住在心中。試探之所以能轄制我們，乃是因我們心中存有自私。但當我們注視上帝偉大的愛時，自私就向我們暴露其令人厭惡的性質，於是我們便渴望將它從心中驅逐出去。當聖靈將榮耀歸給基督之時，我們的心便軟化而順服，試探便失卻其能力，而基督的恩典也就能改造品格。

基督絕不會撒棄祂曾為之犧牲的生命。人可能離開祂，並被試探所壓倒，但基督卻永遠不會轉離祂付上自己生命作贖價的人。我們的屬靈視覺若敏銳一點，就必見到許多人因受壓制而屈服，背負著憂傷的重擔，被逼迫得猶如滿載禾捆的貨車一樣，行將死於沮喪之中了。我們也必見到天使正迅速地飛來，幫助這些受試探而站於懸崖之上的人。自天而來的使者將圍困這些生靈的邪惡大軍擊退，並引領他們立定於穩固的根基之上。這兩軍之間所展開的戰爭，與世上的軍隊的戰爭是同樣真實的，而永恆的命運則繫於這屬靈戰爭的結局上。

祂有話對我們，正如從前祂對彼得說：「撒但想要得著你們，好篩你們像篩麥子一樣；但我已經為你祈求，叫你不至於失了信心。」（路加福音22：31-32）感謝上帝，我們並沒有孤獨地被撒棄不顧，那位「愛世人，甚至將祂的獨生子賜給他們，叫一切信祂的不至滅亡，反得永生」（約翰福音3：16）的主，在這場與上帝和世人的仇敵對抗的戰爭中，絕不會撒棄我們。祂說：「我已經給你們權柄可以踐踏蛇和蠍子，又勝過仇敵一切的能力，斷沒有什麼能害你們。」（路加福音10：19）

你若能過著與永生的基督時時接觸的生活，祂就必以永不放鬆的手緊緊地握住你。認識並相信上帝對我們所存的愛，你就必安全無虞，因為那愛是撒但一切詭計和攻擊所不能攻破的堡壘。

上帝的堡壘

我還有末了的話：你們要靠著主，倚賴祂的大能大力作剛強的人。
以弗所書6：10

基督在世時，許多人像今日一樣，暫時脫離了撒但的轄制，因著上帝的恩典，他們得以從控制他們心靈的污鬼權下釋放。他們在上帝的愛裡喜樂；可是，正像基督在比喻中所說、那撒在石頭地上的種子，他們沒有留在祂的愛中，沒有天天獻身與上帝，使基督得以住在他們心中；等到先前的污鬼「帶了七個比自己更惡的鬼」捲土重來時，他們就完全被罪惡的勢力所控制。

當人歸從基督時，就有新的能力來支配他的新心，使他發生絕非自己所能成就的改變。這改變是超自然的工作，給人本性上加了超自然的成分。人投靠基督，便成了基督在叛逆的世界上所設置的堡壘。祂定意：除祂以外，不容許其它權威存在其中。像這種由上天權力所保護的人，撒但是攻不破的。我們若不將自己交給基督管理，就必被那惡者控制。如今有兩大勢力正在爭奪世界的主權，我們勢必受其中之一的管轄。若要受黑暗之國的管轄，就無需主動選擇，只要疏忽與光明之國攜手就夠了。若不與天庭合作，撒但就必佔據我們的心，使之成為他的住所。抵禦罪惡的唯一保障，就是因信基督的義，而有基督住在心裡。我們若不與上帝密切聯結，就不能對抗專愛自己、放縱私欲和罪惡誘惑的邪惡影響。我們或許能除掉許多惡習，也能暫時與撒但絕交。但我們若不時刻獻身與上帝，同祂建立牢不可破的連結，就必被撒但所勝。我們若不親自認識基督，與祂不斷來往，終究必處在仇敵權下，照他所吩咐的去行。

人心地剛硬，但再沒有比輕視那慈愛的邀請和干犯施恩的聖靈更嚴重了。干犯聖靈最常見的表現，就是倔強地蔑視上天召喚人悔改的呼聲。拒絕基督一步，就是走向拒絕救恩和干犯聖靈一步。

順服的心

你們若愛我，就必遵守我的命令。約翰福音 14：15

所謂奉基督的名祈求，意味著我們要接受祂的品格，表現祂的精神，並做祂的工。救主的應許是有條件的，祂說：「你們若愛我，就必遵守我的命令。」祂救人，不是讓人留在罪中，而是要救他們脫離罪惡。愛祂的人，要以順從來顯明他們的愛心。

真正的順從是發自內心的。耶穌的順從，也是發自內心的。我們若願意，祂就會使我們的思想與目的同祂一致，使我們的意念完全符合祂的旨意，以便當我們順從祂的旨意時，也就等於是在履行自己的意願。這樣，我們的意志受了陶冶，就必以做祂的工為最大的喜樂。當我們以認識上帝為至高的特權來認識祂時，我們的人生必成為經常順從上帝的一生。由於仰慕基督的品德，並保持與上帝交通，罪惡對我們就會變得可憎了。

基督如何以人的身分和本質活出實踐律法，我們也能照樣而行，只要我們握住全能者的力量。但我們不可把履行自己本分的責任交給別人，等他們告訴我們該怎樣行。我們不能依靠人的指教。主樂意把我們的本分教導我們，正如祂樂意教導別人一樣。我們若憑信心來到祂面前，祂必親自向我們啟示祂的奧祕。當祂來親近我們與我們交通，如同與以諾交通時，我們內心就會火熱起來。凡決心不做任何不蒙上帝喜悅之事的人，在把他們的事向主陳明之後，就必知道該怎樣行。他們非但要得著智慧，也必得著能力。順從和服務的能力，都必照基督的應許賜給他們。上帝早已將墮落人類所需要的「萬有」賜給基督，因為祂是人類的元首和代表。「並且我們一切所求的，就從祂得著；因為我們遵守祂的命令，行祂所喜悅的事。」（約翰壹書3：22）

基督獻上自己為犧牲之前，向父祈求最需要、最完備的恩賜給門徒。這個恩賜讓他們能以獲得恩典的無盡資源。祂說：「我要求父，父就另外賜給你們一位保惠師，叫祂永遠與你們同在，就是真理的聖靈，乃世人不能接受的；因為不見祂，也不認識祂；你們卻認識祂，因祂常與你們同在，也要在你們裡面。」（約翰福音14：16）

我白日常站在望樓上，整夜立在我守望所。以賽亞書 21：8

耶穌自己從來不用妥協換取和平。祂的心滿溢著對人類的愛，但祂從不寬容他們的罪。耶穌既為人類的良友，就不能在他們走上自取滅亡之路時保持緘默，因人的生命是祂用自己的血買來的。祂努力使人忠於自己，忠於自己更高的永恆利益。基督的僕人蒙召作這同樣的工作。他們要謹慎，免得為避免紛爭而犧牲真理。他們固然要「追求和睦的事」（羅馬書14：19），不過真正的和睦絕不是靠犧牲正義來獲得的。從來沒有人堅持正義而不遭反對；真正屬靈的信仰，必遭悖逆之子的反對。耶穌吩咐祂的門徒說：「那殺身體不能殺靈魂的，不要怕他們。」（馬太福音10：28）凡效忠上帝者，不必怕人的權勢或撒但的仇恨。在基督裡，他們的永生是有把握的。惟獨要怕犧牲真理，怕辜負上帝所交託的重任。

撒但的工作是使人心充滿疑慮，令人把上帝看作是個嚴酷的法官。撒但先引誘人犯罪，然後使他們覺得自己太卑鄙，不配見天父，不能引起祂的愛憐。主明白這一切，向門徒保證：上帝同情他們的需要和軟弱。人的每聲歎息、每一痛苦、每件傷心的事，無不牽動天父的心弦。

《聖經》告訴我們，上帝住在至高至聖的所在，不是靜默孤獨，無所事事的。有千千萬萬的聖天使侍立在祂周圍，聽候祂調遣。祂藉著我們所不能辨認的媒介，與祂所治理的各個地區與部門保持密切的聯繫；但祂和整個天庭所最關注的，倒是我們這小小的世界，是祂賜下獨生子來拯救的生命。上帝在祂寶座上垂聽一切受壓迫者的呼求。祂對每個誠心的祈禱回答說：「我在這裡。」祂扶起受患難者和被踐踏的人，在我們的一切苦難中，祂同受苦難。在我們每次試探和考驗中，都有祂面前的使者來拯救。

我們如何拒絕耶穌

凡在人面前不認我的，我在我天上的父面前也必不認他。
馬太福音 10：33

耶穌繼續說：「你們在人面前怎樣承認我，我在上帝和聖天使面前，也必怎樣承認你們。你們要在地上做我的見證，做我傳送恩典的管道，去救治世人。而我要在天上作你們的代表。天父不看你們有缺失的品格，只看到披有我完全的品德的你們。我是傳送上天恩惠給你們的媒介。每個和我一同犧牲，承認我的人，將有資格和蒙贖之民同享榮耀和快樂。」

凡承認基督的，必有基督住在他裡面。人不能把自己沒有領受過的東西傳給別人。門徒盡可以很流利地講道，也可以背誦基督自己所講過的話，可是他們若沒有基督的溫柔和愛心，就不能算是承認祂。不管人口頭上怎樣講，精神若與基督相悖，就是否認基督。說譭謗和愚妄的話，以及不真實不仁愛的話，都是否認基督。人也能因逃避人生的責任和追求罪惡的享樂而否認基督。效法世界、舉止無禮、自以為是；自誇正直、心懷疑惑；招惹是非、態度消極，這些都能使人否認基督，宣布基督不在他們裡面。基督說：「凡在人面前不認我的，我在我天上的父面前也必不認他。」

救主囑咐祂的門徒，不能希望有朝一日，世人對福音的仇恨會消退，其對福音的反對，就此停止。祂說：「我來並不是叫地上太平，乃是叫地上動刀兵。」造成鬥爭的不是福音，而是反對福音的結果。一切逼迫中，最難忍受的是家庭裡的分歧，以及世上最親愛的朋友的疏遠。耶穌說：「愛父母過於愛我的，不配作我的門徒；愛兒女過於愛我的，不配作我的門徒；不背著他的十字架跟從我的，也不配做我的門徒。」（馬太福音10：37-38）

基督僕人的使命是光榮的、神聖的委託。……人因祂的名厚待祂的門徒，就必蒙祂承認，並加以報償。這應許包括上帝家裡最軟弱、最卑微的孩子。

我們如何看待自己？

4月17日

我的上帝必照祂榮耀的豐富，在基督耶穌裡，使你們一切所需用的都充足。**腓立比書4：19**

基督在世之日，民間的宗教領袖們都覺得自己富有屬靈的財寶。那法利賽人禱告說：「上帝啊，我感謝你，我不像別的人，」（路加福音18：11）正好表明了他這等人的心意，而全國的人也幾乎都是如此。但在那圍繞耶穌的群眾之中，卻有一些人已覺察到自己靈性的貧乏。當基督在那次捕魚的奇蹟中彰顯神能時，彼得就俯伏在救主腳前喊叫說：「主啊，離開我，我是個罪人。」（路加福音5：8）

照樣，在那群聚集山邊的民眾當中，也有人在祂的純潔之前感覺自己是「困苦、可憐、貧窮、瞎眼、赤身的」（啟示錄3：17）。因此他們就渴望「上帝救眾人的恩典」（提多書2：11）。基督的祝詞在這班人的心中激起了盼望，他們也看出了自己的人生乃是常蒙上帝祝福的。

耶穌曾將福杯遞給那班自以為「富足，已經發了財，一樣都不缺」（啟示錄3：17）的人，他們卻輕蔑地拒絕了這仁慈的恩賜。凡自覺完全，以為自己相當善良，並以自己景況自滿的人，就不會力求在基督的恩典與公義上有分。驕傲使人不覺得有何需要，因此就關閉心門，拒絕基督和祂來要賜予的無限福惠。在這等人的心中，並沒有容納耶穌的餘地。凡自認為是富足尊貴的人，絕不會憑著信心祈求，也不會領受上帝的福惠。他們感覺自己已經飽足，因此就空空地離去。但那班確知無法自救，並靠著自己絕不能作任何義行的人，就是那些珍視基督所能賜予之幫助的人。他們才是虛心的人，也是祂所宣稱為有福的人。

凡基督所赦免的人，祂先使他們悔罪，而聖靈的任務就是要使人自覺有罪。凡心中曾受那使人知罪的靈所感動的人，就認清自己裡面毫無良善。他們看出自己所行的一切都摻雜著自私和罪惡。他們猶如那可憐的稅吏一樣遠遠地站著，連舉目望天也不敢，只是悲呼道：「上帝啊，開恩可憐我這個罪人！」（路加福音18：13）

我們是否感受得到我們的需要？

惟獨祂是我的磐石，我的拯救。 詩篇 62：6

我們怎樣需要食物以維持體力，也照樣需要基督——那從天上降下來的糧以維持我們的靈命，並賦予力量以從事上帝的聖工。身體是怎樣不斷地吸收那維持生命與精力的養分，人的心靈也照樣必須經常地與基督交往，順從祂，全然信靠祂。

疲倦的旅客怎樣在沙漠中尋找泉源，以消解他那如焚的焦渴；同樣的，基督徒也當切切尋找那以基督為泉源的純淨生命水。

當我們認清我們救主聖德的完美時，就必渴望得以全然變化，照著祂聖潔的形像而作新造的人。我們愈知道有關上帝的事，我們對於品格的理想就必愈高超，渴望反映祂形像的意念也必愈懇切。當心靈切慕上帝之時，便有一種神聖的要素與世人的力量相聯合，於是那渴望的心靈便說：「我的心哪，當默默無聲，專等候上帝；因為我的盼望是從祂而來。」（詩篇62：5）

你若感到心靈有所缺乏，你若饑渴慕義，這就證明基督已經在你的心裡動工，為要使你尋求祂，藉著所賜的聖靈，而替你成就你自己所無法作成的事。我們不必想到淺窄的小溪中去解渴；因為那最大的源頭就在我們的上面，只要我們肯在信心的道路上稍微登高一點，我們就可以隨意暢飲其豐盈的泉水了。

上帝的聖言乃是生命的泉源。當你尋求這活水的泉源之時，就必藉著聖靈而得與基督相交。那向來熟悉的真理必以新的形態在你的心意中出現；《聖經》的章節必如閃耀的光芒般向你顯出新的意義來，你也必看出其他各項真理與救贖之工所有的關係，而你便確知有基督在引導你，有一位神聖的教師在你身旁。

當聖靈向你啟明真理之時，你必珍視這些最寶貴的經驗，並渴望向別人述說那充滿慰藉的啟示信息。當你與他們交往之時，就會向他們傳述一些有關基督聖德或工作的新思想。

新生命

你們必須重生。約翰福音 3：7

我們必須像尼哥底母一樣，甘願按罪人新生的方式來活出我們的新生活。除了基督之外，別無拯救。「因為在天下人間，沒有賜下別的名，我們可以靠著得救。」（使徒行傳4：12）我們因信而領受上帝的恩典，但信心不是我們的救主，它不能賺得什麼。信心是我們用來握住基督的一隻手，用以領取祂的功勞，就是醫治罪惡之方。若沒有上帝的靈來幫助，自己連悔改也難以做到。《聖經》論到基督說：「上帝且用右手將祂高舉，叫祂作君王，作救主，將悔改的心和赦罪的恩賜給以色列人。」（使徒行傳5：31）悔改的心和赦罪的恩，同樣都是基督所賜的。

那麼，怎樣才能得救呢？「摩西在曠野怎樣舉蛇」，人子也照樣被舉起來，使一切被那蛇咬傷的人，都可以仰望得生。「看哪，上帝的羔羊，除去世人罪孽的！」（約翰福音1：29）從十字架上發出的光，顯明了上帝的愛。祂的愛吸引我們來就祂。只要我們不抗拒這種吸引，自然就會來到十字架下，為我們那釘死了救主的罪悔改。於是，因著信，上帝的靈就在我們心中產生新的生命。我們的思想願望，便會順從基督的旨意，我們的心思意念也要在我們裡面，按那叫萬有歸服自己的大能者的形像而變得煥然一新了。於是，上帝的律法就必寫在我們的心版上和意念中，我們就能和基督一同說：「我的上帝啊，我樂意照你的旨意行。」（詩篇40：8）

耶穌在與尼哥底母會談時，揭示了救恩的計劃和祂降世的使命。在祂以後的一切講論中，沒有一次像這樣將凡要承受天國的人心中所必須成就的工作，按部就班地解釋得這麼圓滿。基督在工作之初，就向猶太公會中的一位議員，將真理展開，而他正是一個最能受教並專任民間教師的人。但是以色列人的一般領袖卻不歡迎這光。尼哥底母將這真理藏在心中，歷時三年之久，不露一絲痕跡。

尼哥底母把那次與耶穌會談的情形告訴了使徒約翰，由約翰筆錄下來，垂訓後世。

從勝利再進勝利

使我們勝了世界的，就是我們的信心。約翰壹書 5：4

藉著基督，我們已經獲得了更新與修復。罪的鴻溝因著髑髏地的十字架已經被跨越。耶穌已經付上了完全的贖價，因著罪人被赦免，律法的公義得以維持。凡相信基督已獻上贖罪祭之人都可以前來，罪也可得到赦免；藉著基督的恩典，上帝與人溝通的橋樑打開了。上帝接納我成為祂的兒女，而我也可以宣稱祂為我慈愛的天父，並在祂裡面有滿足的喜樂。

我們必須以耶穌為我們天國唯一的盼望，因為祂是我們的替身和中保。世人都犯了上帝的律法，而律法的工價乃是死，我們傾盡所有、盡力要達到我們已經違背了的、那神聖公正的法律之要求，是沒有任何價值的，但是藉著相信基督，我們可以因上帝兒子的關係和祂所有的犧牲被稱為義。基督以祂的人性滿足了律法的要求，祂為罪人忍受律法的咒詛並付上了代價，「叫一切相信祂的人不致滅亡，反得永生。」真正的信心獲得基督的義，罪人和基督一起勝過罪；因為他們與那神聖的性質有分，所以人性和神性就結合了。

凡想要靠自己的能力尋求天國，靠自己的行為遵守律法，是不可能的。我們不可能不順從而得救的；我們的功勞也不是屬於我們自己的；要基督在我們裡面動工，去遵行上帝的旨意。假如我們可以靠自己的行為得救的話，我們可能有一些是對自己的喜歡、自己的努力和自己花的力氣試圖想要得到的救贖，就和該隱的獻祭一樣了。沒有基督，人類所有可以做的都是自私和有罪的；只有透過信心才能被上帝所接受。當我們尋求得到基督的恩典時，我們的靈命就會增長。「仰望那信心創始成終的主」，我們就會力上加力，勝了再勝；藉著基督和上帝的恩典，完成我們的救贖。

4月 21日 罪不再具有吸引力

因為我們作仇敵的時候，且藉著上帝兒子的死，得與上帝和好；既已和好，就更要因祂的生得救了。羅馬書 5：10

基督的義使悔改的人因接受上帝而成為他們的義。然而罪已成為他們生活的一部分，假如他們相信耶穌是他們個人的救主，他們就因穿上基督毫無沾污的長袍而得以站在上帝面前稱為義了。

罪人因罪死在過犯裡，卻因信仰基督加快。他們看見藉著信心，耶穌成為他們的救主，而且永遠活著，能得救，「藉著祂歸向上帝」。在為他們做出的贖罪之後，信徒看到了這長闊高深的效果——一個完整的救贖，在這樣無窮的代價贖回下，他們的靈魂充滿了讚美和感謝。他們看見一個榮耀光亮的主，藉著主的靈改變成與主相同的形像。他們也看見主的義袍用天國的織布機編織而成，藉著順從編成錦緞，悔改的靈因信祂名，得以穿上此義袍。

當罪人看到耶穌的無比魅力時，罪不再吸引他們；因為他們看到在千千萬萬個天使當中，那唯一的救主是多麼美麗。他們明白個人的福音見證是何等的大能，偉大的設計目的只是要拯救人類。

我們有一位活著的救主，祂沒有待在約瑟的新墳裡；祂已經從死裡復活了，而且升到天上做大祭司並做信徒的中保。「我們既因信稱義，就藉著我們的主耶穌基督得與上帝相和。」（羅馬書5：1）我們因信耶穌的救恩得稱為義，這是為我們付上最完美的贖金。基督因為順服以致於死在十字架上，那也是天父給悔改的罪人接受祂的承諾。那麼我們應該允許自己有搖擺不定的懷疑，或因懷疑而搖擺不定嗎？耶穌是上帝接納我們的保證。我們站立在上帝的面前，不是我們有什麼恩德，而是因信「基督成為我們的義」。

我們在祂裡面才得以完全，接受祂的愛，只有因著信與祂合一。

爭取冠冕

豈不知在場上賽跑的都跑，但得獎賞的只有一人？你們也當這樣跑，好叫你們得著獎賞。**哥林多前書 9：24**

給希伯來人的書信中指明基督徒在爭取永生的賽跑中，應表現出專心一志的目標：「我們就當放下各樣的重擔，脫去容易纏累我們的罪，存心忍耐，奔那擺在我們前頭的路程，仰望為我們信心創始成終的耶穌。」（希伯來書12：1-2）嫉妒、惡毒、猜忌、誹謗、貪婪——這些是基督徒想圓滿地跑完永生競賽時必須放下的重擔。每一項足以導致罪惡並且羞辱基督的習慣或作風，不論如何犧牲，都必須予以放棄。上天的恩惠絕不能賜給任何違犯正義之永恆原則的人。保留一點罪惡，就足以使人格墮落，並使他人步入歧途。

參加古代競技的人在受過克己與嚴格訓練之後，仍不能確保勝利。保羅說：「豈不知在場上賽跑的都跑，但得獎賞的只有一人？」不論賽跑的人怎樣熱心認真的努力，獎賞卻只能頒發給一個人。只有一個人能領受那人人垂涎的桂冠。縱然有人拼命地努力爭取獎賞，但正當他們伸手去取時，另一個人竟在他們前頭、頃刻之間便攫取了那令人欣羨的寶物。

基督徒的戰鬥卻不是如此。凡遵守條件的人在競賽終了時，一個也不至於失望。一切認真持守到底的人都必成功。快跑的未必能贏，力戰的未必得勝。最軟弱的和最強壯的聖徒，都可以戴那不朽壞的榮耀冠冕。凡靠上帝恩典的能力，使自己生活符合基督旨意的人，都可以獲勝。那在生活細節上實行上帝聖言所規定的原則，往往被認為是無關重要的，是太平凡而毋須注意的小事。但鑒於其所關連的事物，凡足以幫助或攔阻的都不能算為小事。每一項行動都有其相當的分量，足以決定人生戰鬥的勝利或失敗。而且勝利者所得的賞賜，也必與他們在努力奮鬥中所表現的堅毅及誠懇相稱。

4月 持久的平安

23日 我留下平安給你們；我將我的平安賜給你們。我所賜的，不像世人所賜的。約翰福音 14：27

當我們接待基督在心中作永居的貴賓時，上帝出人意外的平安，必在耶穌基督裡保守我們的心懷意念。救主在世的一生，雖常處於爭鬥之中，卻仍過著平安的生活。雖有一班惱羞成怒的仇敵經常逼迫著祂，基督卻說：「那差我來的是與我同在；祂沒有撇下我獨自在這裡，因為我常作祂所喜悅的事。」（約翰福音8：29）無論是世人或撒但所掀起的忿怒之風暴，都不足以干擾祂與上帝之間完全聯合所產生的寧靜。祂也向我們說：「我留下平安給你們，我將我的平安賜給你們。」「我心裡柔和謙卑，你們當負我的軛，學我的樣式；這樣，你們心裡就必得享安息。」（約翰福音14：27；馬太福音11：29）你們若和我一同負起榮耀上帝並提升人性的服事之軛，就必發現這軛是容易的，擔子也是輕省的。

那破壞我們平安的，乃是愛自己之心。當自我存在時，我們常為避免遭受攻擊與侮蔑而預作準備，但當自我死去，我們的生命也與基督一同藏在上帝裡面，對於世人的輕慢與蔑視也就不再介意了。

從世俗的源頭所領受的福樂，自與那善變的環境同樣變幻無定。但基督的平安卻是恆久常存的。祂的平安，並不在乎生活的環境如何，也不在乎屬世財物的豐富，或屬世朋友的多寡。基督是活水的泉源，從祂那裡所領受的福樂必永不斷絕。

如基督的柔和若能表現在家庭中，必使一家人和樂融融；它絕不致惹起任何爭執，也不報以惱怒的回答，乃要撫慰受激怒的脾氣，並散發出一種使週遭的人都能感應到的溫柔。無論何處，懷著這樣的溫柔，就能使地上的家庭成為天上大家庭的一部分了。

我們忍受被誣告的冤屈，遠勝於因報復敵人而加諸己身的痛苦。仇恨與報復的精神起源於撒但，而存這種精神之人的唯一能收穫只是禍患。存心謙卑乃是基督之溫柔所產的果子，是得福的真正祕訣。

分享恩典

上帝……我們在一切患難中，祂就安慰我們，叫我們能用上帝所賜的安慰去安慰那遭各樣患難的人。**哥林多後書1：3－4**

為悔改認罪的人，上帝已經準備好要展現祂的恩典和真理，祂已經準備賜給他們饒恕和慈愛，祂要求那些已經接受祂憐憫的人，應該對別人展現相同的慈愛及憐憫，因為這就是做上帝的工、遵守上帝的律法。對上帝真正的感謝和榮耀祂，就是愛祂和愛鄰舍如同自己。他們所表現出來的，不是屬世的靈，而是上帝的靈。藉由實際知識他們知道哪些好的，是上帝白白賜給他們的，因為他們是有聖靈光照。他們自己戰戰兢兢地想做成他們的救贖，後來才知道是上帝為他們做成的而且是心甘情願的。基督和相信的人同在，並有生命河水直湧到永生。

當我們以追求基督的眼光來看待自己的作為時，我們更清楚地認識到，為了我們可以代表祂而表現同情和愛心給所有的人，我們更需要祂不斷的同在。我們的生命有很大的責任，而只有我們完全集中精神仰望祂時，只有祂潔淨我們的罪時，把祂和祂的生命放在我們裡面時，那時我們才能向別人真正地表達出祂樣子。我們的責任擴展到我們的思想、言語和行為，以及對我們的同胞所表現出的改變。

為了要完成律法，我們必須實行以下的金科玉律：就是你要人怎樣待你，你也要怎樣待人。我們的影響力必須藉由上帝的聖靈潔淨，才會福惠於大眾。我們不必急著在數週或數月或數年內做成；因為未來不屬於我們的。今天是我們的，在今天中我為神而活，藉著基督的義靠信心美化我的品格。把今天放在上帝的手中專心地服事祂，我們所有的目的和計畫都由祂引導。今天我們善待他人，就好像希望別人也怎樣善待我們一樣。我們已經準備好了要以滿心的憐憫和愛對別人說話。

透過基督功勞得勝

4月 25日

在亞當裡眾人都死了；照樣，在基督裡眾人也都要復活。
哥林多前書 15：22

我們之所以能夠解脫亞當墮落所帶來罪的捆綁，並被安置在一個佔優勢的位置上，那是由於基督付出無窮的代價。……除非我們先看出，在髑髏地為人的救贖所作的偉大犧牲，不然，我們便無法瞭解一個生靈的價值。亞當在伊甸園所犯的罪，讓全人類陷入無望的痛苦中。但在救贖計劃裡，他們若能履行所定的條件，便有一條逃脫之路為他們而預備。由於上帝愛子的犧牲，為人提供了第二次考驗的機會。我們有一場戰事要打，但我們藉著基督寶血的功勞，可以成為得勝者。

上帝知道我們憑著自己的力量，絕不可能制服撒但勝過他。人類自從墮落之後，體能便一代不如一代，假如沒有基督的幫助，我們便無法抗拒不節制的罪惡。我們應存莫大感激之心，因為有一位救主自願脫下王袍，步下祂的寶座，為祂的神性披上人性，成為一位「多受痛苦，常經憂患」的人。

祂受洗之後，便被聖靈引領到曠野，接受魔鬼的試探。基督從被破壞之處，開始祂的救贖工作，而世界將來的幸福，有賴於生命之君在曠野的那場戰事。感謝上帝，祂在勝利之下步出曠野，穿過亞當失足的地方，挽救了亞當那羞辱的失敗。撒但以一位失敗者的身分退出那戰場。這次的勝利，向我們作出保證，藉著上天的幫助，我們與這位仇敵的戰鬥，將為我們自己取得勝利。

撒但自以為這個墮落星球的一切權勢，都在他的掌握之中，但當基督來到世上，對抗這位黑暗之君的勢力時，撒但發現這位後來者足以抵擋他的試探。基督的話是「這世界的王將到。他在我裡面是毫無所有。」……全天庭都目不轉睛注視著基督與撒但之間的這場戰爭。現在的問題是：我們是否善加利用這個機會，藉著那位疼愛我們的主，成為得勝者？

勝過試煉

親愛的弟兄啊，有火煉的試驗臨到你們，不要以為奇怪。
彼得前書 4：12

在這段考驗的時期，我們必須彼此勉勵、互相安慰。撒但的試探現在比過去更為強烈，因為他知道他的時間不多，而且每個人的案件很快就要決定了，不是生就是死。這絕不是沉沒在灰心和考驗之下的時候；我們必須在一切艱苦之下堅定不移，完全依靠雅各的全能上帝。主已經指示我，祂的恩典足以應付我們一切的考驗；雖然這些考驗比以往更為嚴厲，但如果我們能全心依靠上帝，我們足能戰勝每一次的試探並靠祂的恩典榮獲勝利。

如果我們能勝過自己的考驗而得勝撒但的試探，那時我們的信心既受試驗，就要比金子更顯寶貴，我們也必得到更強更好的預備去應付下一次的試驗。但如果我們灰心頹喪而屈從撒但的試探，我們就會變得更軟弱，不能為這一次的試驗得賞賜，也沒能得到充分的準備去應付下一次的試驗。如此我們就會漸漸變得愈來愈軟弱，直到我們被撒但任意擄去為止。

我們必須穿戴上帝的全副軍裝，準備隨時與黑暗的勢力鬥爭。當試探和考驗向我們突襲時，我們務要來到上帝面前，在祈禱中拼命與祂較力，祂絕不使我們空手而去，卻要賜給我們恩典和能力來取勝並打垮仇敵的勢力。但願人人都能看明這些事的真相，並能作基督耶穌的精兵去經受艱難困苦！如此，以色列就必勇往直前，依賴上帝的大能大力作剛強的人。

上帝曾指示我，祂給祂的百姓喝苦杯，是要使他們清淨潔白。這杯已經夠苦的了，但他們因發怨言、發牢騷以及訴苦報怨而使自己更為艱苦。那些以這種態度領受這杯的人必須再喝一口，因為頭一口沒有在他們心上產生應有的作用。如果第二口不起作用，他們就必須再喝，一直到這杯發揮了預先計劃好的作用，否則上帝就要遺棄他們，任憑他們內心污穢不純。我看到這個苦杯可以藉忍耐、堅持和祈禱而變為甘甜，因此，凡以此態度領受這杯的人，這杯就能在他們心上產生功效，上帝也必得到尊敬和榮耀。

冠冕與王袍

4月 27日

凡得勝的必這樣穿白衣。啟示錄3：5

我們每一個人都能看出，有一種能力在與我們的努力配合，使我們得勝。人為什麼不接受祂所提供的幫助，使自己變得高尚呢？他們為什麼放縱扭曲的食慾而使自己墮落呢？他們為什麼不靠著耶穌的力量站起來，並奉祂的名得勝呢？我們所獻最微弱的祈禱，耶穌也會垂聽。祂憐憫每一個人的軟弱，祂要幫助每一個人，祂有能力施行拯救。我要向你指出罪人的救主耶穌基督。唯獨祂能使你有能力在一切事上得勝。

天國是值得我們付出一切代價的。我們不可在這件事上冒險、不可孤注一擲。我們必須知道我們的腳步是上帝所定的。願上帝在得勝的大工上幫助我們。祂有冠冕要賜給得勝的人。祂有白袍賜給義人。祂有榮耀的永恆世界，要賜給那些尋求榮耀、尊貴和永生的人。每一個進入上帝聖城的人，都是作為得勝者進去的。他是以上帝的一個兒女的身分，不會以被定罪的罪人身分進入聖城。每一個進入聖城的人，都受到歡迎說：「你這蒙我父賜福的，可來承受那創世以來為你所預備的國。」（馬太福音25：34）

我很願意說一些話，幫助恐懼戰兢的人憑信心緊緊握住那大能的幫助者，好使他們發展一種蒙上帝悅納的品格。天國會邀請他們，向他們提供最美好的福氣。他們還可以擁有培養完美品格的每一種能力。但如果他們不願意表明自己，這一切都會歸於徒然。他們必須運用他們天賜的能力，否則就會愈陷愈深，不管在今生還是來世，沒有一點向善的價值。

一個軟弱，甚至因罪的放縱而墮落的人，也可以成為上帝的兒子。他可以不斷向別人行善，幫助他們戰勝試探；他這樣做時，自己就會得到益處。他可以成為世上的一盞明燈，最終從榮耀之王的口中聽到祝福的話：「好，你這又良善又忠心的僕人。」（馬太福音25：21）

仰望，不要往下看

所以，你們要把下垂的手、發酸的腿挺起來。希伯來書 12：12

教會既賦有基督的公義，受了基督的委託，就應將祂恩典和仁愛的一切豐盛，充充足足地完全彰顯出來。基督把祂百姓的純潔與完美，作為祂忍受屈辱的回報和加添的榮耀。基督這偉大的中心，從祂身上要散發出一切的榮耀來。

全天庭都在關心這世上進行的工作，就是預備人人獲得來生不朽的生命。上帝的計畫是要人在救靈的工作上與耶穌基督同工，而得此高貴的榮耀。他們應視上帝的聖工為神聖，每天應向主獻上快樂及感恩之祭，藉以報答祂使他們在屬靈的生活上有長進的恩典之能。工人應當常存謙卑之心，承認由於自己對工作缺少勤勉及重視，以致失掉許多的機會。但他不必灰心，仍當繼續重新盡力去愛惜光陰。

沒有人需向撒但的試探屈服，以致違背良心並使聖靈擔憂。上帝的聖言可使我們預備好，使凡盡力要得勝的人都得到神聖的幫助。

在每一個最終得勝之人的信仰生活上，將有許多驚險苦難的場面，但他所有的《聖經》知識會使他想起上帝鼓舞人心的應許，這可安慰他的心，加強他信靠大能之主的能力。他讀到：「所以，你們不可丟棄勇敢的心；存這樣的心必得大賞賜。」「叫你們的信心既被試驗，就比那被火試驗仍然能壞的金子更顯寶貴，可以在耶穌基督顯現的時候，得著稱讚、榮耀、尊貴。你們雖然沒有見過祂，卻是愛祂；如今雖不得看見，卻因信祂，就有說不出來、滿有榮光的大喜樂。」（希伯來書10：35；彼得前書1：7）信心的試驗比金子更寶貴。大家應當明白，這是在基督門下所受訓練的一部分。

應當集中你的全部力量向上仰望，不可向下看你的許多困難；如此，你在路上就不至於喪志跌倒。你不久就要見到那在雲彩之後的耶穌，伸出手來援助你。……人間的美名盛譽，猶如沙灘上的字跡，可是無疵的品格，卻要存至永恆。上帝賜給你智慧及理性的頭腦，使你可以明白祂的諸般應許；耶穌也隨時願意幫助你去培養一種堅強勻稱的品格。

論上帝的祝福

4月 29日

你回頭以後，要堅固你的弟兄。路加福音 22：32

信心使我們熟悉上帝的臨格，並且使我們在生命中單單專注上帝的榮耀，愈來愈看出祂品格的美麗和祂恩典的卓越。我們的靈性會在屬靈中更堅強，因為我們不斷呼吸屬天的空氣；我們不斷被提昇到屬世之上，仰望一個全然可愛、有千千萬萬個天使圍繞的主。

每個愛上帝的人都會見證祂的寶貴恩典和真理。接受真理之光的人，必定會接連不斷、經歷一次又一次的磨練。教導他們切不可保持沉默，要經常對他人傳講。那些敬畏耶和華並高舉祂名的人，心中常常記念安息聖日，並在傳講福音時把他們對信仰的體驗表現出來。

天上大君清楚地向信徒表明祂的關懷，因此謙卑是他們的特質。無論何時何地，當他們奉主名聚集時，他們彼此之間的談話都是對主的感謝和讚美，那也是他們時常思想主的結果。因此，上帝記載聽見的讚美、見證都是最寶貴的，他們的話都已記載在記念冊上了。

不要因陷入自己經驗中的陰暗面而使你的敵人額手稱慶，你必須更加信靠耶穌能幫助你抵擋試探。假如我們多思想多談論耶穌，少談論自己，祂就時常與我們同在。假如我們與祂同行，我們就會充滿平安、信心和勇氣，我們會有更多勝利的經驗。當我們與他人分享時，別人就會因我們對上帝清晰有力的證明而更明瞭祂。這些對上帝恩典寶貴的見證和讚美，與基督化的生活，它們的影響力都是無遠弗屆的，且能拯救許多生靈。信仰光明和愉快的一面，會藉由那些每天專心仰賴上帝的人表現出來。我們不應該因試煉而顯現悲哀，因而使我們的主蒙羞。當你將所有的試煉都看為教導時，試煉就能帶來喜樂。隨著你的善言善行，你的信仰生命將被提昇、高舉，繼而散發出馨香之氣。

終曲：超乎天使的地位

得勝的，我要賜他在我寶座上與我同坐，就如我得了勝，在我父的
寶座上與祂同坐一般。啟示錄 3：21

基督為了擺在祂面前的喜樂，忍受了十字架的痛苦和羞辱，而現在祂永遠坐在上帝的右邊。祂替世人死在十字架上，祂的犧牲成就了上帝賜給人最大的祝福——即聖靈的恩賜。這些祝福是賜給凡接受基督的人的。墮落的人間成為宇宙和地上權勢經驗過的最大戰場。它也成為善與惡，天堂與地獄大爭鬥的大劇院。每個人在這場爭鬥中都扮演一個角色，沒有人可以從中抽身或保持中立。每個人都要在接受或拒絕救贖主之間做選擇。所有的人若非為主做見證，就是反對祂。基督呼召在祂旗幟下之人成為組成忠心的軍隊參予這場爭鬥，來贏得生命的冠冕。他們被稱為上帝的兒女，基督已經為他們許下了承諾，那些因信祂被羞辱、因真理受苦難的人，必得到天國的獎勵。

觸髏地的十字架將挑戰，且最終必戰勝世上和地獄的權勢。十字架匯集了所有的影響力，而這一切的影響力還在持繼著。這影響力的中心意義就是基督為人類犧牲祂的生命。這個犧牲是為了讓人類達成重生的目的，並恢復他們起初的完全。同時也改變我們整個品格，使我們得勝有餘。那些以基督的力量戰勝神和人類之大敵的人，將在天庭得享一席之地，並且他們的地位要高過那些從未墮落的天使。

在上帝的計畫中，我們是天上的財寶。在天上神聖的寶庫裡，沒有比獻上神的獨生兒子更偉大的禮物了。「凡接待祂的，就是信祂名的人，祂就賜他們權柄作上帝的兒女。」（約翰福音1：12）基督曾被賦予為墮落人類注入生命氣息的權力。凡接受祂的人就不再飢渴，他們將永遠不渴，因為在基督裡有更大的喜樂。

前進天家
Homeward Boun

前進

Homeward Bound

天家

五月

天國倉庫的鑰匙

你跟上帝談什麼？

因為，主的眼看顧義人；主的耳聽他們的祈禱。彼得前書 3：12

上帝藉著天地萬物，和《聖經》的啟示，又以祂的先見之明，以及聖靈的感化，與我們說話。然而這還不足，我們也需要向上帝敞開心扉；我們需與天父有真正的來往才可獲得靈性的能力和生命。我們的心雖傾向上帝，或思想祂造化之功和慈愛恩典，然而這也不能算是與上帝相交，我們必須將關乎本身生活方面的事與祂談論。

祈禱是人與上帝的傾心談話，知己談心一樣。我們之所以要禱告，並不是要叫上帝知道我們的境遇，乃是因為禱告能使我們親近上帝。禱告不是使上帝下來見我們，而是把我們帶到上帝面前。

耶穌在世之時，曾教導門徒當如何禱告，叫他們把每天的需要以及一切憂慮，都交託與上帝。祂保證上帝必俯聽他們的禱告，照樣祂也必垂聽我們的祈求。

耶穌自己在世之日，也常常禱告。祂與我們一樣為人，一樣軟弱，一樣有所缺乏，所以得時常懇求天父給祂新的能力，以便可以擔當責任，忍受各種的困難。祂在萬事上都是我們的模範。講到我們的虧欠，祂是我們的長兄，「凡事受過試探，與我們一樣」，只是祂並未犯罪；祂的性情是遠避邪惡的。在這罪惡的世上，祂忍受精神上的種種困苦憂患。祂成為人，就使祈禱成為必須之事，及人的一種特權。祂從與天父交通之中得到安慰和快樂。人類的救主和上帝的聖子，尚且覺得必須禱告，更何況我們這些軟弱負罪必死的人，豈不更應該時常懇切禱告嗎？

我們的天父，等著要將豐富的恩典賜給我們，我們有權利可以暢飲無窮的慈愛之泉。但我們偏偏很少祈求，這不是很奇怪嗎？上帝的兒女雖是最微小的人，若是誠心祈禱，上帝都願意傾聽；但是我們往往不願將我們的虧欠告訴上帝。上帝滿心的愛憐我們，願意將我們求不得、也想不到的恩典賜給我們。

信心手裡的鑰匙

你們禱告，無論求什麼，只要信，就必得著。**馬太福音 21：22**

你想天上的天使，對於我們這窮苦軟弱，易受誘惑的人類如何看待？充滿無限愛心的上帝渴望與人類同住，預備賜給他們超乎他們所求所想的，然而，他們卻不常禱告，也沒有信心。

惡魔的黑網，圍著疏於禱告的人。仇敵常用耳語式的試探，誘他們犯罪，這都是因為他們不肯利用上帝所賜祈禱的權利。祈禱是信心手裡的鑰匙，可以開啟天上全能無窮之寶藏的庫房，那麼上帝的子女為何要疏於祈禱呢？我們若不時刻祈求，時刻儆醒，就有漸漸疏忽，甚至離開正道的危險。我們的仇敵不時地陰謀阻攔那通往施恩寶座的道路，使我們不能以懇切的祈禱和信心，獲得上帝的恩惠和能力來抵擋試探。

上帝垂聽我們的祈求，是有相當條件的；第一就是我們必須自覺需要祂的扶助，上帝應許說：「將河澆灌乾旱之地……將我的福澆灌你的子孫。」（以賽亞書44：30）饑渴慕義仰望上帝的人，必得滿足。我們必先敞開心門，接受聖靈的感化，然後才可得上帝的恩賜。

我們的需要甚大，這是足以使上帝開恩的一個很有力的理由；但必須開口求祂，祂才替我們成就。祂說：「你們祈求，就給你們。」「上帝既不愛惜自己的兒子，為我們眾人捨了，豈不也把萬物和祂一同白白地賜給我們嗎？」（馬太福音7：7；羅馬書8：32）

我們若是心懷惡念，有明知的罪，還不願意清除，上帝就不會聽我們的祈求，唯有痛悔改過的人，他的祈禱必蒙悅納。若是我們將自己所知道的一切的過錯都改正了，就可信上帝必聽我們的懇求。我們自己的功勞，絕不足以取悅於上帝，但基督的大功能救我們，祂的血能洗淨我們的罪孽。然而我們也有條件要遵守，方可得上帝的悅納。

祈禱的科學

不住的禱告，凡事謝恩。**帖撒羅尼迦前書 5：17 － 18**

應當審慎地思想基督所講有關祈禱的教訓。祈禱包含著一種神聖的科學在內，而祂的比喻（「半夜友訪」路加福音11：5－8）則發揚了那人人所需要明白的原理。顯明了什麼是祈禱的真精神，祂教導我們向上帝祈求的時候，必須恆切，也向我們保證上帝樂意垂聽並應允人的禱告。

我們的祈禱不應專為一己的利益作自私的要求。我們祈求乃是為要施捨。基督的生活原則必須作為我們的生活原則。祂論到祂的門徒說：「我為他們的緣故，自己分別為聖，叫他們也因真理成聖。」（約翰福音17：19）基督所表現的忠誠、犧牲，以及順服上帝聖言要求的精神，也必須表現在基督的僕人身上。我們在世上的使命不是為自己服務，或求自己的喜悅，乃是要與上帝合作去拯救罪人而榮耀祂。我們要向上帝求恩，為要將這恩典轉送他人。唯有繼續不斷地給予，才能不斷地領受。我們若不將天國的財寶轉送給我們周圍的人，就不能繼續領受更多的財富。

比喻中求幫助的人屢次遭受拒絕，但他並沒有放棄他的目標。照樣，我們的祈禱也不一定每次都立即得蒙應允，但基督教導我們要常常禱告，不可灰心。祈禱的目的不是要改變上帝的意思，乃是要使我們與上帝和好。當我們向祂祈求時，祂或許看出我們需要省察自己，悔罪改過。因此，祂帶領我們經受試煉與磨難，祂使我們經過屈辱，使我們看出那阻礙聖靈運行在我們身上的究竟是什麼。

上帝應許的實現乃是有條件的，祈禱絕不能代替本分。基督說：「你們若愛我，就必遵守我的命令。」「有了我的命令又遵守的，這人就是愛我的；愛我的，必蒙我父愛他，我也要愛他，並且要向他顯現。」（約翰福音14：15，21）人若一方面向上帝提出自己的要求，並願意承受祂的應許，但同時卻不履行其中的條件，這便是侮慢了耶和華。他們提說基督的名字作為承受應許的根據，但他們卻沒有實行那足以表現信靠並熱愛祂的事。

另外的條件

凡你們禱告祈求的，無論是什麼，只要信是得著的，就必得著。
馬可福音11：24

有效的祈禱第二個條件，就是信心。「人非有信，就不能得上帝的喜悅，因為到上帝面前來的人，必須信有上帝，且信祂賞賜那尋求祂的人。」（希伯來書11：6）耶穌對門徒說：「凡你們禱告祈求的，無論是什麼，只要信是得著的，就必得著，」（馬可福音11：24）我們信祂的話嗎？

主的應許是寬大無窮的，那位應許我們的，是信實的。我們雖未立刻得著所祈求的，仍須信主確已聽見，必會應允我們的祈求。我們的眼光短淺，常有錯誤，所求的事有時於我們並無益處，所以天上的父就照祂的慈愛，常將最有益的事賜給我們。若有上帝的真光啟發我們的眼光去明白事情的真相，就會知道上帝所賜給我們的，正是我們自己所要的。在禱告似乎未蒙允許時，我們須以信心堅守上帝的應許，因為時候一到，上帝必將迫切需要的恩典給我們。但若說上帝必須照我們的意思應許我們所求的事，就不單是妄想，而是輕慢主。上帝是全智全能，必不出錯；祂是至善的，絕不將好東西留住不賜給行為正直的人。所以你的祈求雖一時未得應允，卻不可疑懼；當依靠祂，專心信主確切的應許，因為《聖經》說：「你們祈求，就給你們。」

我們若沒有信心只憑心中的疑惑懼怕來考量事理，或要解決自己所未能看清的事，這不過是使憂慮加深加重而已。但我們若覺得自己軟弱無能，憑著謙卑的信心，到上帝面前，將所有的需要說出來，上帝是全智全能的，是鑒察萬有的，是用祂的道和旨意，管理一切的，祂必肯、也必能垂聽我們的呼籲，以真光照耀我們的心。誠心的祈求，能使我們與神的心契合。我們雖沒有明顯的證據可以即刻看出救主是在俯身垂顧我們，但實情確是如此；雖不覺得祂的撫慰，但祂大有仁愛慈悲的手，確是按在我們身上。

我們在上帝面前求恩之時，自己心裡也當存著仁愛寬恕的意念。

5月 05日 信心和隱密的祈禱

我要晚上、早晨、晌午哀聲悲歎；祂也必聽我的聲音。詩篇 55：17

真正的信心要在尚未實現、並感覺到上帝所應許的福惠之前把握住它，並要求領受它。我們必須憑著信心將我們的禱告呈獻到第二層幔子裡面，並讓我們的信心握住所應許的福，並當作是自己的而要求領受它。隨後我們就要相信我們領受這福，是因我們的信心已經握住它，這福已經是我們的了。「凡你們禱告祈求的，無論是什麼，只要信是得著的，就必得著。」（馬可福音11：24）它是明白可見的信心，甚至在我們體驗並領受到祝福之前就相信了，這就是信心。但許多人以為他們領受聖靈的時候就大有信心，並以為若不感覺到聖靈的能力就不能有信心。這樣的人是將信心和那因信心而來的祝福混為一談了。我們需要運用信心的時候，正是我們感覺缺乏聖靈的時候。當濃黑的烏雲似乎籠罩著我們心靈的時候，那正是應該讓活潑的信心來穿透黑暗並驅除烏雲的時候。真實的信心以《聖經》中所包含的應許為根據，唯有那些順從《聖經》教訓的人才有權領受其榮美的應許。

我們應該多作隱密的祈禱。基督是葡萄樹，我們是枝子。如果我們要滋長而茂盛，就必須不斷地從那「活的葡萄樹」吸取液汁和營養；因為我們離開了那「葡萄樹」就沒有能力。

我問那位天使，為什麼以色列中沒有更多的信心和能力。他說：「你們放鬆主的膀臂過早了。要將你們的請求，呈送到寶座那裡，並憑著堅固的信心堅持下去。應許原是可靠的。只要相信你們得著所求的事物，你們就必得著。」我們曾因懷疑那些確定的應許，並因缺乏信心而使救主傷痛。天使說：「你們務要穿戴軍裝，最要緊的是要拿起信心的盾牌；因這盾牌能保護心靈，就是生命，脫離那惡者的火箭。」如果仇敵能使沮喪灰心的人轉眼不仰望耶穌，只看自己，詳述自己的不配，而不凝思默想耶穌的仁愛，祂的功勞和祂偉大的憐憫，他就必把他們信心的盾牌奪去，而達到他的目的；他們也就要受到火焰般試探的攻擊。故此軟弱的人應當仰望耶穌，並信靠祂，這樣，他們才能運用信心。

你的首要工作

耶和華啊，早晨你必聽我的聲音。詩篇 5：3

歸屬基督，是依著信心，而要在祂裡面生長，也是依著信心——這乃是一面付出，一面接受。但我們所要付出的，是付出一切——全心、全力、全意——獻上自己來遵行凡祂所吩咐的。所要接受的，也是接受一切——接受基督住在我們心裡，成為我的能力、我的公義、我永久的扶助者，給我能力可以順從。

每日早上，第一件事就是獻身歸於上帝，應當禱告說：「上帝啊，求你接受我，使我完全屬你。我把所有的計劃，排列在你的足前，願你今天用我為你服務。求你住在我的心裡，使我一切的工作，都能有你主持。」這樣的獻身，是每天當行的事。每日早晨應當把一天的精力獻給上帝，你一切的計劃要交給上帝，或實行、或作罷，都要隨祂的聖旨批准。這樣你就天天可以獻身給上帝，行事為人，亦漸漸與基督相同了。

在基督裡的生活，是安間恬靜的生活。我們不一定要有狂歡大喜的感覺，但必須有穩固安靜的信心。你的希望不在自己，乃在基督；你的軟弱要與祂的強壯聯合，你的愚拙要與祂的智慧聯合，你的怯懦要與祂的全能聯合；你不可依靠自己，專想自己，當仰望基督，多思想祂的仁愛，祂的美德與純全的品性。基督如何克己，如何謙卑、純潔，如何聖潔、且有無可比擬的愛，這是人所應當沉思默想的課題。你必須愛祂，效法祂，完全依靠祂，才可以轉化成祂的樣式。

耶穌說：「你們要常在我裡面」，這句話有安息、穩固、篤信的意思。祂又說：「凡勞苦擔重擔的人可以到我這裡來，我就使你們得安息。」（馬太福音11：28）大衛說：「你當默然倚靠耶和華，耐性等候祂。」（詩篇37：7）這話也具有同樣意思。先知以賽亞更是保證道：「你們得力在乎平靜安穩。」（以賽亞書30：15）然而像這樣的安息，並不是坐著不動，救主在召人得安息的話中，也吩咐人勞力，祂說：「你們當負我的軛，學我的樣式，這樣你們心裡就必得享安息。」（馬太福音11：29）凡心裡愈信靠基督的，就愈必殷勤為祂作工。

5月 07日 包括禱告聚會

這些人……都同心合意的恆切禱告。**使徒行傳 1：14**

恆切祈禱，也是上帝應允禱告的一個條件。我們要在信心與經驗方面增長，必須時常祈禱。《聖經》說：「禱告要恆切」，又說：「你們要恆切禱告，在此警醒感恩。」（羅馬書12：13；歌羅西書4：2）彼得勸勉信徒「要謹慎自守，警醒禱告」（彼得前書4：7）。保羅也說：「應當一無掛慮，只要凡事藉著禱告、祈求和感謝，將你們所要的告訴上帝。」（腓立比書4：6）猶大說：「親愛的弟兄阿，在聖靈裡禱告，保守自己常在上帝的愛中。」（猶大書20-21）不住的禱告，乃是不斷裂的繩索，能把我們的心靈與上帝連結，讓那由上帝而來的生命，得以進入我們裡面，再由我們的生命發出純淨與聖潔，回到上帝那裡。

祈禱必須殷勤，不要讓任何事阻擋你。總要竭力使你心靈與耶穌聯合的道路保持通暢，盡力地找機會祈禱。凡熱心願與上帝聯絡的人，必常赴祈禱的聚會，忠心盡他們的本分，竭力急切收穫所能得著的益處。他們必利用一切機會，置身於能領受從天而降的亮光之處。

我們應當常常與家人一同禱告，更不可少的，就是我們必須在密室中，各人自己祈禱，因為這是靈性上的生命。若是我們輕忽祈禱，靈性一定不能興盛。單憑家庭裡、或在聚會中的祈禱是不夠的。我們當在幽靜的地方，讓上帝鑒察我們的人生。密室裡的祈禱，只有聽祈禱的上帝才能聽見，在那裡沒有好奇的耳朵來偷聽；這樣祕密的祈禱，不受環境的影響和刺激。它必安靜而熱切地尋求上帝。上帝鑒察隱情，垂聽人從心裡所發的禱告，必發出甜美常在的感化力，感動我們的心。如此安靜單純的信心，能使人與上帝交通，得到上帝的真光，維獲我們的靈性，加增我們的能力，使我們可以抵擋撒但，因上帝是我們的力量的高台。

要在密室中祈求、在每天工作時，時刻仰望上帝，古時的義人以諾，就是這樣與上帝同行的。這些默默的禱告，正如寶貴的馨香，升到上帝施恩座前，如此與上帝聯絡的人，撒但必不能勝過。

像雅各一般禱告

你不給我祝福，我就不容你去。創世記 32：26

我們需要一種能忍受疲勞、遲延和饑餓的信心，來應付那即將臨到我們的憂患和痛苦的時期——這種信心縱然經受最慘痛的試煉，也不至於衰退。上帝給人一個恩典時期，使人人都可以準備應付這未來的考驗。雅各的得勝是因為他有恆心和決心，他的勝利說明了懇切祈禱的力量。凡能像雅各一樣持守上帝的應許，並像他一樣熱切呼求堅持到底的人，必能像他一樣成功。凡不願克己，不願在上帝面前爭戰，不願恆切求主賜福的人，必一無所得。與上帝「角力」後能體會這一句話的人，真是寥寥無幾！有多少人曾因渴慕上帝而不遺餘力地尋求祂呢？當那說不出來的絕望感，像浪濤一樣猛然衝擊祈求上帝的人時，又有幾個人能以不屈不撓的信心持守上帝的應許呢？

那些在目前很少操練信心的人，將來最容易屈服於撒但的誘惑力和強迫信仰的法令之下。即或他們經得起這種試煉，但他們在大艱難的時期卻要被捲入更深的憂患和痛苦之中，因為他們沒有養成信賴上帝的習慣。他們現今所忽略信心的操練，他們必須在灰心絕望的非常壓力之下從頭學起。

我們現今就應當藉著驗證上帝的應許去認識祂。每一個真誠懇切的祈禱，天使都要記錄下來。我們寧可放棄自私的享樂，而不可忽略與上帝交往。最貧困的環境和應克己的生活，只要得到上帝的喜悅，總比安富尊榮，高朋滿座更有價值。我們必須用功夫祈禱，如果我們讓自己的思想專注於屬世的事業上，上帝或許會挪去我們的美宅良田，金銀財寶等偶像，使我們有功夫與祂親近。

青年人若能遠離歧途，只行在他們確信上帝能賜福的道路上，他們就不至於受引誘而陷入罪惡之中了。現今那些向世人宣揚最後嚴肅警告的福音使者，若不是以冷淡、輕率和懶惰的態度，而能像雅各一樣，熱切地憑著信心祈求上帝賜福，他們就可以說：「我面對面見了上帝，我的性命仍得保全。」（創世記32：30）天庭也要看他們為「以色列」，有與上帝和世人的較量並得勝的能力。

你的懇求不會使神心生厭煩

耶和華啊，求你聽我的禱告，留心聽我的懇求。**詩篇 143：1**

我們的靈性要向上仰望，求上帝給我們一吸天上的空氣。我們可以與上帝十分相親，以致無論遇見怎樣難以測度的困難，我們的心就自發性地傾向上帝，如向日葵花傾向日光那樣自然。

當將你的需求、喜樂、憂愁、掛慮、懼怕——擺在上帝面前，莫以為上帝擔當不起你的擔子，莫以為上帝會感到疲乏。主既把你們的頭髮都計算過，絕不會漠不關心祂兒女的需要。《聖經》說：「主是滿心憐憫，大有慈悲」（雅各書5：11）。祂為我們的憂患所動，我們訴說苦處，祂一聽就大發慈心。我們每有憂心的事，都該告訴祂。祂是治理天地萬物之主，支撐宇宙的神，沒有擔當不起的事。凡與我們的平安和幸福有關的事，祂沒有不注意的。我們一生的經歷，沒有一件祂不願明察，我們的困難祂沒有一樣不能排解。祂的子女中最微小者所遇的災禍，所有憂慮或喜樂的事，所有誠懇的祈求，天父無不一一鑒察，無不立即注意。「祂醫好傷心的人，裹好他們的傷處。」（詩篇147：3）上帝與每一個人的關係都非常清楚而完美，好像在全世界上，祂就為那一個人捨去了愛子似的。

耶穌說：「你們要奉我的名祈求；我並不對你們說，我要為你們求父；父自己愛你們。」「是我揀選了你們，……使你們奉我的名，無論向父求什麼，他就賜給你們。」（約翰福音16：26-27；15：16）然而奉耶穌的名祈求，不是只在祈求的開始和末尾提起祂的名就夠了，卻要存著基督的心志和精神祈禱，同時又信祂的應許，靠祂的恩惠，並行祂所行的。

上帝的意思不是說我們應當隱居，成為修道士，不與世人往來，才可專心敬拜祂。祂所要的乃是我們無論在幽靜的地方——或在熱鬧的城市，一生都要效法基督。凡人若一味祈禱而不作別事，他的祈禱，不久也必停止；縱不停止，也必成為刻板的例行公事。

祈禱增強靈命成長

你們要思念上面的事，不要思念地上的事。歌羅西書3：2

凡已決心要進入屬靈之國的人，必要發現未經重生的本性及其一切能力與情感，在黑暗國度勢力的影響下，都是和他自己為敵的。他必須每天重新獻身，每天與罪惡搏鬥。舊有的習慣，與生俱來的錯誤傾向，必要向他挑戰爭勝，所以他必須時常謹防這些事，並靠基督的力量爭取勝利。

歌羅西書對於一切為基督服務的人來說，滿有最寶貴的教訓，這些教訓說明在一個正確代表救主之人的生活上，必可看出專一的宗旨和崇高的目標。一個信徒既拋棄一切足以攔阻他在上進之途發展、或使別人腳步偏離的障礙，就必在自己的日常生活上表現憐憫、恩慈、謙虛、溫柔、忍耐和基督的愛來。

我們最大的需要，乃是那使我們過著更高尚、純潔、尊貴之生活的能力。可惜，我們的心思意念中世俗的成分太多，而天國的成分太少了。

一個基督徒在努力追求上帝為他所定的理想時，絕不可有所失望灰心。那藉著基督的恩典與能力而達到道德與靈性方面的完全，是應許給眾人的。耶穌乃是能力的來源和生命的源頭。祂引領我們就近祂的聖言，並從生命樹上摘下葉子來給我們醫治這患了罪的心靈。祂領我們到上帝的寶座前，並將祈禱的話放在我們口中，藉此使我們與祂自己有親密的聯絡。祂為我們的緣故發動天國全能的力量，以便我們步步都接觸祂那活潑的能力。

上帝對於凡願意「在一切屬靈的智慧悟性上，滿心知道上帝的旨意」的人，並不限制他們的進展。他們盡可以藉著祈禱、藉著儆醒、藉著在知識與悟性上的長進，「照祂榮耀的權能，得以在各樣的力上加力」。這樣，他們就得以準備妥當為別人作工了。救主的旨意乃是要人經過煉淨而成聖之後，來充當祂的助手。我們當為這一偉大的特權，感謝那位「叫我們能與眾聖徒在光明中同得基業」；祂救了我們脫離黑暗的權勢，把我們遷到祂愛子國裡的主。

用真誠的祈禱學習

從前所寫的《聖經》都是為教訓我們寫的，叫我們因《聖經》所生的忍耐和安慰可以得著盼望。羅馬書 15：4

凡不願意接受《聖經》中簡明犀利真理的人，必不斷地尋找一些足以鎮撫良心的悅耳教訓。人所傳的道理愈不屬靈、不需要克己、不需要自謙，便愈能得到眾人的贊同。這些人竟降低自己的智能，去迎合自己的情慾。他們既然過於聰明自負，就不肯存痛悔的心去查考《聖經》，不肯懇切祈求上帝的指導，他們便沒有什麼抵禦迷惑的保障了。撒但隨時準備要滿足人心的欲望，並提供他的欺騙來代替真理。昔日羅馬教廷就是這樣得到控制世人思想的能力；現今的基督教會也是因為拒絕了那為他們帶來十字架的真理而重蹈覆轍。凡忽視上帝的聖言而只考慮到自己的方便與利益，以便迎合世俗之要求的人，必被上帝遺棄，任憑他們去接受異端邪說作為宗教的真理。凡故意拒絕真理的人，將要接受種種希奇古怪的謬論。有人或許厭惡某一種騙人的事，同時卻欣然接受另一種騙人的事。使徒保羅說，有一等人「不領受愛真理的心，使他們得救，故此，上帝就給他們一個生發錯誤的心，叫他們信從虛謊，使一切不信真理、倒喜愛不義的人都被定罪。」（帖撒羅尼迦後書2：10-12）我們既有這樣的警告在面前，就應當慎重考慮自己所接受的是什麼道理。

大騙子最有效的一個騙術，就是招魂術迷人的教訓和虛假的奇事。他裝成一個光明的天使，在人最想像不到的地方佈下羅網。只要人專心研究《聖經》，並懇求上帝使他們明白這經，他們就不致留在黑暗之中而接受虛偽的道理。但人既拒絕真理，就必受騙。

還有一個危險的異端，它否認基督的神性，說基督在降世之前是不存在的。雖然有一大群自稱相信《聖經》的人接受這種理論，但它卻是與《聖經》中所說救主與天父之關係、祂的神性、和祂太初早已存在等最明白的經文有直接的抵觸。

關於禱告，我們需要學習的功課

有一個大臣，他的兒子在迦百農患病。約翰福音 4：46

祂也知道這位父親心裡的條件，耶穌若不答應他的懇求，他就不承認祂為彌賽亞。

雖然如此，這位貴族多少還算有點信心，因為他所求的，對他來說是一切福氣中最可貴的了。但是耶穌還有更大的恩惠要賜給他。祂不但要醫治他的孩子，還要使他和他全家都享受救恩的福氣，並在迦百農點亮一盞明燈。

這個貴族渴望更認識基督。從那之後，他聽了基督的教訓，就與全家一起成了主的門徒。因這次苦難，他們全家悔改而歸主為聖。這神蹟的消息到處傳開了，在迦百農，就是基督後來施行許多大奇蹟的地方，一條為救主親自傳道的路開闢出來了。

在迦百農賜恩與這貴族的主，現在同樣渴望賜恩給我們。可是我們像那位憂傷的父親一樣，往往因為想得世上的好處而去尋找耶穌，祂應允我們的請求之後，我們就信賴祂的慈愛。但是救主渴望將超過我們所求的福惠賜給我們，所以就遲遲不答應我們的懇求，為要指出我們心中的罪惡，並使我們明白自己是何等需要祂的恩典。祂要我們把那尋找祂時的自私之念拋棄。我們必須承認自己的無能和缺乏，一心一意地信靠祂的慈愛。

那貴族想要先看見自己所求的事實現，才肯相信，但是他必須接受耶穌的話，相信所求的事已蒙垂聽，所求的福已蒙應允。這個教訓也是我們所該學的：不是因為看見或是覺得上帝已聽了我們，我們才相信。我們必須信靠祂的應許。我們若抱著信心到祂面前來，我們的每一懇求必進入祂的心。我們既然求祂的福惠，就該相信自己必能得著，並且因為已得著而感謝祂。然後我們就當克盡自己的本分，確信上帝會在我們最需要時，將福惠賜給我們。當我們學會這樣做的時候，就可知道我們的祈禱已蒙應允。上帝必「按著祂豐盛的榮耀」和「祂在基督身上所運行的大能大力。」（以弗所書3：16；1：20）

以禱告搖動全能者的臂膀

5月
13日

不是靠自己的膀臂得勝，乃是靠你的右手、你的膀臂，和你臉上的亮光，因為你喜悅他們。**詩篇 44：3**

每當我們遭遇似乎不能理解的試煉時，切不可失去鎮靜的態度。不論人怎樣苦待我們，總不可意氣用事。

世界的邪惡日增，我們不要為了能免去艱難而自幸。殊不知這些困難適足以引領我們進入至高者的朝聖廳中，我們可以向那無窮智慧者求得指導。

主說：「要在患難之日求告我。」（詩篇50：15）祂邀請我們將我們的困惑和缺乏，以及我們對於神聖幫助的需要都告訴祂。祂吩咐我們要時常禱告。一旦遭遇困難我們就要向祂獻上誠摯懇切的祈求。我們要藉恆切的禱告來表現我們對於上帝的堅信。我們既感覺到自己的需要，這就必引導我們作出懇切的祈禱，而我們的天父也必為我們的呼求所感動。

那些為信仰而遭受譏謗和逼迫的人，往往受引誘以為上帝離棄了他們。在人的眼中，他們是少數的。在表面上看來，他們的敵人似乎已戰勝了他們。但願他們不違背自己的良心，那曾為他們受難，並曾擔負他們的憂患和痛苦的主並沒有離棄他們。

上帝的兒女並未遭受撇棄以致孤獨無保障。祈禱能挪動全能者的膀臂。祈禱曾「制服了敵國，行了公義，得了應許，堵了獅子的口，滅了烈火的猛勢」——當我們聽到了古代殉道者的陳述，我們便能領會這些話的意義了——「打退外邦的全軍。」（希伯來書11：33-34）

如果我們獻身為祂服務，就不會置身於上帝未曾為我們預備的地方。不論我們的境遇如何，我們總有一位嚮導來指引我們的路；不論我們怎樣的困惑，我們總有一位可靠的策士。不論我們遭遇了何等樣的憂患，喪亡，或孤寂，總有一位同情我們的朋友。如果因我們的愚昧而走錯了路，基督也絕不至撇棄我們。請聽祂那清晰而明瞭的聲音說：「我就是道路、真理、生命。」（約翰福音14：6）「因為窮乏人呼求的時候，祂要搭救；沒有人幫助的困苦人，祂也要搭救。」（詩篇72：12）

沒有一個禱告失落

聽禱告的主啊，凡有血氣的都要來就你。**詩篇65：2**

主宣稱祂必因那些親近祂、忠心為祂服務的人而得到榮耀。「堅心依賴你的，你必保守他十分平安，因為他倚靠你。」（以賽亞書26：3）全能者的膀臂已伸出來引導我們前進再前進。主說，前進！我必幫助你。你所求的既是為了我名的榮耀，就必得著。我要在那些看著你失敗的人面前得到尊榮。他們必眼見我的聖言光榮的勝利。「你們禱告，無論求什麼，只要信，就必得著。」（馬太福音21：22）

但願凡受苦待和冤屈的人，都向上帝呼籲。不要去求那些鐵石心腸的世人，乃要將你的請求呈告你的創造主。凡以痛悔之心到祂面前來的人，沒有一個會遭受拒絕。沒有一句出於誠意的祈禱會落空。上帝在天國樂隊的歌聲之中，仍然垂聽那最軟弱之人的呼求。我們在自己密室中傾吐我們的心願，或在路上行走之時默然禱告，我們的話語也必達到宇宙之主的寶座前。這些祈禱雖是人耳所不能聽聞的，卻不會沉寂下去，也不會因正在進行的繁忙事務而消失。任何事物都不能淹沒心靈的願望。它能從街頭的喧囂，從群眾的紛擾中直升天庭。我們既是向上帝陳述，我們的祈禱就必蒙垂聽。

你這自覺最不配的人，毋須畏縮不前而不將你的案件交託上帝。當祂在基督裡為世人的罪惡捨己的時候，祂已經將每一個人的案件都接收了。「上帝既不愛惜自己的兒子為我們眾人捨了，豈不也把萬物和祂一同白白的賜給我們嗎？」（羅馬書8：32）祂豈不要成就這賦予我們鼓勵和力量的恩言嗎？

基督最大的願望，乃是將祂的產業從撒但的統治之下拯救出來。但在我們擺脫撒但外來的勢力之前，我們必須先擺脫他在我們心裡的勢力。

主絕對會忽略祂子民的祈禱，唯一的危險乃是他們會在試探和試煉中灰心喪志，而不恆切祈禱。

5月 15日 最美的祈禱

二十四位長老就俯伏在羔羊面前，各拿著琴和盛滿了香的金爐；這香就是眾聖徒的祈禱。啟示錄：5：8

當時門徒尚不知救主具有無限的資源和能力。祂對他們說：「向來你們沒有奉我的名求什麼。」（約翰福音16：24）救主說明，他們成功的祕訣在於奉祂的名祈求力量和恩典。祂要親自在父面前為他們代求，祂視每個謙卑懇求者的祈禱為祂自己的祈禱，替他們在父面前代求。每一句誠懇的祈禱，必為上天所垂聽，禱告的詞句或許有欠通順，但只要句句出自內心，就必上升到耶穌進行服務的聖所之中。祂要將我們的祈禱獻到天父面前，其中不再有一點結結巴巴、彆彆扭扭的言詞，卻要滿載著祂那完美品德的美麗和芬芳。

誠實正直的路，總不是一帆風順、沒有阻礙的；不過，我們應把每一個困難看為主呼召我們來禱告的良機。沒有哪個人的能力不是從上帝來的；而且這能力之源是向最軟弱的人敞開供應的，耶穌說：「你們奉我的名無論求什麼，我必成就，叫父因兒子得榮耀。你們若奉我的名求什麼，我必成就。」

耶穌吩咐門徒「奉祂的名」祈求。跟從基督的人務要奉祂的名侍立在上帝面前。由於為他們付出之犧牲的代價，他們在主眼裡是有價值的。因基督的義歸與他們，他們就被視為寶貴。上帝因基督的緣故，赦免凡敬畏祂的人。祂在他們身上看到的不是罪人的污穢，卻認出他們所信之主的形像。

當主的子民低估自己時，祂就感到很失望。上帝願意祂所揀選的子民，照祂在他們身上所付出的代價來估量自己。上帝需要他們，不然，就不會差遣祂的兒子用這麼大的代價來救贖他們。祂有使用他們之處；所以，當人們為榮耀上帝的名，向祂提出最高的要求時，祂是非常喜悅的。如果他們相信祂的應許，就可望成就極大的事。

基督給無生氣之禱告的良方
義人祈禱所發的力量是大有功效的。雅各書 5：16

我們作基督門徒的人，需要有更大的信心。我們需要更熱切地禱告。許多人詫異為什麼他們的禱告是這麼沒活力，他們的信心是這麼薄弱而搖動，他們的基督徒經驗是這樣黯淡無光且不確定。他們問：「難道我們沒有禁食，在萬軍之耶和華面前苦苦齋戒嗎？」在以賽亞書五十八章中，基督已表明了這種情形是如何可以得到改變的。祂說：「我所揀選的禁食，不是要鬆開兇惡的繩，解下軛上的索，使被欺壓的得自由，折斷一切的軛嗎？不是要把你的餅分給饑餓的人，將飄流的窮人接到你家中；見赤身的給他衣服遮體，顧恤自己的骨肉而不掩藏嗎？」這就是基督為了灰心、疑懼、戰兢的人所開的藥方。讓那些悲傷的人，在耶和華面前苦苦齋戒的人，起來幫助某個正需要幫助的人。

每個教會都需要聖靈控制的能力；現今正是應當祈求此能力之時。但上帝在一切為人所做的工作上，祂定意要人與祂合作。為此之故，主呼召教會當有更高的虔誠、更公正的責任感、更清楚的認識自己對創造主的義務。祂呼召他們成為純淨、聖潔、作工的人。基督徒的助人之工便是實踐此事的方法之一，因為聖靈與一切正在為上帝服務之人相交。……天庭的全部資源，正在等待每個願意以基督的方法作工之人去使用。何時信徒們肯個別地負起派定給他們的工作，他們就要被一種完全不同的氣氛所包圍，必有福惠及能力隨著他們的工作。他們必能經驗一種更高尚的心靈與腦力的教化。那束縛他們靈性的自私必被克服。他們的信心必成為活潑的原理。他們的祈禱必更熱切。聖靈甦醒人心使人成聖的感化力，必沛降在他們身上，他們要被引導更接近天國的救主，無論在世上的階級與地位為何。

救主不理會屬世的榮譽與富足，祂所重看的是品格與專一的心志，祂並不偏袒強盛及受世俗擁戴的那一邊。

活在祈禱中

他們的靈性卻靠上帝活著。**彼得前書4：6**

許多人沒有活潑的信心。這就是為何他們無法看見上帝的能力有更多表現。他們的軟弱乃是不信的結果。他們對於自己行動的信心，比對上帝為他們工作的信心更大。他們不願讓上帝保守他們。他們從事計劃及設計，卻很少祈禱，對上帝也很少有真心的信賴。他們以為自己有信心，其實那不過是一時的衝動。他們沒有看到自己的需要，或上帝的樂意賜予，所以並不堅持將自己的要求陳述於主前。

我們的祈禱要像那在半夜向鄰舍求餅的人那樣地誠懇迫切，我們愈是誠懇堅持地要求，我們與基督的屬靈聯合就必愈益密切；我們也必因信心的增長而領受更多的福惠。

我們的本分乃是祈禱並且相信。要儆醒祈禱。要儆醒並與垂聽祈禱的上帝合作。要記得「我們是與上帝同工的。」（哥林多前書3：9）你的言行要與你的祈禱相和。當考驗臨到，就能證明你的信心是真實的，或顯明你的祈禱不過是一種形式，這是與你大有關係的。

每當遇到困惑和艱難的時候，萬不可只求助於人。要把一切都交託給上帝。向別人訴苦的習性只能使自己變為軟弱，也不能使別人得到力量。這是叫別人擔負我們屬靈的軟弱，而他們並不能將之減輕。在我們盡可以從那位絕不出錯且無限制的上帝得著能力時，我們反倒去向那常犯錯和有限的世人去求助。

你不需要走到地極去尋找智慧，因為上帝近在眼前。你現在所有的以及將來所擁有的才幹，並不足以使你成功。你的成功乃在於主能為你成就的。我們必須少倚賴人所能成就的，而對上帝能為每一位信靠祂的人所能成就的多存信心。祂渴望你向祂伸出信心的手。祂渴望你對祂懷有成就大事的希望。祂也渴望你得到那對屬世與屬靈之事的理解力。祂能使你的智力敏銳，祂能賜人機智與技巧，你要將你的才能放在聖工上，要向上帝求智慧，祂就必賜給你。

應許與祈禱

祂已將又寶貴又極大的應許賜給我們，叫我們既脫離世上從情慾來的敗壞，就得與上帝的性情有分。彼得後書1：4

當我們祈求主憐憫我們的困難，並藉祂的聖靈引導我們時，祂絕不會掩耳不聽我們的禱告。作父母還可能撒棄那饑餓的兒女，但上帝絕不會拒絕那出自缺乏而渴望之心的呼求。祂以何等奇妙的溫柔來描述祂的大愛阿！以下的話乃是從天父心中發出來，賜給那些在幽暗的日子裡，覺得上帝不顧念他們之人的信息：「錫安說：『耶和華離棄了我，主忘記了我。婦人焉能忘記她吃奶的嬰孩，不憐恤她所生的兒子？即或有忘記的，我卻不忘記你。看哪，我將你銘刻在我掌上。』」（以賽亞書49：14-16）

上帝聖言中的每一個應許，都供給我們以禱告的題材，並提出耶和華的諾言作我們的保證。我們所需要的任何屬靈福惠，我們都有權藉著耶穌去求取。我們可以懷著赤子般的天真，向主陳述我們所確切需要的。我們可以將自己屬世的事務告訴祂，向祂求衣索食，如同求取生命之糧和基督的義袍一樣。你們的天父知道你們需要這一切，而且你們已蒙邀請，盡可為這些東西向祂祈求。

但是不要忘記：你以上帝為父而來就祂之時，便是承認你對祂的關係乃是兒子。你不但要信靠祂的仁慈，更要凡事順從祂的旨意，知道祂的愛是永不改變的。你將自己獻上從事祂的工作。耶穌的應許：「你們求，就必得著。」（約翰福音16：24）

那位擁有天上地下所有權柄之主的諸般恩賜，都是為上帝的兒女所儲存的，這些恩典全都珍貴無比，因此需藉著救贖主寶血的重價犧牲而給予我們，這些恩賜足以滿足心靈深處的渴望，而凡像小孩子一般來就上帝的人，都必領受並享有這些與永恆共存的恩賜。要將上帝的應許當作屬於你自己的，在祂面前提及這些應許為祂親口所說的話，這樣你就必得到滿足的喜樂了。

5月 19日 個人禱告的力量

你禱告的時候，要進你的內屋，關上門，禱告你在暗中的父；你父在暗中察看，必然報答你。**馬太福音6：6**

要有一處屬於個人禱告的地方。耶穌有自己與上帝相交之處，我們也當如此行。我們需要時常退到一個能獨自與上帝同在的地方去，不論這地方是怎樣的簡陋都可以。

「禱告你在暗中的父。」我們奉耶穌的聖名，就能懷著赤子般的信任之心來到上帝面前。毋須什麼人作中保，我們靠著耶穌就能向上帝敞露心懷，猶如向一位相知相愛的人談話一般。

在那唯有上帝的眼能看見、並上帝的耳能聽見的隱密禱告處，我們可向無窮慈憐的天父傾吐我們心中最隱祕的願望和需求，而在心靈寂靜之餘，那永遠回應世人需要之呼籲的聲音，就必向我們的心靈說話了。

凡在暗中尋求上帝，向主陳明自己並祈求幫助的人，是絕不會徒勞無益的。「你父在暗中察看，必在明處報答你。」當我們以基督為我們日常的友伴時，就必覺得有不可見之世界的權能環繞著我們，並因仰望耶穌，就必變得與祂的形像相似。藉著仰望，我們得以改變。品格也因而柔和，文雅，高貴，得與天上的國度相稱。我們與主相交的必然結果，便是敬虔，聖潔和熱心增加。在祈禱中所獲得的智慧也必逐漸長進。我們正在領受一種神聖的教育，並且這事必在勤懇熱誠的人生中表現出來。

那藉著每天誠懇的祈禱而轉向上帝祈求幫助、扶持和能力的人，必具有崇高的抱負、對真理與義務清楚的理解、卓越的行為宗旨，以及不住饑渴慕義的心。我們因與上帝保持聯繫，就必在和別人交往之時，能將那管治自己心靈的亮光、平安和安寧散播給他們。那由祈求上帝而獲得的能力，連同從事訓練心智以深思熟慮所作的恆切努力，就能使人預備好勝任日常的職責，且在任何情形之下都能保持心靈上的平安。

被神感動的祈禱
耶和華啊，求你將你的道指示我，將你的路教訓我！ 詩篇 25：4

　　一個基督徒，絕不可單憑自己已具備了在基督裡成為新造之人的經驗，就以自己原有的成就為足。因為凡已決心要進入屬靈之國的人必要發現，未經重生的本性及其一切能力與情感，在黑暗國度勢力的影響下，都是和他自己為敵的。他必須每天重新獻身，每天與罪惡搏鬥。舊有的習慣、與生俱來的錯誤傾向，必要與他爭勝，所以他必須時常謹防這些事，並靠基督的力量爭取勝利。

　　一個信徒既放棄一切足以攔阻他在上進之途發展、或使別人腳步偏離窄路的障礙，就必在自己的日常生活上表現憐憫、恩慈、謙虛、溫柔、忍耐和基督的愛來。

　　我們最大的需要，乃是那能使我們過著更高尚、純潔、尊貴生活的能力。可惜，我們的心思意念中世俗的成分太多，而天國的成分太少了。

　　一個基督徒在努力追求上帝為他所定的理想時，絕不可有所失望灰心。那藉著基督的恩典與能力而達到道德與靈性方面的完全，是應許給眾人的。耶穌乃是能力的來源和生命的源頭。祂引領我們就近祂的聖言，並從生命樹上摘下葉子來給我們醫治這因罪而患病的心靈。祂領我們到上帝的寶座前，並將祈禱的話放在我們口中，藉此使我們與祂自己有親密的聯絡。祂為我們的緣故發動天國全能的力量，以便我們步步都接觸到祂那活潑的能力。

　　上帝對於凡願意「在一切屬靈的智慧悟性上，滿心知道上帝的旨意」的人，並不限制他們的進展。他們盡可以藉著祈禱、儆醒、以及在知識與悟性上的長進，「照祂榮耀的權能，得以在各樣的力上加力」。這樣，他們就得以準備妥當為別人作工了。救主的旨意乃是要人經過煉淨而成聖之後，來充當祂的助手。我們當為這一偉大的特權，感謝那位「叫我們能與眾聖徒在光明中同得基業」；祂救了我們脫離黑暗的權勢，把我們遷到祂愛子國裡的主。（編按：5月20日和5月10日部分英文原稿相同。）

我們該為什麼禱告

5月
21日

況且我們的軟弱有聖靈幫助，我們本不曉得當怎樣禱告，只是聖靈親自用說不出來的歎息替我們禱告。**羅馬書 8：26**

有許多人雖然努力要順從上帝的誡命，卻得不到多少平安或喜樂。他們在經驗上的這種缺憾，乃是沒有操練信心的結果。他們好像是行在曠野乾旱之處，無人居住的荒地。當他們可以多要求的時候，他們卻要求得太少了；因為上帝的應許原是沒有限制的。這樣的人並沒有正確地表現那由於順從真理而來的成聖。主惟願祂所有的兒女全都幸福、平安、與順從。信徒可以藉著操練信心而擁有這些福分。藉著信心，品格上的每一缺點都可補救，每一玷污都可潔淨，每一過錯都可糾正，每一優點都可發展。

禱告乃是上天所命定，在與罪惡鬥爭時，以及在發展基督徒品格上，能獲得成功的方法。那應答信心禱告的神聖感化力，必在懇求者的心靈中成就他一切所要求的。無論是為了赦罪、為了聖靈、為了基督化的性情，或為了智慧和力量以從事祂的工作，為了任何祂所應許的恩賜，我們都可以要求，而且應許乃是：「你們求就必得著。」

摩西看到那要作為上帝榮耀居所的奇妙建築的樣式，乃是在祂與上帝同在的山上。我們應站在與上帝同在的山上——與主交往的密室中——默想祂為人類所制定的光榮理想。歷代以來，上帝曾經藉由人與上天交通的媒介，將恩典的道理向祂兒女們的心意展開，而成就了祂為他們制定的旨意。有表明祂傳授真理之方式的話說：「祂出現確如晨光。」（何西亞書6：3）那自行置身於上帝能啟發和教導之處的人就必有所長進，好像從黎明的朦朧曙光變成正午的燦爛輝煌一般。

真正成聖的意義就是完全的愛、完全的順從、完全的符合上帝的旨意。我們必須藉著順從真理而成聖歸與上帝。我們的良心必須洗淨，除去罪行，事奉那永生的上帝。我們固然仍未完全；但我們卻有特權從自我及罪惡的纏累中打開一條出路，進到完全的地步。

家庭禮拜的重要

我眷顧他，為要叫他吩咐他的眾子和他的眷屬遵守我的道，秉公行義。創世記 18：19

在每一個家庭中，應當有固定的時間，作早晚的敬拜。早餐之前，父母聚集兒女們，一同感謝天父保護一夜平安，並祈求祂幫助引導看顧這一天的生活，這真是何等的適宜啊！此外，在黃昏臨到時，父母與兒女再度聚集在主的面前，感謝祂在過去一日中所賜的福氣；這又是多麼的合適啊！

別受環境所支配——家庭禮拜不應受環境的支配。你的禱告不是出於偶然而隨便，也不是整天忙於工作時，可以忽略。若是那樣行，就會叫兒女們視禱告為無足輕重的事。禱告對於上帝的子民乃是十分重要的，應當每日早晚向上帝獻上感恩祭。作詩的人說：「來啊，我們要向耶和華歌唱，向拯救我們的磐石歡呼！我們要來感謝祂，用詩歌向祂歡呼！」（詩篇95：1-2）

做父母的無論事情多麼繁忙，切不可疏忽舉行家庭禮拜。要祈求聖天使在你們的家中照顧保佑。務須記得，你們所親愛的兒女常有遭受引誘的危險。

在我們熱心款待客人之時，切不可疏忽我們對上帝的責任。不可因任何緣故而忽略祈禱的時辰。不可只顧談笑歡娛，直到大家太疲倦，以致不能欣然參與家庭禮拜。這樣作就等於拿殘疾的祭物獻給上帝。應該在傍晚的時間，就是大家能不慌不忙地，以敏悟的頭腦禱告的時候，獻上我們的祈禱，並以歡樂感恩的讚美高聲歌唱。

應該讓每一個訪問基督徒家庭的人，看出祈禱的時辰乃是一天最寶貴、最神聖、最快樂的。這些崇拜的時間，對於所有參與之人都能發揮出一種使人文雅而得蒙提拔的影響力，帶給心靈以欣然感恩的和平與安舒。

為病人禱告

5月
23日

你們中間有病了的呢，他就該請教會的長老來；他們可以奉主的名用油抹他，為他禱告。雅各書 5：14

許多求上帝治病的人，以為他們的禱告，必須得到一個迅速直接的應允，否則就是他們的信心不足。因為這個緣故，對於那些因病衰弱的人當給予精確的勸導，使他們可以聰明行事。他們不應當不顧他們對於朋友的責任，這些朋友或許活得比他們更久、或許用天然的方法恢復健康。

然而在這一方面也常有錯誤的危險。有的人因相信上帝必定聽人的禱告治好他們，就不敢作什麼表示缺少信心的事。然而他們不可不預先安排身後之事，如同即將辭世之人一般；尤其不可因為懼怕，就不對他們親愛的人說些訣別之時應說的勉勵和忠告。

凡在祈禱中求醫治的人，不應當摒棄自己所能施行的救護方法。原來利用上帝所預備的、消弭痛苦並幫助自然復原的那些方法，並不是犧牲信心。我們與上帝合作，置自身於最易復原的地位，這並不是打消信心。上帝已使我們明白生命的原理，這種知識是在我們的能力範圍之內，是我們可以應用的。我們應該採取一切有利於治療的方法，利用一切所有的機會，與自然的定律協力同工，來求疾病的消除。我們既求上帝醫治病人，就該更加努力，一方面感謝上帝給我們與祂合作的權力，一方面求祂賜福祂所預備的治病之法。

我們既為病人祈求上帝的醫治，無論結果如何，總不要失去信靠上帝的心，即是萬不得已而要我們失去親人，也只得接受苦杯，要知道那是天父的手拿著放在我們嘴邊的。若病人幸而得了醫治，那麼領受這恩典的人，就不可忘記自己是與造物主立了新約，從此要遵守祂的生命之律。

願主的旨意成全

願你的意旨成全。馬太福音 26：42

人若要我們為他們祈禱，求上帝恢復他們的健康，須先使他們明白凡是干犯上帝律法的，無論是自然律或屬靈的律法，都是罪。因此人必須認罪悔過，才可以得上帝的賜福。

為病人祈禱的時候，要知道「我們本不曉得當怎樣禱告。」（羅馬書8：26）我們不曉得我們所求的恩典，究竟是否於我們有益。

先把我們所有的請求向我們全知的「天父」陳明，然後以絕對信靠的精神把一切交託給祂，這便是最合理的辦法。我們知道我們若按祂的旨意祈求，上帝是聽從我們需求的。然而我們若以不服從的態度一味強求，這就是不對的；我們的禱告須採取懇求的樣式，不可以命令式的口吻要挾。

有時候，上帝很明顯地使用祂的神能使人恢復健康，但是並不是每個病人都得痊癒，有很多人上帝容他們在耶穌裡安睡了。在拔摩海島上，上帝吩咐約翰寫下道：「從今以後，在主裡面而死的人有福了！聖靈說：『是的，他們息了自己的勞苦，做工的果效也隨著他們。』」（啟示錄14：13）從這上面我們看出人若有病不得痊癒，也不可因此被算為缺少信德。

我們都希望我們的祈禱得到迅速而直接的應允，所以遇有應允遲延或不依著我們的願望而成就時，我們便容易覺得灰心失望。然而那全知全能愛我們極甚的上帝，又何必常常按著我們所希望的時間表和設想來應允我們的祈禱呢？祂所要為我們成就的，要比我們所求的更多更好。既是我們信靠祂的智慧和慈愛，我們就不應當要祂依順我們的意思，卻宜竭力遵行成全祂的意思。我們的希望和心願，須在祂的旨意之中消失。這種試驗我們信心的經歷，原是為使我們得益處的。從這些事上，就可以證明我們的信心究竟是否真實誠懇，究竟是專以上帝的話為根據的，還是隨時勢改變的。信心是愈使用愈堅定的。我們須使忍耐有完全的作用，要記得《聖經》中對於凡耐心等候上帝旨意的人有極寶貴的應許。

乏味的禱告聚會

你們要防備文士，……假意作很長的禱告。路加福音 20：46 － 47

禱告聚會應成為所有聚會中最有興趣的，但往往卻主持的不得其法。許多人參與講道聚會，卻忽略了禱告聚會。對於這事，仍是需要思考的。當求上帝賜下智慧，並擬定計劃使禱告聚會成為有興趣且動人的。人們渴慕生命的糧。如果在禱告聚會中可以得著它，他們自會到那裡去領受了。

冗長乏味的講論和祈禱，無論何處均不相宜，尤其是在禱告與見證聚會中。那些冒失常常搶先發言的人，往往使膽小退讓的人沒有作見證的機會。那些最膚淺的人，一般總是說話最多的。他們的禱告也是冗長而機械式的，足使天使和聽見的人感到厭倦。我們的禱告應當簡短而中肯。任何人若要作冗長而使人厭倦的祈求，盡可到密室去。應當讓上帝的靈進入你們的心中，一切枯燥的形式就會一掃而空了。

基督要給祂的門徒留下一個觀念，那就是他們所做的禱告務須簡短，只要陳述他們所需要的，不必多說。祂提到他們祈禱的長度及內容，說明他們心中所盼望的屬靈與屬世之福惠，以及感恩道謝的話。在祂的示範禱告中，意義是多麼深遠而全備啊！它把一切的實際需要都概括在內了。任何普通的禱告只須一兩分鐘就足夠了，但有時有些禱告是由上帝聖靈特別授意，本著靈感而祈求。那飢渴的心靈思慕上帝，煩惱歎息在心中爭鬥，像雅各的經驗一樣，若不得著上帝能力的特別顯現，就不安息。這就是上帝所希望的。

許多人禱告的樣式是枯燥且說教的。他們乃是向人祈求，而不是向上帝禱告。他們如果是向上帝禱告，並確實明白在做什麼，他們就要驚異於自己的僭妄冒失了。因為他們是用禱告的形式向主講道，好像是宇宙的創造主，在有關世上各種顯露之事的一般問題上需要特別的指教。所有此類禱告，乃是鳴的鑼，響的鈸，在天上是不算數的。上帝的天使也對此厭煩了，正如世上的人被勉強去聽這些禱告而感到疲倦一樣。

但以理的禱告例證

我便禁食，披麻蒙灰，定意向主上帝祈禱懇求。但以理書 9：3

但以理並沒有在主的面前，聲明自己的忠誠。他非但沒有自詡為清淨與聖潔的，這蒙尊重的先知，還謙卑地將自己列為與以色列真正的罪人同等。上帝所賜予他的智慧，超越世人的智慧，猶如日午的太陽在天空照耀，是比最微弱的星光更明亮一樣。但我們當熟思細想：這位上天所極度尊重之人的嘴唇，所發出的祈禱。以極度的謙卑，眼中流淚，心腸撕裂，他為自己和他本國的子民懇切的祈求。他將自己的心靈在上帝面前敞開，承認他自己的不配，認明主的偉大與尊榮。

正當但以理祈禱的時候，天使加百列自天庭下來，要叫他知道他的祈禱已蒙聽允。這大有能力的天使，已受命要賜給他技巧與智慧——在他眼前啟明有關將來各世紀的奧祕事。這樣，當但以理正在誠心的尋求並明白真理之時，他便得與上天所特派的傳信者有了接觸。

在他所求的得蒙應允時，但以理不僅蒙賜予他和他本國的人民，所最需要的亮光與真理，也因此得見將來諸世代的大事，直到世界的救贖主降臨的時候。自稱已成聖，卻沒有研究《聖經》的意願，或在禱告中與上帝角力，藉以明白《聖經》真理的人，都不曉得真正成聖的意義。

但以理與上帝談話。上天在他面前敞開了。但他蒙賜予這樣大的尊榮，都是謙卑誠懇尋求的結果。凡心裡相信上帝聖言的人，都必如饑如渴、希望得知上帝的旨意。上帝是真理的源頭。祂啟迪遲鈍的腦筋，使世人的心思，有能力接受並理解祂所啟示的真理。

但以理原是至高者的一個獻身僕人。他一生都充滿了為他的主而作的高貴服務。他那純潔的品格和不屈不撓的忠誠，惟獨與他謙卑的心志，和他在上帝面前的悔悟相稱。但以理的人生，是真正成為聖潔的例證。

5月 27日 黃金時刻

我的心仰望你，我的上帝啊；我素來倚靠你。 詩篇 25：1－2

當每天數次將寶貴的黃金時刻獻於祈禱和研讀《聖經》，即使只是牢記一節經文，屬靈的生命也會存在於心靈中。聖工的各種權益為我們提供了深思的材料和禱告的靈感。與上帝交通對於屬靈的健康是非常必要的，只有這樣才能得到履行每日責任所需要的智慧和正確的判斷。

有一些人因為害怕地上的財寶會受損，便忽略了禱告和聚集敬拜上帝的機會，以便有更多的時間投入到他們的生意中去。他們用自己的行為表明了他們認為那個世界最有價值。他們犧牲了對屬靈方面的進步來說必不可少的信仰特權，為了得到今生的事而沒能得到關於上帝旨意的知識。他們沒有達到基督徒品格的完全，也不符合上帝的尺度。他們將屬世界的、暫時的利益放在首位，搶奪了本應用於事奉上帝的時間。上帝給這種人作了記號，他們必領受咒詛而非福氣。

不要把你的憂愁和困難帶到人面前，要來到那能「充充足足地成就一切」的主面前，袖知道如何幫助你。切勿離開慈愛而憐憫的救贖主，而轉向人間的朋友，儘管他們也許會把他們最好的東西給你，卻有可能使你誤入歧途，要把你所有的困難帶到耶穌面前！

袖會接納、堅固並安慰你。袖是所有疾病的大醫師，袖偉大無窮的愛心惦記著你，袖帶給你信息說，你可以掙脫仇敵的網羅，你可以重獲自尊，你可以屹然而立，不是作為失敗者，而是靠著上帝之靈的提拔能力作為一個得勝者。

我們像但以理那樣一天祈禱三次乃是合宜且重要的。祈禱是我們心靈的生命，是屬靈成長的基礎。在你的家中，在親友與同事面前，你當見證此真理。你有機會遇見教會的弟兄時，就當告訴他們在上帝和人心靈之間需要保持交流的暢通。

夜間的祈禱

那時，耶穌出去，上山禱告，整夜禱告上帝。**路加福音 6：12**

天庭的君王在世上傳道時，尚且多多地向祂的天父禱告。祂經常整夜跪在地上禱告。祂的心靈常經憂患，因為祂感覺到這世上黑暗的權勢，於是便離開忙亂的城市和嘈雜的人群，去尋找一個退隱之地，好為人代求。耶路撒冷城外的橄欖山是耶穌最喜歡去祈禱的地方。祂往往在群眾離祂而去就寢之後去祈禱，雖然因一天的勞累而疲乏卻仍不休息。我們在約翰福音中讀到：「於是各人都回家去了，耶穌卻往橄欖山去。」當合城安靜、門徒們各自回家安歇之時，耶穌卻沒有睡覺。祂神聖的懇求從橄欖山上升到祂天父那裡，求使祂的門徒脫離世上日日包圍著他們的邪惡影響，也求加強祂自己的心靈以便奮起應付翌日的義務與試煉。當門徒在睡覺時，祂們神聖的教師卻在整夜禱告。夜深露重，落在祂俯伏祈禱的頭上。祂的榜樣乃是留下給跟從祂之人的。

天庭的君王在從事祂的使命時，常常懇切地禱告。祂並不總是去橄欖山，因為祂的門徒已經知道了祂喜愛的退隱之地，而且常常跟隨祂。祂選擇寂靜的夜晚，那時不會有干擾。耶穌能醫治人的疾病，也能讓死人復活。祂自己就是福氣和力量之源。祂甚至斥責風暴，連狂風驟雨也聽從祂的吩咐。祂不沾染腐敗，遠離罪惡；然而祂卻祈禱，而且常常大聲流淚禱告。祂為門徒禱告，也為自己禱告，從而認同我們的需要，我們的軟弱和我們的失敗，這些都是人之常情。祂的懇求有力。祂雖無我們人類的情慾和墮落的性情，卻同樣被軟弱所困，在凡事上受了試探與我們一樣。耶穌經歷了所有必須仰賴祂天父解釋與支持的痛苦。

手拿《聖經》禱告

你當竭力在上帝面前得蒙喜悅，作無愧的工人，按著正意分解真理的道。提摩太後書 2：15

但願每一個相信主必快來的人，比以前更認真努力地查考《聖經》；因為撒但決心要使盡千方百計、陷我們於黑暗之中，在關鍵時刻弄瞎我們的眼睛。但願所有的信徒，拿起他們的《聖經》帶著真誠的祈禱，讓聖靈點亮真光，使他們更認識上帝和祂差來的耶穌基督。尋找真理好像尋寶一樣，並令仇敵失望。試煉的時刻在乎我們每個人，因為在我們的救贖主——基督，其公義顯示時，第三天使的警告就已經開始。天使的榮光要照耀全地，因為它是用來警告世人的，要高舉耶穌，讓全世界看見祂，那向來在表號中預言的祂，那素來在先知的啟示所表明的祂，還有在許多給門徒的比喻裡，許多神蹟奇事裡顯明的祂，仔細研究《聖經》吧！因為經文裡的一切全是為祂做見證的。

假如你想在艱難時期仍站立穩妥，你一定要認識基督，接受祂的義為禮物，那是為悔改的罪人所預備的。人類的智慧無法完全了解祂的救恩，用人類的哲學去分析也是徒勞無功的，人類最崇高的力量其結果也是沒價值的，除了神聖教師的偉大計劃之外。我們沒有什麼榮耀可以回報的，所有人類的幫助和榮耀只是塵土而已，因為一切的真理都在耶穌裡，而且是唯一得救的保證。我們能與基督連結實屬榮幸，讓神性和人性能夠交通，這樣的合一使我們的希望得到了安息，因為這是上帝的靈激勵了人，人的能力便加強了，我們在基督耶穌裡成為新造的人。祂曾顯現帶給我們生命和不朽的亮光。祂說：「我對你們所說的話就是靈，就是生命。」詩人也宣稱：「你的言語一解開，就發出亮光，使愚人通達。」

祈禱與道德勇氣

若有人要跟從我，就當捨己，背起他的十字架來跟從我。
馬太福音 16：24

遵守上帝的律法需要有道德勇氣。一個反對真理的人曾說：「只有缺乏主見、愚蠢、無知的人，才會離開他原來的教會，遵守第七日為安息日。」但是一位珍惜寶貴真理的傳道人卻回答說：「如果你認為這需要缺乏主見的人，那就試試看吧！」它需要更大的勇氣、堅定、決心、毅力和非常多的祈禱才能走出來，加入不受歡迎的這一邊。我們感謝上帝，我們可以用一個可憐的落難者身分，來到基督的跟前，進入基督的聖殿中。我們希望那是萬民禱告的殿，凡進入這殿的人都可以明白他們是來朝見上帝。基督曾說：「若有兩三人奉我的名聚集時，我就與他們同在。」我們不要指望一個傳道人能提供你所有的豐富，你必須深耕自己，學會靠近生命的活水泉源。切不可把上帝的誡命踐踏在腳下，要勇敢的為那可能不受歡迎的真理站立，結果就順其自然了。救主曾經棄你不顧、讓你一個人奮鬥嗎？不！絕不！但祂不曾告訴祂的門徒說他們絕不會遇到苦難，不要忍受自我否定，不要做任何犧牲。救主在世時常與悲傷為伍，並且熟悉悲傷。「你們知道我們主耶穌基督的恩典，祂本來富足，卻為你們成了貧窮，使你們的貧窮能成為富足。」我們感謝上帝，因為你的貧窮你可以稱上帝為父。貧窮來到這個世界，將有患難是有史以來從來沒有的。將有打仗和打仗的風聲，人們的臉上嚇得蒼白。也許你要忍受苦難，也許有時候你會飢餓；但上帝不會在苦難中遺棄你。祂會考驗你的信心。我們活著不是討自己的喜樂。我們要向世界表現基督，像世人代表祂和祂的大能。

基督今天在考驗我們是否能遵守上帝的律法像祂從前一樣，並且適合成為眾天使的一員。上帝要的是一群忠心的人們。

祈禱與教會復興

5月 31日

禱告完了，聚會的地方震動，他們就都被聖靈充滿，放膽講論上帝的道。**使徒行傳 4：31**

真正敬虔的復興是我們最大和最迫切的需求。追求這些應該是我們首要的工作。必須要有真誠的努力，才能得到主的祝福，不是因為上帝不喜歡把福氣賜給我們，而是因為我們還沒準備好接受它。我們天上的父非常願意把聖靈賜給凡尋求祂的人，比地上的父母把好東西給他們的兒女更甚。但是我們必須認罪、謙卑、悔改、真誠地禱告，去達到上帝應許賜福給祂兒女的條件。復興是禱告得應允的期待。當人們缺少聖靈時，他們不會珍惜上帝的話，但當聖靈感動他們的心時，上帝的話語就不會沒有效果了。藉由上帝話語的教導、聖靈的啟示、在苦難中的體驗，凡來參與的人都可以得到寶貴的經驗，回家之後，都會發揮一種健康的影響力。

經驗老道的信徒都知道如何在祈禱中與上帝摔角，並享受聖靈的充滿。但是這要經過幾個行動階段的，然而，誰是未來填補他們位置的人呢？如何養育年輕一代？他們都歸向上帝嗎？我們有警覺到天上聖所的工作嗎？或是我們還在一味地等待那能引人注目的力量到來，而非自己先站起來？我們希望看見教會復興嗎？那個時刻永遠不會到來嗎？

教會裡仍有許多沒有認罪的人，他們沒有真誠合一的與全體教會祈禱。我們必須個別的完成工作。我們必須有更多的禱告，少說閒話。罪惡充斥，人們必須被教導不要滿足於敬虔的外貌，而沒有屬神的靈和能力。如果我們定意要尋找我們自己的內心，將罪除掉，並修正我們的邪惡傾向，我們的心靈不會被舉虛榮心引起；我們不會依靠自己，而是有一種持久不變的認知，我們的滿足乃是來自於我們的上帝。

那個大騙子已準備好了他的詭計，要對每個未準備好迎接審判，並缺乏不斷祈禱和信心的生靈發動攻擊。

時兆文化

前進天家

Homeward Bound

天家

六月

律法與安息天：
忠誠的雙重考驗

上帝的律法

6月
01日

行為完全、遵行耶和華律法的，這人便為有福！ 詩篇 119：1

　　自從天上的大爭鬥發動以來，撒但的目的就是要推翻上帝的律法。為了要達到這個目的，他才背叛創造主，後來他雖然被逐出天庭，但他還是在地上繼續這同一場爭戰。他欲達到的目的，就是要迷惑、欺騙世人，以便勾引他們去干犯上帝的律法。無論是要使人把律法完全作廢，或是要使人棄絕其中的一條訓誡，其結果都是一樣的。因為人若干犯「其中一條」，就是藐視全部律法，故此他的影響和示範所及，都是在引誘別人犯罪，無形中也就是「犯了眾條」（雅各書2：10）。

　　撒但為要設法使人藐視上帝的誡命，竟歪曲顛倒《聖經》的道理，就此在千萬自稱相信《聖經》之人的信念中攙進了許多謬誤。真理與謬道最後的大衝突，無非是那有關上帝律法之長期戰爭的最後一次決戰。現今這一場戰爭正在發動，這乃是人的律法與耶和華誡命的戰爭，也是《聖經》信仰與傳統信仰之爭。

　　那些行將聯合起來抵抗真理與公義的種種勢力，現今正在積極工作。上帝的聖言，就是那經歷了那麼多痛苦和流血的犧牲而傳給我們的《聖經》，現在不為一般人所重視。《聖經》已經是人人都可以得到的一本書，但只有少數人確實地接受它為人生的指南。不信上帝的風氣在各地盛行，實在驚人，不但在社會上如此，就是在教會裡也是如此。有許多人已經否定了那作為基督教信仰柱石的《聖經》要道。受聖靈感動而寫作《聖經》的人所提出創造天地的重大事實，以及人類的墮落，罪人得贖和上帝律法的永存不廢等等真理，實際上已被多數自稱為基督徒的人加以全部或部分的棄絕了。數以千計自誇有智慧並有獨立思想的人，認為篤信《聖經》乃是弱者的表現，他們以為若能找出《聖經》的缺點，並用所謂靈意的解釋去抹煞其中最重要的真理，就能藉此證明他們才能和學識的卓越。

安息日是一個試驗

且以我的安息日為聖。這日在我與你們中間為證據，使你們知道我是耶和華你們的上帝。**以西結書 20：20**

若不是一個人的思想和良心對此真理有了充分的認識，卻仍然拒絕，上帝的忿怒是不會這樣臨到他身上的。有許多人一直還沒有機會聽到現代的特殊真理。遵守第四誡的本分還沒有向他們顯明其真實的意義。那能看透人心並鑒察一切動機的上帝，不願讓一個願意明白真理的人對於這大鬥爭的結局有所誤會。那叫人遵守上帝律法的命令，絕不致在眾人蒙蔽無知的時候貿然加在他們身上。人人都要有充分的亮光，以便作有意識的決定。

安息日必要作為忠誠的大試驗，因為它是特別引起人爭辯的真理。當這最後的試驗臨到世人的時候，在事奉上帝和不事奉上帝的人之間，就必劃清界限。人若順從政府的法令去守偽安息日而違犯第四誡，那就要證明他乃是忠於那反對上帝的權勢。與此同時，那依照上帝的律法遵守真安息日的人，就此表明自己是效忠創造主的。在一幫人接受那服從地上掌權者的記號而受獸的印記時，另一幫人則選擇那效忠上帝權威的記號，而受了上帝的印記。

在這時以前，那些宣講第三位天使信息的人，時常被人視為是一班無故驚擾社會的人。他們預言說，美國政府將要統治宗教信仰，施行壓迫，又說教會要與政府聯合來逼迫守上帝誡命的人，這些話常被人看為是沒有根據的胡言亂語。曾有人肯定的說，美國永不會改變她歷來所抱的宗旨——就是作宗教自由的捍衛者。但等到強迫人守星期日的運動廣泛展開時，這久已被人懷疑不信的大事，竟顯然要實現了，到那時，第三位天使的信息必要產生一種空前的效果。

在每個世代中，上帝都曾差遣祂的僕人在世界和教會中斥責罪惡，但人們總喜愛聽一些悅耳的話，而不肯接受純正赤誠的真理。

6月 03日 順從——幸福的條件

如今你們若實在聽從我的話，遵守我的約，就要在萬民中作屬我的子民，因為全地都是我的。**出埃及記 19：5**

我們的始祖被造的時候，雖然是聖潔無罪的，但卻不是沒有作錯的可能。上帝使他們賦有自主的權力，來認識上帝智慧和慈愛的品德，以及祂律法的公正，並在完全自由的情形之下，任憑他們順服或者違背。……在人類開始生活的時候，上帝就在他們自我放縱的慾望上加以限制，這個慾望就是撒但墮落的基本原因。在伊甸園當中，靠近生命樹有一棵「分別善惡」的樹，這樹是要試驗我們始祖的順從，忠心和愛心的。他們雖然蒙准許吃各樣樹上的果子，但「分別善惡」樹上的果子卻不可吃，吃了就必定死。他們也有受撒但試探的可能，但如果他們能忍受試驗，最後必能擺脫撒但的權勢，而永遠蒙上帝的恩眷。

上帝令人處在律法的約束之下，作為人生存的必要條件，但是他們卻是在屬神政權下的子民，任何政權都不能沒有律法，上帝原可以造一個不能違犯祂律法的人，祂也可以攔阻亞當的手，使他不摸禁果，如果這樣，人就沒有自主的權力，而只是一部機器而已。如果沒有自由的選擇，他的順從就不是出於自願，而是出於勉強的了，他的意志也就不能有所發展。這樣的辦法就必與上帝對待其他諸世界居民的計劃相反了。人既是有理性的活物，這辦法根本就不適用，不然，撒但詭稱上帝專權的控告也就有所藉口了。

上帝造人原是正直的；祂賜給人高貴的品格，和毫無邪惡的傾向。祂又賜給人很高的智力，並盡可能地多方面勉勵人效忠上帝。完全始終如一的順從，方是得享永久幸福的條件。唯有履行這一個條件，人才能有權柄到生命樹那裡。

上帝的盾牌

遵守律法的，便為有福。箴言 29：18

人類只有一個希望——就是在充滿爭執與腐化環境中，能因為一種新酵母，帶給人類一種新生活的能力，使世人得以重新認識上帝。

基督來到世上就是為了要恢復這種認識。祂來乃是為了要除去那些自稱認識上帝、卻根本不能代表祂之人所傳的假道。祂來，乃是要彰顯祂律法的真實性，在祂自己的品德上顯揚聖潔的榮美。

基督帶著亙古以來所累積的愛到世上來。祂掃除了那妨害上帝律法的各種繁文縟節，向人指明這律法乃是愛的律法，是上帝良善的一種表現。祂說明人類的幸福，社會的鞏固，及其根基與結構，均包含在遵守律法的一切原理之內。

所以上帝的律法，非但不是專橫的規條，反而是人類的屏障和盾牌。凡接受其原理之人，就蒙保護脫離邪惡，忠於上帝同時包括了忠於人的意思在內。因此，律法就保障了每一個人的權利與獨特性。它禁止在上位之人施行壓迫，也阻止下層的人身懷二心。它是人今生與來世福利的保證。對於順從的人，它是永生的保證，因它所表示的是永存不廢的原理。

基督降世，以表現神聖原理有改造人類之能，來證明這原理的價值。祂來，要教人怎樣發揚並應用這些原理。

當時的人都以外表的炫耀，來評定一切事物的價值。在宗教信仰方面，也是能力日減，虛榮日增。那時的教育家，多數都以誇耀和虛飾來博取人們的尊敬。在這一切的事上，耶穌的生平都表現一種鮮明的對照。祂的生活表明了人所認為一生最需要的事物，都是無價值的。他誕生在最簡陋的環境中，居住在平民的家中，用平民的飲食，從事手藝工作，過卑微的生活，就在這樣的情況和環境中耶穌奉行了神聖的教育計劃。

緩刑

只是分別善惡樹上的果子，你不可吃，因為你吃的日子必定死！
創世記 2：17

上帝的律法是與祂自己一樣神聖的。它是上帝旨意的啟示，是祂品德的寫照，是祂慈愛和智慧和表現。全宇宙的和諧，有賴於萬有完全合乎造物主的律法，不論其為動物或植物。上帝已經制定法律，不但要管理一切活物，也要管理一切自然界的活動。

自然界中的萬物，有自然定律來管理，惟獨人在地上一切生物之中受道德律的管理。人既是上帝創造的傑作，上帝就賦予人能力，使人可以明白祂的律法，認識祂律法的公義和慈愛，以及這律法對人所有的神聖權利，所以人必須不偏不倚地順從律法。

住在伊甸園中的始祖與天使一樣，都要經過試驗時期；他們保持幸福生活的條件只有一個，就是服從創造主的律法。順從則生命得以存續，背叛的結果只是自取滅亡。上帝已經使他們得到祂豐盛的恩惠；可是他們若藐視祂的旨意，那位不寬容犯罪之天使的主也必不寬容他們。違背律法，必喪失祂的恩賜，並招致痛苦和敗亡。

天使警告亞當夏娃要提防撒但的詭計，因為他要孜孜不倦的努力陷害他們。在他們順從上帝的時候，那惡者就不能傷害他們；如有必要的話，則全天庭的使者也可以奉命來幫助他們。只要他們堅決抵抗他初步的侵襲，他們就能像天使一樣安全了。他們一旦屈從撒但的引誘，他們的本性就必敗壞，以致再沒有抵抗撒但的能力和意願了。

上帝利用分別善惡樹來試驗亞當夏娃對祂的順從和愛心。耶和華對園中的一切果子，只加上一條禁令；但如果他們在這一件事上輕看上帝的旨意，就是犯了罪。撒但不能在別處引誘他們，只能從上帝所禁止的樹那裡向他們進攻。如果他們想要探索這一棵樹的性質，就必受到他狡猾的試探。天使曾勸他們注意上帝給予的警告，要對他的美意賜的教訓感到滿足。

律法是聖潔的

律法是聖潔的，誡命也是聖潔、公義、良善的。 羅馬書 7：12

因為「耶和華的律法全備」，所以凡與律法相背的，就是邪惡。那些不順從上帝的誡命，卻教訓人這樣作的人，一概要被基督定為有罪。救主順服的生活滿足了律法的要求，並證明人類遵守律法是可能的，而且也顯明順服的人所能造就的高尚品格。凡像祂一樣順從的人，也能一樣宣稱律法是「聖潔、公義、良善的」（羅馬書7：12）。反過來說，凡是違背上帝誡命的，就是贊同撒但所說的：「律法是不義的、是不可能遵守的。」這樣，他們就是附和那大仇敵的詭計，侮辱上帝的尊嚴，他們是那首先背叛上帝律法的惡者兒女了。倘若應許他們進入天國，他們必把不和睦及叛逆的精神也帶進去，以致危害全宇宙的安寧。凡故意忽視律法中任何一條原則的人，將不得進天國。

拉比們以為自己的義是他們進天國的通行證，但基督說它是無用的，也不配。法利賽人的義只限於外表的禮儀和對真理的理論知識。拉比們自稱聖潔，因他們靠自己的能力守律法，但他們的行為卻把公義同宗教分割開了。他們雖嚴守儀禮，但在生活上，他們是邪淫卑鄙的。他們所謂的公義，是永遠無法讓他們進天國的。

在基督時代，人心最大的迷惑就是以為僅僅承認真理就能稱義。但人類一切的經驗證明，單有真理的知識是不能救人的，也不能結出公義的果子來。對神學真理發熱心者，卻往往對生活上表現的實際真理忌恨。因此，世界史上最黑暗的篇幅，充滿了狹隘的宗教家犯罪的記錄。法利賽人自稱是亞伯拉罕的後裔，並以上帝所交託他們的聖言自豪，但這些優點未能保守他們脫離自私、惡毒、貪婪和最卑劣的偽善。他們以為自己是世上最偉大的宗教家，結果，他們之所謂正統信仰，反使他們將榮耀的主釘死在十字架上。

6月
07日

律法就是愛

愛就完全了律法。羅馬書 13：10

那在西奈山上雷聲火焰中宣布律法的，乃是基督。上帝的榮耀像吞滅的烈火般降在山頂上，山就因主的臨格而搖撼震動。於是以色列的群眾俯伏於地，懷著畏懼的心，靜聽律法的神聖訓令。這與福山上的情景，是何等懸殊的對照啊！在夏日的晴空之下，除了鳥啼，別無其他聲息之際，耶穌闡明了祂國度的原則。然而那天以仁慈的語氣向民眾說話的主，也是在向他們闡明西奈山上所頒布之律法的原則。

西奈山上所頒賜的律法，乃是宣布愛的原則，也是向世界啟示天國的律法。這律法是經由一位中保的手而制定的——就是那位有能力可使人心與其原則相合的主所宣布的。當上帝向以色列民宣告說：「你們要在我面前為聖潔的人。」（出埃及記22：31），祂就顯示了律法的目的。

然而以色列民卻沒有辨明律法的屬靈性質，因此往往他們所自稱的順從，只是形式和儀節上的遵守，而不是將他們的內心降服於愛的統治之下。當耶穌以祂的品德與作為向世人表彰上帝的聖潔，仁愛和慈父般的特質，並說明單單儀式上的順從並無價值之時，猶太人的領袖們都沒有接受或瞭解祂的話。他們認為祂過於輕視律法的要求，而當祂向他們闡明那本該成為他們神聖儀節精要的真理時，他們由於只專注外表，就控告祂企圖推翻律法了。

基督的訓言雖然安詳地說出，卻帶著誠懇與力量來打動聽眾的心。他們原等待聽到像拉比們那套毫無生氣的傳統訓言和苛求，但卻沒有聽到，他們「都希奇祂的教訓，因為祂教訓他們，正像有權柄的人，不像他們的文士。」（馬太福音7：28-29）法利賽人也注意到自己施教的方式與基督的迥然不同。他們看出真理的威嚴，純潔與優美，連同其深刻而柔和的感化力，正牢握住許多人的心意。救主神聖的慈愛與溫柔吸引了眾人的心歸向祂。

上帝的律法是永恆的

莫想我來要廢掉律法和先知。我來不是要廢掉，乃是要成全。
馬太福音 5：17

那位宣稱自己無意要廢掉律法的主，原是人類的創造者，也是律法的頒布者。自然界的萬物，自陽光中的微塵到太空中的諸世界，莫不處於律法之下。自然界的秩序與和諧，也都有賴於服從這些律法。同樣的，也有偉大的公義原則管理著一切具有理智者的生命，而全宇宙的福祉就在乎遵循這些原則。在這個世界尚未受造之前，上帝的律法就已經存在了。天使都受其原則所管束，而為要使地與天和諧，人也必須服從這神聖的法度。基督曾在伊甸園中，向人類闡明律法的條例，「那時晨星一同歌唱；上帝的眾子也都歡呼。」（約伯記38：7）基督在地上的使命並非要廢掉律法，乃要藉著祂的恩典而使世人轉回服從律法的條例。

多年以後，那位曾在山上傾聽耶穌話語的蒙愛門徒，在聖靈的感動之下，曾論及律法是具有永久遵行之義務的。他說：「違背律法就是罪」，並且「凡犯罪的，就是違背律法。」（約翰壹書3：4）他說明他所提及的律法，「乃是你們從起初所受的舊命令。」（約翰壹書2：7）他所講論的即是創造時業已存在，而在西奈山上重新宣布的律法。

耶穌曾論到律法說：「我來不是要廢掉，乃是要成全。」祂在此處所用的「成全」二字，是與祂向施洗約翰宣稱祂的用意乃要「盡諸般的義」的「盡」字同義（馬太福音3：15），意思就是要滿足律法的需求，留下完全順從上帝旨意的範例。

祂的使命就是要「使律法為大，為尊」（以賽亞書42：21）。祂乃要啟示律法的屬靈性質，展現其廣泛的原理，並闡明其需要永遠遵行的義務。

耶穌，天父本體的真像，上帝榮耀所發的光輝；克己的救贖主，通過祂寄居於世的仁慈人生，已將上帝律法的本質活出來了。

6月 09日 所有律法的來源

我何等愛慕你的律法，終日不住地思想。**詩篇 119：97**

在一切受造之物上，都可以看出神的見證。自然界見證上帝。那易於感受的心智，一旦與宇宙的奇蹟奧祕接觸，就不得不承認那無窮能力的運行。地球並非藉其本身固有的能力而產生萬物，並年年環繞太陽而行，一隻看不見的手在指導行星與天際循軌道而行。一種神祕的生命彌漫在一切自然物中。這生命維持著無數的大千世界，寄於飄浮在清風中昆蟲之內，使燕飛翔，使哀鳴的雛鳥得食，使蓓蕾開放，並使花朵結成果實。

這維持自然界的同一能力，也正在人身中運行著。這管理星辰和原子的同一大規律，也支配著人的生命。那控制心臟活動，調節身體命脈的規律，也就是那大能的全知者用以統治人的規律。一切生命都是從祂而來。唯有與祂協和，才能覺察其活動的真範圍。因祂所創造的萬物，情形都是一樣的──即是藉著接受上帝的生命以維持生命，並按照創造主的旨意而使用生命。人若在身體，心智，或道德方面違背祂的規律，就是使自己與宇宙不和，並招致傾軋，紊亂，與毀滅。

大自然的一切對於凡學習藉此去解釋其教訓的人，就成為他們的亮光；世界就是課本，生活就是學校。人與自然、與上帝合而為一，則律法的普遍權能，以及違背律法的結果，就能銘刻於心，而進一步形成品格了。

這些教訓是我們的兒女所需要學習的。對於那尚不能讀書，不能從事課室內日常作業的幼童，自然提供了教學與喜樂的無盡資源。那尚未因與惡接觸而剛硬的心，易覺察有上帝存在於一切受造之物中。那尚未被世俗喧囂所麻木的耳朵，亦能傾聽那藉大自然發言之聲。

振奮人心的律法

耶和華的律法全備，能甦醒人心。**詩篇 19：7**

耶穌說：「就是到天地都廢去了，律法的一點一劃也不能廢去，都要成全。」（馬太福音5：18）基督藉著祂自己順服律法，證明了律法永不變更的性質，也證實了靠著祂的恩典，亞當的眾兒女都能完全地遵守律法。祂在山上宣稱：即使萬事——就是一切與人類有關，一切與救贖計劃有關的事——都成全，律法中最小的一點也不能廢去。祂並沒有教導人說律法或將廢去，卻注目於世人視線所能及的最遠界限，並向我們保證直到那時律法的權威仍必存在，以致無人可以假想祂的使命乃是要廢去律法的條例。只要天地仍然存在，上帝律法的神聖原則也必存在。祂的公義「好像高山」（詩篇36：6），要繼續存在，成為福惠的源頭，從內湧出復甦大地的川流。

因為主的律法是全備的，所以無從更改，有罪的世人靠自己也無法達到律法所要求的標準。這便是耶穌要來作我們救贖主的緣故。祂的使命乃要藉著使世人與上帝的性情有分，而令他們與天國律法的原則相合。當我們棄絕自己的罪惡，接受基督為我們的救主之時，律法就被高舉了。使徒保羅問道：「這樣，我們因信廢了律法嗎？斷乎不是，更是堅固律法。」（羅馬書3：31）

新約的應許乃是「我要將我的律法寫在他們心上，又要放在他們的裡面。」（希伯來書10：16）那預指基督為上帝的羔羊，要除去世人罪孽的一切象徵性的制度，雖然在祂死的時候都要廢去，然而十誡所包含之公義的原則，卻與那永恆的寶座同樣，是永不改變的。沒有一條命令被取消，也沒有一點一劃被改變。那在樂園中向人類顯示為偉大生命之律的原則，在光復後的樂園中仍必毫無改變地存在。當伊甸園在地上再度如花開放的時候，日光之下的一切生命都必遵守上帝仁愛的律法。

遵守上帝誡命的真意

6月 11日

我們遵守上帝的誡命，這就是愛祂了。約翰壹書5：3

法定的宗教信仰，並不足以使生命與上帝相和，法利賽教派所信奉的苛刻嚴厲的宗教，缺乏悔改、溫柔或仁愛，它只不過是罪人的絆腳石而已。他們正如那失了味的鹽一般，因為他們所發生的影響無力保護世界不致敗壞。那唯一真正的信仰乃是「生發仁愛」以致潔淨心靈的信仰（加拉太書5：6），它好像一種改變品格的酵一般。

先知何西阿曾在以下的話中，指出那構成法利賽主義的本質：「以色列是茂盛的葡萄樹，結果繁多。」（何西阿書10：1）猶太人所自詡的事奉上帝，實際上乃是為了自己而工作。他們的義無非是按照自己的意見，並為博取私利，且憑著自己的努力而遵守律法的結果而已，因此這種義絕不會比他們本身更好。他們致力使自己成為聖潔，無異企圖使潔淨之物從污穢之物中產生出來。上帝的律法與祂自己同樣聖潔，也與祂自己同樣完全。它向人表彰上帝的義。人靠自己並不能遵守這律法，因為人的本性是腐敗而畸形的，與上帝的聖德全然不同。自私之心的作為都像「不潔淨的人；所有的義都像污穢的衣服」（以賽亞書64：6）。

律法雖是聖潔的，但猶太人也不能靠著自己努力遵守律法而稱義。基督的門徒若願進入天國，就必須獲得一種義，其性質與法利賽人的義完全不同。上帝藉著祂的兒子，向他們提供了那屬律法的完全的義。他們若肯將心門完全敞開接受基督，則上帝自己的生命，祂的愛，就要住在他們裡面，使他們變化而與祂的形像相似，這樣，他們藉著上帝白白的恩賜，便可享有律法所要求的義了。但法利賽人卻拒絕了基督，他們「因為不知道上帝的義，想要立自己的義，就不服上帝的義了」（羅馬書10：3）。

耶穌接著又向祂的聽眾說明了遵守上帝誡命的真義——就是要使基督的品德顯在他們身上，因為上帝已在祂的身上日復一日地彰顯於他們面前了。

順從是愛的結果

有了我的命令又遵守的，這人就是愛我的。約翰福音 14：21

但願負責記錄的天使寫下上帝子民為聖潔所做之奮鬥史，且讓天使記錄他們的祈禱和眼淚，但千萬不要從人的口中發出「我是無罪的、我是聖潔的」，這種聲明玷辱了上帝，因為成聖之人的口絕不致發出這種僭越自恃的話。

有一些人自命聖潔，聲稱自己是完全屬於主的，並以為自己有權承受上帝的應許，可是他們卻不肯順從祂的誡命。這些違犯律法的人聲稱有權承受凡應許給上帝兒女的一切事物；但這是他們片面的僭越自恃，因為約翰告訴我們說，真正愛上帝的心必定在順從祂一切誡命上表現出來。僅僅相信真理的理論，自稱信仰基督，相信耶穌不是騙子，而且相信《聖經》的宗教並不是乖巧捏造的虛言，還是不夠的。約翰寫道：「人若說：『我認識祂』，卻不遵守祂的誡命，便是說謊話的，真理也不在他心裡了。凡遵守主道的，愛上帝的心在他裡面實在是完全的，從此我們知道我們是在主裡面。」「遵守上帝命令的，就住在上帝裡面；上帝也住在他裡面。」（約翰壹書2：4-5；3：24）

約翰並沒有教導人說，救恩是要用順從賺來的，他乃是說，順從乃是信與愛的果實。他說：「你們知道主曾顯現，是要除掉人的罪在祂並沒有罪。凡住在祂裡面的，就不犯罪；凡犯罪的，是未曾看見祂，也未曾認識祂。」（約翰壹書3：5-6）我們若住在基督裡面，上帝的愛若住在我們心中，我們的情感，我們的思想，我們的行動就都必合乎上帝的旨意了。成聖的心是與上帝律法的訓詞相符的。

有許多人雖然努力要順從上帝的誡命，卻得不到平安或喜樂。他們在經驗上的這種缺憾，乃是沒有操練信心的結果。他們好像是行在曠野乾旱之處，無人居住的荒地。當他們可以多要求的時候，他們卻要求得太少了，因為上帝的應許原是沒有限制的。這樣的人並沒有正確地表現那由於順從真理而來的成聖。主惟願祂所有的兒女全都幸福、平安、與順從。信徒可以藉著操練信心而擁有這些福分。藉著信心，品格上的每一缺點都可補救，每一玷污都可潔淨，每一過錯都可糾正，每一優點都可發展。

十條誡命——以安息日為中心

6月 13日

又將我所要賜給你的法版放在櫃裡。出埃及記 25：21

但主賜給我有關天上聖所的異象。上帝的殿在天上開了，我蒙指示看見了那蓋有施恩座的上帝的約櫃。有兩位天使侍立在約櫃的兩端，他們的翅膀張開遮掩施恩座，他們的臉也轉向施恩座。陪同我的天使告訴我，這兩位天使代表全天庭的眾天使以高度的敬畏瞻仰上帝的律法，就是上帝親手所寫的法度。

耶穌掀開了約櫃的蓋子，我便看見那寫有十條誡命的兩塊石版。我驚奇地看見第四誡列在十誡的正當中，周圍還有一圈柔和的光環繞著。天使說：「唯有這一條誡命向人指出那創造天地和其中萬物的永生上帝。」

最初當地的根基立定時，安息日的根基也奠定了。我蒙指示，如果人一直遵守真的安息日，現在就不會有一個不信上帝或提倡無神論的人了。安息日的遵守原可保守這世界不致崇拜偶像。

第四條誡命已經被人踐踏了，因此我們奉命要修補律法的破口，為被褻瀆的安息聖日而辯護。那想抬舉自己高過上帝，並想改變節期和律法的大罪人，曾將安息日從第七日改到第一日。他的這一舉動就在上帝的律法裡造成了破口。在上帝大而可畏的日子即將臨到之時，必有一道信息傳出去警告眾人，勸他們轉回遵守敵基督者所破壞的上帝律法。所以必須用教訓和榜樣使人注意律法中的這個破口。

我蒙指示，看明那宣布上帝誡命和耶穌真道的第三位天使，代表那些領受這信息，並揚聲警告世人遵守上帝的誡命和律法如同眼中瞳仁的人；我也看明，必有許多人回應這道警告，遵守主的安息日。

安息天──上帝律法的印記

你要捲起律法書，在我門徒中間封住訓誨。 以賽亞書 8：16

耶和華又藉著這同一位先知說：「你要捲起律法書，在我門徒中間封住訓誨。」（以賽亞書8：16）這封住律法的印乃在第四條誡命中。在全部十誡之中，唯有這一條誡命能使人看出這一位立法者的名字和頭銜。第四誡稱祂為諸天和全地的創造主，如此顯出祂理應受人尊榮敬拜，超過一切。除了這一條誡命之外，在十誡中看不出這個律法是根據誰的權威所頒布的。當安息日被教皇的權力所更改時，這個律法的印記就被取消了。現今耶穌的門徒奉命要將它恢復，就是高舉第四誡的安息日，使其恢復應有的地位，作為創造主的記念日和祂權威的記號。

「人當以訓誨和法度為標準。」在當下這樣教義與理論繁雜且互相矛盾的時代裡，上帝的律法乃是一個無誤的標準。一切的見解、教義和理論，都當憑此檢定。先知說：「他們所說的，若不與此相符，必不得見晨光。」（以賽亞書8：20）

主又發出命令，說：「你要大聲喊叫，不可止息，揚起聲來，好像吹角，向我百姓說明他們的過犯，向雅各家說明他們的罪惡。」這不是向犯罪作惡的世人，而是向上帝所稱為「我百姓」的人指責他們的過犯。主還說：「他們天天尋求我，樂意明白我的道；好像行義的國民，不離棄他們上帝的典章。」（以賽亞書58：1-2）

先知指出他們所離棄的典章，說：「你要建立拆毀累代的根基；你必稱為補破口的，和重修路徑與人居住的。你若在安息日掉轉你的腳步，在我聖日不以操作為喜樂，稱安息日為可喜樂的，稱耶和華的聖日為可尊重的；而且尊敬這日，不辦自己的私事，不隨自己的私意，不說自己的私話；你就以耶和華為樂。」（以賽亞書58：12-14）這預言也同樣適用於我們這個時代。在羅馬教廷更改安息日之後，上帝的律法就有了破口。但現在時候已到，那神聖的制度必須恢復，那破口必須加以修補，那已拆毀了數代的根基必須重新建立起來。

基督設立安息天

6月15日

> 因為萬有都是靠祂造的，無論是天上的，地上的；能看見的，不能看見的。歌羅西書1：16

安息日在創世時就被定為聖日。安息日是為人設立的，它的起始可追溯到「晨星一同歌唱，上帝的眾子也都歡呼」的時候（約伯記38：7）。那時天下太平，宇宙和諧。「上帝看著一切所造的都甚好」（創世記1：31），就在祂工作完成的喜樂中安息了。

因為上帝在安息日安息了，所以，祂「賜福給第七日，定為聖日。」把這一日分別為聖，專供神聖之用。祂將這一日賜給亞當，作為休息的日子。這日是創造之工的記念，因此也是上帝大能和慈愛的標誌。經上說：「祂行了奇事，使人記念」，「所造之物」都在彰顯「自從造天地以來」「眼不能見」的「上帝的永能和神性」（創世記2：3；詩篇111：4；羅馬書1：20）。

萬物都是上帝的兒子創造的。「太初有道，道與上帝同在，……萬物是藉著祂造的；凡被造的，沒有一樣不是藉著祂造的。」（約翰福音1：1-3）安息日既是創造之工的記念，因此也就是基督慈愛和能力的標誌。

安息日固然列在西奈山所頒布的律法之中，但人最早知道安息日是休息的日子並不是在那時。以色列人未到西奈山之前就知道有安息日了。他們在去西奈山的路上就是守安息日的。

安息日不是單為以色列人設立的，也是為全世界人設立的。在伊甸園中，上帝已經使人明白安息日與十誡的其他各條一樣，同為神人之間永遠的約。基督講到包括第四條誡命在內的全部律法時，說：「就是到天地都廢去了，律法的一點一畫也不能廢去。」只要天地一日存在，安息日將繼續成為創造主權能的標記。將來伊甸園重臨人間，上帝的聖安息日必為天下萬民所尊敬。「每逢月朔，安息日」，那榮耀的新天新地的居民「必來在我面前下拜，這是耶和華說的。」（馬太福音5：18；以賽亞書66：23）

敬拜創造主

應當敬拜那創造天地海和眾水泉源的。啟示錄 14：7

人應當敬拜上帝的理由乃是因為祂是創造主，而且所有的眾生都因祂而存在。所以在《聖經》中，每逢提到上帝要人尊崇敬拜祂為超乎異邦萬神之上的時候，總是引述祂創造的權能為明證。在啟示錄第十四章中，天使呼喚人應當敬拜創造主：這預言提到一批因三天使警告的結果而遵守上帝誡命的人。在誡命之中，有一條直接提出上帝為創造主。第四誡說：「第七日是向耶和華──你上帝當守的安息日。……因為六日之內，耶和華造天、地、海和其中的萬物，第七日便安息，所以耶和華賜福與安息日，定為聖日。」（出埃及記20：10-11）論到安息日，主耶和華又說：「這日在我與你們中間為證據，使你們知道我是耶和華──你們的上帝。」（以西結書20：20）

「安息日之成為創造工作的紀念，其要點乃在乎它時常向人提出應當敬拜上帝的真正理由。」──因為祂是創造主，我們是祂造的。「因此，安息日乃是神聖敬拜的真基礎，它以最動人的方式，發揮這偉大的真理，這是任何其他制度所不能作的。敬拜上帝不單指在第七日的敬拜，而指一切的敬拜的真基礎，乃建立在創造主與受造之物中間的區別上。這個偉大的事實，永遠不會廢去，人也永遠不可忘記。」上帝之所以在伊甸園制定安息日，乃是要把這個真理時常擺在人面前，所以無論何時我們仍以祂為我們的創造主敬拜祂，同時安息日也要繼續的存留，作為這個事實的證據和紀念。

如果安息日一直被普遍遵守的話，則人類的思想與感情便要一直歸向創造主，以祂為尊崇敬拜的對象，而世上也就一直不會有拜偶像的人、無神主義者、或懷疑派了。遵守安息日乃是一個證據，表明遵守的人是忠於那「創造天、地、海和眾水泉源」的真上帝。因此，在發出那吩咐人敬拜上帝並守祂誡命的信息之後，接著便特別呼召他們要謹守第四條誡命。

屬於主的日子

安息日是為人設立的，人不是為安息日設立的。所以，人子也是安息日的主。馬可福音2：27－28

救主來並不是要廢掉列祖和先知所說的話，因為祂自己曾通過這些代表說話。《聖經》中所有的真理都是從祂而來的。但這些無價的珍寶曾被人鑲在謬道的框架裡，以致它們寶貴的光芒反被謬道所利用。上帝要把這些珍寶從謬道的框架裡取出來，重新安置在真理的框架裡。這種工作只有上帝才能完成。由於同謬道聯合，真理竟被上帝與人類的共同敵人盜用了。基督到世上來，就是要將真理放在能榮耀上帝並拯救人類的地位上。

「所以人子也是安息日的主。」這話充滿了教訓和安慰。因為人子是安息日的主，所以安息日是主的日子，是屬於基督的。因為「萬物是藉著祂造的；凡被造的，沒有一樣不是藉著祂造的。」（約翰福音1：3）萬物既是基督造的，安息日也必是祂設立的。安息日是由祂分別出來，作為創造之工的記念的。安息日指出基督是造物主，也是使人成聖的主，又宣稱這位創造天地萬物、並托住萬有的主宰，乃是教會的元首，我們靠著祂的力量得與上帝和好。因為論到以色列，祂說：「又將我的安息日賜給他們，好在我與他們中間為證據，使他們知道我耶和華是叫他們成為聖的。」（以西結書20：12）這樣看來，安息日是基督使我們成聖之能力標記，是賜給一切靠基督成為上帝以色列民的人。

耶和華又說：「你若在安息日掉轉你的腳步，在我聖日不以操作為喜樂，稱安息日為可喜樂的，稱耶和華的聖日為可尊重的；……你就以耶和華為樂。」（以賽亞書58：13-14）對於凡接受安息日為基督創造和救贖大能之標記的人，安息日必成為可喜樂的日子。他們既在安息日裡看見基督，就必在祂裡面快樂。安息日向他們指出創造的種種功績，作為祂救贖人類大能的憑證。安息日一面使人回想那已經喪失的伊甸園的平安，同時也帶來因救主而得以恢復的安息。

安息天與大自然的世界

諸天述說上帝的榮耀；穹蒼傳揚祂的手段。詩篇19：1

照樣，我們也要藉著自然界認識創造主。自然界乃是一部偉大的課本，我們要將它與《聖經》配合，教導人關於上帝的聖德，並引領迷羊歸回祂的羊圈。當人研究上帝的作為時，聖靈就必使心思有所感悟。這種感悟並非邏輯辯證的結果；除非人的思想已經昏暗到不能認識上帝，眼睛已經迷糊到不能看見祂，耳朵已經發沉到不能聽見祂的聲音，否則人是可以領悟更深的意義的，而且《聖經》高超屬靈的真理也必能銘刻於心。

基督用比喻施教的宗旨是和設立安息日的宗旨一致的。上帝將表現祂創造之能的紀念物賜予人類，使他們可以在祂親手所造的萬物中認識祂。安息日促使我們在上帝造化之工中看出創造主的榮耀。耶穌將祂寶貴的教訓與自然界的美麗連結在一起，其原因亦在於此。在聖安息日，我們應當比平日更加用心研究上帝藉自然界向我們所描述的信息。我們應當在救主講論這些比喻的場合中，就是在田野林間、露天草坪，甚至在群花綻放之處，研究這些比喻。當我們與自然界的心懷接近時，基督就使祂的臨格對於我們更見真切，並向我們的心靈述說他的平安與慈愛。

基督不僅將祂的教訓與安息日連接起來，也與其餘工作的六天連接起來。為那耕田撒種的農民，祂也有智慧的教訓。祂教訓我們在黎田撒種上，在耕作和收穫上，看出祂的恩典在人心工作的例證。照樣，在各種有益的勞作上，以及在人生的每一細節中，祂都渴望我們能發現神聖的真理。這樣我們日常的操作就不致掠奪我們的注意力，使我們忘記上帝，反倒是不斷提醒我們思想我們的創造主和救贖主。上帝的意念就必像一條金線，貫穿在我們一切家常事務和業務之中了。為了我們，祂聖顏的光輝就必重新投射在自然界的外觀上。我們將經常學習有關天國真理的新教訓，並漸漸長成祂純潔的形像。這樣我們就要受「耶和華的教訓」，並要在我們各人蒙召的崗位上，「在上帝面前守住這身分。」（以賽亞書54：13；哥林多前書7：24）

感謝的表達

6月
19日

上帝賜福給第七日，定為聖日；因為在這日，上帝歇了他一切創造的工，就安息了。**創世記2：3**

上帝在第七日安息了，所以就將這日分別為聖，作為人安息的日子。人要照著創造主的榜樣，在這聖日安息，以便欣賞天地萬物，並紀念上帝創造的大工。而且當人看到上帝智慧和良善的種種憑據時，他的心就對造他的主充滿敬愛了。

上帝在伊甸園中賜福給第七日，作為創造之工的紀念。祂將安息日交給人類的代表，就是人類的始祖亞當。凡住在地上的人，都要遵守這一天來表示感謝上帝，並承認祂為創造他們的主宰和管理他們的君王；承認自己是祂手所造的，是祂的子民。可見安息日完全是一個記念的日子，而且是為全人類設立的制度。其中並沒有什麼預表的意義，也沒有限定由哪一個民族遵守。

上帝設立安息日的宗旨，乃是要人思考祂創造的大工。大自然向人說話，證明天上有一位永生的上帝，就是創造萬物的主宰，執掌萬有的君王。「諸天述說上帝的榮耀；穹蒼傳揚祂的手段。這日到那日發出言語；這夜到那夜傳出知識。」（詩篇19：1-2）地上所有的美麗景色，都是上帝之愛的表現。我們能從巍峨的山嶺、高大的樹木、鮮豔的花朵上看見祂的大愛。萬物都在向我們講述上帝，而那指明上帝為創造萬物之主的安息日，更能令人翻開大自然的課本，並在其中探索創造主的智慧、能力和慈愛。

創造週

有晚上，有早晨，這是頭一日。創世記 1：5

七日的週期正如安息日一樣，是從創造的時候開始的，並且藉著《聖經》的歷史保留直到如今。上帝親自劃出第一個週期作為示範，使七日的週期從此延續下去，直到末時。第一個週期也像後來的每一個週期一樣，就是實實在在的七天。上帝用頭六天作創造之工，第七日祂安息了，於是祂就賜福給第七日，分別為聖，作為人類安息的日子。

上帝在西奈山頒布律法的時候，承認了這七日的週期，並週期所根據的事實。在祂頒布「當記念安息日，守為聖日」的命令，並列舉六日該作的事，和第七日不該作的事之後，祂就指出自己的榜樣作為遵守安息日的理由：「因為六日之內，耶和華造天、地、海，和其中的萬物，第七日便安息；所以耶和華賜福與安息日，定為聖日。」（出埃及記20：8，11）我們若明白創造週期的日子，每天是二十四小時，那麼，這個理由就顯得美妙而有力了。每週的頭六天是給人作工的，因為上帝用第一個週期中的頭六天來作創造之工。在第七天，人要停止工作，來紀念創造主的安息。

但有人假定第一週的大事是需要千萬年來完成的，這樣就直接打擊了第四條誡命的基礎。這種說法的意思就是創造主命令人遵守的七日週期，是來記念幾個渺茫無限的時代。但這與上帝對待祂創造之人所用的方法不相符。它把上帝宣示明白的事，變得既無定期又模糊不清，這是最狡猾、也最危險的一種謬論，並且這種謬論真正的性質又是那麼巧妙地被掩飾起來，以致許多自稱相信《聖經》的人，也接受並傳講這種謬論了。

《聖經》不承認地球是經過悠久的時期，從洪荒狀態漸漸進化而成的。在上帝每天創造完工之後，《聖經》的記載都是說，那一天有晚上，有早晨，正如後來一切的日子一樣。每天到了晚上的時候，都記載著創造主工作的成績。

相信靈感的歷史

6月 21日

創造天地的來歷，在耶和華上帝造天地的日子，乃是這樣。
創世記 2：4

近代有一些地質學家聲稱，他們已探索到地殼中的憑據，證明地球的起源遠比摩西所記載的時期為早。據說他們已經發現人和獸的骸骨，以及作戰的武器，樹木的化石等物，這些東西比現在所有的大得多了，或者是千萬年以前的東西。因此，他們就推論地球遠在創世記所記載的時期之前，就已有人居住，並且那時的人比現在的人高大得多。這種論證使許多相信《聖經》的人也採取同樣的觀點，而主張創造的日子乃是渺茫無限的時期。

其實，除了《聖經》的歷史之外，地質學並不能證實任何事物。那些以自己的發現為有力論據之人，卻對洪水以前的人類，禽獸和樹木的大小，或那時所發生的巨大改變，都沒有充分的認識。在地下所發現的遺物，固然可以證明那時的情形與現今確有許多不同之處。但是這些情形存在的時代，只有根據《聖經》的記載才能確定。《聖經》內所記載的洪水氾濫史跡，是地質學家依靠自己永遠不能推測出來的。挪亞時代的人和動植物比現代的大過數倍，他們都已埋在地下，藉此保留作為後世的憑據，證明那時的世界是被洪水所滅的。上帝令這些遺跡被發現，目的在使人更相信《聖經》的記載，但是世人因他們虛妄的推論，竟重蹈洪水以前之人的覆轍──妄用上帝所賜旨在要人獲益的東西，反而使之成為咒詛。

這是撒但的伎倆，意在引誘人接受不信上帝之人所說虛空的妄言，因為如此，祂就能使人看不清那原本清楚易懂的上帝律法，並使他們敢於反抗上帝的政權。撒但要特別努力攻擊第四條誡命，因為這一條是那麼清楚地向人指出永生的上帝就是創造天地的主宰。

世人經常設法，要把創造之工解釋為自然的結果，連那些自稱為基督徒的人，也常接受人的理論，來反對《聖經》所記的明顯事實。

預備天

當記念安息日，守為聖日。**出埃及記 20：8**

主在第四誡的開端就說：「當紀念……。」祂深知人在俗務纏身，千頭萬緒之時，往往不是受了試探、為自己沒有達到律法的要求而辯護，便是將其神聖的重要性忘卻了。因此祂說：「當記念安息日，守為聖日」（出埃及記20：8）

在整週當中，我們都應該想到安息日，並且時時預備，以便按著誡命來遵守它。我們不要單以安息日為法定的條例而遵守，當明瞭它對於人生一切事務的屬靈關係。凡是把安息日看為自己與上帝之間證據的，是在顯明祂乃是使他們成聖的人，就必表現祂政權的原則，也必將祂國的律法，貫徹在日常生活之中。他們每日的祈禱，乃是求安息日那使人成聖的性質能實現在他們的身上。這樣，他們就必日日與基督同行，證明祂品格的完美；天天藉著諸般的善行將他們的光照在人前。

凡與上帝聖工的成功有關之事，其最初的勝利莫不得之於家庭生活中。安息日的預備，也必須從家庭中開始。在一週之中，作父母的應記得家庭當成為一所學校，他們的子女須在這所學校中為天庭而作準備。但願他們所說的話都是正當的，而從不脫口說出子女不當聽的言詞。要保守己心不受憤怒所激。父母們啊！你們在一週之中，當像生活在神聖的上帝面前，就是那將兒女賜給你們為祂教養的主面前一般。要為祂預備你家裡的小教會，以便到了安息日，各人都可預備妥當，到主的聖所中去敬拜祂。每天早晚要將你們的兒女，當作祂用寶血買來的產業，奉獻給上帝。要教訓他們使其明白，敬愛且事奉上帝，乃是他們最高的本分與特權。

何時安息日被這樣紀念著，何時屬世的事就不致侵犯屬靈的事了；這樣，那屬於六天工作日的事務也不會留到安息日了。在一週之中，我們不應在屬世的勞碌上將精力耗盡，以致到了耶和華安息舒暢的這一天，我們卻感到太疲倦，甚至不能去赴會。

雙份嗎哪

6月 23日

到第六天，他們收了雙倍的食物。● 出埃及記 16：22

第六日百姓每人收取了兩俄梅珥。官長們趕緊把這事告訴摩西。他回答說：「耶和華這樣說：明天是聖安息日，是向耶和華守的聖安息日。」

上帝如今要人恪守祂的聖日，正如以色列人的時代一樣。一切基督徒應當將上帝給希伯來人的吩咐，視為上帝對他們所發的命令。安息日的前一日應當是作為預備的日子，為聖日作一切必要的準備。絕不可讓我們的私事侵佔神聖的時間。上帝曾有指示，患病和受苦的人必須有人照顧；凡令病人安適而必需的服務，乃是一種仁慈的工作，不算是違犯安息日；可是一切不必要的工作應當避免。許多人因為疏忽、而將預備日能完成的小事，留待安息日開始時去作，這是不應該的。在安息日到了時，還未作的工應該留下不作，等到安息日過去之後再作。這種辦法可以幫助那些疏忽的人，使他們留心在六日之內做他們應當作的工。

以色列人在曠野逗留的時期中，上帝為了要把安息日的神聖性印刻在他們的心中，就使他們每週看到三重神蹟。這三重神蹟是：第六日降雙分嗎哪、第七日不降、這安息日所留的一分嗎哪仍舊香甜純潔，而其他的日子，若留到早晨就不能吃了。

在降嗎哪的情形中，我們有確實的憑據，證明安息日並不像一些人所說是在西奈山頒布律法時才設立。以色列人還沒有到西奈山之前，早已明白自己有謹守安息日的本分。他們必須在星期五，即第六日，收取雙分嗎哪，預備在安息日食用，並且安息日不降嗎哪，這樣，安息日的神聖性就不斷地印刻在他們心上了。可是到了安息日，百姓中還有人出去收取嗎哪，耶和華就向他們說：「你們不肯守我的誡命和律法，要到幾時呢？」

永遠的約

唯有你們是被揀選的族類,是有君尊的祭司,是聖潔的國度,是屬上帝的子民。彼得前書 2:9

當主把祂的子民從埃及拯救出來,並把祂的律法交給他們時,祂教導他們要藉著守安息日與拜偶像的人區別開來。這就是承認上帝主權的人,和不承認上帝為創造主和君王的人之不同點。

在以色列人出埃及進入地上的迦南之時,安息日怎樣作了區分他們的記號,照樣,在現今上帝的子民脫離世界、進入天上的安息時,安息日也要作為他們的標誌。安息日乃是上帝和祂百姓之間所有關係的憑證,是表示他們尊重祂律法的記號,也是用以辨識上帝忠順子民與悖逆之人的確據。

論到安息日,基督曾自雲柱中宣告說:「你們務要守我的安息日,因為這是你我之間世世代代的證據,使你們知道我耶和華是叫你們成為聖的。」(出埃及記31:13)所賜給世界的安息日乃是上帝為創造者的證據,也是祂為了使人成聖的證據。那創造萬物的大能,也就是按祂自己的樣式重新造人的大能。對那些守安息日為聖的人來說,安息日即成聖的記號。而真實的成聖乃是與上帝協和,在品格上與祂合一;這必須藉著順從那些作為上帝品格寫照的原則,才能夠得到,故此安息日又成了順從的表號。人若真心遵守第四條誡命,就必遵守全部律法,這樣,他也就因順從而成聖了。

正如對於以色列人一般。安息日賜給我們是作為「永遠的約」。對於那些敬重祂聖日的人,安息日乃是一個證據,證明上帝承認他們為祂的選民。安息日也是一種保證,表示上帝要向他們實踐祂的約。凡接受上帝政權記號的人,便是置身於此神聖永約之下。在全部十誡中,唯有第四誡包含著那偉大的立法者、天地之創造主的印記。凡遵守這條誡命的人,他們身上就佩有祂的名號,而其中所包含的福分也全是屬他們的。

愉快的工作

6月 25日

尊重我的，我必重看他。*撒母耳記上 2：30*

何時安息日被這樣紀念著，何時屬世的事就不致侵犯屬靈的事了；這樣，那屬於六天工作日的事務也不會留到安息日了。在一週之中，我們不應在屬世的勞碌上將精力耗盡，以致到了耶和華安息舒暢的這一天，我們卻感到太疲倦，甚至不能去赴會。

在星期五這一天，為安息日而作的準備應當完成。所有的衣服要預備妥當，一切的膳食也當預備好。此外如擦鞋，沐浴等事，均應一一辦妥。這是可以做到的，只要你肯按規則把它完成，則自然不難辦到。安息日這天並不是給人縫補衣裳，烹調食物，尋求歡樂，或從事其它俗務的。在日落之前當將一切世俗的工作放在一邊，一切世俗的報章雜誌，也應當收妥。做父母的當向兒女說明如此行的原因和目的，並讓他們也在這準備遵照誡命守安息日的事上有分。

我們務必格外小心、謹守安息日的界限。要記得每時刻都是奉獻成聖的時間。倘若可能，作雇主的應當將星期五中午到安息日開始的時間留給職工。讓他們也有功夫預備，以便心平氣和地迎接主的聖日，這樣行即使在屬世的事物上，也絕不致使你受到任何損失。

在預備日這天，還有一件事也當加以注意，那就是凡與弟兄，不論是本家的或教會中的，有意見不和的，在這一天都當和好，一切的苦毒、惱恨，和惡毒都當從心中除去。要存心謙卑，「彼此認罪，互相代求，使你們可以得醫治。」（雅各書5：16）

安息日開始前，纏繞身心的俗務均應摒除。上帝之所以將安息日設在六天工作日之末，本是使人可以停下來思念，在這一週之中，為那不容罪人進入的純潔之國，作了一些什麼準備。每個安息日，我們都當用心省察，看看自己在這過去一週之中，靈性上的得失究竟如何。向耶和華守安息日為聖，意即永遠的救恩。

撒但攻擊安息天

他……必想改變節期和律法。但以理書 7：25

向異教讓步的精神，打開了一條門路，使人更進一步輕視上天的威權。撒但利用教會中不專心事奉主的領袖們，企圖竄改第四條誡命，想要廢除古傳的安息日，就是上帝分別為聖並賜福的日子（創世記2：2-3）而高舉異邦人所遵守的「尊榮太陽日」來代替它。這種更改最初並不是公開進行的。在第一世紀，所有的基督徒都是遵守真正的安息日的。他們熱切關心上帝的尊榮，相信祂的律法是永不改變的，所以他們熱心維護律法每一條的神聖性。但撒但卻極其狡猾地利用自己的代理人來達成他的目的。為吸引人注意星期日，便定這一日為記念基督復活的節期。在這日他們舉行宗教禮拜，但還是公認它為娛樂的日子，安息日則仍被遵守為聖日。

為貫徹他自己的計劃起見，撒但在基督降世之前，就已經引誘猶太人將許多嚴格的條例加在安息日上，使遵守安息日的事成為重擔。這時，他又利用自己所給人的這種錯誤見解，使人輕看安息日，說它是猶太人的制度。他一面使基督徒遵守星期日為歡樂的節日，一面使他們認定安息日為禁食，悲苦，和憂愁的日子，來表示他們對猶太教的仇恨。

這時那欺騙者尚未完全成功。他堅決要將基督教界置於自己的魔下，並利用他的代表人，就是那自稱為基督代表的傲慢教皇去行使他的權力。撒但利用那些半悔改的異教徒，野心勃勃的主教，和貪愛世俗的信徒去達成自己的目的。各地時常舉行宗教大會，從世界各地招集教會的主要人物前來參加。幾乎每一次會議都把上帝所制定的安息日及其神聖性壓低，同時把星期日相對地提高了。因此，這異教徒的節日終於被尊為一種神聖的制度，而《聖經》的安息日卻被宣布為猶太教的遺物，而且凡遵守的人都要受咒詛。

為上帝的榮耀站立

6月 27日

直到亙古常在者來給至高者的聖民伸冤。**但以理書 7：22**

真教會和羅馬教廷分裂的主要原因，乃是羅馬教廷對安息日的仇恨。正如預言所說，羅馬教廷的權勢要將真理拋在地上。上帝的律法要被踐踏於塵埃中，人的遺傳和習俗卻被高舉。凡受教皇管理的教會很早就被迫尊重星期日為聖日。在當時的謬論和迷信的氣氛之中，許多人的思想都模糊了，以致連上帝的真信徒們一方面遵守真安息日，另一方面也在星期日停工。可是，這還不能使羅馬教的首領們滿意。他們不但要人尊崇星期日，而且也要人干犯安息日；他們還用極尖刻的話斥責一切膽敢尊敬安息日的人。人若想要服從上帝的律法而不受迫害，那唯有逃出羅馬教勢力範圍之外一途了。

瓦典西人是歐洲最早翻譯《聖經》的一群人之一。在宗教改革運動之前數百年，他們已經有自己語言的《聖經》譯稿。他們所有的乃是最純潔的真理，他們之所以成為羅馬教廷仇恨和逼迫的對象，正是為此。他們聲稱，羅馬教會乃是啟示錄中叛教的「巴比倫」，於是他們冒著性命的危險，起來抗拒她的腐化。在長期逼迫的壓力之下，難免有人在信仰上作了一些妥協，而逐漸放棄他們信仰上的原則。可是總有一些人堅持了真理。在漫長的黑暗和叛教時期中，總有一些瓦典西人否認羅馬教的至高權力，拒絕敬拜偶像而遵守真安息日。在反對勢力最猛烈的摧殘之下，他們保持了自己的信仰。他們雖遭刀槍的殺戮，和火刑的焚燒，但他們仍為上帝的真理和祂的尊榮屹然立定，毫不動搖。

高山峻嶺的保障——歷代以來是受逼迫者的避難所——成了瓦典西人的藏身之地。在這裡，真理的火炬在中世紀的黑暗時代中得以長明不滅。在這裡，真理的見證人保持了亙古不變的信仰，竟達一千年之久。上帝的僕人在忠實遵守祂的律法上，也應當像永不挪移的山嶺那麼堅定。

沙中的線

遵守上帝命令的，就住在上帝裡面，上帝也住在他裡面。
約翰壹書 3：24

先知警告人不要拜獸和獸像之後，又說：「聖徒的忍耐就在此，他們是守上帝誡命，和耶穌真道的。」（啟示錄14：12）先知在這裡將守上帝誡命的人、與拜獸和獸像並受牠印記的人作一個對照，可見守上帝誡命的人站在一邊，而干犯上帝律法的人則站在另一邊，使人人可以看出，拜上帝的人和拜獸的人有什麼區別。

獸的特徵以及獸像的特徵，就是破壞上帝的誡命。先知但以理曾預言關於「小角」之事，說他「必想改變節期，和律法」（但以理書7：25）。使徒保羅也稱這個權力乃是高抬自己超過上帝的「大罪人」。這兩段預言是互相輔佐，彼此補充的。教廷唯有藉著改變上帝的律法，才能高抬自己超過上帝。凡是明知真相卻又遵守這被更改之律法的人，便是向那更改律法的權勢致敬。這種行為就是效忠教皇來代替上帝的記號了。

羅馬教廷曾企圖改變上帝的律法。那禁止人拜偶像的第二條誡命已被廢除了，第四條誡命也被更改了。吩咐人遵守七日的第一日來代替第七日的安息日。但是那些羅馬教徒卻強辯說，第二誡是不必要的，因為已經包括在第一誡之內，所以他們現在所修訂的律法，正是上帝的本意。可見這一項變更還不能算是先知所預言的改變。先知所預言的，乃是一種存心蓄意而經過深思熟慮的改變。先知說：「他必想改變節期，和律法。」所以第四條誡命的更改，正好應驗了先知的預言。因為這種改變完全以教會的權威為根據。從此可見教廷的勢力竟公然高抬自己超過上帝。

安息日既然是上帝創造權能的記號，並說明上帝理應受人的尊崇和敬拜，所以當敬拜上帝的人們以第四誡為標記的時候，那些拜獸的人也要以破壞創造主的紀念日，而高舉羅馬教所定的聖日為特徵。

6月 29日 安息天被改制

謹守安息日……的人便為有福。以賽亞書 56：2

安息日的復興必要在末期完成，先知以賽亞曾經預言說：「耶和華如此說：『你們當守公平，行公義；因我的救恩臨近，我的公義將要顯現。謹守安息日而不干犯，禁止己手而不作惡；如此行、如此持守的人、便為有福。』」「還有那些與耶和華聯合的外邦人，要事奉祂，要愛耶和華的名，要作祂的僕人——就是凡守安息日而不干犯，又持守祂約的人。」（以賽亞書56：1-2，6）

以上的話正好應用在基督教時代，從下文可看出：「主耶和華，就是招聚以色列被趕散的，說：『在這被招聚的以外，我還要招聚別人歸併他們。』」（第8節）這經文預表福音要招聚外邦人的情形，同時宣布要降福給一切尊敬安息日的人。可見遵守第四條誡命的義務是一直存在的，經過基督被釘、復活、升天，直到祂的僕人將這大喜的信息傳遍萬國萬民的時候。

安息日是創造主所分別為聖的。祂曾在這日安息，並賜福給這日。亞當在未犯罪、還住在神聖的伊甸園時，就已遵守安息日，甚至在他墮落悔改，被逐出那幸福的樂園之後，他還是遵守聖日。一切的先祖、從亞伯到義人挪亞，以至於亞伯拉罕和雅各都遵守安息日。當選民在埃及地為奴的時候，許多人在拜偶像的環境中失去了對於上帝律法的認識，等到耶和華拯救以色列人之時，祂在莊嚴的場合中向會眾宣布自己的律法，使他們明白祂的旨意，而永遠敬畏順從祂。

從那時直到今日，認識上帝律法的知識一直保留在地上，並且第四誡的安息日也一直有人遵守。雖然那「大罪人」已把上帝的聖日踐踏腳下，但就是在他權威極盛的時期，仍有許多忠心的人，在祕密的地方遵守安息聖日。宗教改革以後，在每一世代中，都有人繼續遵守安息日。他們雖然時常被辱罵及逼迫，但仍是不斷地作見證，證明上帝律法永遠不變，以及人對於記念創造的安息日所有的神聖義務。

上帝的律法和安息天得平反

主啊，誰敢不敬畏你，不將榮耀歸與你的名呢？因為獨有你是聖的。
啟示錄 15：4

當這些表示聖潔信心的言語（詩篇46：1-3）上升到上帝面前時，空中的烏雲便向四邊散開，顯出星光燦爛的諸天，具有說不出來的榮耀，與周圍黑暗而忿怒的烏雲形成對照。天國聖城的榮耀從半開的門戶中散發出來。隨後，天上忽然顯出一隻手，拿著合起來的兩塊法版。先知曾說：「諸天必表明祂的公義，因為上帝是施行審判的。」（詩篇50：6）那聖潔的律法，就是上帝的公義，從前曾在西奈山的雷轟和火焰中被宣布為人生的指南，這時卻要顯現在世人眼前作為審判的標準。那一隻手揭開了法版，其中便顯出十條誡命，像是用火焰的筆寫成的。其中的字跡極為清楚，使人人都能閱讀。這時人們的記憶力要豁然覺醒，人人思想中所有迷信和異端的黑暗都要被掃除淨盡，上帝那簡明廣泛而有權威的十句話，將顯現在地上一切的居民眼前。

這時，那些曾經踐踏上帝神聖誡命的人心中的恐怖與絕望，真是無法形容。上帝曾把祂的律法賜給他們，在他們還有悔改和自新的機會時，他們盡可將自己的品格與律法對照一下，並看出自己的缺點，然而他們為要博得世人的歡心，廢棄了律法和訓詞，還教導別人去干犯。他們曾盡力強迫上帝的子民去褻瀆主的安息日。現在他們所藐視的律法便要定他們的罪。他們很清楚地看出自己是無可推諉的。他們已經揀選自己所要事奉、敬拜的。「那時你們必歸回，將善人和惡人，事奉上帝的和不事奉上帝的，分別出來。」（瑪拉基書3：18）

敵對上帝律法的人，從牧師起直到他們中間最微小的為止，這時對於真理和義務有了新的認識。他們看出第四誡的安息日乃是永生上帝的印記，但為時已晚。他們看出偽安息日的真相，以及明白自己用以建造根基的乃是沙土，也為時太晚了。他們發覺自己一直是在與上帝為敵。

時兆文化

前進天家

Homeward Bound

天家

七月

實際的基督徒生活

7月 01日 上帝是主人

因為，樹林中的百獸是我的，千山上的牲畜也是我的。詩篇 50：10

一切事情的原則與真成功的基礎，憑靠的是承認上帝的主權。那位萬物的創造者，祂是一切原始產業的主人。我們都只是祂的管家，而我們所有的，都是祂所託付我們，要我們按著祂的指導而使用的。

這是各人所當負的職責；是有關人類一切活動範圍的。無論我們承認與否，我們仍是作管家的，賦有上帝所賜予的才幹與便利，乃被祂安置在世上作祂所派定的工作。

錢財原不是我們的；房屋與地產，圖畫與傢具，衣服與奢侈品等，都不是屬於我們的。我們都是客旅，是寄居的。那些維持生命和健康的必需之物，無非都是暫時容許我們使用的。……我們在浮世所享受的福惠都是委託給我們的，為要考驗我們配不配承受永恆的財富。假若我們經得起上帝的考驗，就必承受那將要屬於我們的被贖回的產業──榮耀、尊貴和永生。

倘若我們的弟兄姐妹肯將原本委託給他們，卻被他們浪擲於滿足自我和崇拜偶像上的錢財，投資於上帝的聖工，便可以積累財寶在天上，並且成就上帝所要求他們從事的工作了。但他們卻像比喻中那個財主一樣，只顧過著奢華宴樂的生活。上帝所委託與他們的錢財，原要用以榮耀祂的聖名，他們卻奢侈地浪費了。他們毫不顧及自己必須向上帝交帳。他們也不想想：在不久的將來必有結帳的一天，到那日，他們必要為自己作管家的職分交帳。

我們應當常常記住：在審判的時候，我們必須為自己怎樣使用上帝的錢財而交帳。為取悅自我，滿足私欲而浪費的錢財，並不能給我們帶來任何福惠，卻必然造成傷害。我們若確認上帝為一切美物之賞賜者，而且金錢也是屬於祂的，就必明智地照著祂神聖的旨意而使用錢財了，這樣，世界和屬世的風俗與潮流，就不再作為我們的標準。我們也不再仿效世界的作風，並且不再容忍自己的癖性來管束我們了。

金錢對你的影響是什麼？

有一個人，名叫亞拿尼亞，同他的妻子撒非喇賣了田產。

使徒行傳 5：1

7月 02日

金錢可以致福亦可嫁禍，金錢未必是一種咒詛；它具有高貴的價值，因為若運用得當，它便會在救靈的事工上結出善果來，造福給比我們更窮困的人。但若由於輕率而不智地使用，則金錢必成為使用之人的束縛。耗財以滿足驕矜和野心的人，便使金錢成為一種咒詛而非福氣了。金錢也常常是愛情的試金石。凡擁有比應付基本需求更多資財的人，實在應該尋求智慧與恩惠，藉以認清自己的心並殷勤地加以保守，以免滋生幻想中的需求，而成為不忠實的管家，浪費主所託付於他的資金。

當我們以愛上帝為至上時，浮世的事物在我們的愛中便會處於合適的地位上。我們若謙卑誠懇地尋求知識和才能，善用我們主的財物，就必領受從上頭來的智慧。但人心若偏向本性的癖好與傾向，抱持著金錢能給予幸福、不需上帝恩眷的意念，則金錢便成為一位暴君，控制了那人；它獲得了他的信任和重視，甚至被奉若神明。名譽、真理、公義，和公平都成了它壇上的祭品。上帝的命令都被棄置一旁，金錢所制定的一切屬世習慣和潮流便握有了控制權。

倘若上帝所頒布的律法一直被遵行，則現今世上的道德，靈性，和世事各方面的情形就會大不相同了啊！自私自利，自高自負的表現就不會像現在這樣的普遍，而各人都必懷著誠懇之心，顧念別人的幸福和利益了。窮人不必被踐踏於富戶的鐵蹄之下，也不必由別人的頭腦來為他們思考、並計劃一切屬世的或屬靈的事，他們也有機會運用獨立的思想採取獨立的行動了。

擁有一個屬於自己的家之思想，必激起他們強烈的上進願望。他們很快就會獲得為自己籌劃，為自己策謀的技能，他們的子女也必受教養成勤勞節儉的習慣，智力必大大地增強。他們必感覺自己是自主的人，不是奴隸，這樣便能使那已經喪失的自尊心和道德上的獨立感大大地恢復了。

管家教育

因為，你們的財寶在哪裡，你們的心也在那裡。路加福音 12：34

唉！我們在不必要的傢具，華麗的服裝，以及糖果和其他物品上耗費了多少金錢啊！父母們哪，你們當教導自己的兒女明白用上帝的錢來滿足私欲是錯的。要鼓勵他們儘量節省自己的錢，用來捐助佈道工作。他們因力行克己，就必獲得寶貴的經驗，而這些教訓必時常保守他們不致沾染不節制的惡習。

孩子們可以學習藉著克己自律，不去購買那些非必要的玩具，以表示他們愛基督的心，因為由於購買玩具，他們已花費了不少的錢。每一個家庭都當實踐這樣的責任。要這樣行，也許須用機智和方法，但這卻是兒女們所能領受最好的教育。何況倘若所有的小孩子都將他們的禮物奉獻給主，則他們奉獻就必如許多道小溪，匯流而下，成為江河。

最好將一個存錢的小盒子放在架子上，或是其他安全而又容易見到的地方，叫孩子們將他們獻給主的捐款放在裡面。這樣他們就可以受訓而歸於上帝了。

教導兒女奉獻十分之一和樂意捐，主不但宣稱十分之一是屬於祂自己的，祂還告訴我們應當如何為祂而保留十分之一。祂說：「你要以財物和一切初熟的土產尊榮耶和華。」（箴言3：9）這裡並非教我們首先為自己的需要而花用我們的金錢，然後才將剩餘之數奉獻給主，即使是一筆誠實無誤的十分之一也不該如此。當首先將屬於上帝的部分放在一邊。聖靈藉著使徒保羅所指示有關捐獻的制度，提供了一個同樣適於奉納十分之一的原則。「每逢七日的第一日，各人要照自己的進項抽出來留著。」（哥林多前書16：2）連父母和子女都包括在內。

父母所能留給兒女的最佳遺產，乃是對於有用之工作的認識，和以無私之善行作為特徵的人生楷模。藉著這樣的人生，他們可以顯明金錢的真正價值，而金錢唯一值得珍視的原因，乃是由於它能成就善工，解決自己的需用與別人的貧乏，並推進上帝的聖工。

避免欠債

凡事都不可虧欠人，唯有彼此相愛。羅馬書 13：8

世人有權指望那些自稱按《聖經》生活的基督徒們表現絕對的廉潔。由於一人對他應清償的債務不理不睬，全體教友都有被視為不可靠分子的危險。

凡自命敬虔的人都當尊重自己宣稱相信的真道，不因他們行為不慎而使真理招致譏謗的機會。使徒曾說：「凡事都不可虧欠人。」

你應該下決心，不要再欠任何的債。寧可在凡事上克己自律，也比在債務中打滾好得多。欠債已成了你一生的禍害。你當避免負債，猶如避免染上天花一般。

你當向上帝立下莊重的誓願，要仰賴祂所賜的福分而清償債務，以後不要再欠任何人的債，即使只有薄粥與麵包過活也當如此。在預備膳食之際，很容易為多餘的食物而花小錢。要多注意零錢，因為紙鈔的錢是整數，但那些隨手亂花的零星小錢很快就會集成整數。你當克己自約，尤其是當你正被債務所困的時候。不要猶豫，沮喪，或退後。要摒棄你的嗜好，不再放縱食欲，要盡力節省開支，清償積債。要盡速處理這些債務。等到你能恢復自由，不再欠任何人的債時，你便獲得最大的勝利了。

假若發現負債的人實在無力償還，就不當逼他們去作力所不能及的事。應當給他們方便的機會，等他們慢慢清償，不要將他們置於完全無望脫離債務的困境。雖然那樣作也許是公平的，但其中卻沒有一點憐憫之心，也沒有上帝的愛。

有些不謹慎的人，甘願背負原可避免的債務。但另有些人卻又過於小心，像缺少信心的樣子。有時掌握著好機會，我們也可以投資而使上帝的聖工堅固並興旺起來，同時仍能嚴格地維持正確的原則。

7月 05日 記得窮人

你若願意作完全人，可去變賣你所有的，分給窮人，就必有財寶在天上；你還要來跟從我。馬太福音 19：21

我們若要表彰基督的聖德，就必須從心靈中除盡一切私欲。為要推進祂交託於我們手中的聖工，就必須將每一分可以節省的款項奉獻出來。有時我們發現他人家境貧困，就當盡力解救這般受苦受難的人。我們對於生存在周圍之人的痛苦所知甚微；但遇有機會，就當隨時去幫助那些在重壓之下的人們。

凡耗費錢財於奢侈品上，便是奪取了窮人衣食所需之款。那用以滿足衣著、房屋、傢具，和裝飾方面誇耀之念的錢財，原可用來解救許多受苦受難之家庭的貧乏。上帝的管家當服事貧寒的人。

出於克己犧牲的施予，對於施予者而言，乃是一種不可思議的幫助。它使我們得到一種教育，使我們更充分地瞭解那位周遊四方行善事、救濟受苦之人、幫助困乏之人的主的工作。

經常實踐克己犧牲的善行，乃是上帝醫治那如毒癌般、自私貪婪之罪的良方。上帝已安排藉著有規律的捐獻來維持祂的聖工，並解救受苦受難之人的困乏。祂已命定捐款的事應當成為一種習慣，以消除那陰險迷人的貪婪之罪。不住地施捨，必予貪心以致命的打擊。有規律的奉獻制度乃是上帝所命定的，藉以使貪婪者隨時捨離所獲得的錢財，將之奉獻歸主，因為這一切原是屬於祂的。

常常履行有規律的奉獻制度，就能削弱貪心，加強善行。當財寶增多之時，人們，甚至包括那些自命敬虔的人在內，就戀慕這些財寶；而他們所擁有的愈多，所獻歸給主的府庫中的便愈少。財富會這樣使人自私，積攢錢財也會擴大貪心；而由於汲汲鑽營，這些惡癖就日益根深蒂固了。上帝洞悉我們的危險，所以設法為我們圈上籬笆，免得我們敗亡。祂也要我們經常樂善好施，藉此使行善的習慣所含的力量，能粉碎那導往相反方向之習慣的所有權勢。

你的遺囑中要紀念上帝

所求於管家的，是要他有忠心。哥林多前書 4：2

凡作主的財物之忠心管家的人，必明瞭他們營業的實況，而且他們必像一個聰明人一樣，具有應付一切意外的準備。若他們的生命突然結束，就不致使處理他們遺產的人感覺棘手了。

有許多人當他們表面上仍然相當健康時，卻不注意立遺囑這件事。但弟兄都應作這樣的預防。他們當明白自己的經濟狀況，勿容他們的業務發生混亂的現象。他們應當妥善處理自己的產業，以預防隨時都可能撒手而逝。

立遺囑的方式最好能經得起法律的考驗。立了遺囑之後，如果按照聖工的需要繼續奉獻，那麼可能經過多年也無妨害。弟兄們哪，你們應當明白：立了遺囑之後並不會催促死亡提前臨到。在立遺囑分配財產與家屬時，你們切不可忘了上帝的聖工。你們都是祂的代理人，經管著祂的產業，你們應當首先考慮到祂的要求。當然，你們不可任憑妻兒貧困無依；他們如有需要，就當盡力為他們作準備。但你們不必隨從常例，在遺囑中寫下了一大篇毋須濟助的親友名字。

不要有人以為畢生積攢的產業，只須於辭世之前在遺囑中指定捐一部分給某某慈善事工，就能迎合基督的心意了。

有些人一生自私地把持著他們的財產，雖企圖在遺囑中紀念聖工，以彌補其生前的疏忽，但如此在遺囑中捐贈的這筆遺產，很難有半數嘉惠於所指定承受的對象。弟兄姊妹們哪，我奉勸大家都要投資於天國銀行，不要將你們作管家的責任交託給別人。

作父母的應當戒慎恐懼、不將上帝所託付於他們手中的產業遺留給兒女去處理，除非他們有確實的憑證，知道他們的兒女會比他們更重視、更愛護、更忠心於上帝的聖工，並且知道這些兒女會比自己更殷勤、更熱心地推進上帝的聖工。

上帝恩典的管家

按我們所得的恩賜，各有不同。● 羅馬書 12：6

我們的主定意祂的教會應反映給世界的，是我們在祂身上發現的豐滿和充足。我們不斷地接受上帝的豐盛，而我們應以同樣的方法，向世界展現我們在基督裡的愛與恩惠。當全天庭興奮地將救贖的好消息傳給世上的人，上帝的真教會也和耶穌基督同工。我們是祂神聖的肢體，祂是頭，主宰全身的活動。耶穌自己在祂無窮的恩典裡為人心工作，那使心靈轉化的改變非常奇妙，令天使又驚又喜。同樣的，這無私的愛是主的品格，也是跟隨祂的人應該有的。基督期望我們在世上時能與祂的神性有分，不但可以反照祂的榮耀、讚美祂，且能在黑暗世界放射出祂天國的光芒，這樣才能成就基督所說的話：「你們是世上的光。」

「我們是與祂同工的」，「是上帝恩典的管家」。上帝恩典的知識，祂話語的真理，以及給予人的恩賜——時間和意義、才幹和影響——這些都是從神而來的信任，為了其他人的拯救、也為了榮耀祂而使用。

只要有愛和同情的衝動，只要有心伸出手來提升和祝福別人，就有上帝的聖靈在其中作工。在異教的偏遠地方，那些人不認識上帝的律法，甚至沒有聽過基督的名字，卻對祂的僕人仁慈以待，且冒著自己生命的危險保護他們。他們的行為顯示了神的大能，聖靈將基督的恩典注入這些人原本荒蕪的心裡，增加了那與本性及傳統教育相左的同情心。「那光是真光，要照亮世上每一個人。」這光也照耀在那些人的心裡，若稍加留心，這個光便能帶領他們到上帝的國裡。

世界最大的需要

誰能登耶和華的山？誰能站在祂的聖所？就是手潔心清……的人。
詩篇 24：3 − 4

上帝極欲藉著今日之青年與兒童，表明這些人（約瑟和但以理）所彰顯過的那種大能真理。約瑟和但以理的傳記乃是一種例證，顯明上帝為凡順服祂並全心尋求成全祂旨意之人所要作的事。

世界最大的需要是需要人，就是不會賄買也不能出賣的人；忠心正直而又誠實的人；直指罪名而無所忌憚的人；良心忠於職責猶如磁針指向磁極的人；雖然天地傾覆而仍能堅持正義的人。

但這樣的人格並非出自偶然；也不是由於特蒙殊恩或得天獨厚所致。高尚的人格乃是由於自制，克服劣根性而力爭上游，犧牲自己為愛神愛人而服務的結果。

應使青年人銘記這一項真理：一切的天賦才能並不是他們自己的。能力、光陰、智慧，都不過是借來的財寶，它們全是屬於上帝的，因此每一青年都應決心將之作為最高貴之用。青年是一根樹枝，上帝期望從他收到果實，他也是一位管家，必須將本求利，他又是一道光，要照亮世上的黑暗。

每一位青年，每一位兒童，對於榮耀上帝與人格的提升，都有他當作之工。

先知以利沙，早年在上帝和自然界的教導以及實用工作的訓練之下，在鄉間過著恬靜的生活。當時背道之風幾遍全地，但他的父家卻仍列於少數未向巴力屈膝之人中間。他們的家庭是尊敬上帝，並以忠守本分為日常生活規矩的。

以利沙雖是個富農之子，但他卻從事最接近眼前的工作。他雖然具有人間領袖之才，但仍在人生的普通職責上領受訓練。為求能作賢明的領導，他必須學習順從。他藉著在小事上忠心，就準備妥當，堪負重託。

7月 09日 上帝在說話

你們要休息，要知道我是上帝！**詩篇 46：10**

耶穌在世為人的時候，乃是在獨自禱告的時辰中獲得智慧與能力。青年當效法祂的榜樣，在清晨與黃昏時找一個安靜的機會，與他們在天之父交往。他們也當在一天之中，將自己的心奉獻給上帝。在我們所走的每一步路上，祂向我們說：「我耶和華你的上帝，必攙扶你的右手，⋯⋯不要害怕，我必幫助你。」（以賽亞書41：13）我們的子女若能在早年學得這些教訓，他們的一生將有何等的精力和快樂啊！

只有那已學得這些教訓的人，才能去教導別人。許多作父母和教師的，雖自稱是相信上帝真道的人，但在生活上卻否認這道的能力，因此《聖經》的教導便不能在青年人身上發生更大的效能。有時青年可感受到道理的能力，他們看出基督的愛是何等的寶貴。他們看出祂品格的完美，以及奉獻一生為祂服務的可能。但相反地，他們也看見那些自稱尊重上帝律例之人的生活，有多少人是證實了那向先知以西結所說的話：

「你們的百姓彼此說：『來吧！聽聽有什麼話從耶和華而出。』他們來到你這裡如同民來聚會，坐在你面前彷彿是我的民。他們聽你的話卻不去行；因為他們的口多顯愛情，心卻追隨財利。他們看你如善於奏樂、聲音幽雅之人所唱的雅歌，他們聽你的話卻不去行。」（以西結書33：30-32）

將《聖經》當作良好的道德指南，只要它符合時代精神和我們在世所處的地位，就當留意遵行，這是一回事；看它是永生上帝的道——視這道為我們的生命，陶冶我們的行為、言語、思想，那又是另一回事。凡不以上帝的道為這一切的，就是拒絕這道，而凡自稱相信這話而又如此拒絕它的人，便是造成青年懷疑不信的主要原因。

許多人甚至在靈修的時候，也得不到與上帝真正交往的福分。他們靈修太過於倉促了。他們以急促的步伐奔跑到基督可愛的身旁，在那聖潔的境界中略作瞬息的逗留，卻不等候受教，他們沒有時間留在神聖的大教師面前。

互相幫忙彼此成長

愛弟兄，要彼此親熱；恭敬人，要彼此推讓。羅馬書 12：10

我對於青年關懷至深，極願看到他們努力培養完美的基督化品格，並藉著殷勤的學習和懇切的祈禱，竭力求得必需的訓練，以便為上帝聖工從事得蒙悅納的服務。我懇切盼望看到他們彼此幫助，達到基督徒經驗中崇高的水準。

基督來將救恩之道教導人類，祂已將這道明白地顯示出來，甚至連小孩子也能行在其中。祂囑咐祂的門徒務要追求認識耶和華；他們若每天順從祂的引導，就必獲悉祂的出現確如晨光。

你曾留意過旭日初升，清晨破曉的光景。看那黎明的曙色漸漸增強，直至紅日湧現，於是陽光愈顯強烈而明亮，直到輝煌的日午。這是個美妙的例證，說明上帝為祂兒女在完成基督徒經驗上所渴望成就的。當我們每天行在祂所賜予的光中，樂意順從祂的要求，我們的經驗就必日益增進擴大，直到我們在基督耶穌裡達到長大成人的身量。

青年需要將基督所遵循的途徑時常擺在面前。每走一步都是得勝的道路。基督並沒有以君王的身分到世上來統治列國，祂以一個卑微者的身分前來，忍受並戰勝了試探；祂也和我們一樣，必須追求認識耶和華。我們研究祂的生平，就可以明白上帝要藉著自己的兒女作成何等大的事。我們也會發現，不論我們所遭受的試煉是多麼大，總不能超過基督為要使我們認識那道路、真理和生命所忍受的試煉。我們要藉著終生效學祂的榜樣，以表示感激祂為我們所作的犧牲。

青年是用無限的代價，就是上帝兒子的寶血所買來的。當思想天父在容許祂兒子所作的犧牲；當思想基督離出天庭和王座，捨生為人類作常獻的祭物時所放棄的一切。祂遭受責罵和凌辱，祂忍受了惡人所能加諸在祂身上的一切嘲弄和輕慢，等到祂在地上的任務完成時，祂還遭受了十字架的死。

明智的選擇

7月 11日

人若賺得全世界，賠上自己的生命，有什麼益處呢？ **馬太福音 16：26**

上帝要青年成為真摯、熱心的人，為了準備在祂高貴的聖工上有所行動，適合擔負責任。上帝呼召一切心靈純潔又堅強勇敢的青年，立志奮勇地應付當前的鬥爭，得以榮耀上帝，造福人群。如果青年人肯專一研讀《聖經》，抑止自己強烈的慾望，靜聽他們的創造與救贖主的聲音，他們不但能與上帝和好，更能因此發現自己已成為尊貴而高尚的了。我的青年朋友！為了你永恆的福利，當聽從上帝聖言中的教訓，因為這些教訓對你具有無法估計的重要性。

我勸你務要作智慧人，並要考慮到如果荒唐度日，不受聖靈的約束，結局將如何。「不要自欺，上帝是輕慢不得的；人種的是什麼，收的也是什麼。順著情慾撒種的，必從情慾收敗壞。」務要為你的靈性，並為那位捨己救你脫離敗亡的基督，在你一生的開端加以考慮，將你的責任，你的機會，和你一切的可能性，都仔細權衡一番。上帝已將適合崇高命運的機會賜給你了。你的感化力可以證明上帝的真理；你絕對可以在救贖人類的偉大工作上與上帝同工。

惟願青年人能重視那呼召他們的崇高天命啊！要慎重考慮你步行的道路；要抱著高尚而聖潔的宗旨開始你的工作，並決心依靠上帝恩典的大能，就不致偏離正路。如果你一開始就朝著錯誤的方向走去，那麼每一步都必充滿危險與災害，而你也就必日益偏離真理、安全和成功的道路了。你需要上帝的大能來加強你的智力，甦醒你的道德力。

上帝的聖工需要人獻上最卓越的能力，而且許多地方正迫切需求學有素養的青年人。現在急需那能加以信賴、交託的人，到那莊稼已經熟透的廣闊地區去工作。即使是才具平凡的青年，只要完全獻身給上帝，而未受罪惡與污穢的腐化，也必獲得成功，並能為上帝作成一番偉大的工作。

證明你自己

務要傳道，無論得時不得時，總要專心，並用百般的忍耐、各樣的教訓人。提摩太後書 4：2

在你掌握之中有著無限的可能性。人，按照上帝所用的說法，乃是上帝的兒子。「我們現在是上帝的兒女，將來如何，還未顯明；……凡向祂有這指望的，就潔淨自己，像祂潔淨一樣。」轉離一切卑賤低劣的事，提升達崇高的標準，並且因此得受世人的尊敬和上帝的寵愛，這乃是你的權利。

主將這份工作交付給青年人，以及各年齡層的人，以表示祂重視他們為祂的兒女。祂授他們以自治之責。祂呼召他們與祂分擔救贖並提拔的偉大工作。父親怎樣與兒子合夥經營，照樣，主也與祂的兒女合夥工作。我們是成為與上帝同工的。耶穌說：「你怎樣差遣我到世上，我也照樣差他們到世上。」你豈不寧願選擇作上帝的兒女，不作撒但和罪的奴僕，背負一個基督之敵的名號嗎？

青年男女需要基督更多的恩典，使他們能將基督教的原理實踐於日常生活之中。為基督復臨作準備，乃是一種靠基督鍛煉我們最高尚品性的準備。每一個青年都有特權建造自己品格成為佳美的建築。但他們絕對需要緊緊依靠耶穌。祂是我們的力量、效率、權能，我們不可片刻倚靠自己。

你的才能無論是大是小，總要記得那都是託付給你的。上帝藉此來試試你，給你機會證明你自己的忠誠。你因一切才能已欠了祂的債。你的體力、智力和靈力都屬於祂，所以這些能力都要為祂而用。你的時間、你的影響、你的才幹及你的技能都要向這位賜與一切的祂交帳。那藉誠摯的努力以求實現主所定的、拯救人類大計的人，便是最能善用祂的天賦的人。

要在你已經著手的工作上孜孜不倦，直到你勝了又勝。要為一定的宗旨來訓練你自己，要念念不忘那最高的標準，好讓你能成就日益偉大的善工，藉以反映上帝的榮光。

上帝的理想

因為凡被上帝的靈引導的，都是上帝的兒子。羅馬書 8：14

———個忠實順從上帝要求的人，將有驚人的影響力迅速提升，發展，並加強我們全面的能力。那些在年輕時就將自己奉獻給上帝並服事祂的人，是有良好的判斷力和敏銳分辨力的人。為什麼不是呢？他們跟無窮智慧者相交，他們的心智和領悟力增強了，他們的心靈也得到洗滌——昇華、鍛鍊，整個人都改變了。「你的言語一解開，就發出亮光，使愚人通達。」

上帝要為年輕人行大事，如果他們願意和聖靈合作的話，祂的話要進到他們心裡，且一生遵行祂的話而行。上帝不斷地用祂的話吸引他們，那是智慧的泉源，善良的水池，純潔、真理。頭腦中思想的都是崇高的主題。

當上帝的恩典占據我們的心時，可以看出繼承和養成的錯誤必須釘死在十字架上。一個新的生命，在新的控管下，就會開始。所做的一切都是為榮耀上帝做的。這些工作包括外在和內在的生命。整個靈，智，體都必須完全順服神，將成為祂所使用義的工具。

人的本性不喜歡順服上帝的律法，人們憑自己真的不能做到順服。但是藉著信心每一天活在基督裡，每一天他們所表現的就愈來愈明白他們是屬於上帝的。

靈智體都屬於上帝。祂賜下獨生子要拯救世人，因為如此我們可以得到新的生命，在試驗期間發展出完美的忠誠。上帝從罪的奴僕拯救出來，使我們有重生的機會，改變一生為主服務。

上帝的印記在我們身上。祂贖回了我們，祂希望我們記住我們的靈智體都是屬於祂的。時間和影響力、理智、感情和良知，都是上帝的，並且只可以用在合乎祂的旨意上，不能用在追求世界的方向。

加入上帝的軍隊

此後，我觀看，見有許多的人，沒有人能數過來，是從各國、各族、各民、各方來的，站在寶座和羔羊面前，身穿白衣，手拿棕樹枝。
啟示錄 7：9

做 為上帝的兒女，基督徒應該全力以赴、達成擺在他們面前的福音所載明的崇高理想；而且應該力求完美，不達到絕不滿足。

讓我們將研讀上帝的話做為每日的功課，把聖潔的原則運用到我們的生活上。讓我們柔和謙卑地前行，讓祂糾正我們每日的錯誤。讓我們不要因自私而與神的靈隔絕，不要認為自己是高高在上、看自己比別人強。「自己以為站得穩的，須要謹慎，免得跌倒。」當你將意志力降服在基督裡時，平安和寧靜就會來到。然後愛主之心就會掌管你，也會得到救主行動泉源的祕密。急躁、容易激怒的脾氣會因基督的恩典化為平心靜心的態度。罪得赦免會帶來出人意料之外的平安。對真理誠懇的尋求會克服一切自以為義的心。人與人之間的差異和歧見會消失，那些發現他們周圍之人錯處的人，會發現自己的缺陷還大過於別人。

有一群人認真聽取真理，承認他們曾經過著反對基督的生活。他們受到良心的譴責，悔改自己的錯誤，仰賴基督的恩典，在祂裡面確實經驗真正的信心，接受上帝的赦罪。當他們停止他們的惡行而學習行善時，他們在主裡的恩典和知識就會增加。他們看出為了與世界隔離，他們必須做出某些犧牲；在計算代價後，他們看世上所有的都為了有損的，為要得著基督。他們身列基督的軍隊。戰場在他們面前，他們勇敢地和愉快地，對他們的自然自私的傾向奮鬥，使他們的意志順服基督的意志。每一天他們尋求基督的恩典並遵守祂的誡命，他們得著力量和幫助。這是真的對話；謙卑的，感謝仰賴靠基督的幫助賦予新造的心。在他們的生活上表現出義的果實。他們從前愛自己、愛地上的享樂，現在他們的偶像已被廢黜，上帝成為他們至高無上的管理者。

品格的建造

如今，那些在基督耶穌裡的就不定罪了。羅馬書8：1

真教育並不忽視科學知識或學術造詣的價值，但它重視能力甚於學識，重視善良甚於能力，重視人格甚於知識的造就。世界需要具有高尚人格的人，甚於需要具有高深學識的人；需要能以堅持操守控制其才能的人。

「智慧為首；所以要得智慧。」「智慧人的舌，善發知識。」（箴言4：7；15：2）真教育能授予此種智慧，非僅教導我們善用一種，而是善用所有的才能與學識。因此真教育乃包括我們對於自己，對於世界，以及對於上帝所有的全部責任。

人格的建造原是委託給人類最重要的工作，現今對此問題的勤加研究，較以往尤為重要。從前各世代從未需要應付這麼重要的問題；以往的男女青年也從未遭遇像現代青年遭遇這麼大的危險。

在這樣的時代中，教育的趨勢如何呢？人類所要求達到的目的，往往是什麼呢？是自私自利。現代所施的教育，大都名不符實。真教育正是與現今禍害世界的野心，貪圖權勢，以及忽視人類主權與需要等行為相反的。上帝所定的生存計劃，是人人有分的。各人當竭盡所能；不拘天賦才幹的多寡，只要是忠心運用，就必得著尊榮。在上帝的計劃中，毫無自私競爭的餘地。凡「用自己度量自己，用自己比較自己」的人，「乃是不通達的」。我們無論作什麼，都當「按著上帝所賜的力量」去作，「都要從心裡做，像是給主做的，不是給人做的，因你們知道從主那裡必得著基業為賞賜；你們所事奉的乃是主基督。」（哥林多後書10：12；彼得前書4：11；歌羅西書3：23-24）遵照這些原理而作的服務以及所得的教育，乃是可貴的。但現今所施的大部分教育，卻是如何地與此大異其趣！從兒童幼小的時候起，就有競爭好勝之意，因而養成萬惡之根的自私的心。

從國家的興衰學教訓

祂顯明深奧隱祕的事，知道暗中所有的，光明也與祂同居。
但以理書 2：22

那些蒙指示看見這些重大事件的先知，渴望明瞭這些事的重要性。他們曾經「詳細地尋求考察，……考察在他們心裡基督的靈，……是指著什麼時候，並怎樣的時候。他們得了啟示，知道他們所傳講的一切事，不是為自己，乃是為你們，……天使也願意詳細察看這些事。」（彼得前書1：10-12）

我們處在這些事即將應驗之世代的人，對於以上所描寫的這些即將來臨的事，應深切注意，特別關懷——這些事是自從我們始祖轉步離開伊甸之後，上帝的子女所曾經注意、等候、渴望而祈求的！

這般人需從《聖經》所明載的一切國家興亡的事上學得教訓，知道徒具外表及世俗的虛榮是何等地無價值。巴比倫其權勢威榮是後世從未見過的——在當時的人看來，那樣的威勢與權能乃是可靠而足以持久的——但終於毫無所存，正如「草上的花」完全消滅了！凡不以上帝為根基的，也必照樣消滅。唯有那合乎祂旨意並表顯祂品德的事，方能持久。祂的原理乃是世上唯一堅定的事物。

這些偉大的真理乃是老幼所當學習的。我們需要研究上帝怎樣在列國的歷史中實行祂的旨意，又是如何按著祂的旨意啟示將來的事，使我們可以衡量一切所見之事和未見之事的真價值；使我們可以知道人生的真目標；並使我們可以根據永生的眼光來使用暫時的事物；使之達到最高尚、最真實的用處。這樣，我們在地上學習了天國的原理，成為天國的子民，那麼當祂降臨的時候，我們就能準備妥當與祂一同承受天國了。

那日子已臨近了。所餘下可供領受教訓，完成工作，並改變品格的時期，只是一個極短促的時期了。

7月 17日 得到上帝的知識

敬畏耶和華是智慧的開端；認識至聖者便是聰明。箴言 9：10

正如我們的救主一般，我們在世上是要為上帝服務的。我們活著，在品格上要像上帝一樣，又要用我們服務的人生，來向世界顯示上帝。但若要做上帝的同工，學祂的樣式、顯示祂的品格，我們必須真正地明白祂，必須照著祂所彰顯的本來面目認識祂。

認識上帝是一切真教育真服務的根本，是抵抗世上誘惑唯一的真保障，是能使我們與上帝品格相像的唯一途徑。

凡從事超拔人群之工的人，都必須認識上帝。人品格的轉變，生活的純潔，工作的效率，遵守正義的毅力，都是從真正認識上帝而來。這種認識，乃是人生今生和來世不可少的準備。

我們現在看見的自然界，只能隱約模糊地給我們一點伊甸光榮的景象。罪已玷污了世界的美麗，它的痕跡在大大小小的事物上都留存著。雖然如此，還有許多美麗之物依然存在。自然向我們證明有一位全能、充滿恩慈的主造了這世界，將生命和快樂充滿其間。自然界的百花，雖已到了枯萎墜落的地步，卻依然顯出那位大藝術家的成績。無論到什麼地方，我們都可以聽到上帝的聲音，看到祂仁慈的證據。

從那悠長響亮的轟轟雷聲，和澎湃奔騰的海濤怒吼，以至於枝頭林中清幽的鳥唱，自然界的千萬聲音，都向上帝發出讚頌。在地上、海裡、空中、從那萬紫千紅的色彩，或是光與晚霞的調和，或是藍天和白雲的襯托，我們都可以看出上帝的光榮。亙古的山嶺，傳揚著祂的威嚴。陽光中臨風搖擺的綠樹，和美麗嬌豔的鮮花，指明了它們的創造者。像地毯一樣地蓋著黃土的青草，證明上帝是怎樣的顧惜祂所造的最小之物。海底深處，地的洞穴，在在都顯明上帝的富足。一切照耀世界和天空的光，都是上帝大能的表示。

心智與身體

你心要謹守我的誡命；因為祂必將長久的日子，生命的年數與平安，加給你。箴言3：1－2

須教導青年學生明瞭自然律乃是上帝的律法，正如十誡一樣神聖——這乃是有關健康方面一切教育的基本原理。上帝已將管理我們身體機能的規律寫在我們身體的每一條神經、肌肉、和纖維上。凡忽略或故意違犯這些規律的，都是得罪了我們的創造主。

應當注意人的心理與身體互相地影響。腦部活動受了心理活動的激勵，便能使全身具有活力，這樣，對於抵抗疾病便大有助益，這一層是應當予以強調的。另外，保持並恢復健康方面的意志力與明白自制力的重要，以及了解忿怒，不滿，自私，或污濁之念足以有傷精神，損害身體，而確信喜樂，無私，以及感恩之心所具有奇妙的生活力，這些也是應當加以指明並強調的。

《聖經》中有一種生理學方面的真理，是我們應當加以思想的，那就是「喜樂的心，乃是良藥。」（箴言17：22）

青年人要明白《聖經》所謂在上帝那裡「有生命的源頭」（詩篇36：9）這話深具真理。祂不但是萬有的創始者，也是一切有生命之物的源頭。我們從日光、清新的空氣、以及那使我們身體健壯、並維持精力的飲食上所得到的，乃是祂的生命。我們的生存無時不刻都是倚靠祂的生命。祂的一切恩賜，除了為罪惡所敗壞的以外，無不是予人以生命，健康，和喜樂。

「上帝造萬物，各按其時成為美好，」（傳道書3：11）欲求真正的美好，重點不在破壞上帝的作品，而是在乎與上帝的規律和諧，因祂創造萬物，也以萬物之完美為樂。

在研究身體構造時，當令學生注意各部構造是何等奇妙地各盡其用，各種器官又是如何彼此運作，相諧相依。這樣就能引發學生的興趣，使他看出了體育的重要，教師便能多幫助他獲得適當的發育，並養成良好的習慣。

影響力的重要性

7月19日

你們要謹慎，無論是誰都不可以惡報惡；或是彼此相待，或是待眾人，常要追求良善。帖撒羅尼迦前書 5：15

在純潔、真實的基督徒生活中，所展現的安然、堅定，有一種感動人的能力，比言語的能力強大得多。人本身的行為，比他的話有更大的勢力和影響。

祭司長和法利賽人差去捉拿耶穌的差役回來報告說：「從來沒有人像祂這樣說話的。」這原因就是因為從來沒有人像祂這樣做人。若非如此，耶穌就絕不可能那樣說話。祂說的話，都是從一顆清潔神聖，充滿仁愛憐憫，且公平正直的心中說的，所以就有一種勸服人心之力。

我們在別人身上有多少感化力，全在乎我們自己的品格和為人怎樣。我們要使別人信服基督恩典，當然先得從自己內心和生活清楚基督恩典的功能。我們所傳救人之福音，也必須是使我們自己靈性得救的福音。在今日懷疑責難的世界上，我們要想感化別人，必須在自己的行為中表現我們相信基督確實為世人切身的救主。如果我們要從時代的洪流中拯救罪人，我們自己的腳就必須穩穩地站在磐石上——耶穌基督。

基督徒的徽章，乃是與神交通的表現，並不是什麼外表的記號，佩戴十字架或冠冕等等。我們以品格的變化來顯出上帝恩惠的權能，這就能夠使世人相信上帝曾差祂的兒子來做世人的救主。一種無私的生活所發出的感化力，帶給周圍之人的影響，是沒有什麼其他勢力能比的。使人信服福音最強最充足的理由，就是一個愛人且值得人愛的基督徒。

要成為這樣的人，有這樣的感化力，必須下足了功夫，步步克己犧牲，持續鍛煉。許多人因為不明白這一層，所以很容易在基督徒的生活上灰心喪膽。有不少虔心誠意地獻身為上帝服務的人，往往訝異且失望地覺得他們周圍的困難和阻礙，反比未獻身以前更多了。他們求上帝使他們有基督那樣的品性，使他們配作上帝的事務，然而上帝卻讓他們處於一種刺激內心罪惡一齊發作的境地，他們以前從未懷疑的錯處和弱點，現在都完全顯出來了。

思想和執行的力量

智慧的價值勝過珍珠。約伯記 28：18

書中之書《聖經》乃是真理的完美標準，因此在教育上須予以最高的地位。我們要領受一種值得稱為教育的教育，就必須領受《聖經》啟示的、有關創造主上帝和救贖主基督的知識。

每一按照上帝形像被造的人，均賦予與造物主相似的能力——個性、思想和行動的能力。凡在這種能力有所發展的人，都是擔負重任、在事業上作領袖，且能影響他人品格的人。真教育的任務就是要發展這種能力；要訓練青年作個有思想的人，而不僅是反映別人的思想而已。與其限制學生的學習範圍於前人的講論和著述，不如注意真理的根源，在那範圍廣大的自然與啟示中從事研究。要使他們多默想關於職責與命運的重要事實，則他們的思想必擴大而增強。如此一來，學校就不致教育出一般庸碌之輩，反之卻能造就深思力行的人，能制伏環境而不為環境所制的人，胸襟豁達，思想開明，而具有實行其所信之勇氣的人。

這樣的教育不僅能供應心智的修養與身體的鍛煉，也能堅強人的品格，使人不致因私慾與屬世的野心犧牲真理與正義。它能堅固人的心志，使能防禦罪惡。非但讓熱烈的情緒不致成為破壞，反而使人的每一動機和慾望都合乎正義原理。人若注意上帝品德的完美，心意便可更新，靈性也得以按照上帝的形像而再造。

上帝對祂兒女的理想，是比人類最高思想所能達到的更高。使人成聖——與上帝相似——乃是祂所要達到的目的。這就在學生面前，打開了一條繼續進步的途徑。他要完成的目的及達到的標準，是包括一切善良、純潔、和高尚事物在內的。他必在每一項真知識上，盡可能地得到充分迅速的進展。他所努力要達到的目標，也必超過一切出於私心和短暫的利益，有如天超過地一般。

節制的力量

7月 21日

因為你們是重價買來的。所以要在你們的身子上榮耀上帝。

哥林多前書 6：20

應當教導人實行今生凡事節制。人在飲食、睡眠，及服裝上要有節制，這乃是信仰生活的重大原則之一。進入心靈殿宇之中的真理，將引導人善待自己的身體。凡與人體健康有關的事，都不應予以忽視。我們的永恆福利，有賴乎今生善用自己的光陰、精力，及影響力而定。

我們每個人都只能擁有今生的生命，各人應當捫心自問：「我怎能善用此生，以獲得最大之利益？」

我們對神及對其他人類的第一本分，便是自我發展。創造主賦予我們的每一官能，都應有至美至善的發育，以便克盡所能，作最大的貢獻。人若能培育及保養身心的健康，便是善用光陰。我們不容過勞或濫用這活機器的任何部分，而阻滯或殘害身心的任一功能。因為這樣行，必產生嚴重的後果。凡事有節制有規律便能生出奇妙的能力，這比環境或天賦更足以助長人溫和寧靜的性情，這種性情的價值能使人生走在安穩的坦途上。同時，這樣得來的自治力，正是每個人與艱苦的世事及現實奮鬥時，最有價值的工具。

凡像但以理那樣潔身自愛的人，必從其節制的習慣收賞賜、更大的體能及充沛的耐力，像銀行裡存款豐裕，可應付緊急開支。

良好的體能習慣，可促進優越的智力。人的智力、體能、及長壽，有賴乎不變的健康原則。此事絕非碰巧或偶然而生。創造自然界的上帝不會干涉人受到自己破壞自然律所招致的懲罰。

施洗約翰

他在主面前將要為大，淡酒濃酒都不喝，從母腹裡就被聖靈充滿了。
路加福音 1：15

作為先知，約翰的使命是要「叫為父的心轉向兒女，叫悖逆的人轉從義人的智慧，又為主預備合用的百姓。」他為基督第一次降臨預備道路，正是當代為主第二次降臨「預備合用的百姓」的忠實信徒的代表。世界上多少地方正沉溺於任性的放縱之中，社會上充斥著錯誤和怪誕的學說，撒但陷害人的羅網愈來愈多。凡敬畏上帝而願達到完全聖潔的人，必須學習節制和自制的功課。食慾和情感，必須服從更高理智的約束。這種自我管教，是培養心智的能力和屬靈的見識所不可或缺的，它能使我們明白《聖經》中的神聖真理，並付諸實踐。為此，節制在基督復臨的預備中，佔有重要的地位。

按常規，撒迦利亞的兒子約翰要受教育作祭司的，可是拉比學校的訓練，反而會使他難以勝任自己的工作。上帝並沒有差遣他到神學教師門下學習解經，卻呼召他到曠野去認識大自然和大自然的上帝。

約翰住於幽靜之地，往來於荒山野嶺和岩穴之間。為求曠野的嚴格訓練，他自願放棄人生的享樂和奢華。這裡的環境對約翰養成簡樸、克己的習慣是有利的。他不被世俗的喧囂所煩擾，能在這裡研究自然，尋求上天的啟示和教訓。他那敬畏上帝的父母常常把天使的話講給他聽。從幼年起，他們就常以他的使命來提醒他，他也甘願接受這神聖之托。曠野的孤獨環境，對約翰來說倒是求之不得的，讓他避開那充斥著猜疑、不信和污穢的社會。他對自己抵擋試探的能力不敢自信，也不敢常與罪惡接觸，惟恐對罪的極端邪惡失去警覺。

約翰從出生時起，就被獻作拿細耳人，他以畢生的獻身來實踐這一誓願。

父母的承諾

7月 23日

行事為人就當像光明的子女。以弗所書 5：8

父母負有神聖的任務，要守護孩子的身體和道德，因此他們的神經系統才能平衡的發展，靈魂才不會受到危害。父親和母親必須明瞭生命的律法，他們才不會因為無知讓錯誤的傾向在孩子的身上發展。飲食習慣影響他們身體和道德的健康。此事是多麼應該小心注意啊！作母親的應該學習把簡單健康的食物擺在桌上，這是為了不使消化系統變弱，神經不平衡，他們給孩子的指教才不致受到阻礙。

當我們的食慾保持控制而沒有放縱時，撒但認為他不可能有如此巨大的力量在我們心中，但他始終致力於引導我們要放縱。在不健康的食物影響下，良心變得恍惚，思想變得昏暗，頭腦的敏感性也受到損害。但是對罪悔改的心卻減少，因為良心受到了侵害，它就變得不敏感了。

既然健康的心理狀態取決於重要的生命力量正常運作，那麼我們對興奮劑和麻醉劑的使用就應當謹慎防範！然而我們看到很多自稱是基督徒的人竟然碰菸草，他們譴責放縱的罪惡，雖然他們說反對飲用酒類，自己卻碰菸草。在還沒有墮落到罪惡的地步之前，對於菸的態度一定要有相當的改變，但這討論至此尚未結束。茶和咖啡是培養胃口變更強的刺激品。然後我們來談關於家庭的飲食，在準備全家人的食物前，我們應當問：「我們是否在所有的事上都實行節制原則？有哪些改變的實行是為健康和快樂的因素？」

所有的真基督徒一定要控制你們的食慾和情慾。若不能擺脫這些事的控制，我們就不能真正成為順服基督的僕人。放縱食慾和情慾會使真理在我們心中的影響力變得遲鈍。當他們被感覺慾望控制時，想在靈、智、體三方面都得到真理和力量成聖是不可能的。

不能信任食慾

所以，你們或吃或喝，無論做什麼，都要為榮耀上帝而行。
哥林多前書 10：31

我們的身體是由吃進的食物塑造而成的。人體的細胞，時刻在新陳代謝，每一器官的運作，都有廢料排出。這種廢料要靠我們的食物補足。身體的每一器官都需要一定的營養。腦部有腦部需要的營養、骨髓、肌肉和神經各需不同的營養。至於食物如何轉化成血液，血液又如何化成身體的肌肉筋骨，這實是一種神妙的作用，而且這作用是持續不停的，因此神經、肌肉、組織能隨時得到精力。

選擇食物，必須視其能供應多少身體所需養分為取捨。在這一方面，口味不在考量範圍，因為人對食物的選擇，大多已被不良飲食習慣所腐化了。往往那些有害健康、且容易讓人患病的食物，是我們偏愛的美味。社會的飲食習慣，我們也不可當作穩妥的指導。現今各處流行的困苦病痛，多半是由於飲食方面日常的錯誤所致。

要知道什麼是最好的飲食，我們必須研究上帝對於人類飲食設計的初衷。上帝造了亞當，當然明白亞當的需要。祂指定亞當的食物道：「看哪，我將遍地上一切結種子的菜蔬，和一切樹上所結有核的果子，全賜給你們作食物。」（創世記1：29）直到人受了罪的咒詛，離了伊甸園自己去種田謀生時，上帝仍准人以「田間的菜蔬」（創世記3：18）為食物。

五穀、水果、硬殼果和菜蔬，這是造物主為人類所選的食物。這些食物，依最自然最簡單的方法調製，便是最有益養生的食物，足以增添人身體和心智方面一種堅強耐久的能力，是其他複雜的刺激性食物所不能供給的。

我們的身體，是基督付了代價買來的產業，所以我們不能依自己的欲望對待身體。一般人既明白上帝在人體中所定的健康原則，就該服從這原則的責任。這種服從原是個人的責任，若是我們觸犯了這種原則，受苦的還是我們自己。

7月 25日 堅持不懈

親愛的兄弟啊，我願你凡事興盛，身體健壯，正如你的靈魂興盛一樣。約翰三書2

在大多數的情形之下，一日兩餐較三餐更為合宜。晚餐如果時間過早，就妨礙前一餐食物的消化。若吃得太晚，卻又在臨睡之前不能完全消化。這樣，胃部就不能得到適當的休息，睡眠也因此受了妨礙，腦和神經都會感覺疲乏，早餐就沒有胃口，全身也覺得不舒爽，不能欣然從事一天的工作。

飲食與睡眠須有定時的重要，乃是不容忽視的事。建立身體的工作既是在睡眠的時候作成的，定時及充分的睡眠，實為必要，尤其對於年輕人，更是如此。

我們應當盡可能地避免過分地急促進食。進食的時間愈短，則所進的食量愈宜減少。寧可少吃一餐飯，不宜在進食時缺少咀嚼。

膳食的時間，應為一個互相交談振作精神的時間。凡足以使人憂慮或不愉快的事情，都須置之度外。當存信賴、親切、和感謝那賞賜一切恩典之主的心，這樣，所談的話必是快樂的，所懷的心意也必是和善的，足以使人振奮而不使人抑鬱。

凡事有節制、有規律便能生出奇妙的能力，較比環境或天賦更足以助長人溫和寧靜的性情，這種性情在使人生獲有安穩的坦途上極有價值。同時，也必發現這樣得來的自制力，正是每個人在與艱苦的世事及現實作有效的奮鬥時一種最有價值的工具。

智慧「她的道是安樂，她的路全是平安。」（箴言3：17）但願我國的每一青年，就是那具潛力達到比君王地位更高的青年，要熟思那位充滿智慧者的話：「邦國啊，……你的群臣按時吃喝，為要補力，不為酒醉，你就有福了。」（傳道書10：17）

不要摸，不要嚐

要敬畏耶和華，遠離惡事。這便醫治你的肚臍，滋潤你的百骨。
箴言 3：7 － 8

幫助兒童養成正當的習慣和純潔的個性，是為母之人的責任，要培養正當的飲食習慣，教導兒童摒棄刺激性的食物，使他們長大有堅強的道德力，足以抵禦周圍的誘惑。又要教導他們不可因盲從誤入歧途，使他們不但能不對強烈的惡勢力低頭，反而要去感化別人行善。

世人為節制改革奮鬥，已耗費相當力氣，可是有許多時候，所費之力卻沒有用在適當的地方。提倡節制改革的人，應當覺悟飲食中的香料、茶、咖啡和一切不衛生食物的害處。我們對凡從事節制改革的人，謹祝他們一路成功，不過同時我們還得請他們作更深入的研究，確認他們所爭戰的惡魔根源是與他們的改革一致。

智力與道德力的平衡，大部分是在乎身體各部運行的平衡。這個定理是必須在人民面前宣傳的。一切麻醉劑和不自然的刺激物，凡足以削弱體力的，也足以減削道德和理智的功能。不節制是現今世上道德墮落的根本原因。人既放縱於卑下的食慾，就因此失去抵拒引誘的能力。

在這些方面，提倡節制運動的人，有一種工作要做，就是使人們明白用刺激物來奮興已竭的精力，使身體處於刻意狂熱的狀態中，是危及品格、健康、和生命的。

談起茶、咖啡、菸和酒，唯一的安全辦法，就是不碰、不嚐，也不拿。茶和咖啡類的飲料與菸酒有同樣的作用。有時候喝茶喝咖啡的人，要他們戒茶戒咖啡，簡直就像要吸菸喝酒的人戒掉一樣難。用這種刺激物的人，一旦戒除，起初必覺難受，好像失去了什麼似的，然而若能堅持到底，必能克服嗜好，那種缺欠的感覺，也終必完全消失。人體的傷害，也許需要一些時間來恢復，但是只要給它相當的時間和機會，它必漸漸恢復，依舊盡它的職務。

醉酒成癮之路

7月
27日

酒發紅，在杯中閃爍，你不可觀看，雖然下嚥舒暢，終久是咬你如蛇，刺你如毒蛇。箴言 23：31

飲酒使人醉，無論是蘋果酒、啤酒和蒸餾酒，都是一樣。這些酒會激起對於更濃烈飲料的慾望，於是飲酒的癮頭便養成了。酒精濃度較低的飲料，是一般人步上酒精成癮症的搖籃。不過這種飲料的作用是如此地陰險難察，以致一般人還沒有覺悟出危險時，就早已誤入成癮之路了。

有一些人雖然沒有真正地醉過，卻是常置身在較輕微的淡酒誘惑下。他們常呈熱狂之相，腦筋也錯亂。由於自覺沒有危險，以致天天喝那淡酒，終使人格的保障完全破除，一切主義盡都犧牲，最強的決心被消滅，就連最強的意志都不足使墮落傾向制服於理智範圍內。

《聖經》從來不讚許醉人的酒，基督在迦拿用水所化成的「酒」只是葡萄的純汁，就是「葡萄中尋得新酒」，也就是《聖經》所說「不要毀壞，因為有福在其中」的新酒。（以賽亞書65：8）

在《舊約》中曾有警告以色列人的話說：「酒能使人褻慢，濃酒使人喧嚷；凡因酒錯誤的，就無智慧。」（箴言20：1）基督既親自警告人不可飲酒，自然不會造酒。撒但誘人在所有可蒙蔽理智及屬靈眼光的事上放縱，基督則教我們克服劣根性。祂絕不把誘惑放在人前，祂一生為人都是克己的模範。祂在曠野禁食四十天，為我們受人類最嚴酷的試煉，也無非是要打破口腹的權勢。吩咐約翰不可喝濃酒和淡酒的是基督，命令瑪挪亞的妻子實行節制飲食的亦是。祂不會違反自己的教訓。祂在婚筵席上所拿出的未發酵的葡萄汁，是一種可口滋補的飲料，也就是救主和祂門徒設立聖餐禮時所用的葡萄汁。現在我們每次舉行聖餐禮時，也應該用同樣的葡萄汁來代表基督的血。

造成危害

我們凡事都不叫人有妨礙。哥林多後書 6：3

菸草的毒害和緩而隱密，卻是極兇險的。起初時幾乎不能察覺它，因此就更可怕了！凡是吸菸的人，無論吸的是哪一種菸，他所受的害處都必在他身上顯出來。菸的作用，先是興奮，後來是麻木，腦力和思想就衰弱模糊。菸對於神經的害處，往往要比酒更厲害，因為菸的害處，陰險而深刻，也更難以補救。再說菸能引起人貪戀濃酒的慾望，所以吸菸往往是嗜酒的前奏。

吸菸這種習慣，既不便又昂貴，不但有礙個人清潔和健康，還惹人厭。我們無論到什麼地方，都會碰到吸菸的人，走過人多的地方，幾乎沒有一次不有人把那骯髒的毒氣，噴到你的臉上。在旅行車廂中，或在房間裡，往往充滿了菸薰味，人留在這種地方，實在不舒服也不衛生。吸菸的人雖是自己甘受毒害，但他們有什麼權利可以去污染別人所必須呼吸的空氣呢？

吸菸的習慣，對於青年和兒童，實是危害無窮。長輩的惡習，影響了今日的兒孫。智力減退，身體軟弱，神經錯亂，和種種不良的嗜好，都從父母身上傳給子女；而且這種惡習，再由子女繼續去行，則其禍患就愈益擴大而深刻。現今社會上那種驚人的墮落，無論是體力還是道德，一大部分皆源於此！

男孩若在幼時吸菸，在這時期他的身體和心智特別易受外界的影響，一旦有了吸菸的習慣，他的身體發育就受阻礙，智力就變得遲鈍，道德也日趨腐敗。

對於信上帝之道的人，我有所請求：你們既為基督徒，豈能容這污穢嗜好來麻醉智力，剝奪你們對於永生的判斷力？你們能同意天天剝奪那本應歸於上帝的服務，並剝奪其他人，使他們看不見你們的服務和榜樣嗎？你可曾想過自己身為上帝管家的責任？你們把上帝的金錢花在菸草上有多少？

危險的理論

7月 29日

主啊，你本為良善，樂意饒恕人，有豐盛的慈愛賜給凡求告你的人。
詩篇 86：5

現今各教育機關和教會裡面，都正在發生一種靈學的說法，說上帝是一種佈滿於大自然的靈氣。有許多自認是相信《聖經》的人，居然也接受這種破壞上帝的道和信仰的學說。這種學說，雖然表面好看，卻是極兇險的欺騙，不但根本不能代表上帝，更是侮辱上帝的大能和威權。它不但足以迷惑人，更足以使人墮落無疑，其源於黑暗，範圍是縱欲。一旦接受就是與上帝隔絕。人已因罪被貶，若再與上帝隔絕，就是沉淪。

我們因罪而置身的處境是不正常的。想要恢復，必須靠一種超乎自然的能力，否則就無效果。天地之間只有一種能力足以在人的心裡打破罪的操縱，這能力就是從耶穌基督而來的能力。只有那救主被釘的寶血，能把人的罪孽洗淨。只有祂的恩惠，能助我們對抗自己墮落的本性。靈學派解釋上帝的說法，卻使這超乎的恩惠失去效力。如果上帝是一種佈滿大自然的靈氣，那麼祂也在一切人的身體裡面，人欲求聖潔，只需發展內心能力就行了。

這種學說的結論，就是把基督的教訓和制度完全推翻，完全否認救贖的必要，就是說人可以作自己的救主，就是使上帝的道無效。接受這種學說的人，必然把《聖經》看作虛構小說。他們或許會認為品德勝於惡行，但既把上帝的威權和正當性撇開，他們就單靠自身的能力行善，但人的能力沒有上帝的能力補充，是沒有價值、也無法制衡罪惡的。於是人靈性方面抵禦罪惡的防線就崩潰了，惡潮沖來，人便沒有自禦之能。我們拒絕上帝的道和聖靈，就料不到將來要沉到什麼深淵了。

上帝在《聖經》中對祂自己的描述，是為了供我們研究的，我們盡可以去考察尋求，此外我們就不應該僭越範圍。

感恩和讚美的效果

敬畏耶和華就是生命的泉源。箴言 14：27

能增進人心靈和身體健康的，沒有比感激和頌讚的心境更有效了。拒絕憂鬱和不知足的意念，確實是一種積極的責任，就像禱告一樣。我們既是要到天國去的，怎能在路上像一隊哭喪的人，怨歎呻吟地去到我們「父家」裡呢？

凡自稱是基督徒卻常怨歎，以愉快和幸福為有罪，這種人沒有真實的信仰在心裡。人若喜愛自然界一切憂鬱的景象，專集枯萎的黃葉而不採美麗的鮮花，見高山平原不見其青翠可愛，閉目塞耳地不見不聞宇宙間和諧悅耳的聲音，這種人就不在基督裡面。他們收集憂鬱和黑暗；其實他們盡可得到光明和快樂，盡可得到那「公義的日頭」在他們心中釋放的醫治之能。

往往人的腦筋因為受痛苦，就被遮暗了。在這種時候最好不要思想什麼。你知道基督愛你，祂明白你的軟弱，只要靠在祂臂上安息，就可遵行祂的旨意了。

依自然法則，我們的思想和感覺，每經過表達就更加堅決強固。言語固然表達思想，思想卻也跟著言語。我們若能多表示信心，多慶祝自己所有的福氣——上帝偉大的慈愛和憐恤——我們就可以有更大的信心和快樂。因感激上帝的仁愛而來的福氣，是言語難以形容，有限的智力也難以領會的。我們雖在地上，也能有泉水那樣長流不竭的快樂，因為這喜樂之泉是從上帝寶座那裡起源的。

故此，我們當培養我們的言語和思想，來頌揚上帝無量的仁慈，陶冶我們的靈性，做樂觀的人，常處在十字架的光芒之中。總不要忘記我們是天上大「君」的子孫，是萬君之耶和華的兒女。冷靜地信賴上帝，這是我們的權利。

自信的危險

7月
31日

自己心裡也斷定是必死的，叫我們不靠自己，只靠叫死人復活的上帝。哥林多後書1：9

我們的思想需集中於上帝。我們需盡力設法壓倒本性向惡的趨向。價值無窮的寶物，必須用相稱的努力和堅忍，以及犧牲的精神去追求。只有像基督那樣得勝，我們才能獲得生命的冠冕。

人最大的危險，就是自欺，自以為滿足，以致與上帝的能力隔絕。我們的本性，除非經上帝聖靈改正我們原含有道德死亡的因子。所以我們若不與上帝相連，就無從抗制自私的意念和犯罪的引誘，以及種種不良嗜好的影響。我們若要從基督那裡得幫助，必須先自覺虧欠，真正地認識自己。知道自己有罪的人，基督才能拯救。我們唯有自覺完全無力，唯有丟掉自恃之心，才可以緊握神的能力。

不但是在最初做基督徒的時候，必須丟開自負之心。往天路的行程中，每向前進一步，就須把自己丟開一步。我們的一切好行為，完全是靠著身外之力，所以我們應該從心中時刻發出仰望上帝的意念，時刻在祂面前謙恭，虔心認罪。在危機潛伏之際，我們唯一的安全，就是覺悟自己的軟弱，在信靠中緊握我們大能的拯救者。

千萬種引人注意之事我們都需要避開。世上有許多消耗光陰，惹人追求的事，其結果都是虛空。人們往往把精明的腦力和深切的研究用在無意義的事上，我們應該用最純粹的精力來追求最高尚的事。

認識上帝和耶穌，然後在品格上表現這種認知。人的提升，在天上地下間沒有比這可貴的了。這就是教育之中最崇高的教育，是開啟天門的鑰匙，是上帝要凡投靠基督的人應有的知識。

時兆文化

前進天家

Homeward Bound

天家

八月

合一的教會

上帝的選擇

8月 01日

你們作丈夫的，要愛你們的妻子，正如基督愛教會，為教會捨己。
以弗所書 5：25

上帝在地上有一教會。他們是祂的選民，是遵守祂誡命的。祂所引領的是一班整體的百姓，不是分支別流，這裡一個，那裡一個。真理是使人成聖的能力，但戰鬥中的教會並不是已經得勝的教會。在麥子中雜有稗子，僕人問：「你要我們去薅出來嗎？」主人卻回答說：「不必，恐怕薅稗子，連麥子也拔出來。」福音之網不但網到好魚，也網到壞魚，只有主知道誰是屬祂的。

我們個人的本分，就是謙卑地與主同行。我們不必追尋什麼新奇的信息，不要認為那些努力行在光中的上帝選民是巴比倫的成員。

教會中雖然有罪惡存在，並且一直要存在到世界的末了，但她在這末世，依然是被罪惡玷污敗壞的世界之光。教會雖然有軟弱和缺點，需要責備、警告和勸勉，但她仍是基督在地上最關懷的對象。世界就像一間工廠，耶穌藉著人力與神力的合作，用祂的恩典和上帝的慈悲對人心進行實驗。

上帝有一班獨特的子民，一個在地上的教會，他們是獨一無二的，他們教導真理和維護上帝的律法。上帝已經委派了祂的使者，就是祂所引導的人。他們飽受艱辛，與天上的使者合作，在世上推廣基督的國度。但願大家與這些蒙揀選的使者聯合起來，最終能列身於那些有聖徒的忍耐，守上帝誡命和耶穌真道的人中間。

上帝在地上的教會與祂在天上的教會原為一。地上的信徒與天上未曾墮落的眾生，組成了一個教會。

上帝的堡壘

你也可以知道在上帝的家中當怎樣行。這家就是永生上帝的教會，真理的柱石和根基。**提摩太前書 3：15**

教會乃是上帝為要拯救人類而設的機構，她是為服務而組織的，使命乃在將福音傳遍天下。上帝從起初就已計劃要藉祂的教會，向世人反映祂的豐盛與完全。教會的教友，就是祂所召、出黑暗入光明的人，都要顯出祂的榮耀來。教會是基督豐富恩典的寶藏庫；上帝大愛最終、最完全的表現，終必經由教會而彰顯，甚至要向「天上執政的、掌權的」（以弗所書3：10）彰顯出來。

《聖經》所載有關教會的應許，真是豐富奇妙。「我的殿必稱為萬民禱告的殿。」（以賽亞書56：7）「我必使他們與我山的四圍成為福源，我也必叫時雨降下，必有福如甘霖而降。」「我必給他們興起有名的植物，他們在境內不再為饑荒所滅，也不再受外邦人的羞辱，必知道、我耶和華——他們的上帝是與他們同在，並知道他們——以色列家是我的民。這是主耶和華說的，你們作我的羊，我草場上的羊，乃是以色列人，我也是你們的上帝；這是主耶和華說的。」（以西結書34：26，29-31）

教會是上帝在叛亂世界中所設的堡壘，也就是祂的逃城。任何辜負教會的行為，就是背叛那用自己獨生子的寶血買來的主。地上的教會從起初就由忠心的人組成。歷代以來，主都有祂的守望者向當代的人作忠心的見證。這些哨兵發出警告的信息，一旦他們奉命放下武器，就有別人取而代之。上帝與這些見證人立約，將地上的教會與天上的教會聯合起來。祂曾差遣天使為祂的教會服務，陰間的權柄也從未能勝過祂的子民。

上帝曾維持祂的教會，歷經幾世紀的迫害、鬥爭、與昏暗。沒有一片落在教會的黑雲，未經上帝的佈署，也沒有一種阻礙聖工的反對勢力，是祂未曾預知的，一切均按祂預示的發生了。祂並未撇棄祂的教會，反而在預言的宣示中說明將要發生的事，凡經祂的靈感動先知預言的，無不一一實現了。祂的一切旨意都必完成，祂的律法是與祂的寶座相連的，任何罪惡的權勢都無法加以破壞。真理既出乎上帝的靈感，又受祂的維護，就必勝過一切的反對。

信心合一

8月
03日

聖徒的忍耐就在此；他們是守上帝誡命和耶穌真道的。啟示錄14：12

上帝正帶領一班百姓從世界中出來，使他們站在永恆真理的崇高立場上，就是上帝的誡命和耶穌的真道。上帝要訓練並裝備祂的百姓。他們中間將不再有分歧，再不會有一人信這件事，另一人的信心和看法卻完全相反之事，各人都獨立於團體行事。藉著上帝放在教會中的各樣恩賜和權柄，他們都要在真道上同歸於一。如果一個人不顧弟兄們的觀點，堅持自己對於《聖經》真理的看法，並且自以為是，揚言有權標新立異，勉強別人接受他的看法，他怎麼能實現基督的禱告呢？如果所有人起來，各自聲稱有權相信和講述自己偏愛的，不顧教會團體的信仰、基督所求、存在於祂和父之間的合一，又如何能在弟兄們中間實現呢？

上帝正領出一班百姓，將他們建立在信仰的偉大根基之上，這根基就是上帝的誡命和耶穌的見證。祂已將一條清楚連貫的《聖經》真理之鏈賜給祂的百姓。這真理源出天國，一直像隱藏的珍寶一樣被人搜尋。它是人們藉著仔細查考《聖經》和禱告挖掘出來的。

上帝的心從未像現在這樣，向祂地上的兒女發出深切的關愛、憐憫和溫柔。歷史上再沒有一個時代像現在這樣，上帝已準備好且等著為祂的子民做更多的事。祂必指教並拯救凡願意按祂的方法得救的人。唯有屬靈的人才能夠辨別屬靈的事，看到上帝在各地臨格和工作的記號。撒但用他奸猾邪惡的狡計，在伊甸園引誘我們始祖從無罪純潔墮入了有罪且無可言喻的悲慘境地。他從未停止毀滅的工作，他竭盡全力在這末世加速其毀滅生靈的工作。他用盡心機欺騙上帝的子民，使他們困惑混亂。

你若要得救，就必須接受基督的軛，放棄你認為適合自己的軛。耶穌在曠野取得的勝利，是你可以藉著祂的名得勝的保證。你唯一的希望和救恩就在於要像基督那樣得勝。

光的引導

起來！進城去，你所當作的事，必有人告訴你。●使徒行傳9：6

亞拿尼亞對天使的話難以置信，因為掃羅逼迫耶路撒冷聖徒的消息，已經傳到遠近各處。他大膽提出異議說：「主啊！我聽見許多人說，這人怎樣在耶路撒冷多多苦害你的聖徒；並且他在這裡有從祭司長得來的權柄捆綁一切求告你名的人。」但這命令是強制執行的：「你只管去；他是我所揀選的器皿，要在外邦人和君王並以色列人面前，宣揚我的名。」

亞拿尼亞服從天使的指示，去找尋那最近向信奉耶穌之人口吐威嚇的人，並按手在這悔改受苦之人的頭上，說：「兄弟掃羅！在你來的路上，向你顯現的主，就是耶穌，打發我來，叫你能看見，又被聖靈充滿。」

這樣，耶穌就尊重了自己組織教會的權威，使掃羅與祂指定的代理人接觸。基督如今有一個教會在地上作祂的代表，她應有的工作乃是指引悔改的罪人走上生命之道。

許多人認為他們要為自己得到的亮光和經驗直接向基督負責，不必倚賴祂在地上承認的信徒。耶穌固然是罪人的良友，祂的心憐恤他們所受的災禍。祂擁有天上地下所有的權柄，但祂也尊重祂所命定、為使人得蒙光照與拯救的媒介，祂引領罪人到教會來，這教會就是祂為傳達真光與世人所立的通道。

在盲目的錯誤和偏見之中，掃羅遇見他所逼迫的基督顯現，他便得與教會，就是世上的光直接交通。在這件事上，亞拿尼亞代表基督，即基督在地上的使者，也是指定代表祂的。亞拿尼亞代表基督摸掃羅的眼睛，叫他能看見。他代表基督按手在掃羅身上，當他奉基督的名禱告時，掃羅就領受了聖靈。一切都是奉基督的聖名並靠基督的權威而行的。基督是泉源，教會是流通的河道。

8月 05日 同工

當從你們中間選出七個有好名聲、被聖靈充滿、智慧充足的人，我們就派他們管理這事。使徒行傳6：3

當門徒增多時，事情就這樣發生了；仇敵順利地使某些過去慣於嫉妒弟兄、並在屬靈領袖身上找錯的人猜疑；因此「有說希利尼話的猶太人，向希伯來人發怨言。」他們抱怨的原因，據說是在每日分配補給品的事上忽略了希利尼人的寡婦。

耶穌的門徒這時已面臨到經驗上的一個危機。在眾使徒賢明的領導之下，由於他們靠著聖靈的能力同心作工，交託與福音使者的工作旋即發展。教會不斷擴大，由於教友人數的增加，那些負責人的負擔日見繁重。沒有哪一個人，甚或哪一班人，能繼續單獨負起這些責任，而不危及教會將來的興盛。……這時使徒們必須採取一個重要的步驟，將他們自己過去所負的責任分擔給別人，使教會中合乎福音的秩序得以健全起來。

這七個人受派管理特別工作，經證明對教會大有惠益。

福音的傳揚，其範圍原是普及全世界的，因此，十字架的信使若不保持基督徒團結合一的精神，藉此向世人顯明他們在上帝裡與基督合而為一，他們就無從希望完成重要的使命。神聖的領袖豈沒有為他們向天父祈求——「求你因所賜給我的名保守他們，叫他們合而為一，像我們一樣」嗎？

門徒唯有與基督合一，才能得到聖靈的同在和天使的合作。他們既有這些神聖能力的幫助，便可在世人面前組成一條聯合陣線，並在他們與黑暗勢力不斷進行的爭戰上得勝。

教會合一的例子

主將得救的人天天加給他們。**使徒行傳 2：47**

無論何處只要有真誠的人願意獻身為基督服務，那裡就要建立傳布真光和福惠的中心，這是早期教會受託從事的工作，且這事工不斷在增長。福音的傳揚，其範圍原是普及全世界的，因此，十字架的信使若不保持基督徒團結合一的精神，藉此向世人顯明他們在上帝裡與基督合而為一，他們就不可能完成重要的使命。他們神聖的領袖豈沒有為他們向天父祈求——「求你因所賜給我的名保守他們，叫他們合而為一，像我們一樣」嗎？論到他的門徒，祂豈沒有說：「世界又恨他們，因為他們不屬世界」嗎？祂豈沒有向天父懇求，使他們「完完全全的合而為一」，「叫世人可以信你差了我來」嗎？（約翰福音17：11，14，23，21）他們屬靈的生命和能力，乃在乎那委派他們傳福音的主與他們之間是否有密切的聯絡。

門徒唯有與基督合而為一，才能希望得到聖靈能力的同在和天使的合作。他們既有這些神聖的幫助，便可在世人面前組成聯合陣線，必在與黑暗勢力不斷進行的爭戰上得勝。當他們聯合一致地工作時，天上的使者就要行在他們的前面開路；人心就必預備妥當接受真理，許多人也必因而歸服基督了。只要他們保持合一的精神，教會就必前進，「美麗如月亮，皎潔如日頭，威武如展開旌旗軍隊的。」（雅歌6：10）任何事物都不能攔阻她向前進展。教會必要前進，勝了又勝，光榮地完成她傳福音給世人的神聖使命。

真理的使者無論在何處引人相信福音，均應以耶路撒冷教會的組織作為教會組織的範例。那些奉命負責監督教會的人，絕不可以上帝產業的主管人自居，而是要作聰明的牧者，「牧養……上帝的群羊，……作群羊的榜樣。」（彼得前書5：2-3）

教會秩序

上帝的道興旺起來；在耶路撒冷門徒數目加增的甚多。使徒行傳6：7

在摩西和大衛時代，上帝子民領袖遵循的敬虔和公義的原則，也應在新約時代，為蒙召管理組織上帝教會的人遵行。使徒為各教會安排事項、並選立合適人才擔任職員的事上，都堅持遵守《舊約》中所列作領袖的崇高標準。他們主張：凡蒙召在教會中身負領導責任的人，「既是上帝的管家，必須無可指責；不任性，不暴躁，不因酒滋事，不打人，不貪無義之財；樂意接待遠人，好善，莊重，公平，聖潔，自持；堅守所教真實的道理，就能將純正的教訓勸化人，又能把爭辯的人駁倒了。」（提多書1：7-9）

早期的基督教會保持的秩序，使會眾能像一支紀律嚴明的軍隊，穿戴著上帝的軍裝，穩步前進。一隊隊的信徒雖然分散在廣大的地區，但全都是一個身體的肢體；大家行動一致，彼此諧調。如果一處地方教會內部發生分爭，例如後來在安提阿和別處所發生的一般，當地的信徒無法自行達成協議，就不可容許這類的事件引起分裂，而要提交全體信徒的大會，這個大會是由各處地方教會所指派的代表，以及擔負領導責任的使徒與長老所組成的。這樣，撒但攻擊那些偏遠教會所作的努力，就能以全體一致的行動來應付，而仇敵分裂及摧毀教會的計謀也就遏止了。

「上帝不是叫人混亂，乃是叫人安靜。」（哥林多前書14：33）祂要今日在辦理教會的各項事務上正如古時一樣，必須遵守秩序和規律。祂希望祂的工作縝密而正確地向前推進，得蒙祂的認可。基督徒與基督徒，教會與教會，都要聯合一致，人的力量和方法得與神的能力方法合作，一切都馴服於聖靈之下，大家聯合一致將上帝恩惠的佳音傳給世人。

教會的使命

人子來，為要尋找、拯救失喪的人。**路加福音 19：10**

教會的使命是拯救將亡的罪人，向人顯明上帝的愛，藉著愛的功效引人歸向基督，現代真理應當傳遍地上黑暗的角落，這項工作可以從家裡開始。基督徒不應過自私的生活，應被基督的靈充滿，與祂協力同工。

現今世上的冷淡和疑惑是有許多原因的。愛世界的心和今生的思慮，使人離開上帝。生命之水必須在我們的心中，又要從我們的心中流出，直湧到永生。上帝怎樣在我們裡面行事，我們也當照樣行出來。基督徒若要享受光明的生活，就當加倍努力，引領別人認識真理。他的生活特色，應當是捨己為人，盡力行善，這樣就不至於埋怨沒有快樂了。

天使不時地參與為別人謀福的工作，這就是他們的樂趣。那在天上王庭中純潔無罪的天使，為沉淪的人類——在品質和等級上都比天使低的人類——服役。自私的人會認為這是下賤卑微的工作。基督克己犧牲的愛，是彌漫天庭的精神，也是天庭福樂的本質。

凡不覺得設法造福他人，為別人工作，甚至於犧牲自己使人得益特別快樂的人，就不能有基督的精神或天上的精神，因為他們的工作沒有與天使的工作聯合，所以就不能分享那給予他們的高尚喜樂之福。……天使既然見到罪人悔改就感到喜樂，那麼為基督寶血所救贖的罪人，見到別人因他們的工作而悔改歸向基督，豈不應當也要感到喜樂嗎？我們若與基督及聖天使合力作工，就可經驗一種喜樂，這種喜樂是凡與這工作無分的人體驗不到的。

基督十字架的原則，使凡相信的人負有克己的嚴肅責任，要把光傳給別人，奉獻他們的個人資產來推廣這光。他們若與天庭相聯絡，就會從事與天使和諧的工作。

教會的力量

8月 09日

> 但聖靈降臨在你們身上，你們就必得著能力。使徒行傳1：8

經上說：「祂（真理的聖靈）既來了，就要叫世人為罪、為義、為審判，自己責備自己。」傳道的工作若沒有聖靈時時同在和幫助，就不能生效。聖靈是神聖真理唯一有效的教師。唯有聖靈和真理一同進入人心，才能甦醒良心，改變生活。一個人盡可以講解《聖經》的字句，熟悉其中的命令和應許；但若沒有聖靈用真理感化人心，就沒有人能掉在磐石上跌碎。一個人無論受過多少教育，有多大的才能，若沒有聖靈的合作，就不能成為傳播真光的導體。福音的種子，若沒有天上的雨露甦醒其中的生命，撒種的工作就不會有收成。在基督升天之後，《新約聖經》還未寫成，福音信息還未宣講之前，聖靈就已降在那些正在禱告的使徒身上了。隨後，他們的仇敵對他們作了這樣的見證：「你們倒把你們的道理充滿了耶路撒冷。」（使徒行傳5：28）

基督曾應許賜下聖靈的恩賜給祂的教會，我們也能領受這應許，如同初期的門徒一樣。但這也像其他的應許一樣，是有附帶條件的。許多人相信，並表示願意領受主的應許；他們談基督和聖靈，卻未得到什麼益處。因為他們沒有奉獻自己接受神聖能力的引領和管理。不是我們差遣聖靈，乃是聖靈差遣我們。上帝藉著聖靈在祂子民的心裡運行，使他們「立志行事成就祂的美意。」（腓立比書2：13）但是許多人不願意服從領導，他們要自作主張，這就是他們得不到恩賜的原因。唯有那些謙卑等候上帝，並注意祂領導和恩典的人，才能得到聖靈。上帝的能力在等著他們請求和領受，人若憑著信心領受這應許的福分，這福便會帶來一連串其他恩惠。上帝的能力是照著基督豐盛的恩典賜給人的，而基督也是隨時照各人領受的能力賜福給各人。

耶穌向門徒講話時，沒有對自己將受的苦難和死亡作任何悲觀的暗示。祂最後的臨別贈言，乃是賜平安的應許。祂說：「我留下平安給你們；我將我的平安賜給你們。」（約翰福音14：27）

住在基督裡

你們若遵守我的命令，就常在我的愛裡。約翰福音 15：10

與基督的聯合一旦形成，就必須保持下去。基督說：「你們要常在我裡面，我也常在你們裡面。枝子若不常在葡萄樹上，自己就不能結果子；你們若不常在我裡面，也是這樣。」這不是偶然的接觸，也不是間斷的聯合。枝子要成為活葡萄樹的一部分。從樹根輸送到枝子裡的生命、力量和使果實成熟的元素，需要經常不斷、不受阻礙的交通。枝子離了葡萄樹，就不能存活。耶穌說：「你們從我領受的生命，唯有藉著不斷地與我交通，才能保持到永恆。離了我，你們不能勝過罪惡，也不能抵擋試探。」

「你們要常在我裡面，我也常在你們裡面。」常在基督裡面的意思，就是不間斷地接受祂的靈，過一種完全獻身於祂的服務生活。人與上帝之間的交往，必須經常暢通無阻。枝子怎樣經常從活的葡萄樹裡吸取汁液，我們也照樣要靠耶穌。因著信，從祂那裡領受力量，領受祂完美的品德。

葡萄樹的生命，必在枝子所結清香之果上顯明出來。耶穌說：「常在我裡面的，我也常在他裡面，這人就多結果子；因為離了我，你們就不能作什麼。」當我們因信而吸收上帝兒子的生命時，在我們的生活中就可看到聖靈所結的果子，一樣也不缺少。

「我父是栽培的人。凡屬我不結果子的枝子，祂就剪去。」枝子在外表上雖然連在葡萄樹上，但可能還沒有生命的連接。那樣，它就不會生長，也不會結果子。照樣，人也可能與基督有外表上的聯合，但實際上卻沒有因著信與祂真正的合而為一。人若自稱信仰基督，就可以加入教會，但只有品格和行為才能顯明他是否與基督聯合。不結果子的，就是假枝子。他們與基督分離後必遭遇徹底滅亡，正和死枝子的結局一樣。基督說：「人若不常在我裡面，就像枝子丟在外面枯乾，人拾起來，扔在火裡燒了。」

倒空自己

祂必興旺，我必衰微。 約翰福音3：30

約翰憑著信心仰望救贖主，達到捨己的最高峰。他並不想吸引人注意自己，乃是要提升他們的思想，往高處延伸，直到上帝的羔羊身上。他本身不過是一個聲音，就是曠野的人聲。現在他快樂地靜默隱退，使眾人的眼目可以轉向那生命之光。

凡忠心蒙召作上帝使者的人，必不求自己的尊榮。愛己之念，必被愛基督的心所吞沒，絕不容爭權奪利的意念損害福音最高貴的目的。他們要認清自己的責任，像施洗約翰那樣宣告：「看哪，上帝的羔羊，除去世人罪孽的。」（約翰福音1：29）他們要高舉耶穌。祂既被高舉，人類也被高舉了。「因為那至高至上、永遠長存、名為聖者的如此說：『我住在至高至聖的所在，也與心靈痛悔、謙卑的人同居；要使謙卑人的靈甦醒，也使痛悔人的心甦醒。』」（以賽亞書57：15）

先知約翰既能虛己，就被上帝的光所充滿。他為救主的榮耀作見證的話，幾乎與基督和尼哥底母會談時所說的話相吻合。約翰說：「從天上來的是在萬有之上；從地上來的是屬乎地，他所說的也是屬乎地。從天上來的是在萬有之上。……上帝所差來的，就說上帝的話，因為上帝賜聖靈給他，是沒有限量的。」基督卻能說：「我不求自己的意思，只求那差我來者的意思。」（約翰福音5：30）經上說：「你喜愛公義，恨惡罪惡；所以上帝，就是你的上帝，用喜樂油膏你，勝過膏你的同伴。」（希伯來書1：9）

跟從基督的人也是如此。唯有願意虛己，才能領受天上來的光照。除非我們願意將所有的心意奪回，使之順服基督，我們才能認識上帝的品格，也能因信接受基督。凡能這樣行的人，都有無限量的聖靈賜給他們。

在教會裡的自我犧牲
我們若彼此相愛，上帝就住在我們裡面。約翰壹書 4：12

律法師向耶穌所發的問題是：「我該作什麼？」耶穌承認愛上帝和愛人為公義的總綱，便說：「你這樣做，就必得永生。」那撒瑪利亞人受到慈悲仁愛之心的驅使，證明他是個遵行律法的人。基督吩咐律法師說：「你去照樣做吧！」可見祂所求於上帝兒女的，是去實行而不是空談。「人若說他住在主裡面，就該自己照主所行的去行。」（約翰壹書2：6）

現今和耶穌的時代一樣，同樣需要這個教訓。自私和冷淡的形式主義，幾乎熄滅了愛的火焰，破壞了使人的品格釋放芬芳的美德。許多承認主名的人忘記了基督徒的責任是代表基督。我們若不在家庭中、鄰里間、教會裡或無論什麼地方，在實際行動上捨己為人，那麼無論我們口裡怎樣表白，總不能算是基督徒。

基督很關心世人，祂要我們在拯救人類的事上與祂聯合。祂說：「你們白白地得來，也要白白地捨去。」（馬太福音10：8）罪為一切痛苦患難之源，所以我們的責任是憐愛並幫助犯罪的人。許多犯過錯誤的人，自覺羞愧、自知愚昧，渴望聽到幾句勉勵的話。他們的眼光盯著自己的過失和錯誤，被逼到幾乎絕望的地步。我們不可忽視這等人。如果我們是基督徒，就不應當從他們身旁略過，不應當躲避那些最需要我們幫助的人。當我們看見別人因患難或罪惡而受苦時，萬不可說：「這事與我無關。」

「你們屬靈的人就當用溫柔的心把他挽回過來。」（加拉太書6：1）要藉信心和祈禱，擊退仇敵的勢力；要說有信心和勇氣的話，使受傷的人聽了如瘀傷敷上藥膏一般。有許許多多的人，在人生的大鬥爭中已經灰心喪膽，只要有人向他們說一句仁愛勉勵的話，就能堅固他們，使他們得勝。我們不可忽略用上帝所賜的安慰，去安慰每個受苦的人。

上帝帶領祂的百姓

我要作他們的上帝，他們要作我的子民。耶利米書 31：33

上帝正在引導一班人在永恆真理的立場上與祂聯合。基督曾為世人捨己，「要贖我們脫離一切的罪惡，又潔淨我們，特作自己的子民，熱心為善。」這種提煉的過程，是要清除教會裡一切不義和紛爭，使他們建造而不是拆毀，把精力集中在當前的大工上。上帝命定祂的子民在信仰上同歸於一。基督被釘十字架之前的禱告，是希望祂的門徒們合而為一，如同祂與父合而為一，叫世人信父差了祂來。這篇最動人奇妙的禱告，世代相傳至今日，因為祂說：「我不但為這些人祈求，也為那些因他們的話信我的人祈求。」

自稱基督門徒的人，應當何等熱切地追求這個祈禱在自己的生活上實現啊！許多人沒有意識到教會關係的神聖性，不肯服從約束和紀律。他們的行為表明他們看重自己的見解，多過教會的判斷；又不願小心自律，以免助長反對教會主張的精神。而在教會裡居負責地位的人，可能犯與別人一樣的錯，他們的決策也有錯誤的可能。儘管如此，基督在地上的教會已賦予他們一種不可輕視的權威。基督在復活之後，曾授權給教會說：「你們赦免誰的罪，誰的罪就赦免了；你們留下誰的罪，誰的罪就留下了。」

每位信徒都應全心全意地與教會聯合，以教會的興旺為他最關心的事。他如果沒有意識到自己負有神聖的責任，使自己與教會的聯合造福於教會而非為己，若是如此，教會沒有他可能會更好。每個人都有能力為上帝的聖工貢獻。……遵守外表的儀式，絕不能滿足人心靈的大需要。口頭上承認基督並不足以使人經得起審判之日的考驗。我們應當完全信靠上帝，像孩子一樣信賴祂的應許，並完全獻身遵行祂的旨意。

和諧的影響力

我……勸你們……；既然蒙召，行事為人就當與蒙召的恩相稱。……
用和平彼此聯絡，竭力保守聖靈所賜合而為一的心。以弗所書 4：1－3

這世上沒有什麼是因為太寶貴而不能獻給耶穌的。我們若將祂託
付我們保管的銀子交還給祂，祂就會把更多的銀子交在我們手
中。我們為基督作的每一番努力，都要得祂的報償。我們為祂的名盡
的每一個本分，都會促進我們自己的幸福。上帝讓自己寶貴的愛子被
釘在十字架上，為使一切信祂的人可以奉耶穌的名合而為一。既然基
督作出這麼偉大的犧牲來拯救人類，使他們能彼此合一，像祂與父合
一那樣，那麼，門徒為要保守這種合一，還有什麼犧牲能算為大呢？

　　世人如果看見上帝的教會裡和諧一致，就能獲得對基督教積極正
面的證據。爭端、不愉快的歧見、吝嗇的教會，都會使我們的救贖主
蒙羞。如果自我能降服於上帝，耶穌的門徒願意順從教會的意見，這
一切都是可以避免的。不信的心暗示：個人的獨立會增加自己的威
望、保留自己認為正當的意見屈從裁決是軟弱的表現，但這種情緒和
看法是不妥當的，會使我們陷於混亂矛盾之中。基督看出上帝的聖工
需要合一和基督化的友誼，就如此吩咐祂的門徒。因此，從那時直至
今日，基督教會的歷史已證明只有團結，才有力量。我們個人的見解
應當服從教會的權威。

　　使徒們認為需要有緊密的團結，他們為這個目標而努力。保羅勸
勉他的弟兄們說：「弟兄們，我藉我們主耶穌基督的名，勸你們都說
一樣的話；你們中間也不可分黨；只要一心一意，彼此相合。」

　　他寫信給腓立比的弟兄們說：「所以在基督裡若有什麼勸勉，愛
心有什麼安慰，聖靈有什麼交通，心中有什麼慈悲憐憫，你們就要意
念相同，愛心相同，有一樣的心思，有一樣的意念，使我的喜樂可以
滿足。凡事不可結黨，不可貪圖虛浮的榮耀；只要存心謙卑，各人看
別人比自己強。各人不要單顧自己的事，也要顧別人事。你們當以基
督耶穌的心為心。」

教會的責任

你若將這些事提醒弟兄們，便是基督耶穌的好執事。**提摩太前書4：6**

聖靈就是人屬靈生命的氣息。承受聖靈就是承受基督的生命。承受之人也就有了基督的屬性。唯有受耶和華的教訓，有聖靈在內心運行，在生活上實踐基督之生活的人，才能作主的代表，為教會服務。

基督說：「你們赦免誰的罪，誰的罪就赦免了；你們留下誰的罪，誰的罪就留下了。」在這裡，基督並不是讓人隨意論斷他人。祂在山邊寶訓裡已禁止論斷人，因為這是上帝的權柄。但是，上帝把牧養個別教友的責任放到有組織的教會身上。對那些陷在罪中的同道，教會有警戒、教導的責任，並盡可能把他們挽回過來。主說：「用百般的忍耐、各樣的教訓、責備人，警戒人，勸勉人。」（提摩太後書4：2）要忠誠地對待犯錯的人。要警戒每一個陷在危險之中的人，不要讓任何人欺騙自己。罪就是罪，無法隱藏。關於說謊、干犯安息日、偷竊、拜偶像，以及其他惡事，上帝怎樣說，你們也要怎樣說。「行這樣事的人必不能承受上帝的國。」（加拉太書5：21）如果他們執迷罪中，那麼，你們根據上帝的話而下的判決，在天上也要照樣宣布。他們既自願陷在罪裡，就是否認了基督；教會必須表明不讚許他們的行為，否則教會本身就羞辱了救主。上帝對罪有什麼表示，教會也必須有什麼表示。教會必須照上帝的指示處理罪惡，這樣，教會所作的決定天上就必批准，所以凡輕視教會權威的，就是輕視基督的權威。

但這幅景象，也有它光明的一面。「你們赦免誰的罪，誰的罪就赦免了。」務要重視這句話，在為犯罪的人工作時，每個人的眼睛都必須仰望基督。

教會要以感恩的心情接納罪人的悔改。要引領悔改的人脫離不信的黑暗，進入信心和公義的光明之中。要使他把戰兢發抖的手放在耶穌慈愛的手裡，這樣的赦免是上天樂於認可的。

處理誤會

你們中間有彼此相爭的事，怎敢在不義的人面前求審，不在聖徒面前求審呢？哥林多前書6：1

無論罪的性質如何，都無法改變上帝為解決誤會與個人傷害的方法。本著基督的精神與犯錯的人單獨交談，往往能將難處解決。當滿心存著基督的愛和同情，到有錯的弟兄那裡，設法調解這事，當心平氣和地與他講理，禁止說出急躁的話，設法引起他明智的判斷。要記住《聖經》的話：「這人該知道叫一個罪人從迷路上轉回，便是救一個靈魂不死，並且遮蓋許多的罪。」（雅各書5：20）

當設法挽救你的弟兄，使他那不滿不和睦的毛病獲得醫治。要盡你的本分幫助他，為了教會的和平與合一，你應當覺得這樣行，不但是你的義務，也是你的權利。他若聽你，你就得了一位朋友。

在受害的人和那犯錯之人會面時，全天庭都甚關心。若是那犯錯的人接受出自基督之愛而發的責備，承認自己的錯，又在上帝和他的弟兄面前求饒恕，上天的陽光就滿照在他的心中。紛爭於是消滅，友誼和信任也就恢復。仁愛的油消除了過失造成的創傷。上帝的靈使二人的心彼此相連，天上也要奏樂，慶祝二人的復合。

那些在基督徒的友誼中和好的人向上帝獻祈禱，保證自己要行公義，好憐憫，存謙卑的心與上帝同行時，最大的福惠就會臨到他們。他們若曾得罪了別人，也當繼續悔改、認罪、賠償損失、彼此和好、決意互相善待，這就成全了基督的律法。

「他若不聽，你就另外帶一兩個人同去，要憑兩三個人的口作見證，句句都可定準。」（馬太福音18：16）你當請屬靈的人與你同去，與那犯錯的人談到他的錯誤，也許他會因為看見弟兄們的意見都一致，心思遂得開導。

遇到無法規勸之人

我要赦免他們的罪孽，不再記念他們的罪惡。耶利米書 31：34

如果犯錯之人不肯聽勸，那麼只得將這事交給全體信徒。但在沒有經過前述的努力前，絕不可採取這最後的步驟。代表基督的教會既然受理這事，教友就要聯合禱告，並用愛心勸導來挽回這犯錯的人。聖靈必藉著祂僕人的話語，勸化這迷路的人歸回上帝。使徒保羅受聖靈感動說：「好像上帝藉我們勸你們一般，我們替基督求你們與上帝和好。」（哥林多後書5：20）人若拒絕教會全體的規勸，那就是割斷了他與基督的關係，也就是與教會斷絕了屬靈的交通。耶穌說，從此以後，「就看他像外邦人和稅吏一樣。」但仍不可將他視為與上帝憐愛隔絕的人。先前作他弟兄的不可藐視或冷漠以對，倒要溫和慈愛地對待他，把他當做基督仍尋找、納入羊圈的一隻迷羊。

基督指示、對待犯錯之人的指示，更詳細地說明那藉著摩西所曉諭以色列人的教訓：「不可心裡恨你的弟兄，總要指摘你的鄰舍，免得因他擔罪。」（利未記19：17）也就是說，人若疏忽基督指明的義務，不設法挽回那犯錯的罪人，他在那人的罪上也有分。我們能制止的罪惡，若是對其不聞不問，我們就要為那罪負責，如同自己犯了一樣。

但是我們應該只向那犯錯的人指出他的錯誤，不可將這事作為我們議論和批評的話題，即使在告訴教會之後，也不可任意向他人說起。基督徒的錯誤一經公開，只會成為非信徒的絆腳石。況且討論這些事，只能使自己受損害，因為我們常注意什麼，就受什麼影響。當我們誠心設法糾正一位弟兄的錯誤時，基督的靈就必引領我們儘量保護他，免受自己弟兄的批評，更要保護他免受不信之人的非難。我們自己都是常犯錯的人，都需要基督的憐恤和赦免。我們希望主如何待我們，主吩咐我們也要如何彼此相待。

彼此照顧

免得身上分門別類，總要肢體彼此相顧。哥林多前書 12：25

團結就是力量，分裂就必軟弱。信仰現代真理的人何時能彼此團結合一，他們就能發揮有效的感化力。撒但十分明白這事，他立下前所未有的決心，要在主的子民中，搬弄是非、散發紛爭結黨的事，使上帝的真理歸於無效。

世人攻擊我們，屬世的教會亦同，連地上的法律不久後也要加入攻擊我們的陣營。如果有一個時期是上帝的子民應當彼此密切團結的，那就是現在！上帝已將現代的特別真理委託我們，要我們傳給世人知道。最後的恩典信息現正發出。我們面對的世人，正是身受審判之人。我們的一言一行，該多麼謹慎！密切的效法那「模範」，以便我們的榜樣可以引人歸向基督。我們應當審慎設法傳揚真理，使別人因得見其美麗與純潔領受之。我們的品格若顯明真理能使人成聖，就要不斷地發光，成為活的推薦信，使眾人都知道。我們不能心懷紛爭、不睦、競爭，以致給撒但留下地步。

在救主被釘十字架之前，祂為門徒作最後禱告時，祂心中的重擔就是願門徒之間彼此團結親愛。雖有十字架的苦難當前，祂的祈求卻不是為自己，乃是為一群繼續要推進祂地上聖工的人。最慘重的苦難在等著他們，但耶穌卻看出他們最大的危險，是出於他們之間一種紛爭苦毒的精神而來。

凡身受上帝僕人勞苦工作惠助的人，都當按自己的才幹，與祂合作救靈之工。這乃是一切真實信徒、傳道人和教友應作的工作。他們應當常存這種偉大的目標，每人在教會中擔任合適的職位，大家親愛、和諧、有條不紊地合作。

他們仍為教會的團結力量而勞力。他們要謹慎自守，免得紛爭結黨的事趁虛而入。

8月 19日 教會要跟隨救主的規則

先去同弟兄和好，然後來獻禮物。**馬太福音 5：24**

凡奉召監護教會屬靈福利的人，應當小心建立正當的榜樣，不給嫉妒、紛爭、及猜疑留機會，反應時常表現仁愛、尊敬、及禮貌的精神，正如他們樂見這些事在弟兄們身上滋長一樣。應當殷勤留心聽《聖經》的教訓，阻止怨恨或冷淡的流露、當清除每條惡毒之根。何時在弟兄之間起了糾紛，何時就當嚴格順從救主的規律。當盡一切可能的努力，設法和好；如果雙方固執，堅持異見，就當予以停職，直到他們能同意和好。

在教會中發生苦惱之事時，每個教友都當省察己心，看其中是否存有禍根。屬靈的驕傲、獨裁的心意、爭圖名位的野心、缺乏自制、放縱情慾或偏見，心志不堅或缺少判斷，這些都可能攪亂教會，犧牲其和平。

困難往往是因閒話而起，他們的耳語傳言及暗示毒害了無疑的心思，離間了至好的密友。搬弄是非的人，在其惡行上總是受許多愛聽閒話及心術不良之人的附和，說：「告發他吧！我們也要告發他！」但在基督的門徒中，卻絕不可容許這種罪惡。身為基督徒的父母們，不應該在家中把閒話重述，也不應發表批評教友的意見。

基督徒應將遏制嫉妒或忌恨的精神當作一項信仰本分。他們應當為弟兄們有更好的名聲及興旺而喜樂，縱使此時自己的品格或成就彷彿湮沒無聞，亦應如此。

我們當追求真實的良善，過於追求屬世的偉大。凡以基督之心為心的人，就必自覺謙卑。他們必為教會的純潔及興旺而效勞，寧願犧牲自己的福利及願望，也不願意在弟兄間引起紛爭。

福音網

天國又好像網撒在海裡，聚攏各樣水族。**馬太福音 13：47**

「天國又好像網撒在海裡，聚攏各樣水族。網既滿了，人就拉上岸來；坐下，揀好的收在器具裡，將不好的丟棄了。世界的末了，也要這樣。天使要出來，從義人中把惡人分別出來，丟在火爐裡；在那裡必要哀哭切齒了。」（馬太福音13：47-50）

撒網代表傳講福音。這就好比將好人和惡人都收進了教會。當福音的使命完成之後，審判就要成就分辨的工作。基督看出教會中的假弟兄要使真理之道遭受譭謗，世人要因為假信徒不守真道的生活侮辱福音，連一些基督徒也要因許多徒負基督之名、卻不受基督之靈管理的人而跌倒。既有這些罪人在教會中，就使人以為上帝有寬容他們罪的危險。故此基督預先揭示那遮掩未來的幔子，吩咐眾人都明白那決定人命運的並不是地位，而是品格。

稗子和撒網的比喻，都清楚地說明將來不會有一切惡人都歸向上帝的一天。麥子和稗子要一齊生長，直到收割的時候。好魚和壞魚，都要拉到岸上來作最後的分辨。

再者，這兩個比喻也說明審判之後，再沒有寬容的時期。一旦福音的工作完成，緊接著就是分別善惡的工作，那時兩者的命運便永遠決定了。

上帝不願見到任何人滅亡。「主耶和華說：我指著我的永生起誓，我斷不喜悅惡人死亡，惟喜悅惡人轉離所行的道而活。……你們轉回、轉回吧！離開惡道，何必死亡呢？」（以西結書33：11）在寬容的恩典時期，祂的靈不住地勸人接受生命的恩賜。唯有拒絕祂勸勉的人才要被丟棄而滅亡。上帝已經宣布罪既是破壞宇宙的惡根，必須予以滅絕。凡堅持罪惡而不放手的人，終必與罪惡同歸於盡。

8月 21日 耶穌愛教會

這並不是我寫一條新命令給你，乃是我們從起初所受的命令。
約翰二書 5

這種愛就是作基督門徒的憑據。耶穌說：「你們若有彼此相愛的心，眾人因此就認出你們是我的門徒了。」人若不是憑勢力或私利組成團體，而是因愛結合，他們就能顯出超越人間一切影響力的感化之工。因這合一的精神眾人便可知道，上帝的形像如今正在他們身上恢復；一種新生活原則，正在人心裡培植。這也顯明：神性裡有權能，足以抵抗超自然的惡勢力，上帝的恩典足以制服世人生來就有的私心。

這種愛若在教會中有所表現，就必惹撒但惱怒。耶穌說：「世人若恨你們，你們知道，恨你們以先已經恨我了。你們若屬世界，世界必愛屬自己的；只因你們不屬世界，乃是我從世界中揀選了你們，所以世界就恨你們。你們要記念我從前對你們所說的話：『僕人不能大於主人。』他們若逼迫了我，也要逼迫你們；若遵守了我的話，也要遵守你們的話。但他們因我的名要向你們行這一切的事，因為他們不認識那差我來的。」（約翰福音15：18-21）福音一向是在各種反對、危險、損失和苦難林立的環境之中，積極奮鬥而得以推進的。凡作這工的人，不過是在追隨他們夫子的腳蹤。

基督因能為門徒成就遠超過他們所求所想的事，心中歡喜。祂確知天父在創世以前所發佈的全能命令，所以祂講話很肯定。祂知道，以無所不能的聖靈武裝起來的真理，在同邪惡勢力的鬥爭中必能獲勝，那血染的旌旗必在祂的信徒上方勝利地飄揚。祂知道凡信靠祂的門徒，其人生也要像祂百戰百勝的人生一樣。此勝利雖在今生不被認可，但在永久的將來卻是倍受尊崇的。

基督不灰心，也不喪膽。祂的門徒也要顯示同樣恆久忍耐的信心。他們要像祂一樣生活，像祂一樣工作，因為他們視祂為偉大事工的教師。

個人意見無法成就教會事工

若有人以為自己知道什麼，按他所當知道的，他仍是不知道。
哥林多前書 8：2

救贖主已賦予祂的教會極大的權能。祂提出一些可用以審查其成員的規則。在賜下明白指示，顯示其所當行之道後，祂說：「我實在告訴你們，凡你們在地上所捆綁的，在天上也要捆綁；凡你們在地上（教會的紀律方面）所釋放的，在天上也要釋放」（馬太福音18：18）。這樣，如果教會按《聖經》的條例，對其成員實行紀律仲裁之時，天庭掌權的就會批准。

上帝並沒有允許人建立自己的判斷，來反對教會的判斷，也沒有讓人堅持己見，來對抗教會的意見。教會中若是沒有紀律和管理，就要瓦解不能合一了。有些心思獨立的人，自以為是，說上帝已特別教導並感動引領他們。他們各持己見，標新立異，稱自己的見解吻合《聖經》教訓。他們的理論及信仰各不相同，卻都說自己有從上帝來的特別亮光。這些人離開了教會，自成一教會，這些都不是正確的作法，但他們竟都說是出於主的引導。主所默示的《聖經》，沒有似是而非的，在耶穌基督都是正確的，藉祂所行的也都實在。

我們的救主在提出這種指示之後，又應許說，若有兩三個人同心合意求什麼事，上帝就必賜給他們。基督在此顯明了即便在我們要求主賜之物的心願上，我們也當與別人聯合。禱告心意的聯合十分重要，上帝垂聽個人的禱告，但耶穌這次所賜的重要教訓，卻是特別著重於祂在地上新組織的教會。他們在所求所想的事物上，必須一致同意。這樣，那祈求就不單單是出於個人易受欺矇之心的思想與活動，而是集多數人的迫切心願於同一目標。

神的靈與合一的教會

信的人都在一處，凡物公用。**使徒行傳 2：44**

基督曾經宣布聖靈的神聖感化力要與祂的門徒同在，直到世界的末了。可是這應許卻未得著所當得的重視；故此，也就未曾按著可能成就的應驗。聖靈的應許既未受到注意，結果便產生了意料之中的事——靈性的乾旱、黑暗，以及衰微與死亡。人的心思和注意力既被一些小事佔有，對教會發展與興盛必需的神力，以及隨之而來的其他各種福分，縱有無限豐富的供應，仍必顯出缺乏。

福音工作之所以如此無力，乃因缺乏聖靈所致。人們或許具有學識、智力、口才，以及各種先天或後天的才能，但沒有上帝之靈的同在，人心仍無法受到感動，仍不能吸引罪人來歸向基督。另一方面，如果他們連於基督，有了聖靈的恩賜，則連那最窮苦無知的門徒，也必生出影響人心的能力來。上帝要使他們成為導管，湧流宇宙中的最高感化力。

那為上帝發的熱心，曾激發門徒大有力量的為真理作見證。難道這種熱心不也令我們的心火熱起來，決定去傳講救贖的大愛，以及基督和祂被釘的故事嗎？難道現今上帝的靈就不會因恆切祈禱而降臨，使人充滿能力，好為人服事嗎？不然，為什麼教會是這樣軟弱、萎靡不振呢？

聖靈一旦約束了我們教會成員的思想，則我們在教會中，無論是言語，服務，靈性，各方面都必顯出一種比目前更高尚的標準。教會成員們必因生命之水而復甦。那些在元首基督之下服務的工人，也必在精神及言語行為上表現他們的主，並且彼此勉勵，共同推進我們從事的最後大工。合一與相愛的心必然增加，向世界作證上帝差遣祂的兒子為救贖罪人而死。神聖的真理必被高舉，當它如明燈發亮之時，我們就必愈清楚地明白真理了。

團結就有力量

看哪，弟兄和睦同居，是何等的善，何等的美！詩篇 133：1

我們是否期望在天上見到弟兄姐妹？倘若我們在此世與他們和一無間地相處，當然在那裡也能與他們同居。但我們若在此世與他們相處之時常常有紛爭衝突，那又怎能與他們在天上同居呢？

我們剛硬的心需要打破。我們需要聯合一致，也需要明瞭我們是耶穌基督的血所買來的。惟願每一個人都說：「祂為我捨去祂的性命。也要我有生之日，將祂為我捨命所表現的愛表現出來。」基督在十字架上將我們的罪擔在自己身上，使人知道上帝為義，也稱信祂的人為義。凡來歸服基督的人都有生命，就是那永遠的生命。

要誠懇地合一，為此祈求並努力。合一帶給你們屬靈的健康，卓越的思想、高尚的品格、和屬天的觀念，使你們能克制自私與惡意的猜測，藉著那位愛你們並為你們捨己的主得勝有餘。你們要把自我釘在十字架上，各人看別人比自己強。這樣，你就必與基督合而為一。在全宇宙之前，在教會和世人之前，就必確實地證明你們是上帝的兒女，上帝也必因你們所樹立的榜樣而得榮耀。

世人需要看到上帝子民的心在基督徒的愛裡合一的奇蹟。他們也需要看見主的子民與基督一同坐在天上的景象。你們難道不肯在生活上，證明上帝的真理在那愛祂、事奉祂的人身上，具有何等的功效嗎？上帝知道你們可能有的造就。祂知道你們若肯與上帝的性情有分，那神聖的恩惠就能為你們成就大事。

團結就是力量；分裂就必軟弱。何時信仰現代真理的人彼此團結合一了，他們就能發揮一種有效的感化力。撒但十分明白這事。他現今下了空前的決心，要在主的子民中搬弄是非、挑起紛爭的事，使上帝的真理歸於無效。

自負的危險

8月
25日

又恐怕我因所得的啟示甚大，就過於自高，所以有一根刺加在我肉體上，就是撒但的差役要攻擊我，免得我過於自高。哥林多後書 12：7

自負造成上帝的兒女疏於警醒謙卑和痛悔的禱告。外有試探要躲避，內有仇敵和困惑要克服，因為撒但可巧妙地使他的試探迎合不同性情的人。

基督的教會時常處於危險之中。撒但力圖毀滅上帝的百姓，一個人的思想和判斷是不足以倚靠的。基督願意讓祂的信徒在教會大家庭裡團結一致，遵守秩序、規則和紀律，彼此順服，看別人比自己強。團結和信賴是教會興旺，所必須的。如果教會的各個成員都覺得自己可以任意行事，不依賴他人，特立獨行，那麼教會如何能在危險時刻獲得安全呢？一所教會的興旺，甚至她的存在與否，都有賴於其成員是否能迅速一致的行動和互相信賴。當危急時刻來臨，一個人拉響警報，就需要快速積極的行動，而不是停下來從頭到尾地查究討論整個問題，因耽延而讓仇敵占盡先機，其實團結一致的行動可以拯救許多人免於滅亡。

上帝希望祂的百姓用基督化的友愛、以最緊密的連繫團結在一起。弟兄間彼此信賴對我們教會的興旺是不可少的；團結一致的行動在面對信仰危機時非常關鍵。一個輕率的步驟、大意的行為，都可能使教會陷入困難和試煉當中，多年無法復原。一個教會成員心中充滿不信，就可能使那大仇敵獲得優勢，影響整個教會的興旺，並導致許多生靈的滅亡。耶穌希望祂的信徒彼此順服，好讓上帝使用他們作為器皿拯救彼此，因為一個人觀察不出的危險，另一個人卻能迅速看出來，然而那些沒有識別能力的人若願意憑著信心聽從警告，就能擺脫極大的困惑與試煉。

給教會的警告

你該知道，末世必有危險的日子來到。提摩太後書 3：1

基督曾預言那誘惑人的必要興起，由於他們的影響，「不法的事」就「增多」，「許多人的愛心」就「漸漸冷淡了」（馬太福音24：12）。祂曾警告門徒說教會在這一方面所受到的禍害，必定要比從仇敵來的逼迫更甚，保羅一再警告信徒要防備這些假師傅。在一切危險之中，這是他們最需要提防的，因為他們若接受假師傅，就必為謬道敞開門戶，仇敵必利用這些謬道使屬靈的理解力模糊不清，以致使那些新近接受福音信仰之人的信心動搖。基督乃是他們必須用以試驗、提出各項道理的標準。凡與祂的教訓不合的，他們都當拒絕。基督因代罪而被釘，從死裡復活並且升天——這就是救恩的科學，是他們所應當學習並教導的。

《聖經》對於那包圍著基督教會的各項危機所提出的警告，乃是對我們現今的人講的。在使徒時代，人們怎樣企圖藉遺傳和哲學破壞對於《聖經》的信仰，今日公義的仇敵也照樣企圖利用新神學、進化論、招魂術、通神學及泛神主義等種種動聽的說法，設法引誘人入歧途。《聖經》對於許多人，已經變成一盞沒有油的燈，因為他們的心意已轉向那充滿誤解的各種純理論宗教信仰路線。「新神學」在批判、臆測和竄改等方面進行的，是為了破壞人對於《聖經》為上帝所啟示的信仰。這乃是奪取上帝聖言具有的控制、提高、及鼓舞人生活的能力。多數人由於招魂術而相信欲望就是最高的律法，放縱就是自由，而且人只需對自己負責。

跟從基督的人，必遇見使徒警告歌羅西信徒所要避免的「花言巧語」。他也必遇見人用唯靈論來講解《聖經》，但他切不可領受。他務要揚聲宣明《聖經》中的永恆真理。他要定睛仰望基督，在所指示的道路上穩步前進，棄絕一切與祂的教訓相違背的思想。上帝的真理要成為他默想的主題。他要以《聖經》為上帝直接向他講話的聲音。這樣，他就必找到那屬於上帝的智慧。

8月 27日 造在山上

你們是世上的光。城造在山上是不能隱藏的。馬太福音5：14

上帝的教會在屬靈的黑暗時代中，正如造在山上的城。天國純淨的道理曾世世相傳地在教會之內傳揚。教會或有軟弱及缺點，但它仍是上帝賜予無上關懷的對象。教會是祂施恩的場所，祂樂於在此彰顯祂改革人心的神能。

基督曾發問說：「上帝的國，我們可用什麼比較呢？可用什麼比喻表明呢？」（馬可福音4：30）祂無法用世上的國作比方。在社會上，祂也找不到什麼可比較的。地上的國家是用優厚的武力來統治的，但各種屬世的武器及強迫的手段，都為基督的國所擯斥。這個國度是要提高人類使之成為尊貴的。上帝的教會是聖潔生活的院宇，既滿有各種的恩賜，又賦有聖靈。教友們乃應在其予以幫助及加惠之人的幸福上，尋得自己的幸福。

主定意藉教會完成而使己名得榮耀的工作，真是不可思議的。在以西結所見醫治之河的異象中，有描寫這種工作的話說：「這水往東方流去，必下到亞拉巴，直到海。所發出來的水，必流入鹽海，使水變甜。這河水所到之處，凡滋生的動物，都必生活。……在河這邊與那邊的岸上必生長各類的樹木；其果可作食物，葉子不枯乾，果子不斷絕。每月必結新果子，因為這水是從聖所流出來的；樹上的果子。必作食物葉子乃為治病。」（以西結書47：8-12）

上帝使約瑟成為古埃及生命之源。由於約瑟的正直，全國人民的生命得以保全。藉著但以理，上帝挽救了巴比倫通國哲士的生命。這一類拯救的事作為具體的實例；表明與約瑟及但以理敬拜的上帝聯絡，便有屬靈的福惠臨到世人。凡有基督住在心中的人，凡願將祂的愛向世人顯揚的，就是為造福人群而與上帝同工的人。因為他既從救主領受恩典分給他人，整個人生就有靈命之潮湧流出來。

教會可以催促基督復臨

這一切既然都要如此銷化，你們為人該當怎樣聖潔，怎樣敬虔，切切仰望上帝的日子來到。彼得後書 3：11 － 12

基督已經將神聖的任務交付祂的教會。每一個肢體都應當作媒介，使上帝將祂恩典的財寶，就是基督那測不透的豐富傳予世人。救主最寄望的，莫過於一班能向世人表現祂的靈和聖德的代理人。世界最需要的，就是經由人類所表現的救主之愛。全天庭都在等待，要看那上帝用以顯明基督教之能力的男女。

教會乃是上帝用以宣傳真理的機構，蒙祂賦予能力從事特殊的工作，只要她效忠於祂，順從祂一切的命令，上帝恩典的豐美就必顯在她裡面。只要她忠於職守，尊榮以色列的上帝，就沒有任何權勢能與之抗衡。

為上帝和聖工所發的熱心，曾使門徒具有大能為福音作見證。我們豈不該同樣心裡火熱，宣講贖罪之愛的故事和被釘十字架的基督嗎？每一個基督徒都有特權，不僅要仰望，也要催促救主的復臨。

教會若願披上基督的義袍，不肯順從世俗，那麼在她面前就會有光明與榮耀之日的曙光出現。上帝對於教會的應許必永遠堅立。祂必使她「變為永遠的榮華，成為累代的喜樂。」真理必定跨越那些藐視並拒絕它的人，終獲勝利。雖然有時似乎延緩了，它的進展卻從未受到阻礙。每當上帝的信息遭遇反對時，祂就加以新的力量，使它可以發揮更大的影響。它既賦有神聖的能力，就必衝破最堅固的屏障，戰勝一切的阻礙。

那在上帝兒子辛勞犧牲的一生中支持祂的是什麼呢？祂看到了自己「勞苦的功效，便心滿意足」。他展望永恆的將來，看到那些因祂的屈辱得蒙赦免並承受永生之人的幸福。祂的耳朵聽見了贖民勝利的吶喊，還有他們口中歡唱的摩西和羔羊的歌。

暴風雨的未來

他施行頭一個獸所有的權柄，並且叫地和住在地上的人拜那死傷醫好的頭一個獸。啟示錄 13：12

撒迦利亞見到的約書亞及使者的異象，與贖罪日結束時上帝子民的經驗，特別契合有力。餘民的教會必遭受大試煉和大痛苦。凡守上帝誡命和耶穌真道的人，將嘗到撒但和他的使者忿怒的滋味。撒但將世上的人都當成他的臣民，他已控制著一切叛道的教會；而這裡還有一小群人在抵制他的威權。只要能把這一群人從地上滅絕，他就必全勝。他在古時如何唆使許多拜偶像的國家來毀滅以色列國，在不久的將來，他也必照樣鼓動地上的惡勢力來毀滅上帝的百姓。所有人都必受命去服從人定的法令，違反上帝的律法。凡忠於上帝盡到本分的人，必遭恐嚇、辱罵和迫害。他們必被「父母、弟兄、親族、朋友」出賣。

他們唯一的希望是倚靠上帝的慈悲，唯一的保障就是祈禱。餘民教會也像約書亞在使者之前祈求一樣，必要傷心及存懇切的信心，藉耶穌為中保而求赦免與拯救。他們充分地感覺到自己生活上的罪孽，看明自己的軟弱及不配，而且他們一看到自己，便幾乎要絕望了。那試探者站在旁邊控告他們，像以前站在約書亞旁邊與袍作對一樣。他指出他們污穢的衣服，他們有瑕疵的品格。他提出他們的軟弱與愚昧，他們忘恩負義的罪，他們不肖基督之處，已使他們的救贖主受了羞辱。他盡力恐嚇他們的心靈，叫他們想到自己的情形是絕望的，污穢的痕跡是永遠無法洗清的。他希望這樣破壞他們的信心，好讓他們會屈服於他的試探之下，不再忠於上帝，而接受獸的印記。

撒但在上帝面前堅決控告他們，聲稱他們已因他們自己的罪而喪失了蒙神聖保護的權力，並宣稱他有權除滅他們這些罪人。他說他們是與他本身一樣，不該再蒙上帝的恩寵。他說：「難道這些就是代替我在天上的地位，以及與我聯合的那些天使地位之人嗎？」

餘民的袍子

這些穿白衣的是誰？是從哪裡來的？ 啟示錄 7：13

上帝的子民在許多方面是有很多過失的。撒但對於這些他用來引誘人的罪所知甚詳，而今他把這些罪惡大肆渲染，宣稱說：「上帝怎能把我和我的使者從祂面前驅除，卻又賞賜這些犯同樣罪惡的人呢？主啊，從公義上說，你不能這樣作。你的寶座有失公義和公平的立場。公平會要求你判他們為有罪。」

然而基督的門徒雖曾犯罪，卻沒有自置於罪惡的控制之中。他們已除去罪惡，謙卑痛悔地祈求主，神聖的中保已為他們代求。那曾被他們忘恩負義盡情侮辱的主，明白他們的罪及悔改，祂宣告說：「『撒但哪，耶和華責備你。』我曾為這些人捨命，他們是銘刻在我掌上的。」

當上帝的子民在祂面前刻苦己心，祈求清潔之心時，有命令發出說：「從他們身上『脫去污穢的衣服』。」並有鼓勵的話說：「看哪，我使你脫離罪孽，要給你穿上華美的衣服。」基督無玷污的義袍要加在受苦難及試探，卻仍然忠心的上帝子民身上。那被人輕視的餘民要穿上榮美的衣服，永不再被世俗的敗壞所玷污。他們的名留在羔羊的生命冊上，被編入歷代忠心子民之列。他們已拒絕那欺騙者的詭計，也沒有被龍的咆哮懾服，改變其忠貞之心。從此他們永遠安全，不再受詭計試探，他們的罪已歸給罪的起源者了。

餘民不但得赦免蒙接納，也要被尊榮。「潔淨的冠冕」要戴在他們的頭上。他們要作君王，作祭司，歸於上帝。當撒但堅決控告及設法毀滅這群人時，聖天使在冥冥之中來來往往，給他們蓋上永生上帝的印記。這些人要與羔羊一同站在錫安山上，有父的名字寫在他們的額上。他們在寶座前唱新歌，「除了從地上買來的那十四萬四千人以外，沒有人能學這歌。他們是從人間買來的，作初熟的果子歸與上帝和羔羊。在他們口中察不出謊言來，他們是沒有瑕疵的。」

教會合一帶來進步

親愛的弟兄啊，你們既盼望這些事，就當殷勤，使自己沒有玷污，無可指摘，安然見主。彼得後書 3：14

主 希望看到三天使信息能有效地發揚光大。因為祂在所有年齡層中動工，一直為了要將勝利賜給祂的子民而努力。因此，此時祂渴望完成使教會完全得勝的目的。祂吩咐信徒要團結一致前進，力上加力，從信仰生出對真理和公義的信心。

我們要像盤石般，在上帝的道和原則上立穩，要記住上帝與我們同在，賜我們能力迎接每一個新的經歷。讓我們在生活中永遠維持公義的原則，我們可以奉耶和華的名力上加力。我們持守著神聖的信心，是我們從最起初到如今所經驗、證實的上帝之靈。我們要珍惜每一次耶和華藉著守祂誡命的人，宣揚祂真理的寶貴機會，隨著時間推進，祂的恩典能力會變得更加強大。敵人試圖遮蔽上帝子民的眼睛，降低他們的效率，但他們若為主而活，必蒙上帝的靈指引。祂會打開機會的大門，重建老舊廢棄之地。他們的經驗將不斷地增長，直到耶和華從充滿能力和榮耀的天上降臨，在祂忠心的兒女身上，蓋上最後勝利的印記。

擺在我們面前的工作是人類力量的結合，它會增強我們的信心，時刻保持警惕。有時候我們遇到的困難是最令人沮喪的，非常巨大的工作會驚嚇我們。然而，上帝要幫助我們，祂的僕人終將得勝。近來夜間許多在我眼前掠過的場景深深地感動了我，像是有一場空前的大復興———一個復興運動——推進到許多地方。我們都在排隊等候上帝的呼召。

時兆文化

前進天家

Homeward Bound

九月

上帝的家

第一個家庭

9月 01日

耶和華上帝將那人安置在伊甸園，使他修理看守。**創世記 2：15**

上帝預備了人類的第一個家庭，我們始祖的伊甸家園，乃是上帝親自為他們預備的。當祂以人心所能想望的一切美物來裝飾了那個家庭之後，祂便說：「我們要照著我們的形像，按著我們的樣式造人。」

主深愛祂最後的、也最高貴的受造物，並計劃使他在完美的世界上有一個完美的居所。但祂的旨意並非叫人孑然獨居。祂說：「那人獨居不好，我要為他造一個配偶幫助他。」

所以上帝親自給亞當造了一個伴侶。「為他造一個配偶幫助他，」——與他相配的一個助手——是專為了作他的伴侶而造，並能彼此相親相愛，合而為一。夏娃是由亞當的一根肋骨造成的，表明她不應作他的首腦去管轄他，也不應作他的奴隸任他踐踏，乃要以平等的地位站在亞當的身邊，為他親愛、保護。女人既是男人的一部分，是他骨中的骨、肉中的肉，她便是他第二個自己，這是要說明夫妻之間應有親愛密切的聯合。「從來沒有人恨惡自己的身子，總是保養顧惜。」「因此，人要離開父母與妻子連合，二人成為一體。」

上帝因基督化的家庭而得榮耀，凡在自己家中尊上帝為首，並教導自己的兒女明白敬畏主乃是智慧之開端的父母，由於在世上表現一個井然有序，循規蹈矩的家庭——一個敬愛上帝、順從上帝而不背叛祂的家庭，便是在天使和眾人之前歸榮耀與上帝了。基督在他們的家中並不是外人，祂的聖名是全家人時常提述的，備受尊崇，大得榮耀。凡是上帝可以全然作主、子女們也受教導要尊重信仰、《聖經》和創造主的家庭，乃是天使樂意停留的地方。這樣的家庭才配承受這個應許：「尊重我的，我必重看他。」作父親的從這樣的家庭出發，去履行他日常的義務時，由於與上帝交通，他便帶有一種柔和而順服的精神了。

地上的小天國

教訓我們除去不敬虔的心和世俗的情欲，在今世自守、公義、敬虔度日。**提多書 2：12**

我們若願意行在光中，就必須讓基督進入我們心裡和家中。一個「家」應當與其名完全相符。它應當是地上的小天國，應該是培養、而非壓抑情感的地方。我們的幸福有賴於在相處時培養出的愛、同情、尊重。我們這個世界上之所以有這麼多鐵石心腸的男女，原因就在於他們視真實的情感為懦弱的表現，而加以摧殘折毀和壓制。這些人性中美好的部分即在幼年時就遭損壞，就注定後天無法發展，除非有上帝的亮光融化他們冷酷與無情的私心，否則幸福就要永遠埋沒了。我們若想有耶穌在世時表現的那種柔和心腸，並有天使為負罪的世人顯示的那種神聖憐憫，就必須培養孩提時代、那赤子般單純的心。這樣我們就必趨於文雅，高貴，而受天國的原則引導了。

經過培養的智力乃是寶貴的財富，但若沒有憐憫與成聖之愛柔和的影響，它就不可能具有最高的價值。我們都能藉著友善的言辭與和悅的神色，顯示千萬種微小的關懷，而這一切都會反映到我們自己身上來。不善解人意的基督徒，由於常常忽視他人，便顯明他們與基督並無任何聯絡。一方面以不仁之心待人，甚且忘了別人的權益，而另一方面卻要與基督聯合，乃是不可能的事。上帝已賜給我們每個人獨特的個性，這種個性不應泯沒於別人的個性之中，但我們若確實屬於基督，祂的心意也是我們的心意，我們個人的特質就不會顯得格格不入。我們的生活應當奉獻於為別人謀求幸福和利益，正像我們救主那樣。我們應當忘卻自我，常常尋找機會對別人給予的幫助表示謝意，即使在最小的事上也應如此，又當伺機鼓舞別人，以親切的行動和出自愛心的小小行動減輕他們的憂傷和重擔。這種在我們家中開始的體貼禮貌，若延伸到家庭範圍以外，就可積累出幸福人生，但如果忽略這些小事，就必積累出人生的痛苦與悲愁。

9月 03日 家庭

因此，人要離開父母，與妻子連合，二人成為一體。創世記 2：24

每個家庭都有應當加以保護的神聖境界。任何人都無權侵犯此一神聖境界，夫妻之間的一切都應當開誠布公。妻子不該向別人坦誠自己的秘密，卻隱瞞丈夫。換言之，丈夫也不該對自己的妻子如此。作丈夫的若有錯處，心知肚明的人應該是妻子，反觀妻子如犯了錯，丈夫也應如此。他們不可以戲謔的言行傷害對方的感情。無論丈夫或妻子，斷不可以嘲弄或其他的態度對第三者訴苦，因為放縱這種愚昧，表面上看來似乎無害，結果卻會使彼此難堪，甚或生出隔閡來。我蒙指示：每一個家庭都當在四周設置神聖的防護。

家庭的境界應被視為神聖的所在、天國的象徵、和自我反省的明鏡。我們應該有朋友和相熟的人，但是他們不可干預家庭生活。對於家庭所有人應當具有一種強烈的自覺，繼而產生輕鬆、安寧，和信任的感受。

真不知有多少人在家庭範圍之內羞辱了基督，誤表了祂的聖德！更不知有多少人錯失了表現忍耐、寬容、饒恕，和真實的愛之機會！許多人有自己的好惡，寧願任意表露自己剛愎的癖性，不願彰顯基督的旨意、作為、和聖德。耶穌的生平充滿了仁慈和愛。我們是否逐漸成長而與祂神聖的性情有分呢？

但願作父母的，在他們自稱敬愛並順從的上帝前立下嚴肅的誓約，靠著祂的恩典，他們之間永不發生任何紛爭，在自己的生活和性情上，以身作則的表現出他們對自己兒女期望培養的精神。

真正的喜樂

在你面前有滿足的喜樂。詩篇 16：11

夫婦之間要彼此相愛，不要苛求對方。自己有什麼高尚的品格，要培植修養，亦不可忽略對方的優點。能得到別人的理解和認同，乃是一種極大的滿足和激勵。同情和敬愛能夠鼓勵人上進，愛也會隨更高尚的目標而增加。

丈夫或妻子都不要把自己的個性泯滅在對方的個性之內。各人對於上帝都有一種個人的關係。論到上帝，各人要捫心自問：「什麼是對？」「什麼是錯？」「我該如何達成人生的目的呢？」你們的敬愛之心，要向那位為你們捨命的救主湧流，在一切事上把祂視為最初的也是最終的、亦是最好的一位。你們愛基督的心就深切堅固，夫婦間的愛也就會格外純潔堅強了。

丈夫和妻子都不可用專制的手段彼此壓制，不要強迫對方服從你的意見。因為人若這樣行，那是絕不能保持對方愛情的。總要仁愛、忍耐、寬容、體諒和殷勤。靠著上帝的恩惠，你們定能照著你們結婚時的誓約使對方快樂。

夫婦固當相愛，但也要記得兩人關了門單獨相愛是得不到真快樂的。你們要利用每一個機會，為周圍的人謀福利。要記得唯有克己為他人服務，方能獲得真正的快樂。

凡在基督中得新生命的人，他們的言語行為，必有寬宏克己的精神。你們要求基督的生活，應當努力克服自私的心來服務別人，就可以連連得勝，世界也可以因你們得福。

無論是誰，只要接受基督的幫助，就能夠達成上帝對於他們理想中的成就。凡是人的智慧辦不到的事，基督的恩惠都能為以敬愛之心投靠祂的人成全。祂的眷顧能使人的心在天上來的愛中結合。這樣的愛，不單是幾句柔軟好聽的情話。……在上帝純潔而永久的愛中心心相印，夫妻之愛必能白頭偕老。

基督化家庭的角色

要叫你們行事對得起那召你們進祂國、得祂榮耀的上帝。
帖撒羅尼迦前書2：12

人類的提升和恢復，是從家庭之中開始的。為人父母者所做的，是其他每一種工作的基礎。社會是家庭組織的，所以社會如何，全在乎家長如何。人的「生命之源」（箴言4：23）是出於心，家庭便是社會的心、教會的心、國家的心。而社會的安寧、教會的興發、國家的強盛，全賴於家庭的影響。

家庭生活的重要和養成，在耶穌身上是顯得很明白的。祂從天上來是做我們的模範和師傅，卻也在拿撒勒的家裡住了三十年。關於祂這三十年的生活，《聖經》的記載是很簡略的，沒有什麼偉大事蹟，足以引起人們的注意，也沒有熱心的民眾跟隨祂，要聽祂的教訓；然而在這三十年之內，祂正是在成全神聖的使命，祂像我們一樣在家中生活，服從家裡的教訓，盡家裡的義務，負家裡的擔子。在一個卑微的家庭蔭蔽之下，過著與常人甘苦相同的生活，祂的「智慧和身量，並上帝和人喜愛祂的心，都一齊增長。」（路加福音2：52）

在幽居的成長歲月之中，祂行事為人，處處總是流露出對人的憐憫和幫助。祂的不自私和吃苦耐勞，祂忠誠不懈的勇氣，祂抵禦罪惡的能力，和祂永遠平和鎮靜愉快的態度，常使別人受到鼓勵。祂把一種純潔甜蜜的空氣帶進家庭，祂的生命像酵母落在周遭人群之中。沒有人說祂曾行過一件奇事，然而祂的品德言行——那出於愛、醫治人使人恢復之力——卻從祂的身上發出，惠及一切痛苦受罪患病傷心的人。從年幼時，祂就在無形之中服事人，所以等到祂開始傳道時，許多人無不樂意聽從祂。

救主的幼年足為青年的模範，也使作家長者得教訓，足為父母的鼓勵。人若要為同胞謀幸福，家庭和鄰舍，便是他工作的出發點，所以家長的地位，比任何地位更為重要，父母的責任，尤比任何人的責任更見沉重，更有遠大的關係。

社會的前途，視今日的兒童和青年而定，兒童和青年的造就，便在家庭的身上。

做周圍人的光

你們的光也當這樣照在人前，叫他們看見你們的好行為，便將榮耀
歸給你們在天上的父。**馬太福音 5：16**

我們需要更多和煦如春輝般的父母，以及更多輝耀若白日般的基
督徒。我們過於閉關自守了。對於我們的兒女和那些飽受欺
壓、傷心失望的人，我們常常吝於講說親切鼓舞的話語，或表露愉快
的笑容。

父母們哪，你們負有擎光與傳遞光的責任。在家中要如同明光輝
耀，照亮你們兒女的必經之途。當你們如此作的時候，你們的光也會
照亮家庭以外的人了。

凡是基督徒的家庭都應當發出聖潔的光輝。愛心應當在行動上表
現出來，應當在家庭中的一切關係上，在親切的恩慈和溫柔無私的禮
貌中流露出來。如今已有一些家庭實行了這些美德──就是那敬拜上
帝並存有真誠愛心的家庭。從這些家庭中，早晚的禱告猶如馨香升到
上帝面前，祂的慈愛和宏恩必賜給求告的人，如同早晨的甘露一般。

基督徒的第一要務，便是力求全家團結合一，之後這項工作還要
推及他們的遠親與近鄰，而已經接受了真光的人，要以清晰的光芒將
它照射出去。他們的言語，因充滿基督的愛而吐露芬芳，要成為活的
香氣叫人活。

家中的每一分子，在家庭的工作上愈親密地互相團結合一，則父
母與子女們在家庭範疇以外的感化力就愈能提拔人，幫助人了。

家庭和教會的幸福，全賴於家庭的感化力。永恆的福利，乃基於
正當地履行此生的義務。世上需要那些能造福於自己家庭的善良之
人，尤甚於需要那些有大智慧之人。

當宗教在家中展現時，它的影響力乃是擴及教會和鄰里之間的。

在家中實踐的真理，也會在對外所作的無私服務中發揮其影響
力。凡在家中實踐基督教信仰的人，無論在什麼地方，都必成為一盞
光芒四射的明燈。

皇室成員

因此，我在父面前屈膝，天上地上的各家，都是從祂得名。
以弗所書 3：14 － 15

我們是天上大君的兒女，皇室的成員，上帝的兒女，一同與基督同為後裔。耶穌已為凡接受真理、聖潔，愛祂、順從祂的人預備了住處，我們在天家會彼此認識。但是假如我們想享受天家永生的福氣，我們現在就必須在家裡培養信仰的氛圍，因為家應是最純粹、崇高的情感中心。每一天都應該珍惜寶貴的平安、和諧、情感和幸福，直到這些珍貴的事物滿溢家中。看似平常的愛心要好好地灌溉，否則它會死去。我們心中若有上帝的寶座，就會珍惜每一個良善的原則。撒但種在人心的是——羨慕、嫉妒、猜忌、讒言、莽撞、偏見、自私、貪婪和虛榮——這些惡念一定要連根拔起，如果讓它們留在心中時，它們將結出褻瀆果實來。啊！多少人在暗中培植這些有毒的植物啊！它們會殺死我們心中愛的果實並腐壞我們的靈性啊！他們把對上帝的愛變為公共行業，也認為沒有必要除去心中花園裡的雜草，因為如果讓公義閃耀的陽光照進靈魂的殿堂，就會發現處處都是難看邪惡的雜草。他們不認識耶穌，也不知道實際的基督徒應該是什麼樣，像基督的人是什麼樣。

我們需要的是祈禱、真正的信心、忍耐、不懈的努力，來對抗邪惡性格的戰爭，這樣我們的思想才可能順服基督。如此一來，人才能夠在地上的家有可愛的品格，在天上的家裡亦同。評量你是否為真基督徒，是看你在家庭生活如何守護你的品格。基督的恩典，使凡得到它的人，都能讓家庭充滿了和平、安息、和快樂。除非你有了基督的靈，否則你就不屬於祂，也永遠不可能見到在祂國裡被救贖的聖徒，他們是在天國的福氣裡與祂聯合的人。上帝希望你專心完全的在祂裡面，在大家庭裡代表祂的品格。

父母，要做好榜樣

你們作兒女的，要在主裡聽從父母，這是理所當然的。以弗所書 6：1

教育兒女尊敬父母的最好方法，就是讓他們有機會看到父親是怎樣親切地關愛母親，而母親是多麼地尊重和敬畏他們的父親。藉著觀看父母之間愛的互動，孩子們無形中就會遵守第五條誡命並留意禁令，「你們作兒女的，要在主裡聽從父母，這是理所當然的。『當孝敬父母，使你的日子在耶和華——你上帝所賜你的地上得以長久。』這是第一條帶應許的誡命。」

當孩子的父母沒有信仰時，他們的教導就與基督的要求相違背，這就使得要順從上帝且相信在祂裡面的一切事，變得非常不容易。在孩童身上主已經明確教導他們孝順父母的責任。當他們有機會和能力時，要親切地照顧父母。這條對兒女的誡命，是十誡當中與待人接物有關的六條誡命之首。但是當兒女奉命要遵守孝順父母的誡命時，父母也當遵守運用智慧的教導。保羅說：「你們作父親的，不要惹兒女的氣，只要照著主的教訓和警戒養育他們。」父母應該操練自己，免得他們以不適當的方式來惹兒女的氣，使兒女不服、叛逆。父母常常會激起人性中最糟的情緒，因為他們缺乏自制力。他們以怒氣責罵孩子，看見孩子們的惡行和叛逆時，卻沒有及時用正確的方式影響他們。因為做父母的隨自己心意行事，他們就讓孩子隨從了撒但圈套，沒有解救自己的孩子脫離撒但的影響。那些沒有悔改而自稱是基督徒的人是多麼地悲傷啊！基督沒有因著他們的信心而住在他們心裡。當那些自稱是基督徒的人，厭惡自己的兒女，對他們施暴，或發洩不可原諒的壞脾氣，就令兒女對所有的宗教信仰都反感了。如此一來就不難理解他們的兒女為何會對父母冷淡，甚至背叛了。然而不能因為父母不聖潔行為，做兒女的就有不孝順的藉口。

啊！但願每一個家庭都將自己獻給上帝，在行為上實實在在的表現出來！如此基督的精神就會在我們的家庭生活中展現，父母和兒女也能在教會中為祂做榜樣，那是多麼地快樂啊！

讓基督教更有吸引力

你們作妻子的要順服自己的丈夫；這樣，若有不信從道理的丈夫，他們雖然不聽道，也可以因妻子的品行被感化過來。彼得前書 3：1

有基督在心中時，祂就能進入家中。作父母的既明白順從聖靈生活是重要的，則那奉差、為要承受救恩之人效力而服役的天使，就必為他們服務，作家庭中的教師，從事教養子女的工作，教育並訓導他們。即便是在家庭中，也可能成立一個尊崇並榮耀救贖主的小教會。

要使基督徒的生活成為受人欣羨的生活，就當談論那跟從基督之人，將來要如何建立家園美地。當你如此行，上帝就必引導你的兒女認識祂的一切真理，使他們盼望自己配得承受基督為愛祂之人所預備的家鄉。

作父母的不可迫使子女徒具信仰形式，乃要在一種最可欣羨的光彩中將永恆的原則顯示於子女之前。

作父母的當藉著愉快的心情、基督化的禮貌，以及溫良慈祥的同情心、使基督信仰成為可欣羨的事物，但他們也必須堅定地要求子女的尊敬與順從。正義的原則必須建立於孩子的心中。

我們必須誘導青年們致力行善。金子和銀子不足以成全此事，惟願我們將基督的慈愛、憐憫與恩典，祂聖言的寶貴，以及得勝者的喜樂都教導他們。你們在這一方面的努力，必成就能存到永遠的善工。

有些作父母的雖然自稱持有宗教信仰，卻不常使兒女明白必須事奉並服從上帝，而且便利、享樂，或傾向都不應阻礙祂在他們身上所有的要求。「敬畏耶和華是智慧的開端。」此事應融入生活與品格中。對上帝的正確觀念，要因認識那為我們犧牲的基督而產生，繼而銘刻於他們的心版之上。

結婚前要深思熟慮

才德的婦人誰能得著呢？她的價值遠勝過珍珠。箴言 31：10

年輕基督徒在結交朋友、選擇伴侶的事上務須十分謹慎。要留意，免得你現在認定的純金，一夕成為廢鐵。與屬世之人交往，可能在你事奉上帝的道路上設下許多阻礙。有許多生命因選擇了無法提升或庸庸碌碌之人，且在感情或婚約上和對方有了不幸的結合，就因此敗落了。

對於那位你準備好與之共度終身的人，要仔細衡量他的每一分情感，注意他品格的每一項發展。你要選擇的乃是你一生中最重要的一步，千萬不可操之過急。你可以戀愛，但絕不可盲目地戀愛。

要慎重地檢視，看看你將來的婚姻生活會是幸福的抑或不幸而悲慘的。當捫心自問：「這樣的結合會幫助我奔走天路嗎？會增進我對上帝的愛嗎？會擴展我此生服務的範圍嗎？」倘若經過這樣的思考都不覺得有阻礙的話，就可以存著敬畏上帝之心往前進行了。

大多數的男女在締結婚約時，似乎亟待解決的唯一問題只是彼此是否相愛而已，但他們應該明白：婚姻關係所加予他們的責任遠過於此。他們應該考慮到將來生養的兒女，會不會有健康的身體和堅強的智力與道德力。可惜很少人在此階段時，以對未來的展望和不可少的深思熟慮來衡量——社會對他們的期望、家庭影響力的份量，都將在天平秤盤浮起或下墜時顯明出來。

選擇一個終身的伴侶，須以能確保父母和子女在靈，智，體三方面的健全者為對象——就是能使父母與子女皆能造福人群，尊榮他們創造主的人。

一個青年男子應尋求一位在他身旁的伴終身侶，這伴侶要能分負人生重擔，其感化力又能使他高尚文雅，並能使他在她的愛中獲得幸福。

9月 11日 有其父，必有其子

眾弟子啊，你們當來聽我的話！我要將敬畏耶和華的道教訓你們。
詩篇 34：11

父母的現況是子女將來的縮影。父母的體格、性情、嗜好，以及智育德育方面的傾向，多少都會在子女身上重演。

為父母的愈有偉大的目標、高強的智力和靈力，以及壯健而充分發育的身體，他們所生的子女，也就愈有人生成功的機會和可能。所以為父母的若能發展自己的特長，就無異是在改良社會提拔後代。

做父母的需要明瞭自己的責任。當今世上，青年人周遭處處都有羅網，為私利和肉慾的快樂迷惑者真不知有多少。他們只覺得前面的路似乎是快樂的，而看不到路上隱伏的危險和最後可怕的結果。為了情慾和嗜好的放縱，千千萬萬之人的精力就此消耗，不但今世的人生遭毀壞，連來世的永生也失了其分。做父母的應當知道他們的子女必要經受這些引誘，甚至於在嬰孩未曾出世時，就要處心積慮地為他著想，好使他到這世上以後，與罪惡作勝利的戰爭。

這種責任，在母親身上尤為重大。母親以自己的血肉造就嬰孩的體格，供給他所需的營養，同時她的智力和靈力也就影響嬰孩一生的思想和品格。有約基別那樣信心堅固「不怕王命」（希伯來書11：23）的希伯來母親，才有拯救以色列人的摩西，有哈拿那樣充滿了靈感能克己祈求的女子，才有那親受上帝教誨的孩子，之後更成為大公無私的士師、以色列聖校的創辦者撒母耳。有拿撒勒馬利亞的親戚，有與馬利亞同受聖靈感動的以利沙伯，才生出救主的先鋒。

有許多做父母的人，把小孩出世以前所受的影響看為無關緊要，但是上天不是這樣看的，只要看上帝差天使吩咐參孫母親的話（參閱士師記13：7，13－14），並且鄭重地連連叮囑，就可知道這是我們所極應該細心考慮的事了。

母親

她的兒女起來稱她有福；她的丈夫也稱讚她。箴言 31：28

為父母者，若能在自己的行為上反照神的形像，使上帝的應許和誡命在兒童心裡引起感謝和尊敬，用自己的慈愛、公義、忍耐，對兒童解釋上帝的慈愛、公義、忍耐，並且藉著教導兒童，敬愛、信靠、順從自己，繼而敬愛、信靠、順從他在天上的父，這樣的父母是何等快樂啊！能把這樣的禮物給兒童的，便是給了兒童一種永遠長存的財寶，比從古到今的一切財寶更可貴。

上帝每將一個孩子交給母親撫養，就有一種神聖的責任放在她身上。祂對凡做母親的人說：「我將這兒子、這女兒交給你，你要替我教養他，你要使他有像王室成員那樣崇高的品格，使他在耶和華的殿中永遠發光。」

做母親的人，往往無從察覺自己做的是何等重要的工作，這種工作是很少有人能加以欣賞的，旁人也不知道她的辛苦和掛慮。她一天到晚全是忙著做些零星的小事，但這些瑣事都要她用忍耐的心思，自制的能力，和靈敏機警的手腕，以及克己犧牲的愛心去做的。雖然這樣，她還是沒有什麼功績可誇。她不過是把家事料理得整潔有序，使一切不致零亂而已，往往在疲乏煩惱的時候，她還得柔和地對孩子們說話，使他們忙而快樂，並且引他們的小腳走在正直的路上。她似乎覺得沒有成就什麼，然而事情並不是這樣。天上的天使，每日都看著這辛苦勞碌的母親，知道她所挑的重擔。她的名字也許在世上默默無聞，卻早已寫在羔羊的生命冊上。

在天上有一位上帝。當那忠心的母親教導兒女抵抗罪惡勢力之時，祂的寶座便發出榮耀光輝，照在她的身上。世上一切事業沒有比母親的事業更重大的了，她不像美術家把佳景描在畫紙上，不像雕刻家把美態刻在木石上，不像作家把高尚的思想表現在深刻的文字裡，不像音樂家把豐富的情感融入和諧的聲音中。她乃是要靠著上帝的幫助，在人的靈性上培養神的形像。

父親

你們作父親的，不要惹兒女的氣，只要照著主的教訓和警戒養育他們。以弗所書6：4

做丈夫和父親的人，是一家之主，妻子向他求愛情和體貼，在教養孩子的問題上，也要他幫助，這原是應當的。因為孩子不僅是母親的孩子，也是父親的孩子。父親對於孩子的事，應與母親一樣關心。兒童靠父親扶助指引，所以做父親的對於人生當有正確的觀念，對於家庭的環境、交誼和各方面的影響，需有精明的見解。還有最緊要的，就是他自己應受愛上帝、敬畏上帝之心，以及上帝的教訓管束，那麼，他才可以領子女走在正直的路上。

父親是家中的立法者，像亞伯拉罕一樣，他當把上帝的律法作家中的規條。上帝論到亞伯拉罕說：「我眷顧他，為要叫他吩咐他的眾子，和他的眷屬，遵守我的道。」（創世記18：19）上帝知道亞伯拉罕不會容忍罪惡，也不會顯出懦弱愚昧的慫恿和偏愛，更不會因溺愛而放棄責任。亞伯拉罕不但給家人以正當的教訓，也保持公正律法的威權。上帝已給我們律法，做我們的引導。我們不可讓兒童違離上帝的道所指明的平安之路，而到那四面張羅的危險地方。若是他們有什麼不應有的慾望，或是不良的嗜好，做父母的務須以仁愛而堅決的態度、持久的精神、懇切的禱告來禁止兒童。

還有那些更堅強的德行，如辦事的剛強、勇敢、正直、勤懇、誠實、忍耐、以及切實的技能等，父親都要在家中力行。凡他要兒童做的，自己應當先做，要在自己高尚的行為中，彰顯佳美的品德。

然而父親們不要使兒女灰心，你們在威權上要有慈愛，嚴格的教養當與慈悲和同情並施。分一點空閒的時間給兒童，要熟悉他們，與他們一同玩耍，一同做工，得他們的信任，培養你與他們，尤其是與兒子之間的友誼。這樣，你們就會有一種引他們向善的感化力了。

從身分上講，父親是家中的祭司，每天早晨和晚上，要將祭物獻在家庭的壇上。妻子和兒女也該與他同心祈禱，齊唱讚美詩歌。

家庭及決定性的戰爭

但以理卻立志不以王的膳和王所飲的酒玷污自己,所以求太監長容他不玷污自己。但以理書1:8

父母們,嚴肅地問自己以下這個問題:「我們有教育我們的孩子尊重父母的權威,並訓練他們服從上帝、愛上帝、遵守祂的律法為人生最高的指導原則嗎?我們有教育他們成為基督的宣教士嗎?去廣行善事嗎?」忠心的父母們,你們的孩子在患難時,將為主贏得戰爭的勝利;當他們為和平的君贏得勝利時,他們自己也為自己獲得了勝利。但是假如他們沒有習慣敬畏上帝、假如他們不認識基督,與天國連結,他們就沒有道德的力量,他們會屈服於世俗而高抬自己過於天上的神,自己建立一個「偽安息日」來取代耶和華的安息日。撒但的預備工作已做好,背道活動已在進行中,這結果將製造獸的像,且世界歷史上將會發生先知對末世預言的事。

我們要作出決定,背道的人要不就是毅然決然地回到自己效忠的上帝那裡,不然就將被登記在敵人的行列中:撒但終將控制那些拒絕受上帝律法規範的人。他要使父母反對兒女,使兒女反抗父母——把自己的家變成了戰場。父母親們,我誠摯地呼籲你們要為了你們的孩子盡最大的努力。每天給他們《聖經》的教導,教他們愛上帝,並堅守真理的原則。以高尚的、認真的信心,依靠聖靈神聖影響的引導,現在就努力地工作吧!不要耽誤一天,或一小時。教導你的小孩一定要有自制力和判斷力。鼓勵他們的生命要與上帝的律法和諧一致。永遠不要滿意你的孩子成長中沒有基督,永遠不要輕忽他們的冷淡和漠不關心。每天早晚呼求上帝,為你孩子的靈魂得救禱告和努力。

父母，由你決定

9月 15日

教養孩童，使他走當行的道，就是到老他也不偏離。箴言 22：6

作父母的人哪，你們所有的責任是別人不能替代的。在你們有生之日，你們在上帝面前都有責任要遵行祂的道。……凡以上帝的聖言為依歸，並感悟到兒女怎樣仰賴著你們而塑造其品格的父母們，必為兒女樹立一個可以安全仿效的楷模。

作父母的對於自己兒女的健康、體質，與品格的發展都負有全責。此一天職不應交與任何人。你們既已成為兒女的父母，理應與主合作，以正當的原則教育他們。

許多作父母的人，竟將上帝交託他們對於兒女的責任棄置不顧，而甘願由外人來代替他們承擔，這真是何等可悲的事啊！他們寧可讓別人來為他們的兒女操勞，在這件事上完全推卸自己的責任。

由於某些原因，父母們不喜歡給予兒女以宗教信仰的教訓。他們任憑孩子們在安息日學中自行學習那原應由他們傳授、即兒女對上帝當負之責任的知識。這等父母應該明白，上帝期望著他們去教育、訓導，並鍛鍊自己的兒女，甚至要他們常常注意這一事實：他們現今正在為此生與來世而鑄造品格。

不可依靠安息日學的教員來替代你們訓練兒女走當行之道。安息日學原是一種極大的福惠；它可以輔助你們的工作，卻絕不能取代你們的地位。上帝已將責任交給凡作父母的人，要他們引領自己的兒女來近耶穌，指教他們如何禱告，如何相信上帝的聖言。

在教育你們兒女的事上，不要將《聖經》偉大的真理撇置一旁，以為安息日學和傳道人能作成你們忽略已久的工作。《聖經》不是一本神聖崇高、遙不可及的天書，而是一本能夠天天打開來殷勤研讀上帝聖言的書。

「家庭信仰」是什麼？

雅各就對他家中的人並一切與他同在的人說：「你們要除掉你們中間的外邦神，也要自潔，更換衣裳。」創世記 35：2

家庭信仰在於遵循主的訓誨與警戒來教養子女。家庭中的每一個人都當受基督的教訓所薰陶，每一個人的福利都應受到縝密的維護，以免被撒但迷惑離開了基督。這是每一個家庭都當致力達到的標準，並且要立志絕不令其失敗，也絕不灰心。當父母殷勤謹慎地教導子女，專心為上帝的榮耀而訓練他們時，便是在與上帝合作，而上帝也必與他們合作，拯救基督為之捨身的兒女們的靈命。

信仰的教導比一般教訓的意義更為重大。它的意義乃是：要和兒女們一同祈禱，要教導他們明白怎樣與耶穌親近，將他們所有的需要都向祂陳述。它的意義乃是：要在你自己的生活中顯出，耶穌對於你比任何事物更重要，祂的愛能使你忍耐、仁愛、寬恕，並且堅定如亞伯拉罕一樣，使你的兒女們順服你的吩咐。

你在家庭生活中的舉止如何，天上記錄冊所記載的也必如何。凡指望在天國中作聖徒的，必須先在自己家裡作聖徒。父母們若在家中作真實的基督徒，他們必是教會中有用的分子，而且他們在教會裡和社會上待人接物，也必如處理家務一樣。父母們哪，不要讓你們的宗教信仰徒具虛名，務要付諸實踐。

教會興旺的基礎建立於家庭之內。那左右家庭的影響力必傳入教會生活之中，因此凡屬教會中當盡的義務，應該先在家庭履行。

當我們有良好的家庭信仰時，教會聚會時也必有良好的信仰。要防守家庭的堡壘。將你的全家都獻給上帝，之後在家中的言行都當表現基督徒的身分。在家中要親切、寬容、忍耐，須知你們是作教師的。

9月 **17**日 家，未來宣教士的基地

想到你心裡無偽之信，這信是先在你外祖母羅以和你母親友尼基心裡的，我深信也在你的心裡。**提摩太後書1：5**

忠實地履行家庭職責，對人類有一種反射的影響。我們靈命的進步和家庭中基督徒的品格完美，也會帶入我們在國外宣教的工作上。有公義的全副軍裝，使我們可以成為基督的精兵。我們要保有住在天父家中的證據，就是要以真誠，謙卑的心為教會做好充分的預備。家庭成員要尋求基督時時住在他們的心中，這樣，他們就可以裝備好自己為基督服務。

在家庭裡我們為別人服務時可以練習無私的心。培養我們去做那必須做的事情時，那就是家庭應該有的樣子——象徵地上的小天國——以準備好我們去更大的葡萄園裡工作。教會需要有各種屬靈上的能力，特別是指引守護年輕人，即這些在主的大家庭中較年幼的青年人。那些在家中活出真理的人，也能將它表現在海外無私的服事上；那些在家裡展現基督徒品格的人能在任何地方發光照耀。當我們在家裡所受的教育，表現出對彼此的溫柔，我們就會知道如何把真正的信仰原則教導給人們。

家庭責任應該是在作任何事時能意識到，它們是在正確的態度下完成的，它們能給我們一個經驗，那就是，使我們以最永久、最正確的態度去做屬靈工作。啊！一個活生生的基督徒做宣教士，並能透過執行忠實日常工作，欣然地舉起十字架，也不忽視那與人性情感不和諧的事，那該是多麼美妙啊！基督的宣教士最好預備好自己在國外作基督徒家庭工作，敬畏上帝，上帝是愛，敬拜上帝，忠心是他們的第二生命，雜亂無章，不小心的疏忽家務是不允許的，在那裡可以安靜的與上帝交通，並忠實地履行日常的工作。

家，天使圍繞的地方

不可忘記用愛心接待客旅；因為曾有接待客旅的，不知不覺就接待了天使。**希伯來書 13：2**

我們可以在自己家中得到上帝的救恩，但我們必須信靠上帝，並不斷活出自己所信仰的。《聖經》對我們的約束，是為了我們的益處。它會增進我們家庭和周圍人的幸福。它會提煉我們的品味，潔淨我們的判斷，給心靈帶來安寧，最終還有永生。服務的天使將在我們的住所中盤旋，把我們屬靈生命進步的佳音，欣然稟報天庭，於是記錄的天使就留下了一份愉快可喜的記錄。

基督的靈將在家庭生活中成為長存的感化力。如果人願意向天國真理和仁愛的感化力打開心門，這些原則就會再度湧流不息，猶如荒漠中的甘泉，使現今荒蕪不毛之地萬物復甦，生氣盎然。

疏忽家庭信仰、疏忽訓練自己的兒女，是最使上帝不悅的。如果你們的一個子女跌在河中，與波浪搏鬥，瞬息間有慘遭滅頂之險，那將有何等驚動啊！我們要作何等的努力，獻何等的祈禱，顯何等的熱心，去救他們的生命啊！可是你們的兒女離開了基督，他們的靈性就是沉淪了，也許他們變成了粗魯無禮的人，使信徒的名聲受辱。他們活在世上沒有指望，沒有上帝，快要滅亡了，而你們卻對他們疏忽而不關心。

父母們啊，在每天早晚當招聚你們的兒女到身邊來，在謙卑祈求之中，將心奉獻給上帝，求祂的幫助。因為你所親愛的人是暴露在試探之前。每日都有煩惱危迫於一家老少的路途上。凡要度忍耐、仁愛和喜樂生活的人，就必須禱告，唯有藉著不斷地從上帝那裡領受幫助，我們才能制勝自己。

父母當藉著誠心懇切的祈禱，在兒女的周圍建起藩籬。他們應當用充足的信心祈禱，求上帝與他們同居，使聖天使可以護衛他們和他們的兒女，脫離撒但的殘暴勢力。

9月 19日 真愛是神聖的原則

只是我告訴你們，要愛你們的仇敵，為那逼迫你們的禱告。
馬太福音 5：44

愛是一種珍貴的恩賜，是我們從耶穌那裡得來的。純潔而神聖的愛情不是一種感覺，乃是一種節操。凡為真愛激動的人，既不是無理智的，也不是盲目的。

真實、正直、專一、純潔的愛實在太稀少了，這種愛極其罕見，而世上種種情慾卻往往被謬稱為愛。

真正的愛是一種高尚聖潔的道德，其性質與那出於感情衝動，一遇嚴格考驗就灰飛煙滅的愛是完全不同的。

愛是上天所栽培的植物，必須加以培育和養護。慈善的心腸，誠實而仁愛的言語，能使家庭幸福，且生發出一種提拔人的感化力，足以影響其範圍所及的人。

愛是純良聖潔的。但是人心中的情慾卻完全不同。純潔之愛在一切計劃中都必包含上帝在內，也必完全與上帝的聖靈相諧合，而情慾卻是任性的、輕率的、無理智的、反抗一切約束的，甚至會把心目中選定的對象當作偶像。而心內懷有真實之愛的人，一舉一動都必表現出上帝的恩惠，他們邁向婚姻的每一步中都必帶有謙遜、樸素、誠實、道德、與宗教信仰的特質。如此受約束的人，必不致過於專注於彼此間的交往，因而喪失了對禱告聚會和崇拜聚會的興趣。他們擁護真理的熱忱，也必不致因忽視上帝基於祂的恩慈所賜予的各種機會和權利而消失。

那為了滿足自身情慾的愛，必是任性、盲目，而不受控制的。名譽、真理，以及心志上每一種高尚而尊貴的能力，都成了情慾的奴役。被這迷戀之鎖鏈捆綁的人，往往聽不見理智與良知的呼聲，理性或懇勸都不能使之認清自己行為的愚妄。

真愛並不是一種強悍、狂熱、急躁的情欲。反之，它的品質乃是寧靜而深切的。它看透一切僅具表面的事物，只受優良的德性所吸引，它是明智而有辨識力的，而它的專誠是真實而持久的。

愛的力量

小子們哪，我們相愛，不要只在言語和舌頭上，總要在行為和誠實上。約翰壹書 3：18

愛的種種媒介具有奇妙的能力，因為它們也是神聖的。我們若能學得那「使怒消退」的柔和回答，那「恆久忍耐，又有恩慈」的愛，以及那「能遮掩許多的罪」的愛，我們的人生將有何等的醫治之能啊！我們的生活將有何等的改變，而使人間成為天上，得以預享天國之福啊！

這些寶貴的教訓可用最簡單的方法教授，甚至兒童也能明白。兒童的心地是柔軟易受感動的；年齡較長的人如能「變成小孩子的樣式」，學習救主的純樸、溫柔、和仁慈的愛心，就不難感動孩子的心，並將愛心的醫治之服務教導他們。

就屬世的觀點而論，金錢就是力量，但就基督徒的立場而言，愛才是力量。才智與靈性的能力都包含在這原則之中。純潔的愛有特殊的行善功效，而且所行的盡都是善。它能減少不睦與痛苦，促成最真實的幸福。財富往往帶有一種敗壞和毀滅的影響，權勢也充滿嚴重的傷害之力，唯有真理和良善才是純愛的本質。

家庭應當成為最純潔，最高尚之愛的中心。每天都當恆切不懈地培養平安、和諧、愛情與喜樂，直到這些珍寶常存於家庭每一分子的心中。愛這種植物，若不小心翼翼栽培，就必枯萎而死。每一善良的原理，我們若希望它在心靈中繁茂昌盛，就須特意維護。撒但所種在心田裡的——猜疑、嫉妒、惡意、妄語、急躁、偏見、自私、貪婪和自負——都必須一一剪除。若讓這些罪惡存於心靈之中，就必結出玷污多人的惡果來。唉，真不知有多少人在栽培這些有毒的植物，以致害死了愛的珍果，並玷污了心靈啊！

許多家庭中最大的缺點，就是沒有對彼此表現愛。雖無需感情用事，愛與親情仍須以高雅，純潔，端正的方式來表現。

當孝敬父母

當孝敬父母，使你的日子在耶和華你上帝所賜你的地上得以長久。
出埃及記 20：12

這 是第一條帶應許的誡命。它對於兒童、青年、中年和老年人都有約束之權。人生沒有任何一個階段或時期，是作兒女的人可以推卸孝親之責的。此一嚴肅的律例對於每一個作兒女的都有約束之權，也是上帝賜與忠信之人在地上得以延年益壽的條件之一。這絕不是一個無足輕重的課題，而是一件關係至為重大的事情。這個應許的條件乃基於孝順。你若孝順，就必在耶和華你上帝所賜你的地上欣享長齡。你若悖逆，在地上你必不得長壽。

父母受兒女的敬愛應該過於其他人。上帝親自把教養兒女的責任託付給父母，所以祂規定在兒女幼年時，父母對他們乃是居於上帝管家的地位。凡否定父母應有權威的人，就等於否定了上帝的權威。第五條誡命不單要兒女尊敬順服他們的父母，而且要親切地愛他們，減輕他們的憂慮，愛護他們的名譽，並要在他們老年的時候奉養他們，安慰他們。

違背上帝聖言中明白指示的義務，就是兒女對父母義務之人，上帝絕不能使那些人得享亨通。……他們若輕侮，不孝敬地上的父母，也必不敬愛他們的創造主。

兒女若有不信的父母，而他們的吩咐若與基督的要求相抵觸，那麼，雖不免會有痛苦存在，他們也必須順從上帝，將一切後果完全交託與祂。

當將一切敬愛與親情的陽光帶到家庭範圍中來。你的父親和母親對於你所能獻給他們小小的關注必然極其讚賞。你為分擔他們的憂勞，並為抑制每一句急躁與忘恩之言所作的努力，都表明你是一個善體人意的孩子，而且對於在嗷嗷待哺的強褓和童年時期中所蒙受的愛顧與照料，乃是衷心感戴不忘的。

孩子們哪，父母對你們的愛是不可或缺的，否則你們就無法快樂了。作兒女的豈不也應該如此愛他們的雙親呢？

家庭使命

因為我餓了，你們給我吃，渴了，你們給我喝；我作客旅，你們留我住。馬太福音 25：35

家庭的使命，不僅關乎一家人。基督化的家庭，須做一個榜樣，向人類顯出人生真諦的美妙。這樣的一個象徵，有使世界向善的力量。一個家庭，其潛移默化的影響，要比許多演講都大得多。從這樣家庭裡出來的青年人，他們所受的教訓也就能傳揚給別人，於是別個家庭也得到了更高尚的生命原理，而鄰里間也受了良善的影響。

我們的家庭，還可以使許多人受惠。我們的社交，不應該遵照世俗的方式和規矩，乃應以基督的靈和教訓為根據。以色列人在一切宗教的節期和社交的宴會中，常邀請窮人、訪客，還有在聖殿裡擔任祭司助手，亦是教師和傳道士的利未人，同享慶祝之樂，並且這等人遭遇患病，或困難之時，也可以得到優待和照顧。我們的家裡也應該接待這類的人。那些傳道的護士和教師，多愁多慮勞苦的母親，或年老衰弱無家可歸、在貧困和種種苦惱之中掙扎的人，我們若也能這樣地歡迎他們，這會多麼激勵他們，使他們快樂呢！

耶穌說：「你擺設午飯或晚飯，不要請你的朋友、弟兄、親屬和富足的鄰舍；恐怕他們也請你，你就得了報答。你擺設筵席，倒要請那貧窮的、殘廢的、瘸腿的、瞎眼的，你就有福了；因為他們沒有什麼可報答你；到義人復活的時候，你要得著報答。」（路加福音14：12－14）

你們接待這種客人，不致有什麼重大的負擔。你們不必設什麼貴重的筵席，不必有什麼華貴的陳設。只要你們能顯出熱忱的歡迎，在你們的爐邊食桌上和家庭禮拜的時候，給他們留一個座位，許多人就視為天上的一線曙光那樣可喜。

我們的愛心和同情心，應流出自身和家牆的範圍之外。凡肯以自己的家庭使別人蒙福的人，都有絕好的機會。交際的影響，有莫大的勢力。

同情的援手

9月 23日

他們各人幫助鄰舍，各人對弟兄說：「壯膽吧！」以賽亞書 41：6

凡在基督中重生的人，他們的言語行為，必有寬宏克己的精神。你們要求基督的生活，應當努力克服自己和私心，來服務別人，就可以連連得著勝利，世界也可以因你們而得福了。

我們的家庭，應該作那些受試探青年之避難所。如今有許多青年子弟，正處在善惡交叉的岔路口。一分印象、一點影響，就足以左右他們的路程，決定他們今生與來生的命運。罪惡向他們招手，歡迎每一個來者，它的樂趣是多麼炫目迷人啊！在我們的左右，到處都有青年人，因為沒有家，或有家但其家不足以扶助、提攜他們，以致他們沒有歸宿，誤入罪的道路。在我們家門可觸及的地方，他們是卻在墮落，往下沉淪。

這些青年人需要一雙同情的援手。幾句仁愛的話，只要真切地從我們口中說出，一點照顧之意，只要誠懇地從我們心中發出，就足以掃除別人靈性上一切誘惑的烏雲。來自天上的真情與憐憫，能夠啟開人的心門，原來人心是需要基督化言語之香氣的慰籍，和基督仁愛精神的輕撫的。若是我們肯顧惜青年人，請他們到我們的家裡來，使快樂激勵的氛圍環繞他們，那麼有許多人是極願掉轉腳步的。

我們在世的光陰短促。無論如何行事為人，做人也只能是一世，所以我們在活著時，總要盡力莫辜負了這一生。我們所要做的工作，並不需要什麼富足財產，社會高位，或超人的才幹，只要有一般仁愛犧牲的精神和堅定不移的目標就行了。一盞燈雖然渺小，只要長明不滅，就足以燃著許多別的燈。雖然看起來我們的勢力範圍狹窄，我們的才能有限，我們的機會稀少，我們的學識淺薄，但只要我們能在家庭方面善用機會，我們就有絕大的可能。如果我們能開心領受神聖的生命原理，我們就能夠成為流出生命之力的河道。從我們家裡能流出療癒的恩典之泉，使一般荒蕪死灰之地，現出生命美麗和豐腴的景像。

禮貌之家

我熬煉你，卻不像熬煉銀子；你在苦難的爐中，我揀選你。
以賽亞書 48：10

在家中培養真實的高雅，的確是一件極其重要的事。這在維護真理方面乃是一種強有力的見證。鄙俗的言語和行為，不論在誰的身上，顯露的都是一顆腐化的心。自天而來的真理從不使領受的人卑劣，或粗暴無禮。真理含有使人溫和優雅的影響力，若接受它，就必使青年人恭謹有禮。基督化的禮貌唯有在聖靈的運行之下才能成就。它並不是由虛情或矯作的裝飾、鞠躬或巧笑所構成，這些都是世俗之流的禮貌，但其中卻缺乏基督化的真禮貌。真正的文雅，真正的禮貌，唯有在實際明白基督的福音後才能產生；真正的優雅，真正的有禮就是向眾人表露仁愛，無論貴賤貧富，都一視同仁。

真禮貌的要素是顧及他人。那最基本、持久的教育，乃是擴大同情與激發博愛之心的教育。所謂教師，若不能使一個青年孝敬父母，重視美德，容忍過錯，濟助需要；若不能使他成為一個體貼柔和的人，對於老弱婦孺或不幸之人顯出慷慨樂助的心，並以禮貌對待眾人，那麼這種教育便算是失敗了。

基督化的禮貌乃是金的環扣，使家中每一分子在愛中團結起來，日益親密而堅強。

《聖經》裡蘊含著最寶貴的處世治家之法。其中不但有最完美純潔的道德標準，並且包含最有價值的禮儀法典。我們救主的山邊寶訓中，充滿了老少咸宜、無可比擬的教訓。這段經文應當常常在家中誦讀，並在日常生活中實踐其中的寶訓。「所以無論何事，你們願意人怎樣待你們，你們也要怎樣待人，」這條金科玉律和使徒們的訓誨：「恭敬人，要彼此推讓。」都當作為家規。凡懷抱基督精神的人必在家中彬彬有禮，雖在細節瑣務上也必表現仁慈的心意。

家庭禮拜

應當一無掛慮，只要凡事藉著禱告、祈求，和感謝，將你們所要的告訴上帝。**腓立比書4：6**

在每一個家庭中，應當有固定的時間，作早晚的禮拜。在早晨開飯之前，父母當招集兒女，一同感謝天父保護一夜平安，並祈求祂幫助引導看顧這一天的生活，這是多麼美好啊！此外，在黃昏臨到時，父母與兒女再度聚集在主的面前，感謝祂在過去的一日中所賜的福氣，又是多麼喜樂啊！

父親應當主領家庭禮拜，他若不在家，就由母親負責，選讀一段有趣味而容易明白的經文。禮拜的時間要簡短。讀太長的《聖經》經文，作太 長的祈禱，禮拜就要令人疲倦，在散會的時候，反倒叫人覺得如釋重負。禮拜的時間若枯燥厭煩，並且冗長，叫人缺乏興趣，以致子女們視若畏途，那就是侮慢了上帝。

作父母的當使禮拜的時間極富興趣。沒有什麼理由，使這個時間不成為一日之中最可喜可樂的。你只要稍為用心預備，便可使家庭禮拜成為富有興趣和助益的。聚會的程式要不時地變化。在讀了一段《聖經》之後，可以發出一些問題，並略作懇切而合時的解說，或唱一首讚美詩。禱告宜簡短扼要，領禱的人可用簡明而懇切的話語，讚美上帝的良善，並祈求祂的幫助。在環境許可時，亦當讓兒童們參加讀經及祈禱。

每日早晨，要為當天你們自己以及你們的兒女，奉獻給上帝。不要計算將來的歲月，因為這些不是屬於你們的。賜予你們的，只是眼前這簡短的一天。故此當在這一天中為主作工，當做這是你們在世的最後一日。要將你們的一切計劃陳明在上帝面前，或進行，或放棄，都照著祂天意的安排而行。接受祂的計畫以代替你們自己的，即使是放棄了你們所珍重的計畫，亦在所不惜。這樣，你們的人生便愈來愈趨近祂神聖的榜樣；如此「上帝所賜出人意外的平安，必在基督耶穌裡保守你們的心懷意念。」（腓立比書4：7）

家庭康樂活動

我所見為善為美的，就是人在上帝賜他一生的日子吃喝，享受日光
之下勞碌得來的好處，因為這是他的分。傳道書 5：18

康樂活動與娛樂消遣有區別；康樂活動名副其實，目的乃是要增進健康快樂的。康樂活動使我們暫時放下平日的思想與職務，得以振奮身心，使我們因而得著新的活力，繼而從事平日生活上的實際工作。

反之，娛樂消遣就是追求歡娛，而且往往行之過度，以致消耗許多有用的精力，因此妨礙了人生的真成功。

但願我們不要忘記耶穌乃是福樂的泉源。祂不喜悅世人遭受痛苦，乃願見到他們喜溢眉宇。

基督徒擁有無數幸福的來源，並且他們也能毫無錯誤地分辨哪些是合法而正當的娛樂。他們盡可享受一切不致敗壞思想或降低靈性的康樂活動，就是那些不會使人失望，或產生傷害自尊心的可悲影響，或攔阻人作有益之事的娛樂。他們若能隨時與耶穌為伴，懷著祈禱的心情，就必安全無虞。

不論何種娛樂，若你在參加時仍能憑著信心祈求上帝賜福，那就沒有什麼危險了。但若使你不配作暗中的禱告，不能在禱告的壇前奉獻自己，或無法參赴禱告的聚會，那就是不安全且有危險的了。

我們這班人相信：我們有權利藉著每日的生活在地上榮耀上帝，而且我們生存於世並非只求自己的享樂或取悅自我。我們在世的任務乃要加惠同胞並造福社會；我們若任憑自己的心意、與那般專求虛榮與愚妄之人同流合污，我們怎能造福自己的同胞及其他人呢？我們怎能成為社會上的福惠呢？我們若沉湎於任何使自己無法忠誠地履行日常義務的娛樂中，就絕不能算為無罪的。

呼召還未得救的家人

所以，我們作基督的使者，就好像上帝藉我們勸你們一般。我們替基督求你們與上帝和好。哥林多後書5：20

以下內容摘自作者寫給她的雙胞胎姐姐，伊莉莎白的信：莉絲（伊莉莎白的簡稱），你不相信耶穌嗎？不要懷疑他是你的救主——他有愛你的確據，因他為你犧牲寶貴的生命使你有得救的盼望。你要作的就是接受他成為你個人的救主。我大部分誠摯的禱告是耶穌能向你和魯賓（莉絲的丈夫）親自顯明自己。你們在世上的生活沒有喜樂只有痛苦；假如你們毫不懷疑耶穌、相信他為你死就為了拯救你，若你們就以本來面目來到他面前，將自己完全獻給他，憑信心抓住他的應許，他將成為你一切所思所想。

這問題是對每一個人發出的：「我該如何做才可以得到永生？」我的回答是，當信主耶穌基督；不要有一刻懷疑他要拯救現在的你。他曾對猶太人說：「不到我這裡來的就沒有生命。」希望這不是你和魯賓的寫照，他是你全家的救主。耶穌要拯救你，給你平安、安息和生活的保證，以及最後永生的天國。沒有人會強迫你得救，耶穌不會強迫人的意志，他對眾人說，今天選擇你所事奉的。將你的心智交給耶穌基督，在他的愛裡可以得享安息。

我親愛的姐姐、魯賓和你們的同伴，你們要相信他的救恩，信靠耶穌基督，因為那可以救你們。為什麼？因為你們就會因此變成無罪？不是！因為你們是罪人，而耶穌說：「我來本不是召義人，乃是要召罪人悔改。」當撒但對你說你們沒希望了，你可以回答說：「因為『上帝愛世人，甚至將他的獨生子賜給他們，叫一切信他的，不至滅亡，反得永生。』」還有什麼能比他為你做的這件事，更顯示他對你的愛呢？莉絲，相信他，單純地相信他所說的就是真理。抓住他的應許，把你無助的生命交給耶穌基督。

那雙為你釘十字架的手伸向你是為了要救你……你願意將自己交給耶穌並相信他嗎？我渴望把你抱在懷中並躺在耶穌基督的懷裡。

你們一定要接受耶穌。他渴望將他的榮光和平安帶給你們。莉絲，我的心渴望看見你信靠耶穌，因為他會在你生活困苦中給你他的恩典。他愛你。他要救你。

把耶穌介紹給鄰居

腓力找著拿但業，對他說：「摩西在律法上所寫的和眾先知所記的那一位，我們遇見了。」約翰福音 1：45

基督呼召了約翰、安得烈、西門、腓力和拿但業，這就奠定了基督教會的基礎。施洗約翰指引他兩個門徒到基督那裡，其中安得烈找了自己的哥哥，呼招他到救主跟前。隨後腓力被召，而他又引導了拿但業。這些榜樣教導我們，個人事工和直接引領親屬、朋友、鄰居歸主的重要性。有些人生平自稱認識基督，自己卻從來不出力去引導一個人歸向救主。他們將一切工作推到傳道人身上。傳道人可能有資格從事他的職務，卻不能做上帝留給教友去作的工。

有許多人需要基督徒出於愛心的服務。許多人已經墮落到敗亡的地步，如果他們的鄰舍，即使是普通的人，為他們盡一點個人的努力，或許他們就可以得救。許多人等待著有人向他們親自談話。在我們的親屬、鄰里，以及我們所居住的市鎮上，隨處都有我們當為基督做的佈道事工。如果我們真是基督徒，這種工作就應該是我們樂意去作的。人一悔改歸主，他心中就必立時生出一種願望，要使別人也認識他所找到的最好朋友耶穌。那救他使他成聖的真理，是不能禁閉在他心中的。

凡獻身予上帝的人必成為傳光的通道。上帝使他們作祂的代表，將祂豐富的恩典傳給別人。祂應許：「我必使他們與我山的四圍成為福源，我也必叫時雨落下，必有福如甘霖而降。」（以西結書34：26）

腓力對拿但業說：「你來看！」他沒有叫拿但業去接受別人的見證，只是叫他親自來見基督。現在耶穌已經升天，祂的門徒就是祂在人間的代表，而引人歸向祂最有效的方法，是在我們日常生活中將祂的品格表現出來。我們在別人身上的影響不全在於我們所講的話，而在於我們的為人。對於我們的理論，世人或許要反對爭辯；我們的勸告，他們或許會拒絕，但是一種無私之愛的生活，卻是他們所不能反駁的論證。言行一致，並以基督的柔和為特徵的生活，是一種足以影響全世界的能力。

耶穌在家中的影響

那召你們的既是聖潔，你們在一切所行的事上也要聖潔。
彼得前書 1：15

那原本在耶穌裡的真理可以為領受它的人成就許多事，不僅為他自己，也為凡在他影響範圍內的人。真正悔改歸正的心靈是從高天被照亮的，基督在那人心裡成了「泉源，直湧到永生」。他的言語、動機和行為，可能被人曲解，被誤傳，但他並不介意，因為他有更大的權益要關切。他不考慮眼前的便利，不野心勃勃地想炫耀，也不渴望人的讚美。他的盼望是在天上，他注目耶穌，繼續前行。他行義因為那是義的，因為唯有行義的人才會進入上帝的國。他是仁慈而謙卑的，關切別人的幸福。他從不說：「我豈是看守我兄弟的嗎？」他愛人如己。他的態度不苛刻嚴厲也不獨斷專行，像不虔敬的人那樣，而是將來自天上的亮光反照於人。他是基督十字架之真實勇敢的精兵，將生命的道表明出來。他的影響力既增長，反對他的偏見就漸漸消逝，他的虔誠得到了公認，《聖經》的原則也受到了尊敬。

每一個真悔改歸正了的人都是這樣。他結出了寶貴的果子，如此他就像耶穌一樣行走，像耶穌一樣講論，像耶穌一樣作工，而那在耶穌裡的真理便藉著他，在他的家中、鄰舍，也在教會中造成了一種印象。雖然他在謹慎恐懼之下促成了自己得救的工夫，卻為永恆造就品格。他在世人面前證明了真理珍貴的原則，表明真理能為真信徒的人生和品格成就大事。他不知不覺在基督救贖世界的崇高工作中盡著自己的本分，這項工作在其性質和影響上，都是深遠的，破壞偽宗教和偽科學的根基。

主希望你和你的家人做完全的基督徒，在你們的品格中表明真理使人成聖的能力。你們若已形成了這種品格，你們的工作就會經得起審判的考驗，要是末日的火燒在你現在的工作上，就會證明它們不過是草木禾稭。不要以為這話說重了，事實如此，在你一切的工作中都摻雜了自我。你願意來到更高的準則面前嗎？

家庭唯一的保護

原來在上帝面前，不是聽律法的為義，乃是行律法的稱義。
羅馬書 2：13

負責向世人傳揚最後恩典信息的人，應當自覺有責任教導父母關於家庭信仰的事。偉大的改革運動應當從向父母和兒女傳講上帝律法的原則開始。在闡明律法的要求、使人人感悟自己有順從的義務後，就當指明他們要為自己的決心負責，這麼做不單是為自己，也是為他們的兒女。應當顯明這世間唯一能使我們避免那毀滅之邪惡的安全保障，就是順從上帝的話。無論是順從抑或違命，父母都在給兒女們作榜樣。藉著他們的榜樣與教訓，他們家人的永恆命運大半就被決定了。兒女未來的生活如何，有賴乎父母如何陶冶他們。

如果作父母的能查驗自己行動的影響，能看清自己的榜樣及教訓可使罪的權勢增長或令公義的力量永存，就必定會作一番改變了。許多人就會努力破除人為的遺傳及風俗的迷惑了。

傳道人應當向會眾鄭重強調此事，應當使父母們的良心感悟到這久被忽略的、他們嚴肅的本分。這會消除那別無他法能打破的法利賽主義及抗拒真理的精神。家庭中的信仰乃是我們的大希望，並使全家有悔改歸向上帝真理的光明前途。

我們的生命必須與基督一同藏在上帝裡面。我們必須親自認識基督，唯有如此，才能向世人正確地表明基督。我們當時刻獻上這樣的祈禱，說：「主啊，請指教我怎樣行事，就如耶穌今日與我易地而處所要行的一樣。」不論在哪裡，我們都應發出光來，在各項善行上榮耀上帝，這就是我們一生偉大而重要的目標。

宣揚上帝的話時要堅定而有力，但盡可能地用基督柔和平靜的方式，不要讓任何人以吹噓或補充的方式進行，讓大家看到上帝呼召我們來擔負祂神聖的交托，以勤奮，認真，和熱切的心來傳揚祂的話。

前進天家
Homeward Boun

前進天家

Homeward Bound

十月

耶穌，我們的大祭司

10月 01日 復臨信仰的柱石

這除掉常獻的燔祭和施行毀壞的罪過，將聖所與軍旅踐踏的異象，要到幾時才應驗呢？但以理書 8：13

「到二千三百日，聖所就必潔淨。」（但以理書8：14）這一句話比任何其他經文更可作為復臨運動的信仰基石。它對於一切信仰救主快要復臨的人已是耳熟能詳，許多人反覆重提這個預言作為他們信仰的口號。大家都覺得自己最光明寶貴的希望，都寄託在這節經文預言的大事上。他們已指明這一段預言時期要在1844年秋天結束。那時復臨運動的信徒與一般教會抱有相同的見解，以為這個地球或其上的某一部分就是聖所。所以他們認為潔淨聖所就是末日時用火潔淨全地，並且這件事要在基督復臨的時候實現。因此，他們得出結論說：「基督要在1844年復臨。」

但截至預定的時日都過去了，主並沒有降臨。那時的信徒知道上帝的話是不會落空的，所以必是他們對於預言的解釋有了錯誤。但究竟錯在哪裡呢？許多人不肯耐心地探討難題的癥結，索性就否認二千三百日的結束是在1844年。許多人認為，全是因為基督沒有照著他們盼望的時期降臨，除此之外，他們說不出什麼其他的理由。他們辯論說，如果這個預言的時期果真在1844年結束，則基督必在那時降臨，潔淨聖所，也就是用火潔淨這地，但現在祂既沒有降臨，可見那日期還沒有結束。

但上帝在這復臨運動中已經引導了祂的子民，祂的能力和榮耀也已經表現在這運動上，祂必不讓這運動在黑暗與失望中消沉下去，以致被人辱罵為一場虛偽狂妄的騷動。

他們查考時發現《聖經》中並沒有什麼憑據，可以支持一般人所說這個地球就是聖所的說法；反之，他們從《聖經》中找出有關聖所主題的圓滿解釋，藉此認識到聖所，以及其本質、地點和制度，《聖經》作者的證言是那麼直接而豐富，故此這個課題是清楚易懂的。

認識天上聖所正確意義

但現在基督已經來到，作了將來美事的大祭司，經過那更大更全備的帳幕，不是人手所造、也不是屬乎這世界的。**希伯來書9：11**

對天上聖所正確的認知是我們信仰的基礎。地上的聖所乃是摩西照著上帝在山上指示的樣式建造的。「所獻的禮物和祭物」是「作現今的一個表樣」；它的兩層聖所是「照著天上樣式作的」；我們尊榮的大祭司基督「在聖所，就是真帳幕裡，作執事；這帳幕是主所支的，不是人所支的。」（希伯來書9：9；23：8：2）使徒約翰蒙恩，得在異象中看到天上上帝的殿，他看見那裡「有七盞火燈在寶座前點著」，並看見「一位天使拿著金香爐，……有許多香賜給他，要和眾聖徒的祈禱一同獻在寶座前的金壇上。」先知在這裡蒙准得見天上聖所的第一層，他看見地上聖所中的金燈檯和香壇所預表的「七盞火燈」和「金壇」。又一次，「上帝天上的殿開了」（啟示錄11：19），約翰便看見幔子裡面的至聖所。這裡他看見「他的約櫃」（啟示錄11：19），就是摩西造來存放代表上帝律法的神聖箱子。

約翰也說他見過天上的聖所。可見那一座有耶穌為我們服務的聖所，乃是偉大的原始聖所，摩西所做的不過是仿造而已。

天上的殿就是萬王之王的居所，在那裡「事奉祂的有千千，在祂面前侍立的有萬萬」（但以理書7：10），那殿充滿了上帝寶座的榮光，並有光明的撒拉弗侍立，用翅膀遮臉敬拜——這殿的偉大和榮耀，是任何地上的建築所不能代表的。然而地上的聖所及其種種奉獻禮，有重要的真理要教訓人，就是那天上的聖所，以及在那裡為人類的救贖所進行之大工。

救主在升天之後就開始了祂作大祭司的工作。保羅說：「基督並不是進了人手所造的聖所，這不過是真聖所的影像；乃是進了天堂，如今為我們顯在上帝面前。」

10月 03日 在至聖所

但基督獻了一次永遠的贖罪祭，就在上帝的右邊坐下了。
希伯來書 10：12

聖所的課題乃是一把鑰匙，將1844年失望的奧祕開啟了。它使人看出一個有系統、且彼此關聯互相符合的真理，顯明上帝的手在指引這偉大的復臨運動，並且說明上帝子民的地位和工作，以此向他們指出他們當前的本分。從前耶穌的門徒怎樣經過了苦悶、失望的悲慘之夜，後來看見主就歡喜了，照樣，那些憑著信心仰望祂二次降臨的人這時也就喜樂了。他們曾盼望主在榮耀中顯現，給祂的僕人帶來獎賞。等到他們的希望變為失望，他們便看不到耶穌，而像馬利亞在墓園中一樣地哭喊說：「有人把我主挪了去，我不知道放在哪裡。」這時他們在至聖所中又見到主了，這位慈悲的大祭司不久就要作他們的王和拯救者。從聖所發出來的亮光照明了過去、現今、與將來。他們知道上帝已經按祂絕無錯誤的旨意引導了他們。他們雖然像早期的門徒一樣，沒有完全瞭解自己所傳的信息，但這信息在各方面而言仍是正確的。他們宣傳這信息已經實現了上帝的旨意；他們的勞苦在主裡面不是徒然的，他們既「重生了我們，叫我們有活潑的盼望」，就「有說不出來滿有榮光的大喜樂」。

但以理第8章14節的預言「到二千三百日，聖所就必潔淨」，以及第一位天使的信息「應當敬畏上帝，將榮耀歸給祂；因祂施行審判的時候已經到了。」這兩處的話都指著基督在至聖所中的服務和查案審判的工作，而不是指著基督復臨來救贖祂的子民，並毀滅惡人。他們對於預言時期的解釋並沒有錯誤，只是看錯了二千三百日結束時所要發生的事。因這一點錯誤，門徒便受到了一場失望之苦。雖然如此，先知所預言的一切話，以及《聖經》所支持的希望，到底還是實現了。正在他們失望憂傷的時候，信息中所預言的，就是那必須在主降臨並賞賜祂僕人之前要應驗的事，實現了。

天上景象一瞥
原來前約有禮拜的條例和屬世界的聖幕。希伯來書9：1

我又蒙指示看到地上那分為兩層的聖所。它與天上的聖所相似，天使告訴我這就是天上聖所的景象。地上聖所第一個房間擺放的物品和天上聖所的相同。幔子被提起來了，我便看到至聖所，看到其內的物品也和天上聖所內的至聖所相同。祭司在地上聖所中的兩間內室中供職。他每天都會進入第一個房間，但進入至聖所一年只有一次，為要潔淨那被轉移到聖所裡面的罪惡。我看到耶穌也是在天上聖所的兩間內室供職的。祭司們曾帶著動物的血作為贖罪祭進入地上的聖所。基督卻藉祂自己的血進入了天上的聖所。地上的祭司因死亡而被更換，所以他們不能長久供職，但耶穌是永遠的祭司。以色列人要藉那帶到地上聖所中的祭物、握住那未來救主的恩惠。同時上帝的智慧將這些祭禮的細節傳給我們，使我們可以從此明瞭耶穌在天上聖所中的工作。

當耶穌在觸髏地斷氣的時候，祂喊叫說：「成了。」同時聖殿的幔子從上到下裂為兩半。這要表明地上聖所的職務已經永久結束，上帝不會在地上的聖殿中與祭司們相會，也不再接受他們的祭物。耶穌的寶血已經流出來了，並要由祂自己獻到天上的聖所裡。祭司如何一年一度進入至聖所潔淨地上的聖所，照樣，耶穌在但以理書第八章所述的二千三百日的終點，進入了天上的至聖所，為一切能因祂作中保得幫助的人作最後的贖罪，藉此潔淨聖所。

在耶穌站立的地方上面和約櫃前面，有非常榮耀的光輝，是我所不能觀看的，它像是上帝的寶座。當那薰香之雲升到父面前時，那榮光就從寶座射到耶穌身上，然後從祂身上照耀那班獻上祈禱如同馨香的人身上。

對聖所和審判的了解

也要堅守我們所承認的指望，不至搖動，因為那應許我們的是信實的。希伯來書 10：23

眾天使送到天上的記錄真是令人傷心！許多身為萬物之靈，自稱為基督門徒的人，竟然汲汲營營於世俗的財寶，或沉溺迷戀地上的享樂，卻很少將時間用在祈禱、查經、自謙和認罪的事上。

撒但發明無數的計謀，要佔據我們的思想，使我們不去思考應當最熟悉的工作。這大騙子痛恨那足以使人仰望贖罪羔羊和全能中保的偉大真理，他知道自己的成功全在乎能否引誘人的思想離開基督和祂的真理。

凡欲領受那作為中保的救主所賜幫助的人，不可讓任何事物妨礙他們敬畏上帝，得以成聖。不要把寶貴的光陰耗費在享樂、誇耀或得利的事上，卻要以懇切祈禱的精神研究真理的道。上帝的子民應當明白與聖所和查案審判有關之主題。人人需要知道他們大祭司的職分和工作，否則，他們便不能操練在現今時代最不可少的信心，也不能擔任上帝要他們擔任的職分。每一個人都背負一個或得救、或滅亡的靈魂。大家在上帝的審判台前都有待決的案件。人人將來都必須親自與偉大審判之主面對面。既然如此，我們的思想應當時常想念那嚴肅的景象，就是在展開案卷進行審判之時，每一個人必須在末期像但以理一樣站在自己的位分上。

凡已領受這些要道亮光的人，都當為上帝交託他們的偉大真理作見證。天上的聖所乃是基督為人類服務的中心。它和地上的每一個生靈都有關係。它顯明了救贖的計劃，使我們可以一直期盼到末日，又顯明公義與罪惡之爭的最後勝利。這實在是極其重要的，人人都應當徹底研究這些重要課題，好回應凡詢問他們心中盼望緣由的人。

恩典時期的重要性

我們有這樣的大祭司，已經坐在天上至大者寶座的右邊，在聖所，就是真帳幕裡，作執事；這帳幕是主所支的，不是人所支的。希伯來書8：1－2

基督在天上聖所為人類代求的這段恩典時期，與祂釘十字架一樣，都是救恩計劃的要素。祂藉著死開始了祂在復活升天之後要繼續完成的工作。故我們必須本著信心進到幔內，就是「作先鋒的耶穌」（希伯來書6：20）為我們進入的地方。在那裡有從髑髏地十字架射來的亮光照耀著，我們也可以對救贖的奧祕有更清楚的認識。人類的救贖已由天庭付出無限的代價，其犧牲之重大，相當於人破壞上帝律法的最大程度。耶穌已經開了一條通往天父寶座的道路，藉著祂的中保工作，凡本著信心來就祂之人的誠實心願便可呈到上帝的面前。

「遮掩自己罪過的，必不亨通；承認離棄罪過的，必蒙憐恤。」（箴言28：13）如果那些隱藏並辯護自己過失的人，能見到撒但是怎樣因他們歡喜雀躍，並拿他們的行為來譏諷基督和聖天使，他們就要急忙承認並丟棄自己的罪了。撒但利用人品格中的缺點來管制人的全副思想，同時他也知道只要人保留這些缺點，他就必成功。因此他現今正時刻設法，用最狠毒的詭計來迷惑基督的門徒，這些毒計是他們自己不能勝過的。但耶穌卻用受傷的雙手和帶著傷痕的身體為他們代求，並向一切願意跟從祂的人宣布說：「我的恩典夠你用的。」（哥林多後書12：9）「我心裡柔和謙卑，你們當負我的軛，學我的樣式；這樣，你們心裡就必得享安息。因為我的軛是容易的，我的擔子是輕省的。」（馬太福音11：29－30）所以任何人都不要以為自己的缺點是無可救藥的，因為上帝要賜給他信心和恩典，足可得勝。

我們現今正處在贖罪的時期。在古時預表的祭祀中，當大祭司為以色列民進行贖罪工作時，全體會眾必須刻苦己心，認罪悔改，並在上帝面前自卑，以免自己從民中被剪除。照樣，凡想要在生命冊上保留自己名字的人，也應當趁現今這最後短短的救恩時期，在上帝面前刻苦己心，痛悔己罪，真實悔改。

正如摩西將要造帳幕的時候，蒙上帝警戒他，說：「你要謹慎，作各樣的物件都要照著在山上指示你的樣式。」**希伯來書8：5**

地上只有這一個聖所，《聖經》也再沒有提到地上有什麼別的聖所。這就是保羅提到屬於《舊約》的聖所，但《新約》難道就沒有聖所嗎？

　　尋求真理的人再研讀希伯來書，便發現以上保羅的話中暗示另有一個屬於新約的聖所存在。他說：「原來前約**也有**禮拜的條例，和屬世界的聖幕。」保羅在這裡既用了「也有」二字，那就暗示他在上文已經提到這個聖所。因此他們便翻閱前一章經文，在開頭的幾節中看到這樣的話：「我們所講的事，其中第一要緊的，就是我們有這樣的大祭司，已經坐在天上至大者寶座的右邊，在聖所，就是真帳幕裡作執事；這帳幕是主所支的，不是人所支的。」（希伯來書8：1-2）

　　這裡顯明了《新約》的聖所。《舊約》的聖所是人所搭建的，是摩西建造的，但這個聖所卻是主搭建的，不是人所造的。在《舊約》的聖所中有地上的祭司供職，但在這一個聖所中卻有我們的大祭司基督在上帝的右邊服務。一個聖所是在地上，另一個聖所卻在天上。

　　再者，摩西建造的聖所乃是按照一個模型而製的。上帝命令他說：「製造帳幕和其中的一切器具，都要照我所指示你的樣式。」祂又叮囑說：「要謹慎作這些物件，都要照著在山上所指示你的樣式。」（出埃及記25：9-40）保羅也說，那頭一個聖所乃是「作現今的一個表樣」，它是「照著天上樣式作的」，那按律法奉獻禮物的祭司所「供奉的事，本是天上事的形狀和影像」，而且「基督並不是進了人手所造的聖所，這不過是真聖所的影像乃是進了天堂，如今為我們顯在上帝面前。」（希伯來書9：9-23；8：5；9：24）

聖所服事的意義

凡大祭司都是為獻禮物和祭物設立的，所以這位大祭司也必須有所獻的。希伯來書 8：3

救主升天後就開始了祂作大祭司的工作。保羅說：「基督並不是進了人手所造的聖所，這不過是真聖所的影像乃是進了天堂，如今為我們顯在上帝面前。」（希伯來書9：24）正如基督的服務包括兩大部分，各占一段時期，並在天上各有不同的所在，照樣，表號性的獻祭也分為兩部分，就是每日的獻祭，和一年一度的贖罪祭。各在聖幕一端的內室中舉行。

正如基督升天之後，在上帝面前用祂的血為悔改相信的人代求，照樣，祭司也在每天供職時，為罪人把犧牲的血灑在聖所裡。

基督的血雖然保釋了悔改的罪人未受律法的裁判，但並沒有赦免他的罪，他的罪仍然記錄在聖所的冊子上，直到最後贖罪的日子，照樣，在表號性的儀式中，贖罪祭的血移去了悔改之人的罪，但這罪仍留在聖所中，直到贖罪之日。

在那最後賞罰的大日，凡死了的人，都要「憑著這些案卷所記載的，照他們所行的受審判。」（啟示錄20：12）那時，藉著基督贖罪之血的功勞，一切真實悔改之人的罪，必要從天上的案卷中被塗抹。這樣，聖所中罪案的記錄就清除了。在表號中，贖罪日的獻祭就是代表這救贖的大工，或塗抹罪的工作——地上聖所的潔淨，是藉著贖罪犧牲的血，把那曾使聖所污穢的罪清除出去而完成的。

正如真實悔改之人的罪最後被贖，是要從天上的案卷中被塗抹，不再被記念，也不再追究。照樣，在表號中，這些罪要被帶到曠野，與會眾永遠隔離。

撒但既是罪的創始者，是直接鼓動一切罪惡，使上帝兒子捨命的禍首，所以為維護公義起見，撒但必須受最後的刑罰。

靠近神

因為基督並不是進了人手所造的聖所，這不過是真聖所的影像，乃是進了天堂，如今為我們顯在上帝面前。希伯來書 9：24

基督正在天庭為祂的教會代求——為了以自己的寶血作贖價拯救的人代求。世代更迭也絲毫不足以減弱贖罪祭的功效。

亞當夏娃所犯的罪，在上帝與世人之間造成了恐怖的分隔，基督卻置身於墮落的人類與上帝之間，向世人說：「你現在仍可來就天父，已有計劃定出，可以使上帝與人、並人與人之間都和好；你藉著一位中保可以來就上帝。」而祂現在已居中為你調解。祂是那位替你們代求的大祭司；你要進前來，藉著耶穌基督將你的案件呈稟天父，這樣你就可尋得門路來近上帝。

有經文形容基督耶穌經常立在祭壇前，時時為世人的罪獻上祭物。祂乃是那真聖所的大祭司，那聖所並非世人所造，而是上帝所造。猶太人聖幕種種象徵性的儀式如今都全無功效了。每日每年預表性的贖罪祭現在也再無必要了，但因時時有人犯罪，故還必須藉著一位中保奉獻贖罪祭。現今耶穌常在上帝面前盡祂的職分，獻上祂所流的寶血，猶如被殺的羔羊一般。

宗教儀式、祈禱、讚美、痛悔認罪，都如馨香之氣從真實的信徒那裡上達天上的聖所，但這一切既經由人類腐化的管道，便染上了污穢，除非以血潔淨，否則在上帝那裡就毫無價值。……地上聖所獻的一切馨香，務須有基督那使人潔淨的血滋潤。祂將那盛滿自己恩典的香爐伸在上帝面前，其中毫無屬世腐化的污穢。祂在香爐中收集了祂子民的禱告、讚美與認罪之辭，在其中加上祂自己無玷污的義。於是，這香氣即帶有基督所獻挽回祭的氣味，上達到上帝面前全然得蒙悅納了。

啊！但願眾人都要看明：凡順從、痛悔、讚美與感恩，都務須放在基督之義熾燃的火上。

真正的中保

所以，我們只管坦然無懼的來到施恩的寶座前，為要得憐恤，蒙恩惠，作隨時的幫助。 希伯來書 4：16

基督的中保工作將上帝的愛於凡人和天使之間完美顯露出來。祂是你我的中保。祂是大祭司代替你我的罪，你要藉著耶穌基督站在上帝面前展現自己。因此，你可以來到上帝面前，雖然你的罪和情況是毫無希望的。「若有人犯罪，在父那裡我們有一位中保，就是那義者耶穌基督。」（約翰壹書2：1）

基督是你的救贖主，祂不會採取任何羞辱你的供詞。假如你私下的品格有任何罪，要向基督認罪，祂是我們和上帝之間唯一的中保。

祂用自己品格的白衣穿在我們的身上呈現在天父面前。祂在上帝面前替我們辯護，說：「我已替代了這個罪人的位置，不要專顧這人的行為，要注視我。」撒但有大聲地為我們的靈魂辯護嗎？基督的寶血以更大的能力為我們代求。

基督在天上的聖所，在施恩座前展示祂的寶血替我們祈求，因此我們心中應明白每一時刻的價值。耶穌永遠為我們在天上活著，任何錯過、虛擲的光陰都永遠無法恢復。

想想耶穌。祂住在至高之處，不是孤單一人，而是有千千萬萬個天使圍繞著祂、等著祂分派工作，祂卻分派他們去眷顧那些自覺軟弱而把自己交託上帝的聖徒。無論地位尊卑，富有或貧窮，都可以得到相同的供應。

仔細思考此事，基督從不間斷的在天上進行祂聖莊嚴的工作，如果你負上基督的軛，如果你背基督的重擔，你將與你永活的主從事相同的工作。

在聖所的工作

10月
11日

這些物件既如此預備齊了，眾祭司就常進頭一層帳幕，行拜上帝的禮。**希伯來書9：6**

這表號性的祭祀對於贖罪的真理富有重要教訓。罪人雖然有了一個替身，但犧牲的血並不是把罪債一筆勾消，而是提供了管道將罪移到聖所。藉著血的奉獻，罪人承認了律法的權威和干犯律法的罪，並表示信仰一位未來的救贖主，使自己的罪孽得蒙赦免。雖然如此，罪人還沒有全然脫離律法的制裁。在贖罪日，大祭司既從會眾那裡取了一個祭牲，就把這祭物的血帶進至聖所中，彈在那遮蓋律法的施恩座上，藉以滿足律法的要求。然後，他以中保的資格把罪負在自己身上，帶出聖所。隨後他兩手按在那歸與阿撒瀉勒的山羊頭上，把這些罪都承擔，這樣就在表號中把罪都轉移到羊身上。然後，這只羊便擔當罪孽出去，放逐曠野，這些罪便永遠與百姓隔絕了。

以上祭祀的儀式是在那按著「天上服事的範例和景像」所造的聖所中舉行的。地上聖所中所行各種表號性的祭祀，在天上的聖所中都要真實執行。我們的救主在升天之後就開始祂的工作，作我們的大祭司。保羅說：「基督並不是進了人手所造的聖所，這不過是真聖所的影像，乃是進了天堂，如今為我們顯在上帝面前。」（希伯來書9：24）

在全年之中，祭司都是在第一層的聖所裡，也就是在那分隔聖所與外院的「幔子內」供職，這是代表基督升天之後的職務。地上祭司每天的職務是把贖罪祭物的血，以及那和以色列人的祈禱一同上升的香，奉獻在上帝面前。照樣，基督也在天父面前用自己的血為罪人代求，同時也把自己公義的馨香與悔改信徒的祈禱一同獻在天父面前。這就是天上第一層聖所裡的工作。

在至聖所的工作

至於第二層帳幕，唯有大祭司一年一次獨自進去，沒有不帶著血為
自己和百姓的過錯獻上。**希伯來書 9：7**

基督曾在第一層聖所中執行贖罪的工作近兩千年。祂的血曾為悔
改的信徒代求，從父那裡領受饒恕和悅納，同時他們的罪還留
在記錄冊上。在地上聖所的表號祭祀中，到一年結束時，必有一番贖
罪的工作，照樣，在基督為人類所作的救贖工作完成之前，也要行一
番贖罪的工作，從聖所中清除罪跡。這就是在二千三百日結束時開始
的工作。那時，按著先知但以理所預言的，我們的大祭司進了至聖
所，去執行這嚴肅工作的最後一部分，就是潔淨聖所。

按著古時的儀式，百姓怎樣憑信心把罪放在贖罪祭牲上，以表號
藉著牠的血將罪移到地上的聖所中，照樣，在新約時代，悔改的人必
須憑著信心把罪放在基督身上，並將罪實際移到天上的聖所中。再
者，這潔淨地上聖所表號性的工作必須把那污穢聖所的罪除掉才算完
成，照樣，那潔淨天上聖所的實際工作也必須把那記錄在聖所裡的罪
塗抹，然後才能完成。但在完成這事之前，必須有一番審查記錄冊的
工作，以便決定誰是因悔罪改過，信仰基督，而有資格得蒙救贖的
人。從此看來，潔淨聖所的工作勢必包括一種審查案卷，也就是審判
的工作。這種工作必須在基督來救贖祂子民之前完成，因為在祂來的
時候，祂是要帶著賞罰，照各人所行的報應他。（啟示錄22：12）

這樣，那些隨著預言的亮光而研究這聖所課題的人，到此便恍然
大悟，知道在二千三百日結束的1844年，基督不是要來到地上，乃是
要進入天上的至聖所去執行贖罪工作的完結，準備復臨。

此外他們也看出，贖罪的祭物預表基督作犧牲，同時大祭司也是
預表基督作中保，歸於阿撒瀉勒的羊則預表罪惡的創始者撒但，凡真
實悔改之人的罪，最後都要歸到他頭上。

公義和慈愛的結合

第二幔子後又有一層帳幕，叫作至聖所，有金香爐，有包金的約櫃。
希伯來書 9：3 - 4

這樣，那些研究聖所課題的人得到了一個無法辯駁的憑據，證明天上是有一個聖所的。摩西建造地上的聖所乃是按著那指示他的模型而造的。保羅也說，那模型就是天上的真聖所。此外，約翰也作見證說，他曾見過這個天上的聖所。

在上帝的居所，就是天上的聖殿裡，上帝的寶座是以正義與公平為基礎的。在至聖所中有祂的律法，就是公理正義的大憲章，全人類都要按此受審判。在存放法版的約櫃蓋子上有施恩座，在施恩座之前，基督用祂的寶血為罪人代求。這樣就顯出在人類的救贖計劃中，有公義與慈愛相輔並濟。這種結合，唯有無窮的智慧才能想得出，也只有無窮的能力才能作得到，難怪全天庭都充滿驚奇與讚美。在地上聖所裡的基路伯尊敬地低頭看著施恩座，表明眾天使如何關心細察這救贖的工作。上帝怎能稱悔改的罪人為義，並與墮落的人類恢復交通，而同時自己仍不失其為公義？基督怎能做到屈身救出無數人類脫離毀滅的深淵，把自己無瑕疵的義袍給他們披上，使他們與從未墮落的天使聯合，並永遠存留在上帝面前？——這些真是慈悲的奧祕，是眾天使所切望察看的。

撒迦利亞的美妙預言曾論到基督為人類作中保的工作，說「那名稱為大衛苗裔的，祂要建造耶和華的殿。並擔負尊榮，坐在（父的）位上，掌王權；又必在位上作祭司，使兩職之間籌定和平。」（撒加利亞書6：12－13）

「祂要建造耶和華的殿。」由於基督的犧牲與代求的工作，祂自己就成為上帝教會的根基和建造者。使徒保羅指明祂「為房角石；各房靠祂聯絡得合式，漸漸成為主的聖殿，成為上帝藉著聖靈居住的所在。」（以弗所書2：20－22）

看，新郎來了！

所以，你們要警醒；因為那日子，那時辰，你們不知道。
馬太福音 25：13

在1844年夏季所發出「新郎來了」的呼聲，挑起了成千成萬的人盼望主立即降臨。到了預定的時候新郎來了，卻不是按照一般人所盼望的來到這個地上，而是來到天上亙古常在者的面前，舉行婚禮，接受祂的國度。「那預備好了的，同祂進去坐席，門就關了。」他們並不是親身去參加婚禮，因為那婚禮是在天上舉行的，而他們卻仍在地上。基督的信徒乃是要「等候主人，從婚姻的筵席上回來。」（路加福音12：36）然而他們卻要明白祂的工作，本著信心跟隨祂進到上帝面前。在這種形式下，他們可以說是去參加那婚禮了。

比喻中說明：那些去參加婚禮的人都是提著燈在器皿中預備油的。凡是擁有《聖經》真理的知識，有上帝的聖靈和恩惠，又在慘重試煉的黑夜裡忍耐等候，查考《聖經》，尋求更清明亮光的人——結果都認識了天上聖所以及救主擔任大祭司的真理，他們本著信心仰望祂在天上的聖所中供職。所以一切憑著《聖經》的見證接受相同真理的人，又本著信心仰望基督，看祂進到上帝面前執行祂末後的中保工作，並在這工作結束時承受祂的國度——這一等人正可以說是去參加婚禮了。

在馬太福音第22章中，也提到與此相同的婚姻比喻。這裡很清楚地說明，查案審判是在婚禮之前舉行的。在婚禮之前，王進來觀看賓客，要看這些人是否都穿著婚姻的禮服，是否具有藉著羔羊的血中洗淨潔白，毫無污穢的品格。（馬太福音22：11；啟示錄7：14）凡沒有穿這禮服的人必被趕出去，但那些身穿禮服的人，便要蒙上帝的悅納，被認為配得享受祂的國度，又要與祂一同坐在寶座上。這種審查品格，並決定誰配進入上帝之國的工作，就是「查案審判」，也就是天上聖所中最後的工作。

10月 15日 考驗時期

我從天使手中把小書卷接過來，吃盡了，在我口中果然甜如蜜，吃了以後，肚子覺得發苦了。啟示錄 10：10

從前不信猶太人景況的，說明了那些故意不明白慈悲大祭司工作的掛名基督徒、他們的粗率和不信態度。在表號性的崇祀中，當大祭司進到至聖所的時候，以色列全會眾都要聚集在聖所的附近，以極莊嚴的態度在上帝面前存謙卑的心，以便得蒙赦罪，而不致從民中被剪除。在這實際的贖罪日上，我們豈不更當明白大祭司的工作，並知道主所要我們盡的本分是什麼！

人若拒絕上帝慈悲的警告，就必不能逃罪。在挪亞的時代，上天曾發給世人一道警告，他們的得救與否全在乎他們怎樣看待這個警告。他們既然拒絕，上帝的靈就從犯罪作惡的人身上收回。結果，他們便在洪水中滅亡了。

但基督現今還在為人類代求，所以祂要賜亮光給那些尋求的人。復臨信徒當初雖然沒有看明這一點，但等到那說明他們真實處境的經文向他們展開之後，他們就明白了。

1844年的日期既過，那些堅持復臨信仰的人便臨到一段嚴重的考驗時期。就他們的真實處境而論，他們唯一的安慰，就是那引導他們的思想轉向天上聖所的亮光。有一些人不再相信自己先前對於預言時期的算法，並且把復臨運動所呈現的聖靈大能的感化，歸之於人或撒但的作為。但還有一等人卻堅信他們過去的經驗乃是主所引導的，因此他們便等待、儆醒、祈求、要明白上帝的旨意。結果他們看出他們的大祭司已經進入救贖工作的另一階段；他們便憑著信心跟從祂，於是也看明教會最後的工作。他們已經更清楚地瞭解第一和第二位天使的信息，並且預備好了，可以接受啟示錄14 章第三位天使的嚴肅警告，並把它傳給世人。

亙古常在者面前

我在夜間的異象中觀看，見有一位像人子的，駕著天雲而來，被領到亙古常在者面前。**但以理書 7：13**

這就是先知在異象中所見，那偉大嚴肅之日的景象。那時人類的生活與品格都要經過審判全地之主的檢閱，各人要「照自己所行的受審判」。這位「亙古常在者」就是父上帝。……這位宇宙眾生之源，又是一切律法之本的上帝，將要主持審判。有「千千萬萬」的聖天使要擔任差役和見證人，出席這個偉大的法庭。

這裡描寫的基督降臨，並不是指著祂第二次降臨世上；祂乃是來到天上亙古常在者面前，要承受權柄、榮耀、國度，這些都要在祂中保工作結束之時賜給祂。預言中所提到在1844年，即二千三百日終點要實現的，乃是祂這次的來臨，而不是在地上的復臨。那時我們的大祭司由眾天使護送著進入至聖所，到了上帝的面前，進行祂為人類所作的最後服務——開始查案審判的工作，為一切顯明配蒙救恩的人贖罪。

這樣，那些領受預言的亮光研究聖所課題的人，到此便恍然大悟，知道在二千三百日結束的1844年，基督不是要來到地上，乃是要進入天上的至聖所去執行結束贖罪的工作，準備復臨。

此外他們也看出，贖罪的祭物預表基督的犧牲，大祭司也是預表基督作中保，歸於阿撒瀉勒的羊則預表罪惡的源頭撒但，凡真實悔改之人的罪，最後都要歸到他頭上。當大祭司憑著贖罪祭物之血的功勞，把罪從聖所中移出去的時候，他就將罪卸在阿撒瀉勒之羊的身上。照樣，當基督憑自己血的功勞把百姓的罪從天上的聖所中移出，來結束祂的服務工作時，祂便要將這罪卸在撒但身上；在執行審判的時候，撒但必領受最後的懲罰。那歸於阿撒瀉勒的羊要流放至曠野，永不再回到以色列的會眾中。照樣，撒但也必從上帝和祂的百姓面前被永遠趕出去，在罪惡與犯罪之人遭受的最後毀滅中永遠消滅。

審判的標準

10月 17日

你們既然要按使人自由的律法受審判，就該照這律法說話行事。
雅各書 2：12

每個人的行為，都要經過上帝的檢閱，定為忠心或不忠心。在天庭案卷中每人的名字下都準確地記著每句錯誤的言語、每件自私的行為、每個未盡的本分，以及每種巧妙偽裝的祕密罪惡。人忽略了上天所發的警告或責備，浪費光陰，錯失機會，以及在別人身上所發揮或善或惡的影響及其深遠的結果，這一切都要被記錄的天使記載下來。

上帝的律法是在審判時用來測驗人類品格與生活標準的。智慧的人說：「敬畏上帝，謹守祂的誡命，這是人所當盡的本分。因為人所作的事，……上帝都必審問。」（傳道書12：13-14）使徒雅各警戒他的弟兄說：「你們既然要按使人自由的律法受審判，就該照這律法說話行事。」（雅各書2：12）

凡在這次審判中被定為「配得」的人，將要在義人的復活中有分。耶穌說：「唯有算為配得那世界，與從死裡復活的人，……他們不能再死，和天使一樣；既是復活的人，就為上帝的兒子。」（路加福音20：35-36）祂又說：「行善的復活得生。」（約翰福音5：29）死了的義人要一直等到這次審判完結，他們被定為「配得」的人之後，才「復活得生。」因此，當他們的記錄攤在審判台檢查，案件決定的時候，他們本人是不在場的。

在這次審判中，耶穌要作他們的中保，在上帝面前為他們代求。「若有人犯罪，在父那裡我們有一位中保，就是那義者耶穌基督。」（約翰壹書2：1）「因為基督並不是進了人手所造的聖所，這不過是真聖所的影像，乃是進了天堂，如今為我們顯在上帝面前。」「凡靠著祂進到上帝面前的人，祂都能拯救到底；因為祂是長遠活著，替他們祈求。」（希伯來書9：24；7：25）

天上的紀錄

祂坐著要行審判，案卷都展開了。**但以理書 7：10**

在預表的祭祀中，唯有那些已到上帝面前認罪悔改，並且藉著贖罪祭牲的血將自己的罪轉移後得以進入聖所的人，才能參加贖罪日的禮拜。照樣，在最後贖罪和查案審判的大日，也只有那些承認自己是上帝子民之人的案件才被審查。審判惡人乃是一個特殊而分別舉行的工作，要在審判的後期進行。「審判要從上帝的家起首，若是先從我們起首，那不信從上帝福音的人，將有何等的結局呢？」（彼得前書4：17）

在天庭的案卷中，記錄著人的姓名和行為，這些審判的結果是根據案卷來決定的。先知但以理說：「祂坐著要行審判，案卷都展開了。」蒙啟示的約翰也曾形容這一場情景，並補充說：「另有一卷展開，就是生命冊；死了的人都憑著這些案卷所記載的，照他們所行的受審判。」（啟示錄20：12）

凡曾為上帝服務之人的名字都記在生命冊上。耶穌曾吩咐門徒說：「要因你們的名記錄在天上歡喜。」（路加福音10：20）保羅提到他忠誠的同工，說：「他們的名字都在生命冊上。」（腓立比書4：3）但以理展望到末日「有大艱難，從有國以來直到此時，沒有這樣的，」並且說，上帝的子民「凡名錄在冊上的，必得拯救。」蒙啟示的約翰也說：「只有名字寫在羔羊生命冊上的，才得進」上帝的聖城。（但以理書12：1；啟示錄21：27）

在上帝的面前還有一本「記念冊」，其中記載著「敬畏耶和華思念祂名的人」（瑪拉基書3：16）的善行。他們信心的言語和愛心的行為都被記錄在天上。尼希米在禱告的時候也提到這事說：「我的上帝啊，求你因這事記念我，不要塗抹我為上帝的殿，與其中的禮節，所行的善。」（尼希米書13：14）義人的每一行為都要留在上帝的記念冊中，永垂不朽。他們每次拒絕試探，每次戰勝罪惡，以及每次發表慈憐的言語，都要據實記錄下來。

10月 19日 赦免

我要除淨他們的一切罪，就是向我所犯的罪。耶利米書 33：8

當案卷在審判台前展開時，一切信奉耶穌之人的生活都要在上帝面前被檢視。我們的中保要陳述每一個人的案情，從第一個生在世上的人開始，順序而下，世世代代，直到現今還活著的人為止。每一個名字都要被提出，每一樁案情都要經過詳盡的審查，有些名字要蒙悅納，有些名字要被棄絕。什麼人若是在案卷上還留有未經悔改未蒙赦免的罪，他們的名字就要從生命冊上塗去，同時他們所留在上帝記念冊中的善行也要被塗抹。上帝曾曉諭摩西說：「誰得罪我，我就從我的冊上塗抹誰的名。」（出埃及記32：33）先知以西結也說：「義人若轉離義行而作罪孽，……他所行的一切義，都不被記念。」（以西結書18：24）

凡過去已經真心悔改，並憑著信心領受基督的血作為自己贖罪犧牲的人，在天上的案卷中已有「赦免」二字寫在他們的名字下面，當他們在基督的義上有分，他們的品格也顯明是與上帝的律法相符時，他們的罪惡就要被塗抹，他們也要被認為是配得永生的人。上帝曾藉著先知以賽亞說：「唯有我為自己的緣故塗抹你的過犯，我也不記念你的罪惡。」（以賽亞書43：25）主耶穌也曾說：「凡得勝的，必這樣穿白衣，我也必不從生命冊上塗抹他的名，且要在我父面前，和我父眾使者面前，認他的名。」「凡在人面前認我的，我在我天上的父面前，也必認他。凡在人面前不認我的，我在我天上的父面前，也必不認他。」（啟示錄3：5；馬太福音10：32－33）

人們在地上法庭判決時所表現的最深切關注，只能隱約地說明在天上的法庭中所有的情緒。那時，在審判全地的主面前，凡記在生命冊上的名字，要一一被審查。我們神聖的中保要為一切因信賴祂的寶血、蒙赦免並勝過罪惡的人代求，使他們可以回到伊甸故鄉，並戴上冠冕與祂同作後嗣，承受「從前的權柄。」（彌迦書4：8）

獎賞

人子要在祂父的榮耀裡同著眾使者降臨;那時候,祂要照各人的行為報應各人。**馬太福音 16:27**

耶穌並不否認他們有罪,但祂卻指出他們的懺悔與信心,並為他們祈求赦免,在天父和眾天使面前舉起祂那受傷的雙手,說道:「我按名認識他們。我已將他們銘刻在我的掌上。」查案審判和塗抹罪惡的工作,是要在主第二次降臨前完成的。死了的人要憑著案卷記載而受審判,人的罪不能在查案審判決定案情之前被塗抹。使徒彼得曾清清楚楚地說明:「你們當悔改歸正,使你們的罪得以塗抹,這樣,那安舒的日子,就必從主面前來到。」(使徒行傳3:19-20)在查案審判結束後,基督就要降臨,按著各人的行為報應各人。

在預表性的祭祀禮節中,大祭司為以色列人贖罪之後,就出來為會眾祝福。照樣,基督也要在中保工作結束之時顯現,「並與罪無關,乃是為拯救他們,」(希伯來書9:28)將永生之福賞賜給一切等候祂的人。古時祭司怎樣把聖所中的罪帶出來,按手在那歸於阿撒瀉勒的羊頭上,照樣,基督也要把一切的罪歸在罪惡之源頭——撒但的身上。那擔負以色列民眾罪惡的阿撒瀉勒羊,要被「帶到無人之地」(利未記16:22);照樣,撒但也要擔負他引誘上帝子民犯的一切罪惡,被拘禁在將來杳無人煙的地球上一千年之久,到了最後,他還要在那毀滅一切惡人的烈火中遭受罪惡的刑罰。這樣,在罪惡徹底清除,和一切願意放棄罪惡之人都已得救之後,救贖的大計劃就完成了。

到了預定審判的時候——二千三百日的末了,即1844年——查案審判和塗抹罪惡的工作便開始了。凡曾信奉基督聖名的人,都必須經過一次精密的審查;無論活人死人,「都憑著這些案卷所記載的,照他們行的受審判。」

10月 21日　耶穌結束大祭司和中保的工作

人非有信，就不能得上帝的喜悅；因為到上帝面前來的人必須信有上帝，且信祂賞賜那尋求祂的人。● 希伯來書 11：6

但一般信徒還沒有預備好迎見救主。還有一番預備的工作要為他們成就。有亮光要賜給他們，將他們的心思意念指引到天上的殿，等到他們憑著信心跟從那位在至聖所服務的「大祭司」時，他們的心裡就必有新的本分顯示出來，且隨著還有一個警告與教訓的信息須傳給教會。

先知曾說：「祂來的日子，誰能當得起呢？祂顯現的時候，誰能立得住呢？因為祂如煉金之人的火，如漂布之人的鹼。祂必坐下如煉淨銀子的，必潔淨利未人，熬煉他們像金銀一樣，他們就憑公義獻供物給耶和華。」（瑪拉基書3：2-3）當基督在天上的聖所中停止祂中保工作的時候，那些活在地上的人就要直接立在聖潔的上帝面前，再沒有中保了。他們的衣袍必須是無玷污的，他們的品性必須是被血彈過而純潔無罪的。藉著上帝的恩典和他們自己的勤勉努力，他們必須與罪惡搏鬥而得勝。當天上進行查案審判、悔改信徒的罪要從天上聖所被移除的時候，上帝在地上的子民之中也要進行一番特別的潔淨和除罪的工作。這番工作在啟示錄14章的信息中講得更為清楚。

當這種工作完成之後，基督的信徒就已準備好等候祂的顯現。「那時猶大和耶路撒冷所獻的供物，必蒙耶和華悅納，彷彿古時之日，上古之年。」（瑪拉基書3：4）到那日，我們的主在降臨時要接去的教會，必是一個「榮耀的教會，毫無玷污皺紋等類的病。」（以弗所書5：27）她也要「向外觀看如晨光發現，美麗如月亮，皎潔如日頭，威武如展開旌旗軍隊的。」（雅歌6：10）

先知瑪拉基除了曾預言主來到聖殿的情形之外，也曾提到祂的復臨，就是祂來執行審判的時候。（瑪拉基書3：5）

讚美的評語

好，你這又良善又忠心的僕人，……可以進來享受你主人的快樂。
馬太福音 25：23

凡上帝所造的人都是耶穌的弟兄，但一切因重生而加入天上家庭的人，更稱得上是主的弟兄。基督的愛將祂家庭的每一成員連結一起，所以哪裡有人表現主的愛，那裡就出現這種神聖的關係。「凡有愛心的，都是由上帝而生，並且認識上帝。」（約翰壹書4：7）

在審判的日子，那些基督稱讚的人可能沒有多少神學知識，但他們心中懷有基督的生活原則。由於聖靈感化，他們常造福周圍的人。即使在異教徒中，也有仁慈為懷的人，在生命之道還沒有進入他們耳中之前，就已善待所遇到的傳教士，甚至冒生命危險去幫助他們。還有一些外邦人，他們在蒙昧無知之中敬拜上帝。從來沒有人把真光傳給他們，但他們也不致滅亡。他們雖然不知上帝明文的律法，卻聽見上帝在大自然中向他們說話，而且照著律法的要求行事。他們的行為證明聖靈已經感動他們的心，他們也就被承認為上帝的兒女。

在各國和異教徒之中，許多卑微的人，將來會聽見救主說：「這些事你們既作在我這弟兄中一個最小的身上，就是作在我身上了。」那時，他們該是多麼驚奇而快樂啊！同時，那無窮慈愛的主，看見這些跟從祂的人，因聽到這讚許的話而驚喜地望著祂時，祂的心將感到多大的快樂啊！

但基督的愛並不侷限於任何階層的人。祂把自己和世上的每個兒女視為一體。為要讓我們能成為天上家庭的成員，祂才成了地上家庭的一分子。祂既是人子，也就是亞當每一子女的弟兄。祂的門徒不可與周圍淪亡的世人脫節，不要忘記自己也是人類大家庭的成員，所以上天看他們是聖徒的弟兄，也是罪人的弟兄。墮落、犯錯和有罪的人，都在基督的愛裡。所以每次援救墮落之人的行動，仁慈的善舉，都像行在主身上一樣蒙悅納。

在耶穌大工完成前努力拯救

你出去到路上和籬笆那裡，勉強人進來，坐滿我的屋子。

路加福音 14：23

作基督徒並為上帝認可和嘉許，絕不是一件小事。主曾向我指出一些自認相信現代真理，生活卻與信仰表白不相符的人。他們敬虔的標準太低下，所以他們離《聖經》的聖潔標準太遠。有些人的話語輕漫不相宜，其他人則屈服於高抬自我。莫想我們能一面追求取悅自我，效法世俗的生活與行為，得到世上的享樂，並享受與那些屬世之人相伴的樂趣，另一面在將來還能與基督在榮耀裡一同作王。

如果我們想將來與基督的榮耀有分，我們今生就必須與基督的苦難有分。如果我們追求自己的私利，追求取悅自己，而不追求得上帝的喜悅並推進那寶貴的、在苦難之中的聖工，我們就是羞辱了上帝，也羞辱了我們所自稱熱愛的聖工。我們只有短暫時間來為上帝作工了。為要搶救耶穌那四散而被撕裂的羊群，就不應以任何犧牲為太重大。凡是現今藉犧牲與上帝立約的人，很快就要被帶到天家，去分享豐富的賞賜並永遠承受那新的國度了。

讓我們大家完全為主而活吧！藉著秩序井然的端正生活和虔誠的言行顯明我們是跟過耶穌的人，並且是祂柔和謙卑的門徒。我們必須趁還有白天的時候作工，因為患難與痛苦的黑夜來到之後，那時再為上帝作工已經太晚了。耶穌還在祂的聖殿裡，現在還能接受我們的犧牲、祈禱和認錯認罪，並赦免以色列一切的過犯，以便在祂離開聖所之前將之完全塗抹。當耶穌離開聖所時，凡是聖潔為義的人仍要聖潔為義，因為他們一切的罪都已塗抹，他們必被蓋上永生上帝的印記。但那些不義的和污穢的人卻要仍舊不義、污穢，因為那時聖所裡不再有大祭司在父的寶座前獻上他們的犧牲、認罪和祈禱了。故此，我們為搶救生靈脫離未來忿怒的風暴而作的一切努力，必須趁耶穌還沒有離開天上聖所的至聖所之前完成。

恩典之門關閉時

但在第七位天使吹號發聲的時候，上帝的奧祕就成全了，正如上帝所傳給祂僕人眾先知的佳音。啟示錄 10：7

凡要勝過自己罪性的人必須經過一番苦鬥。預備得救的工作乃是一種個人的工作。我們的得救，不是成群結隊的。某一個人的純潔與熱忱，並不能抵消另一個人品格上的虧缺。天下萬國的人固然都要經過上帝審判，但祂還是要查察每一個人的案情，其嚴密精細的程度，猶如世上只有這一個人存在一樣。每一個人必須經過考驗，必須顯出自己毫無瑕疵。

贖罪工作結束時的情景，實是非常嚴肅的，其所有利害關係，也是非常重大的。現今天上聖所中正在進行審判的工作，這工作已經行之多年。再過不久——究竟何時，無人知道——就要審問現今還活著的人了。在可敬畏的上帝面前，我們的生活要經過檢查。現今每一個人最重要的事，就是聽從救主的勸告：「你們要謹慎，儆醒祈禱，因為你們不曉得那日期幾時來到。」（馬可福音13：33）「若不儆醒，我必臨到你那裡如同賊一樣；我幾時來到，你也絕不能知道。」（啟示錄3：3）

在查案審判結束之時，所有人或生或死都要決定了。救恩時期將要在主駕雲降臨不久前結束。在啟示錄中，基督展望那個時辰時說：「不義的，叫他仍舊不義；污穢的，叫他仍舊污穢；為義的，叫他仍舊為義；聖潔的，叫他仍舊聖潔。看哪，我必快來，賞罰在我，要照各人所行的報應他。」（啟示錄22：11-12）

在上帝最後宣布這一句話時，義人和惡人的生活都會保持現狀——人們仍要栽種、建造、吃喝，完全不理會天上聖所中已宣布那最後終無法改變的判決。在洪水之前，挪亞進方舟之後，上帝曾把他關在裡面，把不敬虔的人關在外面；此後七天之久，人們不曉得自己的劫運已經註定，繼續過著漫不經心、貪愛宴樂的生活，並譏諷那報應臨頭的警告。救主說：「人子降臨也要這樣。」（馬太福音24：39）

拉比們曾擺出一副極謹慎的態度警告眾人，不可接受這位新教師（耶穌）所傳的新道理，因祂的言論和作為，與先祖的教訓相反。眾人聽信祭司和法利賽人的話，沒有親自用心明白上帝的道。他們尊重祭司和法利賽人，卻不尊重上帝，便屈就自己的遺傳而拒絕真理。許多人受耶穌的感動，幾乎信從了祂，但沒照良心所受的感動去行，沒有站到基督一邊。撒但便大行迷惑，使光明反顯為黑暗。於是許多人拒絕了那本可以令人得救的真理。

那位「真實見證的」說：「看哪，我站在門外叩門。」（啟示錄 3：20）上帝藉著《聖經》或祂的使者，傳給我們的每一警告、責備和勸戒，都是在心門上的重重一叩，都是耶穌喚我們讓祂進來的聲音。我們一次不理會，開門的意願就減弱一次。如果今天無視聖靈的感動，明天就再不會受到同樣有力的感動。我們的心就變成難以感化，以致麻木不仁，感覺不到自己歲月的短促，和永恆世界的廣大無邊。到了審判大日，我們若被定罪，倒不是因為我們陷於謬誤之中，而是因為我們疏忽天賜的良機，沒有細心研究什麼是真理。

那七十個人，像使徒一樣領受了超自然的能力，作為他們使命的印證。在他們的工作完成之後，就歡歡喜喜地回來說：「主啊，因你的名，就是鬼也服了我們。」耶穌回答說：「我曾看見撒但從天上墜落，像閃電一樣。」

過去和未來的種種景像，都一起呈現在耶穌面前。祂既看到路錫甫初次從天庭被摔在地上的情形，又看到日後自己受苦的一幕。到那時，在諸世界之前，那迷惑普天下的撒但，將要露出他的真面目。

在觸髏地十字架的痛苦與恥辱之外，耶穌展望到最後的大日。到那時，「空中掌權者」就要因他使地上遭受長久敗壞的叛逆而終究被滅。耶穌看到罪惡的活動永遠停止，上帝的平安充滿天地。

耶穌喜悅祂子民

行事完全的，為祂所喜悅。箴言 11：20

那位住在天上聖所中的主，將要憑公義施行審判。祂的喜悅對於在罪惡世界中與試探爭戰的子民而言，更超過那圍繞祂寶座的天軍。

　　整個天界對於我們這微小的世界表示最深切的關懷，因為基督已經為其上的居民付出了無限的代價。世界的救贖主已經用緊密的關係使天與地聯繫在一起了，因為主所救贖的人乃是在這地上。天上的聖者如今依然來訪問這世界，正如他們在古時與亞伯拉罕、摩西同行共話一般。在繁忙的都市、那充斥於街道和市場的群眾中，人們從早到晚汲汲營營，似乎人生就只是為了工作、遊戲和宴樂，少有人思考那看不見的現實——就在這樣的場合中，上天仍派駐守望者和聖者。那裡有看不見的天使觀察世人的每一句話和每一項行為。在每個為工作或宴樂舉辦的集會中，以及每一次崇拜聚會裡、肉眼所能看見的聽眾之外，總有一些其它的聽眾在場。有時天上的使者也會掀開那不可見的世界的幔子，使我們的思想可以暫時擺脫生活的繁忙，去考慮我們一切言行都有看不見的使者在那裡作證。

　　我們需要更加明瞭天使訪問的任務。我們最好思考在我們一生工作中，都有天使的照顧與合作。凡相信並承受上帝應許之柔和謙卑的人，都有看不見的光明和大能的天軍照應著他們。有基路伯、撒拉弗和千千萬萬大能的天使侍立在祂右邊，他們「都是服役的靈，奉差遣為那將要承受救恩的人效力。」（希伯來書1：14）

　　這些天上的使者對於世人的言語行為，都保留著準確的記錄。人對上帝子民所行的每一件殘忍不公之事，以及惡勢力加諸在他們身上的一切痛苦，在天上都存有記錄。

從地上到天上的聖所

殿裡的幔子從上到下裂為兩半，地也震動，磐石也崩裂。
馬太福音 27：51

因祂（耶穌）的死和復活，基督就成了「真帳幕」的執事。「這帳幕是主所支的，不是人所支的。」（希伯來書8：2）猶太人的會幕是人手所搭建的，他們的聖殿也是人手建造的。但那天上的聖所卻非人工所造，地上的聖所不過是它的影兒，「看哪，那名稱為苗裔的，……祂要建造耶和華的殿，並擔負尊榮，坐在位上掌王權。又必在位上作祭司。」（撒加利亞書6：12-13）

那預指基督的獻祭已經廢去，人的視線就被轉移到那為世人之罪而獻上真祭物了。地上祭司的職位已不復存在。但我們可以仰望「新約的中保耶穌，以及所灑的血。這血所說的比亞伯的血所說的更美。」「頭一層帳幕仍存的時候，進入至聖所的路還未顯明。……但現在基督已經來到，作了將來美事的大祭司，經過那更大更全備的帳幕，不是人手所造，……乃用自己的血，只一次進入聖所，成了永遠贖罪的事。」（希伯來書12：24；9：8-12）

「凡靠著祂進到上帝面前的人，祂都能拯救到底，因為祂是長遠活著，替他們祈求。」（希伯來書7：25）雖然祭祀從地上移到了天上的聖殿；雖然天上的聖所和我們的大祭司不是肉眼所能見，但門徒絕不至因此蒙受損失，也不致因救主不在，而與天上斷了交往，或在能力方面有什麼減少。耶穌雖然在天上的聖所供職，同時卻藉著祂的靈，仍為祂在地上的教會服務。肉眼雖然看不見祂，可是祂與門徒分離時的應許卻應驗了：「我就常與你們同在，直到世界的末了。」（馬太福音28：20）祂雖將權柄託付給比祂弱小的僕人，但祂那激勵人身心的聖顏，依然與祂的教會同在。

「我們既然有一位已經升入高天尊榮的大祭司……上帝的兒子耶穌，便當持定所承認的道。……所以我們只管坦然無懼地來到施恩的寶座前，為要得憐恤，蒙恩惠，作隨時的幫助。」（希伯來書4：14-16）

和大祭司同工

我們既然有一位已經升入高天尊榮的大祭司，就是上帝的兒子耶穌，便當持定所承認的道。**希伯來書 4：14**

我們要藉著那同樣在基督耶穌裡的靈，來要求自己。基督為我們工作，我們願意在祂的禾場上為祂工作嗎？孩子們，培養你們的耐心、信心、和希望。願主藉著那位永活的保惠師，不斷增加我們在信心上的喜悅。要在每日的生活中，記住上帝犧牲了祂唯一的兒子拯救世人，而你對此責任沒有片刻能忘記。耶穌不接受來自任何控告自己弟兄之人的榮耀。我們每一天務要在主裡彼此和好並恢復關係。培養愛心，不要讓任何邪惡言語脫口而出。趕快關上這道門，緊緊地關閉著；開啟基督主持的門，大大地開著，因為我們知道基督的犧牲代價及永不改變的愛。飲用從黎巴嫩井的生命活水，但拒絕從山谷來的渾水——黑暗的、懷疑的情緒。這裡面有很多真實的理由，可是我們要因為別人的苦毒而破壞我們靈命的香氣嗎？上帝不准許。沒有一個渺小的邪惡值得我們去思想它、去重複它。除去我們言辭中所有嚴厲的話語、說甜美的話，並且將我們的信心堅固的建立在耶穌裡。

我們有一位永活的辯護主為我們代求。讓我們也能成為那些犯錯者的辯護者。「並我們心中天良的虧欠已經灑去，身體用清水洗淨了，就當存著誠心和充足的信心來到上帝面前，也要堅守我們所承認的指望，不致搖動，因為那應許我們的是信實的。」祂是一位「慈悲忠信的大祭司，為百姓的罪獻上挽回祭。」（**希伯來書10：22—23；2：17**）

正如祂為我們工作，讓我們也熱誠的、有興致的傳福音給別人。基督希望我們有合一的精神，正如祂與我們合一一樣。盡我們的可能，保守我們的信心，彼此相愛，這樣就可以應驗耶穌基督的禱告……緊緊地靠近基督的身邊，思想祂給我們豐富的鼓勵，有一天我們也可以把它傳給別人。

耶穌不會忘記祂的教會

10月 29日

同蒙天召的聖潔弟兄啊，你們應當思想我們所認為使者、為大祭司的耶穌。希伯來書3：1

我們釘十字架的主，在天父恩典的寶座台前為我們代求。因著祂的犧牲我們可以得饒恕，因信稱義，因信成聖。被殺之羔羊是我們唯一的希望。我們以信心仰望祂、抓緊祂，好似祂是唯一最有能力拯救我們的，所有樂意奉獻的香氣都會得到天父的接納。直到基督堅定祂在天上和地上的一切權柄後，所有的事都成為可能。基督的榮耀關乎於我們的成功。祂關心我們人類，祂是我們充滿憐恤的救主。

我們應當牢牢記住，此刻我們的大祭司正在施恩座前為我們這被贖的人們代求。祂永遠為我們做中保。「若有人犯罪，在父那裡我們有一位中保，就是那義者耶穌基督。」

耶穌的寶血滿有能力，為那些冷淡退後、離經叛道、因罪遮蔽真光和愛的人代求。撒但在我們周圍想要控訴我們，我們的辯護者則站在上帝的右邊為我們代求。在祂從來沒有失敗的案例。我們可以信任我們的辯護者，因為祂以自己的恩慈代替我們，聽聽祂在被出賣和審問之前為我們所做的祈禱，祂對我們所做的一切沒有片刻能忘記的。

祂沒有忘記地上教會所受的試探。祂看著受試探的人們，為他們禱告。……是的，祂看著祂在世上的百姓，處在滿是迫害的世界，因受咒詛變得燒焦、毀壞的世界，祂知道他們需要祂從天而來的拯救、憐憫和愛。我們的救主為我們進入了這敗壞的世界，成為愛和真理的金鍊，用祂的憐憫維繫了祂的子民。

祂為受試煉受痛苦的我們調解，使苦難壓迫降到最低。祂舉起手來說：「我將你銘刻在我手掌上。」上帝喜愛垂聽，也會回應出自祂愛子的代求。

耶穌，公義的裁判

所以，祂凡事該與祂的弟兄相同，為要在上帝的事上成為慈悲忠信的大祭司，為百姓的罪獻上挽回祭。希伯來書 2：17

為了可以親近人，耶穌以人性遮蓋了祂的神性。使徒說：「兒女既同有血肉之體，祂也照樣親自成了血肉之體，……祂並不救拔天使，乃是救拔亞伯拉罕的後裔。所以，祂凡事該與祂的弟兄相同，為要在上帝的事上成為慈悲忠信的大祭司，為百姓的罪獻上挽回祭。祂自己既然被試探而受苦，就能搭救被試探的人。」耶穌是唯一道成肉身來到世間、且能夠做成公正公義的審判。單看外在的表現，人很容易作出譴責或連根拔起他們眼中的稗子，但他們很可能是誤判了。無論是傳道人或平信徒都應該從《聖經》中學習，了解犯錯的行為是如何發生的。他們不應該貿然行動，受偏見或喜好主導，要預備好不偏不倚的心態，來從事剷除和拆毀的工作，因這是極其嚴肅的事工。在批評、譴責弟兄姐妹時，控告者傷害的乃是一群基督以犧牲贖回的生命。基督用祂自己的寶血救贖他們；雖然地上的人以外表行為斷然判決反對他們，但他們在天上的法院所得到的判決將比在地上的更有利。在我們批評別的信徒，或採取行動斷然將他們從教會的團契排除前，要遵循使徒的禁令：「你們總要自己省察有信心沒有，也要自己試驗。豈不知你們若不是可棄絕的，就有耶穌基督在你們心裡嗎？」

務必要讓那些欲對兄弟姐妹某些行為有所處理的人，好好地審思自己的想法、動機、內在的衝動、目的和行為。……如果對自己做過認真虔誠的檢驗，我們會發現單憑自己是無法承受人類調查考驗的，那麼在我們把自己當作別人的法官之時，又怎能忍受自己在神眼中的考驗呢？

在評斷別人之前，我們首要之務是觀察和禱告，藉著基督的恩典對抗我們自己內心的罪惡戰爭。

完美的贖罪

10月31日

> 若有人犯罪，在父那裡我們有一位中保，就是那義者耶穌基督。
> 約翰壹書 2：1

耶穌是我們的辯護者，也是我們的大祭司和中保。我們的景況就像當年在贖罪日之時的以色列人一樣。大祭司進到至聖所，代表的正是我們的大祭司現今懇求之地，祂在施恩座前撒上贖罪的寶血，沒有贖罪是不需要犧牲的。而大祭司為我們向神代求，每一次懇求罪過的赦免，每一個心都因悔悟而俯伏在地。

基督的死成就了那預表的代罪羔羊。我們的大祭司已經為我們做了能令我們得救的寶貴犧牲。當祂在十字架上犧牲時，就是為世人獻上了最完美的贖價。我們如今正站在聖所外院等待，尋找祝福的希望，就是我們的救主耶穌基督榮耀的顯現。沒有犧牲是不需要付上代價的，偉大的大祭司正在至聖所進行祂的工作。基督是我們的中保，祂不需要其他人的美德或介入來成就此事。祂是唯一的代罪者，也是唯一為罪償付代價的。提到祂面前的祈禱和懺悔，祂只須進入至聖所一次，便一勞永逸、永遠稱聖。祂要拯救所有憑信心到祂面前來的人。永遠為我們代求。

對世界來說，基督就是天父的代表，祂在上帝面前代表那些已經恢復了上帝道德形像的選民。他們是祂的後嗣。祂對他們說：「人看見了我，就是看見了父。」沒有人「知道子；除了子和子所願意指示的，沒有人知道父。」沒有祭司、沒有宗教領袖，可以對亞當的兒女顯示父。我們只有一位中保及代求者，能赦免我們的罪。我們心裡不應該感激天父將耶穌賜給我們，為我們的罪作了挽回祭嗎？深入思考天父的愛，祂為我們的緣故所傳達、表現的愛。我們無法測度祂的愛，因為世上沒有任何量器可以用來測量。我們可以測量無限嗎？我們只能仰望各各他，那為全世界被殺羔羊的流血之泉。

前進

Homeward Bound

天家

十一月

善惡之爭

原罪難解之處

11月 01日

在天上就有了爭戰。米迦勒同他的使者與龍爭戰，龍也同它的使者去爭戰。啟示錄 12：7

罪惡的起源及其理由，在許多人的思想中是一個存在諸多疑慮的謎。他們看到罪惡的蔓延，及其造成禍患與荒涼的慘況，便發出疑問說：「在具有無窮智慧、能力和慈愛之主的治理之下，這一切怎能存在呢？」這是他們百思不解的奧祕。他們在惶惑猶疑之中，便看不到《聖經》裡明白啟示並與救恩密切相關的真理。有一些人為要探討罪惡存在的原因，就致力研究上帝從未啟示的事，因此他們的困難得不到解決，於是那些輕易疑惑並吹毛求疵的人，就抓住這一點作為棄絕《聖經》的藉口。此外，還有一等人，因為人的遺傳和誤解蒙蔽了《聖經》中有關上帝的品德，祂政權的性質，和祂應付罪惡的原則等教訓，所以他們對於罪惡的大難題就得不到圓滿的解答。

我們固然不能解釋罪惡的起源以便說明罪惡存在的理由。然而我們可能對於罪惡的起源及其最後的處理問題得到相當的瞭解，以便充分顯明上帝在應付罪惡的一切方法上，都是公義而慈悲的。《聖經》中的教訓真是再清楚明白不過了，上帝對於罪惡的產生，是絕無責任的，因為上帝的恩典沒有任意收回，祂的政權也沒有什麼虧欠，足以造成什麼發生叛變的緣由。罪惡乃是一個侵入宇宙的仇敵，它的出現毫無理由，神祕而不可思議，原諒它就等於袒護它。如果能找出足以原諒它的理由，或是指出它存在的原因，那麼罪就不成其為罪了。我們對於罪所下的唯一定義，就是《聖經》所說：「違背律法就是罪。」它乃是出於一個與愛的偉大律法相抗衡之原則的發展，愛乃是神聖政權的基礎。

上帝對一切受造之物所求的，乃是出於愛心的事奉，因充分認識祂的品德而崇敬祂。上帝不喜悅勉強的效忠，所以祂賜給眾生自由的心志，讓他們出於自願地事奉祂。

自私，罪的根源

我要升到高雲之上；我要與至上者同等。以賽亞書 14：14

可惜有一個天使竟濫用了這份自由的心志，罪惡便從他開始了。他原是上帝所最器重的，地位僅次於基督，在天上居民中是最有權柄最有尊榮的。他名叫「路錫甫」，在未墮落之前，他在遮掩約櫃的基路伯中居首位，是聖潔而沒有玷污的。「主耶和華如此說，你無所不備，智慧充足，全然美麗，你曾在伊甸上帝的園中，佩帶各樣寶石。……你是那受膏遮掩約櫃的基路伯，我將你安置在上帝的聖山上，你在發光如火的寶石中間往來。你從受造之日所行的都完全，後來在你中間又察出不義。」（以西結書28：12－15）

路錫甫本來可以一直蒙上帝喜悅，受眾天軍的敬愛，又可運用他高貴的能力來造福其他天使，並榮耀他的創造主。但先知卻說：「你因美麗心中高傲，又因榮光敗壞智慧。」（第17節）路錫甫漸漸放縱了自高的心願；居心自比上帝。……路錫甫不願尊上帝為至上，為祂所造之物最愛戴最忠順的對象，反而盡力收攬他們的心來事奉敬拜自己。這個天使的野心竟貪圖全能天父所賜給祂聖子的尊榮，並羨慕基督所獨有的特權。

天庭全體本來是樂於反照創造主的榮耀並宣揚祂的尊名。當上帝受到這樣崇敬之時，全天庭都是和平而喜樂的。但這時忽然有一個不協之音，破壞了天上的和諧。路錫甫這種事奉自己抬高自己的心意，是與創造主的計劃相反的，使那些以上帝的榮耀為至上的眾天使警覺到不祥之兆。天庭的議會向路錫甫作了多次的懇勸，上帝的兒子也向他說明了創造主的偉大、良善、公正、以及祂律法的神聖性與不變性。天庭的秩序原是上帝親自設定的，路錫甫若偏離這個秩序，就必褻瀆他的創造者，並毀滅自己。然而這出於無窮慈愛和憐憫的警告，結果只有激化他的背叛。路錫甫選擇讓妒忌基督的心理得勢，並且愈加頑強。

路錫甫被逐出

大龍就是那古蛇，名叫魔鬼，又叫撒但，是迷惑普天下的。他被摔在地上，他的使者也一同被摔下去。啟示錄 12：9

天庭全軍被召集到上帝面前，要對每一案情作出決定，撒但厚顏無恥地聲明他不滿基督的擢升超越他。他驕傲地站了起來，力陳他應與上帝同等，與天父一同參加會議，明瞭祂的一切旨意。上帝告訴撒但，祂隱祕的旨意只啟示給祂的兒子，而且祂要天庭全家，連撒但也在內，都毫無保留及疑問地順服祂，然而他（撒但）這般態度卻已經顯明自己不配在天上保有一席地位了。於是撒但耀武揚威地指著他那為數近乎全體天使一半的同情者，喊叫說：「這些都是支持我的！難道你也要驅逐他們使天庭如此空虛嗎？」他隨即聲明他準備抗拒基督的權威並藉武力維護他在天庭的地位，以勢力對抗勢力。

善良的天使聽了撒但的話和他那狂妄的誇口，就流淚痛哭。上帝宣布一切叛徒都不得再留在天庭。他們原來所有崇高和幸福的地位，乃是因為順服上帝用以管理高級生靈之律法為條件的，並沒有為膽敢違犯祂律法者預設什麼得救之法。撒但在叛逆的路上愈發膽大妄為了，竟公然表示蔑視創造主的律法。這律法是撒但所忍受不了的。他主張天使不需要任何律法，應任由他們隨從自己的心意，心意必能永遠指引他們行走正路；他聲稱律法乃是限制他們自由的，他所採行動的目的就是要廢除律法。他認為眾天使的景況需要改進。但上帝的心意不是如此，因為祂已經制定律法，並將之高舉與祂同等。全體天使的幸福乃在於完全順服律法。每一個天使都有指定給他的特殊工作，而且直到撒但叛變為止，天上始終是有完善秩序與和諧行動的。於是天上發生了爭戰，天上的大君，上帝的兒子，與祂忠實的天使，同那大叛徒以及與他聯合的天使交戰了，結果上帝的兒子和忠誠的天使獲勝。撒但和他的黨羽被逐出天庭。天庭全體都承認並敬拜公義的上帝。天上沒有留下一點叛逆的餘毒，一切都像以前一樣安寧和諧了。

聖父與祂的兒子商議，要立即執行祂們創造人住在地上的計畫。祂要先給人類一個試驗時期，要在人類得以永保安穩之前，測試人類的忠誠。

敵對的行動

弟兄勝過它，是因羔羊的血和自己所見證的道。他們雖至於死，也不愛惜性命。啟示錄 12：11

「我又要叫你和女人彼此為仇，你的後裔和女人的後裔也彼此為仇；女人的後裔要傷你的頭，你要傷他的腳跟。」（創世記3：15）這是上帝在人類墮落之後對撒但所下的判決，也是一個預言。這預言包括所有的世代，直到世界的末了，並且所預表的大爭戰也包括世上所有的人類。

上帝宣布說：「我要叫你們彼此為仇。」這種仇恨不是自然而有的。當人違犯上帝律法時，本性就變成邪惡，他與撒但便是同盟而不是敵對的了。罪人和罪的創始者之間並沒有自然的仇恨，二者都是在叛逆之中變為邪惡的。這叛逆者若不引誘人跟從他、得到人的同情與支持，是絕不罷休的，因此墮落的天使與有罪的人類在垂死掙扎中聯合起來了。若不是上帝干涉，人類非但不會對撒但懷有仇恨，反而要結成反對天庭的大同盟，與撒但聯合反抗上帝了。

撒但引誘人犯罪，正像他從前煽動天使叛亂一樣，都是為了獲得他們的合作來與天庭作戰。撒但和惡天使雖然在其他問題上意見分歧，但對基督的恨惡乃是一致的，他們緊密地聯合起來反對管理宇宙之主的權威。但當撒但聽見上帝宣布他和女人、他的後裔和女人的後裔要彼此為仇時，他就知道他那敗壞人類的計謀必受阻撓，知道人類終必有方法抵拒他的勢力。

自此撒但對人類的仇恨像火一樣的燃燒，因為他們藉著基督成了上帝慈愛憐憫的對象。他企圖破壞上帝為人類所設立的救贖計劃，又藉著毀損污穢祂所造的人來侮辱祂；他要使天庭憂愁，使全地充滿禍患與荒涼，並且指出這一切邪惡都是上帝造人的結果。

預備的恩典

故此你們要順服上帝。務要抵擋魔鬼,魔鬼就必離開你們逃跑了。
雅各書4:7

上帝在人類心中存放對撒但具有敵意的本性,這乃是基督的恩典。若沒有這改變人心的恩典和更新的力量,人類將繼續作撒但的俘虜,作他順命的僕人。這種新的原動力要在原本與罪惡同流合污的心中引起爭戰。基督所賜的力量,使人有能力抵抗那暴君和篡奪者。若有人不但不喜愛罪惡,反倒憎恨罪惡,能抵抗並克服那些轄制他內心的邪惡,便就此顯明在他心中有來自上面的能力運行。

基督的靈與撒但的靈二者之間的仇恨,在世人接待耶穌的事上有了最明顯的表現。猶太人拒絕基督的主要原因,並不是因為祂沒有屬世的財富、威風或尊榮,而是因為他們看出祂具有一種能力,足以彌補這些表面的虧欠而有餘。但是基督的純正和聖潔引起了悖逆之人的仇恨。祂那克己、無罪和忠誠的生活,對於一班驕傲縱欲的人,這乃形成一種不斷的譴責,這就是他們仇恨上帝兒子的原因。於是撒但和惡天使與惡人聯合起來,他匯合了一切叛逆的力量共謀反抗這一位真理的捍衛者。

撒但對基督徒表示的仇恨,也就是他對他們夫子所表示的仇恨。凡看出罪惡的可憎並靠著天上來的力量抵抗試探的人,必要惹起撒但和他爪牙的忿怒。只要有罪和罪人存在,那對於純潔真理的仇恨,以及維護真理之人的侮辱和逼迫也必存在。基督的門徒和撒但的爪牙是不能彼此妥協的。對十字架的攻擊仍然存在。「凡立志在基督耶穌裡敬虔度日的,也都要受逼迫。」(提摩太後書3:12)

撒但怎樣侮辱上帝,他的爪牙也怎樣設法誹謗上帝的百姓。那曾置基督於死地的心計總是鼓動惡人去毀滅跟隨祂的人,這一切都在那頭一句預言中有了暗示:「我要叫你和女人彼此為仇,你的後裔和女人的後裔也彼此為仇。」而且這情形將一直存在,直到世界的末了。

罪由心生

凡住在祂裡面的，就不犯罪。約翰壹書 3：6

凡不願跟從基督的人都可能成為撒但的奴僕。未經重生的心是喜愛罪惡的，並且有保留和原諒罪惡的傾向。重生的心是恨惡而堅決反抗罪惡的。當基督徒與不敬虔或不信主的人結交時，他們就把自己置於試探之中。撒但不讓人看見他，並用迷惑人的障眼法，偷偷地蒙蔽人的眼光。他們看不出自己與這些人為友時，會受到什麼損害，當他們的性情、言語、舉動都因與世俗接近而同化時，他們就愈來愈盲目了。

雖然撒但努力使人忽略以下的事實，但基督徒卻永不可忘記：「我們並不是與屬血氣的爭戰，乃是與那些執政的、掌權的、管轄這幽暗世界的、以及天空屬靈氣的惡魔爭戰。」（以弗所書6：12）以下警告的聲音從古至今一直是響著的：「務要謹守，儆醒，因為你們的仇敵魔鬼，如同吼叫的獅子，遍地遊行，尋找可吞吃的人。」（彼得前書5：8）「要穿戴上帝所賜的全付軍裝，就能抵擋魔鬼的詭計。」（以弗所書6：11）

從亞當的日子直到如今，我們的大仇敵常操縱他的能力來進行壓迫和毀滅。他現在正準備與教會作最後的爭戰，凡想追隨基督腳蹤的人必與這無情的仇敵作戰。一個基督徒愈接近那神聖的模範，就更確定地使自己成為撒但攻擊的目標。凡積極參加上帝工作，設法揭露惡者的欺騙，並把基督介紹給人的人，必能與保羅一同作見證，我們服事主凡事謙卑，眼中流淚，經歷試煉。

撒但曾用他最兇狠狡猾的試探來攻擊基督，但在每一次攻擊中他都被擊退了。那些仗是為我們打的，那些勝利也使我們有得勝的可能。基督必賜能力給一切尋求能力的人。沒有人能不先經自己的同意而被撒但所勝。這試探者沒有能力去控制人的意志，或強迫人犯罪。他可以使人受苦，但非經本人同意，就不能玷污他們；他可以使人遭遇慘痛，卻不能任意污穢人。基督已經得勝，這一個事實應當鼓舞祂的門徒勇敢地與罪惡和撒但作戰。

上帝的品格得到平反

父啊，時候到了，願你榮耀你的兒子，使兒子也榮耀你。
約翰福音 17：1

救贖計劃除了拯救人類之外，還有更宏大深遠的目的。基督來到世上，不單是為要拯救人類，也不單是為要叫這微小世界的居民對上帝的律法有正確的認識，祂是為了要在全宇宙之前證明上帝的品德。救主被釘之前展望祂偉大犧牲的效果，就是這犧牲在世人身上，以及在其他諸世界的居民身上的影響時，便這樣說：「現在這世界受審判；這世界的王要被趕出去。我若從地上被舉起來，就要吸引萬人來歸我。」（約翰福音12：31-32）基督為拯救人類而死之舉，不單要使世人得與上天接近，也要在全宇宙之前，證明上帝和祂的兒子對撒但背叛的處理乃是公正的，並要堅定上帝律法的永久性，顯明罪的本質及其後果。

善惡之爭的焦點從起初就集中在上帝的律法上。撒但曾設法證明上帝是不公的，祂的律法是有缺點的，而且為了全宇宙的利益，這律法必須改變。他攻擊律法，目的在於推翻設立律法之主的威權。在這個戰爭中，就可以顯明上帝的律法是否真有缺點需要改變，或是完全根本毋須變更。

撒但被趕出天庭之後，就決意要在地上建立他的國。當他試探亞當夏娃得手之後，就以為自己已經取得這個世界的所有權，他說：「因為他們已經揀選我作他們的王。」他聲稱罪人得蒙饒恕是不可能的，所以墮落的人類乃是他合法的子民，這個世界也就屬他了。但是上帝賜下祂自己的愛子——與父同等的那位——來擔當人類違犯律法的刑罰，這樣就開闢了一條道路，使他們可以重新得到上帝的恩眷，而能回到他們伊甸的家鄉。基督已經負起救贖的工作，決定要從撒但的掌握中把人類從這世界搶救回來。那在天上開始的大戰爭，要在這世界，就是撒但聲明屬於他的領域上，決定勝負。

撒但自命為王

這一切權柄、榮華，我都要給你，因為這原是交付我的，我願意給誰就給誰。**路加福音 4：6**

耶穌被引到曠野去受試探時，是聖靈引去的。耶穌並沒有去招惹試探。祂到曠野是要獨處沉思，默想祂的使命和工作。祂要藉禁食祈禱來激勵自己踏上祂必須行走的血路。撒但知道救主去了曠野，便以為向祂下手的最好時機到了。

光明之君與黑暗之君對世界權力展開爭奪戰，世界的命運千鈞一髮。撒但引誘人類犯罪之後，就聲稱全地都屬於他，並自命為世界的王。他既使人類的始祖與他的性情同化，就想在地上建立自己獨立王國。他宣稱世人已選他作元首，他透過對人的控制，就掌握了統治世界的王權。基督來，就是要粉碎撒但的這一聲明。基督要以人子的身分堅持忠於上帝的立場。這就能顯明撒但還沒有完全得到控制人類的權柄，而他對這世界所作的聲明就是虛妄的了。凡願從撒但的權下得拯救的人，都能獲得自由。亞當也必能重拾因犯罪所失去的主權。

「我又要叫你和女人彼此為仇，你的後裔和女人的後裔，也彼此為仇。」（創世記3：15）自從上帝在伊甸園向那蛇如此宣告以來，撒但就知道自己並沒有支配世界的絕對主權。他在世人中間發現有一種能力在運行，是與他的統治相抗的。他很關注亞當和他兒子們所獻的祭物。在這些禮節中，他看出了天地之間交通的象徵，於是他決意要切斷這種交通。他一方面誣衊上帝，一方面曲解預表救主的種種禮節。他教人看上帝是歡喜人類滅亡的神，讓人懼怕。因此他們把那本來顯明上帝之愛的祭物，當成了平息忿怒而奉獻給祂的禮。為了鞏固在世人身上的統治權，撒但常刺激人們的私慾。後來上帝的真道寫成書卷，撒但就研究有關救主降臨的預言。他在每一個世代，都極盡蒙蔽之能事，使人們不明白這些預言，在基督降臨時拒絕祂。

永久的保障

災難不再興起。那鴻書1：9

撒但的叛逆要在以後的各世代中，作全宇宙的一個教訓，永遠說明罪惡的性質及其可怕的後果。撒但統治的發展，以及它對於人類和天使的影響，必要顯明廢除上帝的權威將有怎樣的結果。事實必要證明：上帝的政權和律法的存在，與祂創造萬有的幸福是息息相關的。撒但這一次叛逆的嘗試將要作為一切聖潔生靈永遠的鑒戒，不讓他們對於罪惡的性質存有任何幻想，保守他們不致犯罪，不致受罪的刑罰。

直到這一場爭戰在天上告一段落之後，這個篡奪者還是強辯自己有理。等到上帝公佈撒但和一切同情他的天使將要被逐出天庭之後，這個罪魁禍首就大膽表示輕蔑創造主的律法。他再度聲明，天使無需受管束，應當有自由隨從自己的心意，這心意必能永遠引導他們行義。他抨擊上帝的律法為一個抑制他們自由的軛，並宣布他的目的乃是要廢除律法，以便眾天使可以達到更崇高，更光明的生存境地。

撒但和他的手下異口同聲地把自己叛逆的罪完全歸咎基督，並聲稱祂若沒有責備他們，他們是絕不會叛變的。他們就是這樣的不忠、頑強無禮、妄圖推翻上帝的政權，同時還說自己是專制暴力之下無辜的犧牲者；如此，這個大叛徒和他的同黨終於被逐出天庭了。

這在天庭發動叛亂的同一野心，現今還在地上鼓動。撒但從前在天使身上用什麼手段，今日他在世人身上也用什麼手段。撒但的野心現今在悖逆之子心中作主。他們像他一樣，設法廢除上帝律法的約束，並應許人可以藉著干犯律法而獲得自由。斥責罪惡的人現今還是會惹起憎恨和反抗之精神的。當上帝的警告感動人心時，撒但卻叫人自以為義，並設法使別人同情他們的罪行。

撒但的攻擊計畫

龍向婦人發怒，去與她其餘的兒女爭戰，這兒女就是那守上帝誡命、為耶穌作見證的。啟示錄 12：17

撒但要利用這兩個大異端，即靈魂不死，和守星期日為聖日的道理，使世人受他的迷惑。前一個異端是給招魂術預設條件，後一個異端使人產生一種同情天主教的心理。美國的基督教徒將率先越過鴻溝與招魂術握手，他們還要伸與天主教勾結，在這三合一的大同盟之下，美國將要步天主教的後塵去摧殘人民信仰自由的權利。

招魂術愈是仿效有名無實的基督教樣式，就愈有力量欺騙並攏絡人。按現代招魂術的說法，撒但自己已經悔改了。他要以光明天使的姿態出現。藉著招魂術為媒介，他將要施行神蹟，醫治疾病，作出許多令人不能否認的異能。這些邪靈將要自稱相信《聖經》，表示尊重教會的種種制度，這樣，他們的工作便要被眾人接受，被認為是神聖權能的表現。

現今在一般自稱為基督徒的人和不信的人之間，幾乎看不出什麼區別。教友們喜愛世人所喜愛的事，所以隨時可與他們聯合，同時撒但也定意要使他們合為一體，以便把他們全都納入招魂術的行列中，來增強他的勢力。天主教徒素來以神蹟奇事為真教會的可靠憑據，所以也必很容易地受這行奇事之能力的欺騙，至於一般的基督教徒，他們既然拋棄了真理的盾牌，就要同受迷惑。天主教徒、一般基督教徒和世俗之徒都要一同領受這背了實意的敬虔的外貌，他們要在這個同盟中看到一個必能叫全世界的人悔改，並引進那仰望已久的千禧年的大運動。

藉著招魂術，撒但要以人類施惠者的姿態出現。他要醫治眾人的疾病，提供一種全新、更高尚的宗教制度，但同時他也要進行毀滅的工作，他的試探使無數人趨於敗亡。

11月 11日 撒但被毀滅

諸天和住在其中的，你們都快樂吧！只是地與海有禍了！因為魔鬼知道自己的時候不多，就氣忿忿的下到你們那裡去了。啟示錄 12：12

撒但最喜歡戰爭，因為戰爭能激起人類最惡毒的狂熱，然後正當他們沉溺於罪惡與流血之中時，他就要把他們全推到永久的死亡裡去。撒但的目的是要鼓動列國彼此爭戰，這樣他就能轉移人的心思，叫他們忽略應當為將來在上帝的日子站立得住做準備。

撒但也會利用天然的災害把許多沒有準備好的生靈收入他的陣營。他已經研究過大自然的奧祕，並在上帝許可的範圍之內，竭力控制這些自然的能力。當他得到許可去磨練約伯的時候，約伯的牛群、羊群、僕人、房屋和兒女等，是多麼迅速地蕩然無存，在一那間，災難接二連三地降下來。唯有上帝能保護祂所造的萬物，並蔭庇他們脫離毀壞者的勢力。但基督教界已經表示輕蔑耶和華的律法，所以主必要照著自己所說的話去行，祂要從地上收回祂的福惠，並從那些背叛祂律法、又教導並強迫別人如此行的人身上撤回祂的保護。撒但必要統治一切不受上帝特別護衛的人，他要向某些人賞恩，使他們興旺，以便推進他的計劃；但他也要使另一班人遭遇患難，叫他們相信那使他們受苦的乃是上帝。

撒但一方面向世人顯出自己是一個大醫師，能醫治他們所有的疾病，但另一方面他卻把疾病和災禍降在世上，直到許多人口稠密的大都市荒廢冷落。即便是今天，他仍在工作。在海洋與陸地上的許多意外事故和災害中，在大火災中，在劇烈的暴風和可怕的冰雹中，在暴風雨、水災、旋風、浪潮和地震中，在各處地方，在千變萬化的形式之下，撒但正在施展他的能力。成熟的莊稼被他一掃而光，饑荒和艱難就接踵而來。他分布致命的毒菌在空氣中，使成千上萬的人遭受瘟疫而死。這些災害將要愈久愈多，也要愈來愈烈。毀滅要臨到人類和走獸。「地上悲哀衰殘，」「居高位的人……也敗落了。地被其上的居民污穢，因為他們犯了律法，廢了律例，背了永約。」（以賽亞書 24：4-5）

星期天律法的逼迫

它又叫眾人，無論大小、貧富、自主的、為奴的，都在右手上或是在額上受一個印記。啟示錄 13：16

撒但企圖毀滅那群尊敬上帝律法之人，他要陷他們於不義，被人指控為犯法、侮辱上帝，和成為使災難臨到世界的人。

一切遵守安息日的人要被斥為律法和治安的公敵，為破壞社會道德風紀，引起叛亂與敗壞，並招惹上帝刑罰的罪魁。他們信仰方面的堅貞要被人斥為頑固、剛愎自用和藐視權威。人要控告他們犯了反抗政府的罪。許多否定上帝律法的傳道人要在講臺上宣講，在上位有權柄，人人應當順服，因為他們是上帝所命定的。在各地的法院和審判廳裡，遵守誡命的人要被誣告並被定罪。惡人要給他們的言語染上虛偽的色彩，給他們的動機加以惡意的歪曲。

當一般基督教會拒絕了《聖經》中維護上帝律法的清楚論據之後，他們便要竭力叫這些他們無法用《聖經》推翻其信仰的人閉口。他們雖然閉眼不顧事實，但他們這時所走的路，其結果必使他們逼迫那些因信仰的緣故不肯按照全基督教界所行的去行，又不承認教皇所立之偽安息日的人。

教會和政府領袖將要聯合，用賄賂、勸誘、或強迫的手段，使人人都尊崇星期日。他們要用強制法令來彌補星期日缺少的上帝權威。現今政治方面的腐敗，正破壞人愛護公義和真理的心，在這愛好自由的美國，官長和議員為要取悅眾人，將依從群眾的要求，制定強迫人遵守星期日的律法。到了那時，那曾以極重的代價換來的宗教信仰自由便不再為人所尊重了。在這迫近的爭鬥中我們將要看見先知的話字字應驗：「龍向婦人發怒，去與她其餘的兒女爭戰，這兒女就是那守上帝誡命，為耶穌作見證的。」（啟示錄12：17）

欺騙的加冕行為

因為假基督、假先知將要起來，顯大神蹟、大奇事，倘若能行，連選民也就迷惑了。馬太福音 24：24

不久天空要出現一種超自然的驚人現像，作為魔鬼行奇事的表徵。惡魔的靈將要出動到「普天下眾王」那裡，誘惑他們，慫恿他們在反抗天上政權的最後鬥爭中與撒但聯合。因這些惡靈的工作，統治者和一般平民都要受他的欺騙。有人要起來假冒基督，叫人把那應當歸給世界救贖主的尊榮敬拜歸給他們。他們要行醫病的神蹟奇事，並聲稱自己有天上來的啟示，與《聖經》的見證相反。

這巨大的騙局之中最驚人的一幕，乃是撒但親自化裝為基督。教會久已聲稱她仰望救主的復臨，作為她一切希望的最後實現。這時那大騙子撒但便要出現，使人相信基督已經來了。撒但要在許多地方以輝煌和威嚴的姿態出現在人面前，好像先知約翰在啟示錄中所形容上帝兒子的樣式。（啟示錄1：13-15）他周圍的榮光是肉眼從未見過的。於是凱旋吶喊響徹雲霄，說：「基督已經來了！基督已經來了！」眾人要俯伏在他面前敬拜他，同時他要舉起雙手，為他們祝福，正像基督在世上為門徒祝福一樣。他的聲調優美、溫柔、和婉，他也要用文雅慈祥的口吻，說出一些救主從前所發表親切的屬天的真理，他先治眾人的疾病，最後便要冒基督的名宣稱自己已經把安息日改為星期日，並命令人人都要守他賜福的日子為聖日。他又說到，那些堅持遵守第七日為聖日的人褻瀆了他的聖名，因為他們不聽從他所差來帶亮光與真理給他們的天使。這乃是最強烈而壓倒一切的大欺騙。正如古時撒瑪利亞人受了行邪術的西門欺騙一樣，許多的人，從最小的到最大的，都要信服這些邪術，說：「這是『上帝的大能。』」（使徒行傳8：10）

上帝的子民不受欺騙

若有人對你們說：「看哪，基督在曠野裡」，你們不要出去！或說：
「看哪，基督在內屋中」，你們不要信！馬太福音 24：26

但上帝的真子民不至於受迷惑，因為假基督的教訓是與《聖經》不相符的。他乃是為那些拜獸和獸像的人祝福的，論到這一等人，《聖經》說，上帝純一不雜的忿怒必要傾在他們身上。

再者，上帝也不准撒但偽裝基督復臨的真實光景。救主已經警告祂的子民在這一點上不要受欺騙，並且已經清楚地預言到自己復臨的情形，說：「因為假基督，假先知，將要起來，顯大神蹟，大奇事，倘若能行，連選民也就迷惑了。……若有人對你們說，看哪，基督在曠野裡，你們不要出去，或說，看哪，基督在內屋中，你們不要信。閃電從東邊發出，直照到西邊，人子降臨也要這樣。」（馬太福音24：24-27，31）這種降臨的樣式是撒但無法假冒的，而是全世界的人必定知道，親眼看見的。

唯有那些殷勤查考《聖經》，並「領受愛真理的心」的人，才能得蒙護庇，不受這迷惑全世界的大欺騙。由於《聖經》的見證，這些人必能看穿欺騙者的偽裝。這試驗將要臨到每一個人。由於試探的淘汰作用，真實的基督徒就要顯露出來。今日上帝的子民是否能在《聖經》上堅定自己，以致不對耳聞目睹的事情隨波逐流呢？在這危機之中，他們能不能固守《聖經》，以此為唯一的根據呢？撒但必要在可能的範圍之內阻止他們，不讓他們有功夫作準備，以便在那日來到時能站立得住。他要設下埋伏攔阻他們的進路，用屬世的財富纏住他們，使他們背負沉重煩惱的擔子，以致他們的心被今生的思慮所累，這樣，那試煉的日子就必像賊一樣的臨到。

當基督教世界各國的執政者發佈命令制裁守誡命的人，聲明政府不再保護他們，並任憑那些希望看他們消滅的人肆意蹂躪的時候，上帝的子民便要從各城鎮鄉村中，成群結隊地遷居到極荒涼的偏僻之處。許多人要在山寨中找避難所。像昔日皮德蒙特山谷中的瓦典西信徒一樣，他們要以地上的高處作他們的居所，並且為這「磐石的堅壘」感謝上帝。（以賽亞書33：16）但從各國和各階層中必有許多人，不分富貴貧賤，膚色黑白，都要落到極不公平而殘酷的束縛之下。

眾矢之的

11月
15日

亞哈見了以利亞，便說：「使以色列遭災的就是你嗎？」列王記上
18：17

那些敬重上帝律法的人已被控告為使刑罰臨到世界的人，他們也要被當成一切災害的禍根，就是引起自然界災難、人世間流血的慘劇並使地上充滿禍患的人。最後的警告發揮的能力已使惡人惱怒，他們痛恨一切接受這信息的人，而且撒但還要火上加油，使世人仇恨逼迫的精神愈為熾烈。

當上帝的靈最後離開猶太國的時候，祭司和民眾卻不知道。雖然他們處於撒但的控制之下，受最殘酷惡毒的情緒支配，他們仍自以為是上帝的選民。聖殿裡的禮節依往例執行，祭牲照舊獻在已被污穢的祭壇上，祭司們每日仍然祈求上帝賜福給那染了上帝愛子之血、同時還在設法殺害祂僕人和使徒的子民。照樣，當天上聖所中宣布那無法挽回的判決，這世界的命運已經永遠決定的時候，地上的居民也是不知道的。上帝的聖靈已經最後收回了，那些人還是照舊舉行宗教禮拜，邪惡之君用以鼓動惡人完成毒計的熱忱，看上去倒像是為上帝發熱心呢！

安息日的問題已經成為全基督教界鬥爭的焦點。宗教和政治的權威要聯合起來強迫人去遵守星期日。那時，少數堅決不肯服從群眾要求的人，便要普遍地成為憎惡和咒罵的目標。有人要鼓動說，對於少數反對教會制度和國家法令的人不應予以寬容，寧可讓他們受苦，免得全國陷於混亂和無法律的狀態之中。……這一個論據要顯為合理。最後便有命令發出，制裁那些尊第四誡之安息日為聖的人，斥責他們應受嚴厲處分，並指定一個期限，讓眾人在期滿之後，得以把這些人置於死地。舊時代的羅馬天主教和新世代背道的基督教都要採取一致的行動，去對付那些尊重全部神聖誡命的人。

福音的委託

你們要去，使萬民作我的門徒。**馬太福音 28：19**

基督一生的事蹟，祂的受難與復活，指明這些事的預言，救贖計劃的奧祕，耶穌赦罪的權柄——他們是這一切事的見證人，而且也要由他們傳與世人知悉。他們要傳揚平安的福音，以及藉悔改而得救與救主的大能。

基督在升天之前，曾將門徒的使命交付他們。祂告訴門徒，他們就是那將永生財寶傳贈世人的執行人。祂對他們說：「你們曾經目睹我為世人而犧牲的生活。你們看見過我為以色列家的勞力。我的子民雖不肯歸向我得到生命，祭司和官長們雖然任意待我，拒絕過我，但他們仍有接受上帝兒子的另一次機會。你們已經看過所有到我這裡來承認自己罪過的人，我都樂意接受。凡來就我的人，我絕不丟棄他。我的門徒啊！我將這恩典的信息交託給你們。這信息要傳給猶太人也要傳給外邦人——先是以色列家，然後是各國、各族、各民。凡相信的都要團聚在一個教會之內。」

福音的使命乃是基督國度的佈道憲章。門徒們要熱心地從事救靈工作，將恩典的邀請傳送與眾人。他們不應等候民眾來就自己，乃要將信息帶到民眾那裡去。

門徒要奉基督的名推進他們的工作。他們的言行都要專注於祂的名，因為祂的名具有使罪人得救的大能。他們的信心要集中在恩典與能力源頭。他們要奉祂的名向天父祈求，就必得蒙允准。他們要奉父、子、聖靈的名給人施洗。基督的名要作為他們的口號、特殊的標記、團結的力量、行為的根據和成功的資源。凡在祂國裡被認可的，沒有一樣不是具有祂名號的。

真理征服世界

11月 17日

正如你父在我裡面，我在你裡面，使他們也在我們裡面，叫世人可以信你差了我來。**約翰福音 17：21**

這些話果真奇妙的應驗了。在聖靈沛降之後，門徒充滿了對耶穌以及祂代為受死之人的熱愛，以至於人心也都因他們所說的話語和祈禱而軟化。他們靠著聖靈的能力講道；在那種能力的感化之下，竟有幾千人悔改了。

使徒們以基督代表的身分，要給世人留下一種確定的印象。他們原是無名之輩，但這一事實非但不減少他們的感化力，反而使之增加，因為聽眾的心思必從他們轉移到那位眼不能見，但仍與他們一同工作的救主身上。使徒們的奇妙教訓，他們具有勇敢和信賴的話，均足以證明他們所行的一切，並不是憑自己的力量，而是靠基督的能力而行的。他們自我謙卑地宣稱：那位被猶太人釘死的乃是生命之君，是永生上帝的兒子；並且聲明他們是奉祂的名，作祂所作的工。

救主在被釘的前夕和門徒話別時，並未提到祂曾受過以及未來將臨到的苦難，祂未曾談及自己當前所有的屈辱，卻設法使門徒想到那足以堅固他們信心的事，引導他們展望那準備給予得勝者的快樂。祂因自己能夠且樂願為跟從祂的人行事，過於祂所應許的，又因有仁愛和同情從祂身上發出，潔淨人心靈的殿，使人在品格上與祂相似，並因真理配備著聖靈的能力，必在將來勝了又勝，便自覺喜樂。

祂說：「我將這些事告訴你們，是要叫你們在我裡面有平安。在世上你們有苦難；但你們可以放心，我已經勝了世界。」（約翰福音 16：33）基督從不灰心喪膽，門徒們也要表現出同樣有忍耐的信心。他們要靠祂得力，行事像祂所行的一樣。雖然他們的前途會被許多不可思議之事阻礙，但他們仍要靠著祂的恩典一路前行，毫無失落，凡事盼望。

從聖靈來的幫助

約翰是用水施洗，但不多幾日，你們要受聖靈的洗。使徒行傳1：5

基督為人類所作的犧牲乃是充分而完全的。贖罪的條件已經履行，祂到這世界來的任務已經完成了。祂已經得國，這是從撒但手中奪回，而祂也成為承受萬有的。祂要邁向上帝的寶座，要受天軍的崇敬。

基督在離開門徒之前，又再度說明祂國度的性質。祂令他們回想從前說過有關天國的事，聲明祂的目的並不是要在此世建立一個屬世的國度。祂來不是要躋登大衛的寶座、作地上的君王掌權。當門徒問祂：「主啊，你復興以色列國，就在這時候嗎？」祂回答說：「父憑著自己的權柄，所定的時候日期，不是你們可以知道的。」（使徒行傳1：6-7）除了使他們能看到的啟示之外，他們實無看到遙遠將來的必要，他們的任務乃是傳揚福音的信息。

基督行將與門徒分離，但他們卻要獲得新能力的賜予。有聖靈要沛降給他們，印證他們去從事工作。救主說：「我要將我父所應許的降在你們身上，你們要在城裡等候，直到你們領受從上頭來的能力。」（路加福音24：49）「約翰是用水施洗；但不多幾日，你們要受聖靈的洗。」「但聖靈降在你們身上，你們就必得著能力；並要在耶路撒冷，猶太全地，和撒瑪利亞，直到地極。作我的見證。」（使徒行傳1：5-8）

救主明知任何辯證，不論如何合乎邏輯，也不足融化剛硬的心，或突破世俗與自私的壁壘。祂明知祂的門徒必須領受天來的恩賜，也知道唯有對那位身為道路、真理與生命之主具有活潑的認識，產生出火熱的心與能言善辯的嘴唇，才能將福音有效地傳開。那委託給門徒的任務具有偉大的效能，因為邪惡的潮流深沉且強烈地和他們衝突。統率那幽暗勢力的，乃是一位機警堅決的首領，因此凡跟從基督的人唯有靠上帝藉著聖靈給予他們的援助，才能為正義從事戰鬥。

11月 19日 晚雨的力量

我們務要認識耶和華，竭力追求認識祂。祂出現確如晨光；祂必臨到我們像甘雨，像滋潤田地的春雨。 何西阿書6：3

現今上帝仍然利用祂的教會，在地上陳明祂的旨意。今日十字架的使者從這城走到那城，從這地走到那地，為基督的第二次降臨預備道路。上帝律法的標準已高舉起來了，全能者的靈正在世人心中運行，凡響應祂感化力的就成了上帝和祂真理的見證人。在許多地方，都可看到獻身的男女將那基督得救之道的光傳與他人。當他們繼續發光，猶如那班在五旬節接受聖靈洗禮之人所行之時，他們就必愈來愈多領受聖靈的能力。這樣，地就因上帝的榮耀而發光了。

固然到了末日，當上帝在地上的工作行將結束時，獻身的信徒在聖靈引導之下所作的熱心努力，帶有神恩的特殊證據。希伯來的眾先知，曾用東方撒種及收割時所降的早雨和晚雨為表號，預言靈恩將要格外賜給上帝的教會。使徒時代聖靈的沛降乃是早雨或秋雨的開始，其結果是輝煌的。聖靈也要與真教會同在，直到末時。

但是在地上莊稼臨近收割時，也有應許要賜下特別靈恩，以便預備教會迎接人子的降臨。這種聖靈的沛降，正如晚雨的降下，因此「當春雨的時候」，基督徒要為這增加的能力祈求莊稼的主。「發閃電的耶和華」必答應，「為眾人降下甘霖」，「祂必……降下甘霖，就是秋雨，春雨。」（撒迦利亞書10：1；約珥書2：23）

若今日教會中的教友與屬靈生長的源頭有活潑的聯絡，他們就必為收割的時期作好準備。除非他們將自己的燈剔淨點燃，否則在特別需要的時候就無法接受增加的恩典。

唯有那些不斷領受新恩典注入的人，才享有與日常需要相稱的能力，以及運用該能力的才幹。

從巴比倫出來

我的民哪，你們要從那城出來，免得與她一同有罪，受她所受的災殃。啟示錄 18：4

我看到許多天使在天上倉促地來來往往，一時下到地上，一時又升回天上，為某一項重大事件的實現作準備。然後我看見另一位大能的天使奉命到地上來，與第三位天使的聲音聯合，要加強他信息的力量。有極大的能力和榮耀賜給那天使，當他下來時，全地就因他的榮耀發光。當這位天使大聲呼喊說：「巴比倫大城傾倒了，傾倒了，成了鬼魔的住處，和各樣污穢之靈的巢穴並各樣可憎之雀鳥的巢穴」的時候，他所帶來的光輝，一直照射到天涯海角。第二位天使傳揚、有關巴比倫傾倒的信息這時又重複了一遍，附帶提到從1844年以來進入各教會的種種腐敗。這位天使的工作正不偏不倚地在第三位天使的信息漸漸增強成為大呼聲的時候，來加強他最後的偉大工作。上帝的百姓得準備好，好在他們快要臨到的試探時辰中站立得住。我看見一道大光照在他們身上，他們便團結起來、無畏地宣揚第三位天使的信息。

有許多天使奉命去幫助那來自天上大能的天使，我便聽見那響徹遍地的聲音說：「我的民哪，你們要從那城出來，免得與她一同有罪，受她所受的災殃。因她的罪惡滔天，她的不義上帝已經想起來了。」這一道信息似乎是附加在那第三道信息上的，正像那半夜的呼聲在1844年加入了第二位天使的信息一樣。上帝的榮耀停留在耐心等候著的聖徒身上，他們就無畏地傳出最後的嚴肅警告，宣布了巴比倫的傾倒，呼喚上帝的百姓從巴比倫出來，以便逃脫她可怕的厄運。

那光照射在等待著的聖徒身上，亦透入了各地，結果各教會中得過光照、對三天使信息從未聽聞或棄絕的人便聽從了這個呼聲，離開了那些墮落的教會。自這三道信息傳揚以來，許多人已經長大成人了，所以這光要照在他們身上，給他們在生命和死亡之間自行選擇的特權。有一些人選擇了生命並和那些等候主復臨，遵守祂全部誡命的人站在一起。

上帝對撒但掌權的回應

若有人拜獸和獸像，在額上或在手上受了印記，這人也必喝上帝大怒的酒。啟示錄 14：9 — 10

世人怎樣看待上帝的律法呢？各處的人都在行與神聖律例相反的事。他們極欲規避那因順從必須背負的十字架，甚至連眾教會也與那叛教者採取同一立場，聲稱上帝的律法已被更改或廢除了。人們盲目誇口奇妙的進步與文明，但在天庭眾守望者看來，地上卻是充斥著腐敗與強暴，因為罪的緣故，我們這世界已成了一所被瘴癘之氣籠罩的時疫醫院。

應當成就一番偉大的工作，將救人的福音真理展示在人前。這是上帝所定、要遏阻道德敗壞的方法，也是祂要在人類身上恢復祂道德形像的方法，更是祂挽救普世分崩離析的辦法，和吸引人們團結合一的能力。第三位天使信息的工作，就是要傳揚這些真理。主的計畫，是要傳揚這信息，使其成為現今世上進行最高尚、最偉大的工作。

撒但不住地慫恿人們去接受他的原則，設法對抗上帝的工作。他常常說上帝的選民是一班被誘騙的人。他是控訴弟兄的，並且不斷地運用自己控告能力去攻擊行義的人。主盼望祂的子民表現順從正義原則的結果，藉以反駁撒但的控訴。

上帝的話中，對於過去，現在，以至將來昭示的一切亮光，都是為每一個凡願意接受的人而發的。這亮光的榮耀，就是基督品格的真榮耀，乃是要在基督徒個人，家庭，教會，傳道工作上，以及由上帝子民所設立的各機構中顯現出來。主計畫這一切都要作為表號，象徵那為世界成就的事工。他們是福音真理拯救能力的榜樣，是實現上帝對人類偉大旨意的媒介。

公開巴比倫之罪

日子將到，我必刑罰巴比倫雕刻的偶像。他全地必然抱愧。
耶利米書 51：47

第三位天使的信息也必這樣傳開，等到這個信息以最大能力推展之時，上帝要用卑微的器皿為祂作工，引導那些獻身為祂服務之人的意志。這些工人的資格多半出於聖靈的恩膏，而非學校的訓練。大有信心和恆切禱告的人要受激勵，以聖潔的熱忱出去宣講上帝所交給他們的信息。巴比倫的罪惡都要暴露出來，那用政治權力強迫人遵守教規的後果、招魂術的侵入、教皇勢力的擴張——這一切事實都要被揭露了。因這些嚴重的警告，眾人就要深受感動。成千上萬從沒聽過這道理的人，此時就要傾聽了。他們要驚異地聽人見證說，巴比倫就是那因自己的異端和罪惡，又因拒絕上天的真理而墮落的教會，然而這些人要往他們從前的教師那裡急切詢問：「這些事果然如此嗎？」那時他們的傳道人就要說出一些虛謊的話來撫慰他們的恐懼，鎮靜他們那驚覺了的良心。但是既有許多人不滿意這些僅以人的權威為根據的話，並要求一個坦白的「耶和華如此說」的答覆，那班專討人喜歡的傳道人便要像古時的法利賽人一樣，因為有人懷疑他們的權柄，就滿懷憤怒，申斥這信息是出於撒但的，並要鼓動那喜愛罪惡的群眾起來辱罵逼迫那些傳揚警告的人。

當這鬥爭發展到新的地區，喚起眾人注意那被人踐踏的上帝律法之時，撒但就要大大活動起來，警告所帶來的能力徒使那些反對的人震怒如狂。各教會的教牧人員必要用幾乎超人的力量來阻攔真光，免得它光照他們的羊群，他們要盡一切方法制止人討論這重大問題。各教會要請求政治權力的支援，而且在這種工作上，羅馬天主教徒與改正教徒要聯合起來。當這強迫人守星期日的運動愈演愈烈的時候，國家就要執行律法來逼迫那些遵守上帝誡命的人。人要以罰款和監禁去威脅他們，也有人要用地位和其他的獎勵與利益來誘惑他們，要他們放棄信仰，但他們始終如一的回答乃是：「請從《聖經》中指出我們的錯誤來。」

政治領袖贏得了真相

你們要為我的緣故被送到諸侯君王面前，對他們和外邦人作見證。
馬太福音 10：18

在反對的勢力愈演愈烈的時候，上帝的僕人又感到困擾了，因為在他們看來，似乎危機是他們造成的。但良心和《聖經》卻證明他們的行為是對的，所以雖然那試煉有增無減，他們卻能加強力量，站立得住。這場鬥爭愈來愈緊急劇烈，但他們的信仰和勇氣卻隨著危機而增長。他們的見證是：「我們不敢妄改上帝的《聖經》，或劃分祂聖潔的律法，說這一部分重要，那一部分不重要，藉以博取世人的歡心。我們所事奉的主，是能拯救我們的。基督已經勝過世上的權力，難道我們還怕這個已被擊敗的世界嗎？」

各式各樣的逼迫都是從一個原則發展出來的，只要撒但存在一天，只要基督教一天不失去它的活力，這個原則也必存在。人不可能一邊事奉上帝一邊不招惹黑暗大軍。惡使者必要來攻擊他，因為看到他的感化力把他們的俘虜奪去。世人既因他的榜樣而受到責備，便要與惡使者合作，設法用種種引誘使他遠離上帝。這些方法既不成功，他們就要運用強權來脅迫他的良心。

但只要耶穌還在天上聖所中為人類作中保，世上的統治者和民眾仍要受聖靈的限制，現今聖靈還多少影響著人間的法律。若是沒有這些法律，世界的局勢就要比現今遠為惡劣。雖然在統治者中有許多是撒但的代表人，但在國家的領袖之間上帝也有祂的代理人。仇敵撒但時常鼓動自己的僕人發起一些足以使上帝的工作大受攔阻的法令，但一些敬畏上帝的政治領袖卻受到聖天使的感化，就用無可辯駁的論據來反對這類的提案。這樣，少數人就能擋住強大的罪惡狂瀾。真理之敵的反對勢力必要受到約束，讓第三位天使的信息可以完成它的工作。當這最後的警告被人傳開時，它就必引起現今為上帝所使用的領袖注意，其中也必有一些人接受這警告，並在大艱難的時期中與上帝的子民站在一起。

深知你所信的是誰

我又看見三個污穢的靈，好像青蛙，從龍口、獸口並假先知的口中出來。他們本是鬼魔的靈。啟示錄 16：13 — 14

我看到聖徒們必須徹底瞭解現代真理，他們將根據《聖經》維護現代真理。他們必須明瞭人死後的狀況；因為鬼魔的靈還會向他們顯現，自稱是他們所愛的親戚或朋友，向他們講述沒有《聖經》根據的道理。他們會盡其全力激起人的同情心，在人們面前行奇事證明他們所說的。上帝的子民必須預備用《聖經》真理來抵擋這些靈，實情就是死了的人毫無所知，而且那些如此顯現的乃是鬼魔。

我們必須謹慎檢查我們盼望的根據，因為我們必須從《聖經》中為這盼望提出緣由來。這個騙局將繼續蔓延，我們總有一天要和它面對面相抗衡，若沒有充分準備，我們就必陷入羅網而被制伏。但如果我們盡一切所能的為要面臨的鬥爭作準備，上帝也必盡到祂的本分，祂全能的膀臂必要保護我們。祂寧可從榮耀的天國裡差派全部天使出來援助忠心的信徒，在他們四圍安營，不願他們受撒但的迷惑，被他虛假的行徑所蒙蔽。

我看到這種騙局發展的速度，像一列火車奔馳得如同閃電。天使叫我仔細看，我定睛注視那火車，看上去似乎全世界的人都在上面。於是天使向我指出了列車長，看起來好像是一個威嚴俊美的人物，為一切乘客所景仰尊敬。我感到困惑，便問伴隨我的天使那是誰。天使說：「那就是撒但。他以光明天使的形像出現佯裝列車長。他已經把全世界都擄去了。他們完全陷入了欺騙，信從謊言使他們都被定罪。那個等級僅次於撒但的惡使者乃是駕駛員，撒但其他的爪牙工具都根據他的需要在不同的崗位上任職，紛紛以閃電的速度趨向滅亡。」

我問那天使，是不是沒有一個人留下來。他叫我向相反的方向察看，我便看到一小群人行走在一條窄路上，他們似乎都被真理緊密地團結在一起。

恩典時期結束

所以我們既得了不能震動的國，就當感恩，照上帝所喜悅的，用虔誠、敬畏的心事奉上帝。**希伯來書 12：28**

當耶穌停止為人代求時，每一個人的案件就永遠定了，這就是和祂僕人算帳的時候。對於那些沒有預備好讓自己純全聖潔，配得等候迎見主的人，太陽要變為陰鬱幽暗，永遠不再升起。寬容時期結束，基督在天上的代求終止。這一時刻終於突然臨到每一個人身上，那些沒有藉著順從真理來潔淨心靈的人已經沉睡，他們對於等待和警醒變得厭倦，對主降臨的事變得漠不關心。他們不渴望祂的顯現，以為持續恆切地警醒是不必要的。就因期望曾經落空，他們便不願再懷抱希望，他們斷定時間還足夠，確信不可失去獲得地上財寶的機會，得到能在這世上得到的一切是安全無虞的。於是他們便在追求這個目標的過程中，對主的顯現完全喪失了渴望。他們變得漠不關心、疏忽大意，好像主降臨的時日尚遠。但是當他們的興趣專注在追求屬世財物時，天上聖所的工作就結束了，而他們卻沒有預備好。

要是這些人知道基督在天上聖所中的工作會如此迅速地完結，他們為人會何等地不同，他們會何等懇切地警醒啊！主既預見這一切，就給了他們及時的警告，命令他們要警醒。祂清楚說明了祂的降臨是倏忽之間來到。祂沒有說定時間，免得我們忽略隨時的預備，懶惰地展望我們以為祂要來的時候而推遲預備。「你們要警醒，因為你們不知道。」然而這種預先說明的不確定性和最終降臨的突然性，沒能使我們擺脫愚蠢認真警醒，激勵我們期待所盼望的主。那些沒有警醒等候的人，最終會在自己的不忠中對主的降臨感到驚訝。主來了，他們不但沒有準備好立刻開門迎接祂，反而困在世俗的昏睡中永遠滅亡。

另一班人呈現在我面前，與上述那班人形成了對照。他們警醒等候、定睛望天，口中時常重述他們夫子的話語：「我對你們所說的話，也是對眾人說的，要警醒！」

雅各遭難的時候

只剩下雅各一人。有一個人來和他摔跤，直到黎明。●創世記 32：24

撒但怎樣鼓動以掃來攻擊雅各，照樣，他也要在末世時期鼓動罪人起來毀滅上帝的子民。他從前如何控告雅各，將來也要如何控告主的百姓。他把全人類都看為自己的屬下，只有少數遵守上帝誡命的人拒絕他的威權。如果他能把這些人從地上除滅，勝利就完全屬於他了。他看見有聖天使在保護他們，便推斷他們的罪必是已蒙赦免，但還不知道他們的案件在天上的聖所裡已經定了。他清楚地知道自己過去引誘他們犯了什麼罪，這時他把這些罪誇大地羅列在上帝面前，並聲稱這些人應該像他一樣、被排除在上帝的恩眷之外。他聲稱上帝若赦免這些人的罪，卻毀滅他和他的使者，那是不公平的。他主張這些人是他的俘虜，所以要求把他們交在他手中，任他除滅。

撒但因上帝子民的罪而控告他們時，主容許他們遭受試煉。他們對於上帝的信心、忠心和毅力將要受到嚴格的考驗。當他們回顧自己的一生時，希望就消沉了，因為在他們的生活中簡直看不出什麼良善。他們充分認識自己的軟弱和不配。撒但要恐嚇他們，叫他們認為自己是沒有希望的，以為自己污穢的罪跡是永遠不能洗除的。他希望能破壞他們信仰，叫他們對試探低頭，並不再效忠上帝。

雖然上帝的子民被那些決心要毀滅他們的仇敵圍困，但他們感到的愁苦，還不是因為怕為真理受逼迫，乃是怕自己還沒有悔改一切的罪，或因自己的某一些過失而使救主的應許不能實現在他們身上。「我必在普天下人受試煉的時候，保守你免去你的試煉。」（啟示錄3：10）他們若能……不配作祂的子民，並因自己品格的缺點而喪命，那麼上帝的聖名就必受到羞辱。

他們雖能感到深切的焦慮、恐懼和窘迫，但他們仍不停止祈禱。他們緊握上帝的能力，正如雅各抓住天使一樣，他們心靈的呼聲，乃是：「你不給我祝福，我就不容你去。」

上帝是我們的保障

那時，保佑你本國之民的天使長米迦勒必站起來，並且有大艱難。
但以理書 12：1

當艱難的時期來到，一切的案件都已判定，再沒有寬容時期，再沒有為不悔改之人求恩的機會，永生上帝的印記已印在祂子民的身上了。這微小的餘民，在與龍的眾使者統率的地上權勢一決生死之時，因無法靠自身抵擋，就以上帝為他們的保障。世上最高當局已發出命令，用逼迫及死亡，要他們拜獸和受獸的印記。惟願上帝現今救助祂的子民，因為在這樣一場可怕的鬥爭中，若無祂相助，他們還能作什麼呢！

勇敢、堅忍、信心，及全然倚靠上帝能力施救之心，都非一蹴而及。這些天賜的美德，是由經年累月的經驗而來的。上帝的子民藉著聖潔努力，堅持正義的生活，便決定了自己的命運。在無數的試探圍困之下，他們知道必須堅決抵禦，否則難免失敗。他們覺得自己有一番偉大的工作要做，並且隨時有奉命放下武器之可能，若是到了生命結束時而工作尚未完成，那就成為永遠的損失了。他們熱切接受上天的光，猶如早期門徒從耶穌口中領受的一樣。早期基督徒無論是流亡山林荒野，或在地牢挨餓，受凍，及被拷打至死，或在殉道似為唯一解除痛苦之時，只要看自己算是配為那替他們被釘十字架的基督受苦，便歡喜快樂。他們寶貴的榜樣，將成為上帝子民在經受空前大艱難之時的安慰及鼓勵。

凡自稱遵守安息日的人，並非都受印記，甚至於在那些向別人教授真理之人中，也有許多在額上不得受上帝的印記。他們雖有了真理之光，知道主的旨意，也明白信仰的每一要點，但他們的行為卻不與此相稱。那些對於預言及上帝智慧寶藏非常熟悉的人，是應當實行其信仰的。他們應當吩咐自己的眷屬效法他們，以便用有規律的家庭向世人顯明真理感化人心的大能。

在今生我們必要遇到火煉的試驗，作重大的犧牲，但可獲得基督的平安為賞賜。

禱告得蒙應允

聖潔真實的主啊，你不審判住在地上的人，給我們伸流血的冤，要等到幾時呢？啟示錄 6：10

上帝的日子已近在眼前。世界已經徹底改造了教會。兩者變得非常和諧，一同實施見識短淺政策。新教徒將與地上的統治者合作，制定法律以定人的罪，並坐在上帝的殿中，表示出自己是上帝。羅馬天主教的原則將受國家採用及維護，這個全國性的背道將迅速導致國家的毀滅，維護《聖經》的人無法再忍受那些不把上帝的律法當作生活準則之人了。將有聲音從殉道者的墳墓中出來，由為上帝的話被殺的約翰、以及為耶穌基督作見證之人的代表陳詞，然後祈禱會從每一個神的真兒女中響起，「這是耶和華降罰的時候，因人廢了你的律法。」

主不時地展現祂作工的方式，祂時常留意世上傳揚的信息，危機到來時，祂會顯現，並介入阻礙撒但的計畫。祂經常允許國家、家庭、或個人的事情遇到危機，如此一來當祂介入時就能讓人記住。那時我們就會知道有一位以色列的上帝在支持著我們為祂的子民平反。當耶和華的律法普遍受到蔑視，祂的子民被自己的人欺壓時，上帝便會出面干預。祂子民熱切的祈禱會得到回應，因為祂喜歡百姓用心追求祂，並倚靠祂為拯救者。祂會為祂的百姓做大而奇妙之事，並且保護他們為他們申冤。祂應許說：「上帝豈不會為了晝夜呼求祂的選民伸冤？我告訴你，祂必會毫不延遲地給他們伸冤？」

他們合一的祈禱將升到天上，達到主面前，主將會徹底終結世上的暴力和虐待。多禱告少談論是上帝所樂見的，這會使祂的百姓成為力量的高塔。

在主的旗幟之下

聖靈和新婦都說：「來！」聽見的人也該說：「來！」口渴的人也
當來；願意的，都可以白白取生命的水喝。啟示錄22：17

我們既是基督的代表，就再沒有光陰可以虛耗。我們的努力不應偏限於少數已經有了這豐富的亮光，卻無人予以重視的地方。福音的信息乃是要傳給各國各族各方各民的。

在異象中，我看見有兩隊大軍慘烈的搏鬥著。這一隊的旗幟打著屬世的徽號，另一隊卻由以馬內利大君血染的旌旗領導著；我看見兩軍的旗幟，一面面地拖曳在塵埃之中，同時也看見主的軍隊陸續地投入了敵營，從仇敵的陣營中，也有士兵一個個地與守上帝誡命的人聯合起來。有一位天使飛在空中，將以馬內利的軍旗放在許多人的手中，同時，一位大有能力的將軍也在大聲喊叫說：「列隊！凡是忠心守上帝誡命，為耶穌作見證的，現在要固守自己的崗位。你們務要從他們中間出來，與他們分別，不要沾不潔之物；我就接納你們，我要作你們的父，你們要作我的兒女。但願人人都來幫助耶和華，幫助耶和華攻擊敵人。」

戰爭酣烈，雙方互有勝負。有時十字架的軍兵敗退了，「好像拿軍旗的昏過去一樣」（以賽亞書10：18）。但他們顯然是以退為進，取得了更有利的陣勢。只聽得傳來陣陣歡呼之聲。當基督的精兵將祂的旌旗豎立在那一向為敵人固守的城堡上時，便揚起了一片讚美上帝的歌聲，又有眾天使的聲音相和。我們救恩的元帥在指揮戰爭，並聲援祂的軍兵。祂大展神能，激勵他們使戰爭迫近城門，祂逐步率領他們，勝而又勝，又以威嚴和公義教導他們。

最後的勝利終於到來。那跟從在軍旗上題著「守上帝誡命和耶穌真道」的一隊大軍，獲得了光榮的勝利。基督的精兵行近了城門，這城也歡歡喜喜地迎接她的君王。和平快樂且永遠公義的國度，終於得以建立。

善惡之爭的勝利

也要見祂的面。祂的名字必寫在他們的額上。**啟示錄 22：4**

然而在世上，基督徒仍可得到與基督相交之樂，可得祂仁愛的光照，並有與祂永久同在的安慰。人生的每一步，都使我們更與基督親近，更深刻領略祂的大愛，與那平安快樂的家鄉更進一步。

我們唯有在困境中展望未來，就可以說，從來「耶和華都幫助我們。」「你的日子如何，你的力量也必如何。」（申命記33：25）我們所受一切的試煉，必不過於我們所能受的。那末我們盡可以就地肩負起要作的工作，相信上帝必賜相等的能力，使我們無論在什麼患難中都可以應付。

再過不久，天門將要敞開，讓上帝的兒女進入。那時榮耀的王必發呼召之聲，如同美妙的音樂說：「你們這蒙我父賜福的，可來承受那創世以來為你們所預備的國。」（馬太福音25：34）

那時一切得救的人，都得進耶穌為他們預備的家鄉。在那裡結交的朋友，非世上薄情寡義、欺詐不潔的拜偶像之人，乃是勝過撒但，靠主恩煉成完美品格的人。今世一切犯罪傾向、一切不純潔的思想，都被耶穌的寶血洗除了。基督所賜比日光更明的榮光也賜給了他們，於是基督完全的美德，勝過一切表面的美麗，就會從他們身上光明燦爛地反照出來。他們在潔白的寶座前，一無瑕疵，與眾天使共享尊榮與特權。

人想到了將來要得的榮耀的基業，「還能拿什麼換生命呢？」（馬太福音16：26）我們在世上雖貧苦，但我們所有的富貴和尊榮，實是世人所不能給予的。凡蒙救贖，罪得潔淨又全心盡力服事上帝的人，是有非常價值的。所以世上有一個人得救，眾天使在天上上帝面前，就為他歡欣，同聲一致唱得勝的凱歌。

前進天家
Homeward Bound

時兆文化

前進

Homeward Bound

天家

十二月

永生的開始

基督可能在這事以前來

主啊，你復興以色列國就在這時候嗎？**使徒行傳1：6**

如果那些在1844年運動中協力同工的人都接受了第三位天使的信息，並用聖靈的能力去傳揚，那麼，上帝就必藉著他們的努力施行大事，全世界就要被大光所照耀，地上的居民早就聽到警告，末日的工作早已完成，基督也就已臨到救贖祂的子民了。

以色列人在曠野流浪四十年之久，原不是上帝的旨意。祂渴望引導他們直入迦南，在那裡建立一個聖潔而幸福的國度，但「他們不能進入，是因為不信的緣故。」（希伯來書3：19）他們因為退卻和背道，便死在曠野，上帝就興起另一班人進入應許之地。同樣，基督的復臨耽延了這麼長久，以致祂的子民留在罪惡憂患的世界這麼多年，也不是上帝的旨意，而是他們因自己的不信與上帝隔絕了。當他們不肯作上帝交給他們的工作時，就有別人興起去傳揚這信息。耶穌憐憫世人，所以遲遲沒有降臨，使罪人有機會可以聽見警告，並在上帝的忿怒發出之前在祂裡面找到避難所。

現今正和先前的時代一樣，傳揚一種指責當代罪惡與過錯的真理，必要惹起人的反對。「凡作惡的便恨光，並不來就光，恐怕他的行為受責備。」（約翰福音3：20）當人們看出他們不能用《聖經》來維持自己的主張時，許多人便要不擇手段地堅持這主張，並存惡毒的心去誣衊那些為真理辯護。卻不被青睞之人的品格和動機。這種辦法是每一個世代的人用過的。以利亞曾被斥為使以色列遭災的人，耶利米被控為賣國賊，保羅則被誣衊為污穢聖殿的。從那時直到如今，凡是效忠真理的人，都被斥為犯上作亂，宣傳異端，或造成分裂的人。

有鑒於此，真理使者的責任是什麼呢？……現今上帝是否也有光亮賜給祂在本世代的僕人呢？若是，他們也應當讓它照耀全世界。

上帝的珍寶

在我所定的日子，他們必屬我，特特歸我。瑪拉基書 3：17

上帝的眼睛看到萬世萬代，早已注意到自己的子民在地上被掌權者攻擊時必有的遭遇。他們像被擄的囚犯一樣，將要陷於飢餓或受虐的恐怖之中。但那位在以色列面前分開紅海的聖者將要彰顯祂的大能，使他們從苦境轉回。「萬軍之耶和華說，在我所定的日子，他們必屬我，特特歸我，我必憐恤他們，如同人憐恤服事自己的兒子。」（瑪拉基書3：17）基督的忠心見證人若在此時捨身流血，那就不能像從前殉道者的血一樣作為福音的種子，為上帝生長莊稼。他們的忠誠再也不能作為一種見證，使別人信服真理，因為那些頑梗剛愎的心已經多次擊退慈愛的浪濤，直到這浪濤不再回來。倘若義人這時被他們的仇敵擄去，那就要成為黑暗之君的勝利了。

當人間的法律不再保護那些尊重上帝律法之人時，在各方各處必要發起一種消滅他們的運動。等到那諭旨中所預定的時辰臨近，眾人將要共同策劃根除他們所恨惡的信仰。他們要在一夜之間發動一次決定性的突擊，使一切反對和責備的聲音全然止息。

那時上帝的子民——有的在牢獄中，有的隱藏在深山叢林和幽密之處——一直在祈求上帝的保護，同時在各地都有武裝的人群，在惡使者的鼓動之下，正在預備進行殺戮的工作。在這千鈞一髮之際，以色列的上帝必要出面干涉，來拯救祂的選民。

正當成群的惡人狂叫吶喊，譏誚辱罵，聲勢洶洶地向他們的俘虜猛撲時，忽然有一陣濃密的，比午夜更深的黑暗籠罩在地上。隨後有一道虹放射著那從上帝寶座而來的榮光，拱在天上，似乎是包圍著每一群祈禱的人。那些發怒的群眾忽然呆住了。他們的譏誚吶喊聲消沉了。他們忘記了自己要行兇施暴的目標。他們懷著恐懼知禍的心注視著上帝立約的記號，並急欲逃避那壓倒一切的光輝。

勝利的呼聲

看哪，這是我們的上帝；我們素來等候祂，祂必拯救我們。以賽亞書 25：9

那時上帝的子民要聽見一個清朗而悅耳的聲音說：「舉目觀看。」他們隨即舉目望天，看見那應許之虹。那遮蓋穹蒼的黑暗烏雲此時分開了，他們像司提反一樣定睛望天，看見上帝的榮耀和人子坐在祂的寶座上。在祂神聖的身體上，他們還能看出祂從前受凌辱的痕跡，從祂口中聽見祂在父和聖天使之前所提出的請求：「父啊，我在哪裡，願你所賜給我的人也同我在哪裡。」（約翰福音17：24）隨後，他們又聽見音樂般的歡呼聲說：「他們來了！他們來了！他們都是聖潔、無邪惡、無玷污的。他們已經謹守了我忍耐的道，他們必要在眾天使中間行走。」於是，從那些堅持信仰之人蒼白而顫動的口中，就發出一陣勝利的吶喊。

上帝顯出權能拯救自己的子民，乃是在半夜的時候。那時太陽要出現，全力照耀。許多兆頭和奇事接二連三地迅速顯現，惡人恐怖而驚奇地望著這幕景象，同時義人卻懷著嚴肅的喜樂，目睹自己得救的徵兆。自然界中的一切事物似乎都顛倒了秩序，江河的水停止流動了，濃密的烏雲彼此相撞，在那狂怒的諸天之中卻留出一片明亮的空隙，顯出光華燦爛的榮耀，從那裡發出來上帝的聲音，如同眾水的聲音說：「成了！」（啟示錄16：17）

那聲音震動了諸天和全地，於是有一陣大地震，「自從地上有人以來，沒有這樣大這樣利害的地震。」（第17－18節）穹蒼似乎一開一閉。從那裡似乎有上帝寶座所發出的榮光閃射，山嶺搖動，像風前的蘆葦，破碎的岩石散布各處。有大聲音怒號像暴風雨臨到一般，海洋翻騰、颶風長嘯，像鬼魔施行毀滅的聲音。全地此起彼伏，像海洋中的波濤一樣，地面破裂，地的根基似乎都塌陷了，山嶺下沉，有人居住的海島淹沒不見了，那充滿罪惡像所多瑪一樣的海口商埠被忿怒的水所吞沒。

兩種人的復活

從今以後，在主裡面而死的人有福了！啟示錄 14：13

上帝想起巴比倫大城來，「要把那盛自己烈怒的酒杯遞給她。」那時的大冰雹，「每一個約重一他連得」（啟示錄16：19－21）將施行毀滅的工作。地上最驕奢的城邑要被降為卑。世上偉人為彰顯自己斥資興建的輝煌大廈，此時要在他們眼前倒塌毀滅，變成廢墟。監獄的牆垣破裂，使那些因保守自己信仰被監禁的上帝子民得到釋放。

墳墓要裂開，「睡在塵埃中的……復醒，其中有得永生的，有受羞辱永遠被憎惡的。」（但以理書12：2）那時，一切曾經堅守第三位天使信息而死的人要從墳墓裡出來得榮耀，並聽見上帝與一切遵守祂律法的人立和平之約。「連刺祂的人」（啟示錄1：7）就是那些在基督臨死痛苦之時戲弄譏誚祂的，同那些窮兇極惡反對上帝真理和祂子民的人，也要復活，他們要看見主在祂的榮耀中，並看見那些忠心順從之人所要得的尊榮。

這時密雲仍然遮蔽天空，但太陽卻偶爾出現，好像是耶和華施行報應的眼睛。猛烈的閃電從天空發射，像一片火焰包圍著地球，有神祕恐怖的聲音，駕乎那駭人的雷轟之上，宣告惡人的劫運。宣告的話並非人人都能聽懂，但那些傳講假道理的教師卻能明白。那在不久之前肆無忌憚，狂傲自誇，而歡喜虐待守上帝誡命者的人，此時卻被恐怖所壓倒，在驚慌之中戰慄不已，他們哭號的聲音高過暴風和雷霆，這時鬼魔要承認基督的神性，並在祂的權能之前戰慄不已，同時人也要哀求慈悲憐憫，在極狼狽的恐怖中俯伏在地。

古時的先知在聖潔的異象中看到上帝的日子便說：「你們要哀號，因為耶和華的日子臨近了，這日來到，好像毀滅從全能者來到。」（以賽亞書13：6）「你當進入巖穴，藏在土中，躲避耶和華的驚嚇，和祂威嚴的榮光。」（以賽亞書2：10）

最終的安全

12月
05日

你的僕人眾先知和眾聖徒，凡敬畏你名的人，連大帶小得賞賜的時候也到了。啟示錄 11：18

這時從烏雲的縫隙中鑽出一顆明星，它的光輝因四圍的黑暗增加了四倍。它向那些忠誠守法的人宣示希望與喜樂，但對於干犯上帝律法的人卻表現嚴厲與忿怒。凡曾為基督犧牲一切的人，此時要得安全，似乎是藏身在耶和華帳幕的隱密處。他們已經受過試煉，且在世人和藐視真理者的面前，已經證實自己忠於那為他們而死的主。那些冒著死亡威脅堅守忠貞的人，此時要起一番奇妙的變化。他們從鬼魔之人黑暗可怕的壓制之下忽然被拯救出來，他們的面容在不久之前是灰敗、焦急、枯槁的，現在卻煥發著驚奇、信心和愛心。他們要高唱凱旋之歌：「上帝是我們的避難所，是我們的力量，是我們在患難中隨時的幫助。所以地雖改變，山雖搖動到海心，其中的水雖匉訇翻騰，山雖因海漲而戰抖，我們也不害怕。」（詩篇46：1-3）

這時人要聽見上帝的聲音從天庭發出，宣告耶穌降臨的日子與時辰，並將永遠的約交給祂的子民。祂說話的聲音傳遍地極，像震動天地的雷轟一樣。上帝的以色列人站在那裡側耳傾聽，定睛望天。他們的臉上煥發著祂的榮耀，光輝四射像古時摩西從西奈山下來時一樣。惡人不敢觀看他們。當上帝向那些因守安息日為聖而尊榮祂的人宣布降福的時候，便有一陣勝利的吶喊發出。

不久之後，在東方出現一小塊黑雲，約有人的半個手掌那麼大。這就是包圍著救主的雲彩，從遠方看上去，似乎是烏黑的。上帝的子民知道這就是人子的兆頭。他們肅靜地舉目注視，那雲彩愈臨近地面，便愈有光輝，愈有榮耀，直到它變成一片大白雲，它底下的榮耀好像烈火，其上則有立約之虹。耶穌駕雲前來，作為一位大能的勝利者。這時祂不再是「常經憂患」的人，不再喝那羞辱和禍患的苦杯，而是天上地下的勝利者，要來審判活人與死人。

上帝的恩典豐富

上帝阻擋驕傲的人，賜恩給謙卑的人。雅各書 4：6

穹蒼似乎充滿了他們發光的形體，他們的數目有「千千萬萬」之多。人類的筆墨無法描述這種情景，屬血氣的人也不能想像到那輝煌的場面。「祂的榮光遮蔽諸天，頌讚充滿大地。祂輝煌如同日光。」（哈該書3：3-4）當那活動的雲彩就近地面的時候，眾目都要看見生命之君。這時，祂聖潔的頭上不再為那荊棘冠冕所污損，卻有榮耀的冕旒戴在祂的額上。祂的榮顏散發出比正午的太陽更眩目明亮的光彩。「在祂衣服和大腿上，有名寫著說，萬王之王，萬主之主。」（啟示錄19：16）

在祂面前，眾人的「臉面都變青了」，那永遠絕望的恐怖要籠罩在拒絕上帝恩典之人的身上。「人心消化，雙膝相碰，……臉都變色。」（耶利米書30：6；那鴻書2：10）義人要戰兢說：「誰能站立得住呢？」天使的歌聲止息了，隨即有一刻可怕的沉寂。然後，主耶穌開口說：「我的恩典夠你用的。」於是義人的容貌煥發起來，他們的心中洋溢著喜樂。當天使再臨近地面的時候，他們便以更悠揚嘹亮的聲音從新歌唱。

萬王之王四圍發著烈火駕雲降臨了。天就被卷起來像書卷一樣，地在祂面前顫動，各山嶺海島都被挪移離開本位。「我們的上帝要來，絕不閉口，有烈火在祂面前吞滅，有暴風在祂四圍大刮。祂招呼上天下地，為要審判祂的民。」（詩篇50：3-4）

嘲笑的戲弄止息了，說謊的嘴唇也靜默了。兵器相接和戰場喊殺的聲音，「戰士在亂殺之間」（以賽亞書9：5）的喧嚷都沉寂了。此時所能聽見的，只是祈禱、哭泣和哀號之聲。在不久之前還在譏誚的人，此時便要呼號：「他們忿怒的大日到了，誰能站得住呢？」惡人寧願被埋在山嶺和岩石之下，而不願與他們藐視和拒絕的主見面。

失落之人的復活

後來你們要看見人子坐在那權能者的右邊，駕著天上的雲降臨。
馬太福音 26：64

他們認得那刺透死人耳朵的聲音。他們曾多次聽見這懇切溫柔的聲音招呼他們悔改。他們的朋友、弟兄和救贖主曾多次用這聲音勸化他們。那聲音曾長久規勸他們說：「你們轉回，轉回吧，離開惡道，何必死亡呢？」（以西結書33：11）……那聲音要喚醒他們的記憶，想起巴不得能忘掉的事，就是他們藐視的警告，拒絕的請求，和輕看的特權。

在基督受辱時戲弄祂的人也要在那裡。他們要震驚地想起這位受難者的話，那時，大祭司曾起誓吩咐祂講話，祂便嚴肅地宣告說：「後來你們要看見人子，坐在那權能者的右邊，駕著天上的雲降臨。」（馬太福音26：64）現今他們果然看見祂在榮耀裡了，將來還要看見祂坐在全能者的右邊呢！

那些嘲笑祂自稱為上帝兒子的人，這時都啞口無言了。那裡有傲慢的希律，他曾譏誚耶穌的尊名，並吩咐兵丁將冠冕戴在祂頭上。那裡也有曾用褻瀆的手把紫袍穿在祂身上，把荊棘冠冕戴在祂額上，假的王圭放在祂毫無抵抗的手中，並跪在祂面前用褻慢的話諷刺祂的人。那些曾經擊打祂，吐唾沫在生命之君臉上的人，此時要設法逃避祂那銳利的目光，並逃避祂面前壓倒一切的榮耀。那些曾用釘釘祂的手和腳的人，和那刺祂肋旁的兵丁，都要看見這些痕跡，倍感驚惶與悔恨。

祭司與官長們都能極清楚地回憶當年髑髏地的情形。他們要戰慄恐懼地想起自己曾如何以猙獰的笑臉，搖頭說：「祂救了別人，不能救自己，祂是以色列的王，現在可以從十字架上下來，我們就信祂。祂倚靠上帝，上帝若喜悅祂，現在可以救祂。」（馬太福音27：42－43）

假牧人的命運

牧人哪，你們當哀號，呼喊；群眾的頭目啊，你們要滾在灰中；因為你們被殺戮分散的日子足足來到。**耶利米書 25：34**

那些曾犧牲真理去博得世人歡心的牧師，這時要覺察自己教訓的真相和影響。他們要看出自己站在講臺、行在街道、並在生活種種場合與人接觸時，都有一個無所不見的眼睛在旁鑒察。那令人苟活於安逸避難所中的每個想法，說出及寫下的每句話和每件行為，都已成為播撒出去的種子，現今在這些圍繞他們的悲慘喪亡的人中，他們就可以看到自己行為的後果了。

那時一般傳道人和民眾都要看出自己素來沒有與上帝保持正當的關係，他們要看出自己曾背叛那創立一切公平正義律法的主。他們因廢棄了上帝的典章，便給邪惡、不睦、仇恨、罪孽等敞開了門戶，直到全地成了一個廣大的戰場和一個腐敗的深淵。這就是那些曾拒絕真理並喜愛謬道的人此時所要見到的情景。那些不順從、不忠心的人，對於自己已經喪失的永生，心中感到說不出的渴望；那些曾因自己的能幹和口才受人崇拜的人，這時便要看明此事的真相了。他們要看出自己因犯罪而喪失的究竟是什麼，於是他們俯伏在曾被他們輕視嘲笑的忠心聖徒腳前，並承認上帝是愛這些人的。

那時，人們要看出自己受了欺騙。他們群起互相控告，申斥那曾引誘他們進入滅亡之途的人，他們要聯合一致極其怨恨地責難他們的傳道人。這些不忠心的傳道人曾說了許多甜言蜜語，使聽眾廢棄上帝的律法，他們曾逼迫那些要保守律法之神聖性的人。現今這些傳道人在絕望之中要向世人坦承自己的欺騙。那時，群眾要忿怒填胸，喊叫說：「我們滅亡了！你們是叫我們遭毀滅的禍首。」於是他們就要攻擊這些虛偽的牧者。那些一度最崇拜他的人這時反倒向他們發出最惡毒的咒罵，曾將桂冠加在他們頭上的手要舉起來毀滅他們，原用來殺戮上帝子民的利劍此時倒轉了劍鋒，殺害他們的敵人。各處都要興起爭鬥和流血的事。

義人復活

12月
09日

因為主必親自從天降臨，有呼叫的聲音和天使長的聲音，又有上帝的號吹響；那在基督裡死了的人必先復活。**帖撒羅尼迦前書 4：16**

那些一度要除滅基督和祂忠誠之民的人，這時要目睹那加在他們身上的榮耀。

當地球旋轉震動、電光四射、雷聲大作的時候，上帝兒子的聲音要喚醒睡了的聖徒。祂望著義人的墳墓，然後舉手向天呼喊說：「醒起，醒起，醒起，你們這睡在塵埃中的人起來！」從天涯到地極，死人要聽見那聲音，凡聽見的都要復活。那時從各國、各族、各方、各民中有人出來，聚成極大的隊伍，他們的步聲要響遍全地，從死亡的監牢中出來，身上披著不朽的榮耀，呼喊著說：「死啊，你得勝的權勢在哪裡？死啊，你的毒鉤在哪裡？」（哥林多前書15：55）活著的義人和復活的聖徒要同聲發出長久歡樂的勝利吶喊。

從墳墓中出來之人的外表正如他們進墳墓時一樣。亞當站在復活的群眾當中，顯出高大尊嚴的形狀，身材只稍遜於上帝的兒子。他與後代的人類，形成鮮明的對照，使人看出人類的身材體格是大大退化了。然而所有復活的人都賦有永遠青春的精力。最初，人是按著上帝的形像造的，不但在品格，同時也在形狀和容貌上與上帝相似，後來罪惡幾乎完全毀損了那神聖的形像，但基督已來恢復所失去的一切。祂要改變我們這污穢卑賤的身體，像祂自己的榮耀身體一樣。這必死、敗壞、醜惡、並一度為罪污穢的身體，要變成完全、美麗和不朽壞的。一切瑕疵與殘缺都已留在墳墓之中，蒙救贖的子民要吃那久已失落的伊甸園生命樹之果，漸漸長成人類在起初榮耀中的身量。罪的咒詛留下的痕跡都要完全消除。基督忠心的子民要在「耶和華我們上帝的榮美之中」顯現，在身、心、靈三方面反照耶和華的完全形像。奇哉救恩！久被人談論、仰望，並用熱切的心冥思默想，但始終不為人完全領會。

義人的轉變

以後我們這活著還存留的人必和他們一同被提到雲裡，在空中與主相遇。帖撒羅尼迦前書 4：17

活著的義人要在「一霎時，眨眼之間」改變。上帝的聲音已使他們得榮耀，現在他們要變為不朽的，且要與復活的聖徒一同被提到空中與他們的主相遇。天使要將主的選民「從四方，從天這邊，到天那邊，都招聚了來。」天使要將小孩子送到他們慈母的懷抱裡。因死亡久別的親友要團聚，永不再離散，隨後他們要唱著歡樂的詩歌，一同升到上帝的城裡。

在雲車的兩邊都有翅膀，在車下有活輪，當車上升的時候，車輪要發出喊聲，說：「聖哉！」翅膀飛動的時候也要發聲，說：「聖哉！」隨行的大隊天使也要喊叫說：「聖哉，聖哉，聖哉，全能主上帝！」當車輦向新耶路撒冷上升的時候，得救的子民要歡呼說：「哈利路亞！」

在進入上帝的聖城之前，救主要把勝利的徽號賜給跟從祂的人，並將王室的標記授予他們。光明燦爛的行列要在他們的王四圍集成中空的方陣，祂的形體尊嚴高大，超乎眾天使和聖徒之上，祂的臉向他們表示慈祥的愛。那無數蒙救贖的群眾目不轉睛地注視著祂，眾目要仰望那從前「面貌比別人悴憔，形容比世人枯槁」者的榮耀。耶穌要親自用右手把冠冕戴在每一個得救的人頭上。每個人都有一頂冠冕，上面刻著自己的「新名」（啟示錄2：17）和「歸耶和華為聖」的字樣。有勝利者的棕樹枝和光亮的金琴交在每一個人手中。當司令的天使帶頭奏樂時，人人的手便要巧妙地撥動琴弦，發出和諧嘹亮的甜美音樂。各人心中洋溢著莫可言宣的歡樂熱情，一齊揚起感恩的頌讚：「祂愛我們，用自己的血使我們脫離罪惡，又使我們成為國民，作祂父上帝的祭司，但願榮耀權能歸給祂，直到永永遠遠。」（啟示錄1：5－6）

12月 11日 亞當復活

亞當共活了九百三十歲就死了。創世記 5：5

當得贖的人受歡迎進入上帝聖城的時候，空中便要發出一陣頌讚的歡呼。兩個亞當要相會了。上帝的兒子站在那裡伸手擁抱人類的始祖——亞當原是祂造的，後來犯罪干犯了創造主。他的罪曾使救主的身體受到十字架的釘痕，亞當看見這殘酷的釘痕時，他不敢投身在主的懷中，只是謙卑抱愧地俯伏在祂腳前，說：「被殺的羔羊是配得權柄的！」救主溫柔地扶起他，叫他再看伊甸的家鄉，就是他長久離別的老家。

自從亞當被逐出伊甸之後，他在世上的生活是充滿憂患的。每一片凋殘的樹葉，每一個獻祭的犧牲，以及自然美景中的每一個創痕，人類純潔品性上的每一個污點，都曾使亞當清楚地想起自己的罪。當他見到地上惡貫滿盈，聽見世人怎樣拒絕他的警告，斥其為罪惡禍首時，他的悔恨悲傷是強烈的。他曾謙卑忍受犯罪的刑罰，有一千年之久。他誠實地痛悔己罪，信靠上帝應許之救主的功勞，並懷著復活的希望而死。現在上帝的兒子已經救贖了人類的失敗和墮落，所以藉著祂贖罪和好的工作，亞當得以恢復他起初的國權。

亞當喜出望外地看到自己從前所喜愛的樹木，這些樹上的果子是他在無罪快樂的日子中摘取吃用的。他見到自己親手修理過的葡萄樹，和曾愛護的花卉。他充分地體會到當前的現實，認明這確是光復了的伊甸園，並且比他離開時更為美麗可愛。救主領他到生命樹前並摘下那榮美的果子請他吃。他觀看周圍的情景，只見蒙贖的子孫都站在上帝的樂園中。於是他摘下閃爍的冠冕，放在耶穌腳前，並投身在祂的懷裡，擁抱著救贖主。隨後彈奏金琴，廣大的穹蒼便響應那凱旋之歌：「被殺又活的羔羊，是配得榮耀的！」然後，亞當的全家都同聲歌唱，把自己的冠冕放在救主腳前，俯伏崇拜。

十四萬四千人

我又觀看，見羔羊站在錫安山，同祂又有十四萬四千人，都有祂的名和祂父的名寫在額上。**啟示錄 14：1**

在寶座之前彷彿有火攙雜的玻璃海——因上帝的榮耀極其輝煌，聚集在其上的群眾——就是那已經「勝了獸和獸的像，並祂名字數目的人。」那從人間贖回來的十四萬四千人，要與羔羊同站在錫安山上，他們手裡「拿著上帝的琴」，隨即有聲音發出，「像眾水的聲音，和大雷的聲音，並且我所聽見的好像彈琴的所彈的琴聲。」（啟示錄14：1-5；15：2-3）他們要在寶座前唱「新歌」，除了那十四萬四千人之外，沒有人能學這歌。這是摩西和羔羊的歌，一首拯救的歌，因為這乃是他們的經歷，其中敘述的是他人未曾經歷的。「羔羊無論往哪裡去，他們都跟隨祂。」這些人是從世界上活著的人中變化升天的，要被算為「初熟的果子，歸與上帝和羔羊。」「這些人是從大患難中出來的」，他們曾經歷過那從有國以來最大的艱難，他們已經忍受了雅各大患難的困苦，他們曾在上帝降下最後刑罰和人類無中保時堅定站立。這時他們已經蒙了拯救，是因為「曾用羔羊的血，把衣裳洗白淨了。」「在他們的口中查不出謊言來，他們是沒有瑕疵的」站在上帝面前。「所以他們在上帝寶座前，晝夜在祂殿中事奉祂，坐寶座的要用帳幕護庇他們。」他們已經看見地球被饑荒和瘟疫所蹂躪，太陽發出大熱烤人，並且他們自己也曾忍受患難和饑渴之苦。但今後「他們不再饑，不再渴，日頭和炎熱必不傷害他們，因為寶座中的羔羊必牧養他們，領他們到生命水的泉源，上帝也必擦去他們一切的眼淚。」（啟示錄7：14-17）

由於他們自己的痛苦經驗，他們看出了罪的邪惡、權勢和禍害，因此他們真心厭憎罪惡。

上帝後嗣的喜樂

主上帝全能者啊，你的作為大哉！奇哉！萬世之王啊，你的道途義哉！誠哉！啟示錄 15：3

上帝的後嗣是從角樓、草屋、地窖、死刑台、荒山、曠野、地洞和海底出來。他們在世上時，曾受窮困、患難和苦害。千百萬人曾因堅絕不肯順服撒但的欺騙主張而死於臭名。在世人的審判廳中，他們曾被判為最惡劣的罪犯。但現在「上帝是施行審判的」（詩篇50：6），世人的判決被祂推翻了。祂又「除掉普天下祂百姓的羞辱。」（以賽亞書25：8）「人必稱他們為聖民，為耶和華的贖民。」上帝要定規「賜華冠與錫安悲哀的人，代替灰塵；喜樂油，代替悲哀；讚美衣，代替憂傷之靈。」（以賽亞書62：12；61：3）他們不再是軟弱、受苦、離散、被壓迫的了。從此以後，他們永遠與上帝同在。他們站在寶座之前，身上披著華麗的衣袍，勝過世上最尊貴的人所穿的。他們頭戴王冠，其榮美過於人間帝王所戴的，痛苦流淚的日子從此永遠終止了，榮耀之君已擦去各人臉上的眼淚，一切憂苦之源都被消滅了。在棕樹枝揮舞下，他們要唱清亮、甜蜜、和諧的讚美之歌，每個聲音極其雄壯悠揚，響徹穹蒼，「願救恩歸於坐在寶座上我們的上帝，也歸於羔羊。」隨即有天庭全體響應說：「阿們，頌讚、榮耀、智慧、感謝、尊貴、權柄、大力，都歸於我們的上帝，直到永永遠遠。」（啟示錄7：10-12）

在今生，我們只能明白這奇妙救恩之道的開端。縱然憑著有限的理解力，熱切地思考十字架上的羞辱與榮耀，生命與死亡，公義與慈憐；我們終究不能充分明瞭其全部意義。對於救贖大愛的長闊高深，我們今日只能模糊地略知一二。

永遠的功課

認識你獨一的真神，並且認識你所差來的耶穌基督，這就是永生。
約翰福音 17：3

救贖計劃是人不能完全明白的，不過在永恆的歲月中，新的真理要不住地向他們那好思索而活潑的意識展開。地上的憂患、痛苦和試探等雖已終止，那造成一切的禍根也都已清除，但上帝的子民仍要永遠明白救恩的代價是何等重大。

在那永恆的歲月中，基督的十字架要作為得贖子民的研究與詩歌的主題。在得了榮耀的基督身上，他們要看出被釘十字架的基督。他們永不忘記那位創造並托住無數世界的主，上帝的愛子、天庭的君王、基路伯與發光的撒拉弗所樂意尊重的神——曾屈尊虛己來拯救墮落的人類，他們永不忘記祂曾擔負罪的刑罰和羞辱，以致天父掩面不忍看祂，直到這淪亡世界的禍患使祂心碎，並在髑髏地的十字架上把祂害死了。祂是宇宙諸世界的創造主，是一切命運的支配者，竟願因深愛世人撇棄自己的榮耀並忍受屈辱，這使宇宙眾生永遠驚奇而備感欽崇。當蒙救的眾民看到自己的救贖主，見祂的臉上煥發著天父永遠的榮耀，又目睹祂永遠長存的寶座，並且知道祂的國度是永無窮盡的時候，他們就要唱出歡樂的詩歌，說：「那曾被殺，而藉著祂的寶血救我們歸於上帝的羔羊，是配得榮耀的！」

十字架的奧祕足以解釋一切其他的奧祕。在髑髏地發出的光輝中，那曾使我們驚惶畏懼的上帝品性，卻要顯為美麗而可愛了。同時也使人看出：在上帝的聖潔、公正和權柄之中，都融合著憐憫、溫柔和父母般的慈愛。我們一面見到祂寶座的威嚴高大，一面也可看到祂品德的慈悲，便能比過去更清楚地體會到「我們的父」這個親密的稱呼有何意義。

到那時我們便要看出：這位智慧無窮的主，除了犧牲自己的兒子以外，是沒有別的方法能救我們的。救主與黑暗權勢爭戰的結果就是得救子民的歡喜，使上帝因而得榮耀，直到永永遠遠。這就說明天父重視人的價值，甚至情願付出這樣的代價，並且基督也要因見到自己犧牲的效果而心滿意足。

天使的干預顯現

天使豈不都是服役的靈、奉差遣為那將要承受救恩的人效力嗎？
希伯來書 1：14

那時大爭戰的過程必呈現在他的眼前，這場爭戰在未有時日前展開，直到時日完結方才終止。罪惡的原始、欺詐陰險、致命虛偽的行為、那曾遭遇異端獲勝、始終不離正路的真理——這一切的歷史將來都必顯明。那隔絕肉眼能見和不能見世界的簾幕被揭開之後，許多奇妙的事就必顯明。

直等到我們能憑永生的眼光看出上帝的旨意，我們才能明白自己是怎樣承蒙天使的照顧和調停。天上的眾生曾在人事的處理上佔有一部分的活動，他們曾身穿光耀如閃電的衣袍顯現，也曾穿著旅客的衣服，裝成人的樣式，接受人間的招待，也曾引領迷路的行人。他們曾阻遏侵略者的意圖，轉移行毀滅者的打擊。

雖然世上的執政者並未察覺，但天使時常在他們的會議中作發言人。人類的眼睛曾看過他們，耳朵也曾傾聽他們的懇求。在會議廳和法庭中，天上的使者曾為那遭受迫害和被壓迫之人抗辯，打擊過有害於上帝兒女的計謀，也阻止過那使他們遭苦的禍患。這一切的事，都必向天上學校中的學生啟示明白。

每一蒙贖之人必明瞭天使在他一生中所作的服務。那從他最幼小的時候起就保護他的天使；那保守他的腳步在患難之日掩護他的天使；那在死亡的幽谷中與他同在，標明他的墳墓，並在復活之晨首先迎見他的天使——每個人得與那位天使談話，並從他得悉上帝眷顧每個人，並在一切人類所作的事上與人合作的歷史，那該是何等快樂的事啊！

那時，一生經歷的種種疑難之事都必明瞭。那在我們看來全是紛亂和絕望的，是被破壞的心願與受阻撓的計劃！到那時就必看出這其中的偉大，其卓越與勝利的旨意，是神聖的協調。

撒但的刑罰

祂捉住那龍，就是古蛇，又叫魔鬼，也叫撒但，把牠捆綁一千年。
啟示錄 20：2

啟 示錄的作者曾預言到撒但被放逐，以及地球荒涼的慘況，他也說明這種情形要延續一千年之久。在他描述了耶穌復臨和除滅惡人的情景之後，便接著說：「我又看見一位天使從天降下，手裡拿著無底坑的鑰匙，和一條大鏈子。祂捉住那龍，就是古蛇，又叫魔鬼，也叫撒但，把牠捆綁一千年，扔在無底坑裡，將無底坑關閉，用印封上，使牠不得再迷惑列國，等到那一千年完了，以後必須暫時釋放牠。」（啟示錄20：1-3）

這裡所說的「無底坑」乃是指著那處於空虛混沌中的地球而言，也就是地球「起初的狀態」。

撒但和他的惡使者便以此荒涼的地球為家達一千年之久。他被拘禁在地上，不能到別的星球去試探並攪擾那些從未墮落的生靈。這就是撒但被捆綁的意思，地上既然沒有留下一人，他也就陷於無用武之地。歷代以來，他們引以為樂的欺騙和破壞行為，這時不再有了。

六千年以來，撒但的叛逆工作，已「使大地戰抖」。他已「使世界如同荒野，使城邑傾覆」，他又「不釋放被擄的人歸家」，六千年來，他一直將上帝的子民拘押在他的監牢中，恨不得能把他們永遠囚禁，但基督已經斬斷他所加於人類的捆綁，使被擄的得釋放。

在此一千年間，撒但要在荒涼的地上來回飄蕩，目睹他反抗上帝律法的結果。在這時期中，他受的痛苦是極為劇烈的。自他墮落以來，不斷作惡的生活使他一直沒有反省的機會，但現在他的權勢被剝奪，他就有功夫反省自己從起初反叛天庭政權起、直到如今的一切行為，並且戰兢恐懼地展望到那悲慘的將來，那時他必須為所犯的一切罪惡受苦，並因自己鼓動別人犯罪受刑。

千禧年間義人的工作

我又看見幾個寶座，也有坐在上面的，並有審判的權柄賜給他們。
啟示錄 20：4

上帝的子民對於撒但的捆綁卻要歡喜快樂。先知說：「當耶和華使你脫離愁苦，煩惱，並人勉強你作的苦工。」（以賽亞書14：3-6）

在第一次與第二次復活之間的一千年，審判惡人的工作將要進行。使徒保羅曾指明這場審判乃是基督復臨之後所發生的事。他說：「時候未到，什麼都不要論斷，只等主來，祂要照出暗中的隱情，顯明人心的意念。」（哥林多前書4：5）先知但以理說，當亙古常在者來臨的時候，祂要「給至高者的聖民伸冤」。（但以理書7：22）這時，義人要作上帝的祭司，並與祂一同作王。約翰在啟示錄中說：「我又看見幾個寶座，也有坐在上面的，並有審判的權柄賜給他們。」「他們必作上帝和基督的祭司，並要與基督一同作王一千年。」（啟示錄20：4-6）保羅所預言的「聖徒要審判世界」（哥林多前書6：2）就是在這個時候。他們要與基督一同審判惡人，把他們的行為與上帝的法典《聖經》互相對照比較，並按各人所行的定案，然後又照惡人的行為規定他們所當受的處分，並在死亡冊中記下他們的名字。

撒但和惡天使也要受基督和祂子民的審判。保羅說：「豈不知我們要審判天使嗎？」（哥林多前書6：3）猶大也曾說：「又有不守本位，離開自己住處的天使，主用鎖鏈把他們永遠拘留在黑暗裡，等候大日的審判。」（猶大書6）

等到一千年的末了，便是第二次的復活，那時惡人要從死裡復活，在上帝面前出現，受那「所記錄的審判」。正如蒙啟示的約翰在描寫義人復活之後所說的：「其餘的死人還沒有復活，直等那一千年完了。」（啟示錄20：5）先知以賽亞也曾提到這些惡人說：「他們必被聚集，像囚犯被聚在牢獄中。並要囚在監牢裡，多日之後便被討罪。」（以賽亞書24：22）

得救之人的層級

我又看見一個白色的大寶座與坐在上面的；從祂面前天地都逃避，再無可見之處了。啟示錄 20：11

千年結束時，基督要再度降臨。祂要與得贖的群眾一同降臨，並有天使護送他們。當祂在顯赫的威嚴中降臨時，祂要吩咐一切死了的惡人復活受報應。他們從墳墓裡出來，聲勢浩大，人數多如海沙。他們與第一次復活者的差異是何等鮮明啊！義人復活時是披著永存不朽的青春與美麗的，惡人復活則帶著疾病與死亡的痕跡。

當那光耀奪目輝煌無比的新耶路撒冷從天下降，落在這塊經過潔淨並預備妥當的地方時，基督便要帶著祂的子民和眾天使進入聖城。

這時，基督又要在祂的敵人眼前出現。遠在聖城上方有一個高大的寶座，其根基是發亮的精金，上帝的聖子要坐在這個寶座上，祂國度的子民要待立在祂周圍。基督的權力和威嚴是言語不能形容，筆墨不能描繪的，有永生之父的榮耀環繞祂的聖子，祂臨格的榮光要充滿上帝的城，散出城外，使全地都充滿光輝。

最靠近寶座的是那些曾一度熱心為撒但效勞，後來像「從火中抽出來的一根柴」一樣，以深切的熱誠獻身跟從救主的人。其次是那些曾在虛偽和不信的環境中養成基督化品格的人，也就是那些在基督教界宣告廢棄上帝律法時、仍然尊重祂誡命的人，還有歷代以來為信仰殉身的千萬群眾。此外還有「許多的人，沒有人能數過來，是從各國、各族、各民、各方來的，站在寶座和羔羊面前，身穿白衣，手拿棕樹枝。」（啟示錄7：9）他們的戰爭已經結束並獲得勝利。他們已經跑盡當跑的路，並已得到獎賞，他們手中的棕樹枝是他們勝利的徽號，白衣則表明基督無瑕疵的公義現今已經是他們的了。

地球被潔淨

那迷惑他們的魔鬼被扔在硫磺的火湖裡，就是獸和假先知所在的地方。啟示錄 20：10

對於慈悲的上帝而言，刑罰的事乃是奇異的事。「主耶和華說，我指著我的永生起誓，我斷不喜悅人死亡！惟喜悅惡人轉離所行的道而活。」（以西結書33：11）……雖然祂不以報應為樂，但祂必要在違犯祂律法的人身上執行審判。

「從上帝那裡有火下降，地也裂開了。藏在地底深處的武器也冒出來了。從每道裂開的深坑中，有滅人的火焰噴出。連岩石本身也都著起來了。那日臨近，勢如燒著的火爐。」「有形質的都要被烈火銷化，地和其上的物都要燒盡了。」（瑪拉基書4：1-2；彼得後書3：10）這時地面看起來像一片熊熊的熔岩——一個廣大而沸騰著的火湖，這乃是不敬虔之人遭報應與沉淪的時候。

惡人要在世上受罰。（箴言11：31）「萬軍之耶和華說：『那日臨近，勢如燒著的火爐，凡狂傲的和行惡的，必如碎稭。』」（瑪拉基書4：1）有一些人只燒片刻便毀滅了，但有一些人卻要受苦多日，各人都是「照著他們所行的」受刑罰。義人的罪都已歸到撒但的頭上，所以他不但要為自己的叛逆受刑，也要為他引誘上帝子民犯的一切罪受刑。他所遭受的刑罰，要比一切受他迷惑之人所遭受的遠為可怕。在那些受他迷惑之人都被燒盡之後，他還要活著受苦。在這一場潔淨地球的火焰之中，惡人終於都被除滅了，從根本到支條一無存留——撒但是根本，跟從他的是枝條。犯法的刑罰全執行，公義的要求都已達到，於是天與地要同聲宣揚耶和華的公義。

撒但毀壞的工作就此永遠終止。六千年來他任意妄為，使地球充滿禍患，使宇宙憂傷悲痛，一切受造之物一同歎息勞苦。但從今以後，上帝所造的萬物終於得以永遠脫離撒但和他的試探了。

當整個地球變成一團烈火時，義人卻安然居住在聖城裡，在頭一次復活有分的，第二次的死在他們身上沒有權柄。上帝對於惡人乃是烈火，但對於祂的子民卻是日頭和盾牌。（見啟示錄20：6；詩篇84：11）

伊甸園的更新

我又看見一個新天新地，因為先前的天地已經過去了。啟示錄 21：1

人類被趕出樂園之後，伊甸園還留在地上一段很長的時期，墮落的人類仍得瞻望那無罪的家鄉。只是入口處有天使把守。上帝的榮耀顯現在有基路伯守護的樂園門口。亞當和他的子孫常來到這裡敬拜上帝。他們在這裡重新立約要遵守上帝的律法，他們被趕出伊甸園，原是犯了這律法，等到罪惡的洪流氾濫全地，世人的邪惡決定了他們被洪水毀滅的厄運時，當初栽植伊甸園的上帝就把它從地上收回去了。但是到了復興的日子，當「新天新地」（啟示錄21：1）出現的時候，伊甸園必要恢復，並妝飾得比起初更加美麗。

那時，那些遵守上帝誡命的人，必要從生命樹上摘取果子。在永恆的年日中，那些無罪的居民，必要在樂園中看到上帝完備的創造之工的樣本，其中毫無罪惡和咒詛的影響。這樣也就說明，起初人類若履行了創造主的榮耀計劃，則全地所呈現的光景是何等的佳美。

在天國的氛圍中，痛苦不存在。在蒙救贖者的家鄉絕沒有眼淚，沒有出殯的行列，沒有哀悼的表徵。「城內居民必不說，我病了，其中居住的百姓，罪孽都赦免了。」（以賽亞書33：24）豐盛喜樂的洪潮必愈久愈深永流不竭。

時候到了，自從那發火焰的劍把始祖拒於伊甸園門外以來，聖潔的義人長久渴望的「上帝之民被贖」（以弗所書1：14）已經到了。這最初賜給人類作為國度，後來被人出賣到撒但手中、被他長久佔領的地球，現在用偉大的救贖計劃贖回了。那因罪惡而喪失的一切就此恢復了。……上帝當初創造地球的目的現在已經實現了，這地要作為贖民永遠的家鄉。

被贖者的住處

在我父的家裡有許多住處；若是沒有，我就早已告訴你們了。●約翰福音 14：2

基督以祂的犧牲為我們的罪做了挽回祭，此舉不僅救贖了人類，也恢復了他們失喪的統治權。所有亞當起初失去的，藉著第二個亞當就都收復了。先知說：「你這羊群的高臺、錫安城的山哪，從前的權柄，就是耶路撒冷民的國權必歸與你。」而保羅更進一步指出，「直等到上帝之民被贖。」上帝起初創造世界，是為了讓聖潔、快樂的人們有永遠的居所。這樣的初衷因上帝的大能再次恢復，不再有罪惡、憂傷，天國變成得救之人永遠的家鄉。

因為擔心所謂「天國產業的繼承」之概念過於物質化，會讓人走偏且遠離屬靈真理，我們時常不敢盼望更美的家鄉。基督向祂的門徒保證祂去父的家裡為他們預備住處。凡接受上帝話語的人絕不能完全否定他們關心天上的住處。雖然「眼睛未曾看見，耳朵未曾聽見，人心也未曾想過，這些是上帝為愛祂的人所預備的。」人類的言語無法完全描繪因信稱義的獎賞。只有盼望等候的人才能明白。人類有限的想像與思考無法體會上帝天國的榮美。

《聖經》說我們所繼承的地方叫家鄉，是天國大牧者帶領祂的羊群前往的活水泉源。樹上每個月結出不同的果子，樹葉可以醫治萬國，另有永不乾涸之河、明亮如水晶，在其上的枝葉迎風搖曳，並有怡人的樹蔭是為了得贖之民所預備的。那裡也有廣大的平原，美麗的丘陵，上帝之手創造的群山巍峨壯觀。在那片祥和的平原上，活水泉源旁，上帝的百姓經過漫長的旅程，終於尋著永遠的家。即便是將人類有史以來所有代代相傳、心靈相通的父母之愛集合，也將那啟迪人們心靈的感情滙聚，若與上帝浩瀚無邊的愛相比，就都成了注入汪洋大海涓滴細流。

觀看其他的世界

要尋求那造昴星和參星，使死蔭變為晨光。阿摩司書 5：8

天國實在是一個美好的地方。我很想在那裡瞻仰那為我捨命、可敬愛的耶穌，並變成祂榮耀的形像。哦，惟願我能以言語形容出那未來光明世界的榮耀！我渴望暢飲那使我們上帝聖城喜樂的生命之河。

主已使我得見其他世界的異象。祂賜我翅膀，並有一位天使陪同我從聖城到一個光明榮美的地方去。那裡的草鮮活碧綠，雀鳥鳴唱著甜美的歌聲。那地居民的外貌有大有小；他們都是高貴、威嚴、可愛的。他們都具有耶穌本體的真像，臉上煥發著聖潔的喜樂，充分表現著那地的自由和幸福。我問他們當中的一位為什麼他們比地上的人更美麗可愛。回答是：「我們向來謹守上帝的誡命，沒有像地球上的人因悖逆而墮落。」然後我看見兩棵樹，有一棵很像聖城中的生命樹。這兩棵樹的果子看著都很美麗，但其中一棵的果子不可吃。他們本有能力吃這兩棵樹上的果子，但其中一棵被禁止。於是那陪伴我的天使對我說：「這地的居民沒有一個嘗過那禁樹的果子，但如果他們吃的話，他們就必墮落。」

後來我被帶到一個有七個月亮的世界。在那裡我看到了古時變化升天、與上帝同行的以諾。他的右臂持著一根榮耀的棕樹枝，每一片葉子上都寫著「勝利」。他的頭上有一頂眩目的白色花冠，花冠上有葉子，每一片葉子中間都寫著「純潔」，花冠的四周有各色的寶石，閃耀著比星星更燦爛的光輝，這光照在葉子的字上，使之更顯光大。在以諾的腦後有一個蝴蝶結，把花冠扣住，結上寫著「聖潔」。花冠上面有一頂可愛的王冕，煥發著比太陽更亮的光輝。我問以諾這是不是他原先從地上被遷來之處，他說：「不是的，那聖城才是我的家，我只是到這裡來拜訪。」他在這裡自由行動，猶如這就是他的家。我懇求那陪伴我的天使讓我留在那裡。我受不了再回到黑暗世界的想法。於是天使對我說：「你必須回去，如果你能忠心到底，你必能和那十四萬四千人同享特權去訪問諸世界，並見證上帝的作為。」

12月 23日 獲得天國的機會

敞開城門，使守信的義民得以進入。◦以賽亞書 26：2

在那裡，我們就全知道，如同主知道我們一樣。在那裡，人必真切地表現上帝植於心中的愛與同情。人與諸聖者間純潔的來往，與蒙福的天使並與歷代以來忠心信徒所有和諧的交際，足以聯合「天上地下的各家」聖潔的交誼──這一切都是來生所必經的。

在那裡必有音樂與詩歌，這種音樂與詩歌，除了在上帝所賜的異象中以外，乃是世人耳朵未曾聽見，人心也未曾想到過的。

在那裡，每一種能力必獲得發展，每一項才幹必有所增長。最偉大的事業必進行，最高尚的希望必達到，最卓越的心願必實現。然而同時更有新的高處要攀登，新的奇蹟要讚賞，新的真理要明瞭，也有種種新穎的事物需要運用體力、智力和靈力。

宇宙間的一切寶藏都必展現，以供上帝的兒女研究。我們將以說不出的喜樂參與那未墮落生靈的快樂與智慧，我們將要分享那世世代代以來、因默想上帝作為而得的珍寶。而且永恆的歲月運轉不息，更榮耀的啟示，也必持續無終。上帝賦予人的恩賜必存到永永遠遠，「充充足足地成就一切超過我們所求所想的。」（以弗所書3：20）

「祂的僕人都要事奉祂。」（啟示錄22：3）地上生活乃是天上生活的開端，地上的教育乃是明瞭天上一切原理的初步，此世的畢生事業乃是來世畢生事業的訓練。我們現今在人格和神聖的服務上的成就如何，乃是我們將來如何的準確預示。

在救贖的計劃中，有許多至高至深之處，是永恆的歲月不足竭盡其妙的，也有許多的奇事是天使願意詳細察看的。在一切受造之物中，只有被贖的人得以在自己的經驗中認清與罪惡所作的實際爭戰；他們曾與基督同工，和祂一同受苦，這是連天使也不能作到的。這樣，難道他們對於救贖的奧秘，沒有可作的見證嗎？這對於未曾墮落的眾生，難道是沒有價值的嗎？

超過邪惡的力量

上帝為愛祂的人所預備的是眼睛未曾看見，耳朵未曾聽見，人心也未曾想到的。**哥林多前書 2：9**

天國是一所學校，宇宙乃其研究範圍，無窮之主乃為教師。這所學校曾在伊甸設立了一間分校，等到救贖計劃完成後，教育工作又將在伊甸學校重新開始。

在最初設立的伊甸學校與來生的學校之間存在的，是這世界的全部歷史——就是人類犯罪受苦，以及神聖的犧牲、勝過死亡及罪惡的歷史。第一所伊甸學校中的一切情況，與來生的學校並不全然相同。在那裡必不再有分別善惡樹，使人有遭遇試探的機會。那裡既不再有試探人的，也就沒有行惡的可能。各人都曾抗拒過罪惡的試探，再不至受它能力的影響了。

基督說：「得勝的，我必將上帝樂園中生命樹的果子賜給他吃。」（啟示錄2：7）在伊甸園賜人吃生命樹上的果子乃是有條件的，而且最後那樹也被收回了。但來生的一切恩賜卻是絕無限制的，而且也是永存的。

在那裡，那遮蔽我們視線的黑幕被揭開，我們的眼目就得見現今只能從顯微鏡中窺探的美麗世界，我們可看到那現今只可從望遠鏡中瞭望的諸天榮耀；當罪的傷痕被除去，全地都顯出「我們上帝的榮美」時，將有何等廣大的範圍供給我們研究啊！研究科學的人可以在那裡研讀創造的記錄，卻看不出什麼使人回憶罪惡之事。他也可以聆聽自然之聲的音樂，卻聽不見什麼憂傷的調子。在一切受造物中，他可以看出只有一樣筆跡——在全宇宙間看出上帝的名號，在地上、海裡、或空中，必不再有任何罪惡的記號存留。

「在我聖山的遍處，這一切都不傷人、不害物。這是耶和華說的。」（以賽亞書65：25）人必恢復他所喪失的王權，一切動物必再度承認他的指揮，兇暴的必變成馴良，膽怯的必變成可信賴的。

生命的冠冕

你務要至死忠心，我就賜給你那生命的冠冕。 啟示錄 2：10

即將戴上榮耀高貴、且不朽冠冕的，是那些始終等候的人們。你不必對我數算世上的榮耀或其中的尊榮，那些都是虛空的。上帝的手只要一觸碰這世上榮華，它們傾刻之間就變回塵土了。我追求的是那可以永存不朽的榮耀，不會消失的榮耀，一個比任何有史以來所有君王更華美的冠冕。

然後我看見無數的天使把許多榮耀的冠冕從城中帶出來──每個聖徒一頂，他的名字就寫在上面。耶穌吩咐天使把冠冕拿來交給祂，可愛的耶穌就親自用右手把冠冕放在聖徒頭上。照樣，天使也把金琴帶來，耶穌便將它們交給了聖徒。那領頭的天使先彈了一個音，然後每人就高唱感激和快樂的讚美，大家的手也很巧妙的撫著金琴的弦，發出富麗完美的樂音。

城內有各種賞心悅目之物。他們隨處可見豐富的榮耀。耶穌看著祂被贖的聖徒，他們的臉上榮光煥發；祂以慈愛的目光注視他們，用那富麗如音樂般的聲音說：「我看到了我勞苦的功效，便心滿意足了。這豐美的榮耀是供你們永遠享受的。你們的憂患已經結束。不再有死亡，也不再有悲哀、哭號、疼痛。」

以後我看見耶穌帶領祂的百姓到生命樹前，⋯⋯在生命樹上有最美麗的果子，是聖徒能隨意取食的。城內有一個最榮耀的寶座，從那裡有純淨的生命河水流出，明亮如同水晶。河的兩邊有生命樹，河的兩岸有其他結實好作食物的美麗樹木。

人類的言語終難以盡述其美好，天國的美景非尋常筆墨所能形容。當這景象出現在我面前時，我就不勝驚歎。那超過一切的光輝和卓越的榮耀使我激動忘形，只得放下筆讚歎道：「啊！何等的愛！何等奇妙的愛！」最崇高的言語也不足以形容天國的榮美，或救主無比的深愛。

殉道者的衣袍

得勝的，必不受第二次死的害。**啟示錄 2：11**

在基督的帶領之下，我們都從聖城中降落到地上來，落在一座雄偉巨大的山上，這山托不住耶穌，就崩裂夷為一片遼闊的平原。隨後我們向上舉目，看見那座大城；那城有十二個根基和十二個城門，每一邊有三個門，每一個門前都有一位天使。我們都喊叫說：「城啊，偉大的城啊，它降下了，它從天上的上帝那裡降下來了。」它降落到我們所站的地方就穩住了，於是我們就去參觀城外所有許多榮美的景物。我在那裡看見一些最美好的房屋，看上去好像是銀作的，由四根鑲了珍珠的柱子托住，那些珍珠光耀奪目，這些房屋是專為聖徒居住的，每一所房屋裡有一個金架子。我看見許多聖徒走進房屋，摘下閃耀的冠冕，放在那架子上面，然後去他們房屋旁的田地裡做事，他們的工作與我們在這世上所做的截然不同。他們頭上的四圍有榮光照耀，同時他們經常呼喊並向上帝獻上讚美。

我又看見一塊長滿了各式各樣花卉的園子，當我攀折這些花朵時，我讚歎著說：「它們永遠不會凋殘。」後來我又看見一塊長滿了深草的園子，那地方綠草如茵，反映著金色和銀色的光彩，似乎非常得意地為榮耀君王耶穌隨風蕩漾。此後我們又走進一個充滿了各樣動物的園子裡——那裡有獅子、羔羊、豹和豺狼，都愉快和樂地在一起生活著。我們從中間走過，牠們就馴良地跟在後面，隨後我們又走進一個樹林中，這樹林絕不像我們在這世上見過的陰暗樹林，而是光明且充滿榮耀的，樹枝搖曳，我們都喊叫說：「我們要平安地居住在曠野裡，也安睡在樹林之中。」我們穿過了這片樹林，因為我們正往錫安山的路上走去。

在路上時，我們遇到另一隊人也正注視那地方的榮耀。我注意到他們衣服鑲著紅邊，頭上的冠冕光輝燦爛，身穿純淨潔白的禮服。當我們與他們打招呼時，我就問耶穌他們是誰，祂說他們乃是為祂殉道的人，又有無數的小孩和他們在一起，孩子們的衣服上也有紅邊，與他們一樣。

12月 27日 分享耶穌的榮耀

父啊，我在哪裡，願你所賜給我的人也同我在那裡，叫他們看見你所賜給我的榮耀；因為創立世界以前，你已經愛我了。約翰福音 17：24

主的復活與升天，乃是上帝的聖徒戰勝死亡與陰間的確據，亦是一種保證，證明對曾用羔羊之血把自己品格的衣裳洗淨的人，天國的門仍是開啟的。耶穌升到天父面前作人類的代表，上帝也必使凡反映祂形像的人，目睹並同享祂的榮耀。

世上寄居的客旅是有家可歸的。義人必身穿義袍，頭戴榮冠，手執得勝的棕樹枝。在未來的世界中，我們就會明白在上帝美意之下所遇的困惑，究竟有何用意。難懂的事也都能得到解釋了。那種種關乎恩典的奧祕也都能向我們顯明了。我們這有限的心思所看出的，只是混亂與背約，到那時就會變成完全的美妙與和諧了。那時我們就會知道現在所受到、似乎極其困難的經驗，無非是無限的慈愛使然。我們便看出上帝是如何眷顧我們，使萬事都互相效力，叫我們得益處，就有說不出來滿有光榮的大喜樂了。

我們現在仍處於各種屬世活動的紛擾與陰影之中。但願我們能熱切地想念那將來的幸福，但願我們以信心穿透一切烏雲，仰望那為世人之罪而死的主。祂已為凡接待且信祂的人開了樂園的門，並且賜他們能力，好使他們成為上帝的兒女。更願我們遭受的一切難堪苦楚，都成為有益的教訓，足以教我們向前努力去得上帝在基督裡面召我們來得的賞賜。但願主必快來的這種思想激勵我們，但願這希望使我們的心中快樂。「因還有一點點時候，那要來的就來，並不遲延」（希伯來書10：37）。等到主人來了，看見僕人警醒，那僕人就有福了。

我們正在歸途中。那愛我們甚至為我們而死的主，已為我們造好一座城，新耶路撒冷是我們安居之所。在上帝的城中必不會有憂傷和痛苦的歎息，絕望的悲鳴和失戀的哀歌，永不會再入我們的耳中。

唱新歌

他們在寶座前，並在四活物和眾長老前唱歌。啟示錄 14：3

耶穌說：「看哪，我必快來；賞罰在我，要照各人所行的報應他。」上帝子民的好行為都是他們信心的果子，都能獲得相對應的獎賞。正如每顆星的光芒都不同，所以，信徒們將來也會安置在不同的領域上。接下來描述的景像是，「這些事以後⋯⋯我聽見好向群眾的聲音，眾水的聲音，大雷的聲音說；哈利路亞！因為主我們的上帝全能者作王了。」他們唱摩西羔羊的歌。

我們要緊緊跟隨我們的大牧者，否則就會迷失，轉離了那供應我們所有教會和每個人的主。在主裡有許多豐富的美事。我們有可能忘了跟隨上帝的腳蹤，反倒依從了自己的困惑。審判的結果還未知曉，但是如果我們忠心事奉上帝，凡事都會順利。

當上帝的奧秘被世人看見時，那日子即將到來，公正、恩慈、仁愛在祂寶座前。當地上戰爭結束時，所有的聖徒都會聚集在天家，上帝僕人唱的第一首歌就是摩西的歌，第二首是羔羊的歌，這歌乃是恩典救贖之歌。這歌要被大聲傳唱，高聲頌讚，口唱心和的傳遍整個天庭。因此，讚美上帝豐盛供應的歌也要唱，連帶著各種的赦免。因為過去所有預言和福音的阻隔都除去了。地上教會的歷史，和教會的救贖都環繞著各各他的十字架。這就是那主題歌——基督是萬王之王、超乎萬有——祂就是讚美的中心，由千千萬萬無數的得贖之人主唱。所有的人一同合唱摩西和羔羊之歌。那是一首新歌，是在天上未曾唱過的。

12月 29日 榮耀的景象

你要持守你所有的，免得人奪去你的冠冕。啟示錄3：11

教會若願披上基督的義袍，而不肯順從世俗，那麼在她面前就會有光明與榮耀之日的曙光出現。上帝對於教會的應許必永遠堅立。祂必使她「變為永遠的榮華，成為累代的喜樂。」真理必定超越那些藐視並拒絕它的人，獲得最終的勝利。雖然有時看來延緩了，但真理的進展卻從未受到阻礙。每當上帝的信息遭遇反對時，祂就必加以新的力量，使真理可以發揮更大的影響，它既有神聖的能力，就必衝破最堅固的屏障，並戰勝一切的阻礙。

那在上帝兒子辛勞犧牲的一生中支持祂的是什麼呢？祂看到了自己「勞苦的功效，便心滿意足。」祂展望永恆的將來，看見那些因祂的屈辱得蒙赦免並承受永生之人的幸福。祂的耳朵聽到贖民勝利的吶喊，聽到救贖的民歡唱摩西和羔羊的歌。

我們都可以看到將來的景象，就是天國的福氣。《聖經》中揭示了許多將來榮耀的異象，是上帝聖手描述的光景，這些也是祂教會珍視的。我們可以憑著信心，站在那永恆聖城的門口，聽那凡在今生與基督合作、並樂意為祂的緣故受苦之人所致的歡迎詞。當祂說著「你們這蒙我父賜福的，可來」時，他們就將自己的冠冕放在救贖主的腳前，大聲說：「曾被殺的羔羊是配得權柄、豐富、智慧、能力、尊貴、榮耀、頌讚的。……但願頌讚、尊貴、榮耀、權勢、都歸給坐寶座的和羔羊，直到永永遠遠。」（馬太福音25：34；啟示錄5：12－13）

贖民要在那裡迎見那些引領他們歸向救主的人，於是大家同聲讚美基督，因祂的犧牲使人類可以承受那足與上帝的生命相比的生命。鬥爭已經過去了。患難與紛爭也終止了。當贖民揚聲歡呼說那被殺、復活、得勝的羔羊是配得榮耀的時候，勝利的歌聲便洋溢了全天庭。

天國從心靈開始

耶穌對他說：「你要盡心、盡性、盡意愛主你的上帝。」
馬太福音 22：37

天國始自人心，當我們愈有屬天的心志，我們就會愈有屬耶穌的心，最後在萬人之中愛我們的祂，就成為我們的中心思想。但是若我們允許撒但控制我們的心志，他就會潛移默化成為我們品格的一部分，使我們因他的影響而愈來愈不敬虔。

假如我們想見天國，我們就必須進天國，但我們只須藉著基督來到上帝面前即可。基督是一切事物的中心。孩子們藏身在基督裡，與上帝和好，就不至於失去神的性情。禱告是靈性的生命，靠基督的餵養，完全轉向公義的日頭。當我們轉臉仰望祂時，祂就向我們仰臉。祂渴望給我們祂的神性，當我們以滿滿的信心靠近上帝時，我們的靈性就會增長的很快，我們就不會在黑暗中行走，也不會哀嘆靈性的貧困，只要藉著殷勤的祈禱，查考上帝的話，我們就可以得到祂應許給我們的豐富靈命。天使靠近我們的身邊，敵人的把戲就被趕除盡淨。

禱告能增強我們的靈性，但很可惜被很多人忽略了。藉著簡單、誠懇、認罪的禱告，屬天的心智就會大大地提升。沒有任何其他的恩典可以代替保守靈命的健全。禱告直接豐富靈命的生長，並且增強我們屬靈經驗的肌肉，因為我們是因信而活，看見那看不見的主。若忽略禱告，或斷斷續續方便時才禱告，你就會失去和上帝的連接。基督徒的生命就變得枯乾，靈命就沒有活力。屬靈經驗若缺少健康，活力，人的著作就代替了神的話語。

只有上帝的恩典才能活化我們的靈命，預言之靈的寶貴是向那些尋求真理，和基督豐盛恩典的人顯示的。

善惡之爭結束

12月
31日

願主耶穌的恩惠常與眾聖徒同在。阿們！ 啟示錄 22：21

上帝的子民享有特權，得與聖父和聖子直接交通。宇宙的全部寶藏都要開啟，以供上帝救贖的子民研究。他們不再受必死身體的捆綁，卻要展開不知疲倦的翅膀，一直飛翔到天外的諸世界—在那其上的居民曾因目睹地上人類的禍患為之憂傷驚懼，也曾因聽到世人得救的喜訊而歡唱。那時地上居民的心中要充滿莫可言宣的快樂，與那些從來沒有犯罪的生靈共享喜樂和智慧。他們要分享知識與聰明的寶藏，就是那世世代代因思念上帝的手段而得的收穫。他們要以清晰的目光觀察創造物的榮美——就是千千萬萬的太陽、星辰和天體，都環繞著上帝的寶座，在指定的軌道上運行。在萬物之上從最小到最大的，都寫有創造主的尊名，無不顯示祂豐盛的權能。

永恆的歲月要帶來有關上帝和基督更豐盛更光榮的啟示，知識如何發展，照樣，愛心、敬虔和幸福也要增進不已。人愈認識上帝，就愈欽佩祂的品德。當耶穌向人闡明救恩的豐盛，以及祂與撒但的大鬥爭中、所有驚人的成就時，得贖之民便要以更熱切的忠誠事奉祂，並以更熱烈的喜樂彈奏手中的金琴，數以千萬的聲音要一同歌頌讚美。

「在天上、地下、地底下、滄海裡和天地間一切所有被造之物，都說，但願頌讚、尊貴、榮耀、權勢，都歸給坐寶座的和羔羊，直到永永遠遠。」（啟示錄5：13）

善惡的大鬥爭結束了。罪與罪人也不復存在，全宇宙都是潔淨的。在廣大宇宙之間，和諧的脈動跳躍著。從創造萬物的主那裡湧流著生命、光明和喜樂，充滿這浩大無垠的宇宙。從最小的原子到最大的世界，世間萬物，都在他們純潔的榮美和完全的喜樂上，宣揚上帝就是愛。

希望的故事
Story of Hope

★**深入淺出詮釋《聖經》重要主題──如救贖計畫、末日預言！**

★**適合初信者與慕道友作為查經時的輔助材料！**

法國文豪大仲馬曾說：「在上帝向人類揭示未來之前，人類的全部智慧就包含在兩字中──**等待和希望。**」然而本書聚焦的《聖經》主要信息，所帶給讀者的不僅是希望，更是從人類歷史的起初到最終，一探所有問題的真相：唯有《聖經》可以提供經得起時間考驗的人生解答。

ELLEN G. WHITE 懷愛倫

STORY of HOPE

希望的故事

一瞥那段不再有苦難的時代

希望的故事
Story of Hope

作者：懷愛倫 Ellen G. White
開本：115 x 180mm
定價：50元

2017年即將推出國際中文更新版

讚美詩
Hymns of Praise

★共收錄506首詩歌，大幅更新內容，以符合現代需要。

★電腦編排，並增加簡譜，使版面更清晰更易識譜。

★增加許多朗朗上口的詩歌，容易廣為傳唱。

「詩歌乃是我們用以防禦灰心喪志的武器。當我們這樣敞開心門迎接救主臨格的陽光時，就必獲得祂的福樂了。」

——《健康之源》

讚美詩
Hymns of Praise

作者：基督復臨安息日會
開本：150 × 210mm
定價：430元

2015年全球總會全新授權華文出版

執事手冊──國際中文版

Deacon's and Deaconess's Handbook

如何照管上帝的教會？

**你們中間，誰願為大，就必作用人；
誰願為首，就必作眾人的僕人。**

本手冊能幫助男女執事了解如何協助地方教會的計畫與執行，以及傳揚福音的推動，而這也是早期教會設立男女執事的最初目的，運用各人的恩賜才幹，讓教會有效地發揮其功能，在基督裡成為一身，互相聯絡作肢體。

執事手冊

Deacon's and Deaconess's Handbook

作者：基督復臨安息日會全球總會
開本：148 x 210mm
定價：150元

因為耶穌愛我，
我可以做到最好！

★適合6～10歲兒童，最佳信仰學習基礎教材！！以生活化
　故事和趣味學習單，讓孩子自然而然了解教會道理。

★全書共28個單元，適用於教會幼兒／兒童班全學年每週
　課程，亦是兒童暑期活動或夏令營最佳輔助教材！！

學習本
基本信仰
28條

學習本 耶穌愛我我知道
God Loves Me 28 Ways
作者：查理斯・米爾斯 Charles Mills
　　　龐美蓮 Linda Koh
開本：210 x 280mm
定價：140元

靠著上帝的恩典，我要做一個
真誠、正直、有禮的少年。

★ 基本信仰——從未如此好讀易懂！！適合10～16歲、教會高年級兒童／少年班全學年課程使用，亦是各種屬靈／品格營會最佳輔助教材！！

★ 由美國童書暢銷作家傑瑞・湯姆斯全新編寫，以孩子的語言，解教會的要道。每一單元均含：基本信仰、教學點子及課後學習單；最利家長與教員靈活運用！

研讀本
基本信仰
28 條

研讀本 **全心全意信靠祢**
What We Believe
作者：傑瑞・湯姆斯 Jerry Thomas
開本：170 x 235mm
定價：150元

國家圖書館出版品預行編目資料

前進天家：每日默想懷愛倫著作中的重要課題
／懷愛倫(Ellen G. White)作；胡宗怡 譯.
－－ 初版. －－ 臺北市：時兆, 2016.10
　　　　面；　　　公分－－
譯自：Homeward bound

ISBN 978-986-6314-66-7（精裝）

1. 基督教　2. 靈修

244.93　　　　　　　　　　　　105016742

前進天家
Homeward Bound

作　　　者　懷愛倫
編 譯 者　胡宗怡

董 事 長　李在龍
發 行 人　周英弼
出 版 者　時兆出版社
客服專線　0800-777-798
電　　話　886-2-27726420
傳　　真　886-2-27401448
地　　址　台灣台北市10556松山區八德路2段410巷5弄1號2樓
網　　址　http://www.stpa.org
電　　郵　service@stpa.org

主　　編　周麗娟
文字校對　蔡素英、林思慧
封面設計　時兆設計中心、邵信成
美術編輯　時兆設計中心、李宛青
法律顧問　宏鑑法律事務所　　TEL：886-2-27150270

商業書店　總經銷　聯合發行股份有限公司 TEL：886-2-29178022
基督教書房　基石音樂有限公司 TEL：886-2-29625951
網路商店　http://www.pcstore.com.tw/stpa
電子書店　http://www.pubu.com.tw/store/12072

ＩＳＢＮ　978-986-6314-66-7
定　　價　新台幣420元　美金17元
出版日期　2016年10月　初版1刷